山东社会科学院出版资助项目；

国家社科基金项目（批准号：17BJY020)

"一带一路"背景下中国船舶工业供给侧结构改革研究

国家社科基金丛书

GUOJIA SHEKE JIJIN CONGSHU

中国船舶工业战略转型研究

Research on Strategic Transformation of China's Shipbuilding Industry

谭晓岚 著

人民出版社

目　录

第一章　中国船舶工业产业发展理论研究概况 …………………… 001

　　第一节　船舶工业发展理论国内外研究概况 ………………… 001

　　第二节　国内外船舶工业发展理论研究综合评价 …………… 003

　　第三节　中国船舶工业战略转型的研究意义和价值 ………… 006

第二章　海洋强国战略中的中国船舶工业 ……………………… 012

　　第一节　船舶工业的产业界定 ………………………………… 012

　　第二节　船舶工业的基本特征 ………………………………… 018

　　第三节　中国船舶工业发展概况 ……………………………… 022

　　第四节　船舶工业在国家海洋战略中的地位 ………………… 037

第三章　基于供给侧的中国船舶工业战略转型成因研究 ……… 047

　　第一节　全球船舶工业的产品供给结构概要 ………………… 047

　　第二节　中国造船业取得的成就及供给主体 ………………… 054

　　第三节　中国船舶工业的产品供给结构国际竞争力研究 …… 061

第四章　竞争比较优势视角下中国船舶工业战略转型成因研究 ……………………………………………………… 071

第一节　SCP 理论概要 …………………………………… 071

第二节　全球造船大国国际竞争力评估与分析 …………… 074

第三节　中国船舶工业的产品供给结构国际竞争力研究 ……… 095

第五章　海外船舶企业运营机制、发展理念、管理模式研究 …… 118

第一节　海外造船工业国家运营机制研究 ……………… 118

第二节　海外造船工业行业发展理念研究 ……………… 138

第三节　海外造船工业企业管理模式研究 ……………… 150

第六章　中国船舶工业战略转型的理论与政策研究 ……… 162

第一节　中国船舶工业战略转型理论探索 ……………… 162

第二节　中国船舶工业战略转型主要政策梳理 ………… 180

第三节　中国船舶工业战略转型现行政策评价与分析 …… 215

第七章　中国船舶工业战略转型的方向和路径研究 ……… 243

第一节　中国船舶工业的国际竞争力短板研究 ………… 243

第二节　船舶工业的技术特征与产业发展趋势 ………… 247

第三节　中国船舶工业战略转型的方向和目标 ………… 255

第八章　中国船舶工业战略转型的机遇与挑战研究 ……… 259

第一节　"一带一路"背景下船舶产能外移动因与机遇 ………… 259

第二节　"一带一路"沿线国家船舶工业成熟度分析 ………… 265

第三节　"一带一路"沿线国家船舶工业与我国的互补性分析…… 272

第四节　中国造船去产能与"一带一路"沿线国家合作潜力

　　　　研究 …………………………………………………… 319

第九章　中国船舶工业战略转型重点研究 ……………………… 332

　第一节　全球船舶工业产业市场总体发展概况 ……………… 332

　第二节　全球船舶工业未来发展趋势 ………………………… 342

　第三节　中国船舶工业发展存在的主要问题 ………………… 349

　第四节　中国船舶工业未来转型的重点 ……………………… 356

第十章　中国船舶工业战略转型改革实施重大专项 ………… 369

　第一节　世界级研发能力提升专项 …………………………… 370

　第二节　智能无人船舶研制示范专项 ………………………… 376

　第三节　核心配套设备创新研制专项 ………………………… 384

　第四节　船舶产业互联网及云计划实施示范工程 …………… 394

参考文献 …………………………………………………………… 406

后　记 ……………………………………………………………… 408

第一章　中国船舶工业产业发展理论研究概况

改革开放以来,我国船舶工业发展迅速,成就举世瞩目,已经是全球第一造船大国,我国目前具有大规模以上的造船企业近 1400 家,产业工人 700 多万人。与此相适应,学术界关于船舶工业的研究也日趋深入,高质量的成果不断涌现。但是,因中国造船业严重的产能相对过剩所带来的船企倒闭潮、工人下岗潮、造船企业给国有商业银行造成的几千亿不良贷款等问题,给我国经济健康发展、社会稳定埋下了巨大隐患,引起了党和国家及社会各界的高度重视。2016 年 12 月,中央经济工作会议上明确提出 2017 年去产能工作拓展到船舶工业。为了认真贯彻落实中央经济工作会议精神,学术界也应积极认真研究中国船舶工业去产能,推进供给侧结构性改革问题。

第一节　船舶工业发展理论国内外研究概况

关于船舶工业发展问题研究,国外学者近年主要集中在以下三个领域:一是船舶工业核心技术发展演变对产业未来发展重点影响及发展趋势研究,提出船舶动力设备技术的革新将引起的船舶能源效率的差距日益明显,船舶动力设备技术革新将对全球船舶市场产生深刻影响。① 二是 2008 年全球金融

---

① Kevin X. Li,"Themes and Tools of Maritime Transportresearch During 2000–2014",*Maritime Policy & Management*,2016.

危机后,全球航运业的波动对全球船市的总体影响研究,有学者认为全球经济危机破坏了原有航运市场和船舶市场的资本循环结构,全球船舶市场将处于一个较长的冰冻期。① 三是全球经济危机后,船舶企业如何应对当前全球性船市大萧条的问题研究,韩国学者提出船舶工业要实现从"量"向"质"的转变,从"规模"向"效益"转变的发展思路;②日本学者指出日本要有效应对全球经济危机对全球船市的不利影响以及中韩造船业的迅速崛起,日本船舶装备业未来要推进产业组织结构调整、提高行业组织竞争力、鼓励船企利用造船业务现有优势进行技术创新,拉开与中韩在技术和工艺上的差距,积极开拓海外市场等举措。

通过对国内主要文献数据库收集整理分析,国内学者关于船舶工业研究基本遵循问题导向研究原则,主要进行应用对策型研究,其研究内容集中在以下四个领域:一是资金问题研究,资金困境论者认为中国船舶工业目前的主要问题是资本困境问题。有学者认为航运市场和全球船市走低是造船企业融资难的根源,造船企业必须采取多元化融资模式,加强企业自身融资能力和经营能力的提高,是我国船企走出困境的出路所在。③ 二是结构改革问题研究,结构困境论者认为中国船舶工业目前的主要问题是结构性问题。产业结构困境论者认为产业结构是影响我国船舶竞争力六大要素之一;④产品结构困境论者认为全球船市的困境是产品结构性困境,提出我国船舶企业走出困境应加强产品结构调整。⑤ 三是技术问题研究,技术困境论者认为,制造技术相对落后是中国船舶工业发展所有困境的根源,认为现阶段我国船舶制造技术应该

① Newcastle, "Tristan Smith Investigating the Energy Efficiency Gap in Shipping", *Nishatabbas Rehmatulla University College London*, 2016.

② [韩]金成益、全洙奉:《走出困境的增长》,《全经联》2003年第3期。

③ 杨勇:《船舶配套企业实施大规模定制生产模式研究》,南京理工大学硕士学位论文,2007年。

④ 张简:《浅谈中国造船企业的核心竞争力》,《中国集体经济》2017年第1期。

⑤ 李源、秦琦、祁斌等:《2015年世界船舶市场评述与2016年展望》,《船舶》2016年第1期。

加强人工智能技术与工业互联网技术的集成。① 四是产能过剩问题研究,近年船舶产能过剩问题研究是一个热点。不少研究成果和学者观点纷纷呈现:第一,认为中国船舶工业产能过剩是产业结构性相对过剩问题,解决中国船舶工业产能过剩必须解决科技含量低、配套率低、生产效率低等深层次问题。② 第二,认为中国船舶工业产能过剩的困境主要在于缺乏产业发展战略,提出中国船舶工业发展应遵循市场和技术导向发展思路。③ 第三,认为中国船舶工业产能过剩,主要存在发展理念困境,提出中国船舶工业应该走产业联动发展模式。④ 第四,认为中国船舶工业产能过剩主要是政府缺乏监管,提出中国应建立船舶产能过剩监测和预警常态化机制。⑤

关于船舶去产能研究,目前学界也有多种观点。第一,提出中国船舶工业实施"走出去"战略是解决产能过剩问题的有效途径。⑥ 第二,提出中国船舶工业去产能的重点是推进供给侧结构性改革,增强船舶工业供给结构对需求变化的灵活性。⑦ 第三,提出中国船舶工业去产能需精准扶持,避免金融政策"一刀切"。⑧

第二节　国内外船舶工业发展理论研究综合评价

从国内外学者关于船舶工业发展研究文献梳理分析发现:国外学者在

---

① 吴笑风、岳宏等:《我国船舶产业智能制造及其标准化现状与趋势》,《舰船科学技术》2016 年第 9 期。

② 陈国雄、杨玲:《造船业的三大痛点》,《珠江水运》2015 年第 24 期。

③ 杨金龙:《造船企业转型发展中的战略选择》,《中外船舶科技》2016 年第 3 期。

④ 何青松、伊秀娟、贾慧捷:《中国船舶关联产业的协同发展分析——基于中韩多时点投入产出数据的比较》,《东岳论丛》2015 年第 11 期。

⑤ 王倩:《供给侧结构性改革　船舶工业须主动作为》,《中国船舶报》2016 年 3 月 11 日。

⑥ 周维富、李晓华:《船舶和海洋工程产业"走出去"开展国际产能合作初探》,《中国远洋航务》2016 年第 11 期。

⑦ 致远:《船舶工业供给侧改革路线图》,《中国远洋航务》2016 年第 5 期。

⑧ 胥苗苗:《民营船企突围之路》,《中国船检》2015 年第 3 期。

纯粹的自由市场经济环境中进行研究,其研究成果难以解决我国不同性质船舶企业间产业组织混乱的问题。国内学者虽然从多角度研究了我国船舶工业现行发展存在的问题及对策,但是没有就我国船舶工业在产权组织结构、经营权与所有权之间关系等问题进行深入研究。在这些核心问题没有有效解决的情况下,提出的对策难以解决我国船舶工业减能增效问题。关于我国船舶与海洋工程装备制造产业去产能的理论研究和应用研究非常少,深入我国船舶与海洋工程装备制造产业市场供需系统研究,充分利用"一带一路"机遇下,我国船舶工业结合供给侧结构性改革理论,整合国内不同性质的船舶企业,深化混合所有制改革,实现企业间从目前平层混乱竞争关系向产业"雁阵"有序共赢关系的转变,建立产业内部配套供需平衡和总体产能与市场需求平衡的发展结构体系,是我国船舶与海洋工程装备制造业去产能的科学选择。

为推进新时期中国船舶工业国际竞争力的研究,本书主要依据以下逻辑开展分析:首先,从供给结构、产业组织(SCP 范式)、产业发展制度(体制机制)三个层面开展中国船舶工业国际竞争力的现状,特别是对短板的详尽分析。其次,从国家供给侧结构性改革目标出发提出提升船舶工业国际竞争力的主要方向和目标。最后,从"一带一路"产能合作、产业体制机制改革优化、创新能力(主要是研发角度)提升三个方面提出改革路径。

我国船舶工业实现供给侧结构性改革是国家发展战略的紧迫需要,要实现这一改革目标,必须就我国船舶工业供给侧结构性改革原因、改革机遇、改革目标、改革重点、改革实施路径进行深入研究设计。针对我国船舶工业进行供给侧结构性改革的原因研究,重点对产能过剩、技术较为落后、产业层级低、效益低、产业组织竞争力弱、发展理念落后、竞争有序性弱等主要问题进行研究,实现对我国船舶工业产能过剩的根源探索。本书重点通过海外造船强国与我国造船企业的运行体制和机制比较研究,海外造船强国与我国造船产业组织竞争力比较研究,海外造船强国与我国造船产业发展理念、发展模式比较研究,初步摸清了我国船舶工业国际竞争力对标后的弱项。

关于船舶工业国际竞争力改革方向,主要以习近平新时代中国特色社会主义思想为改革指导方针,以开展船舶工业供给侧结构性改革为途径,以高质量发展和国际竞争力提升为目标开展研究。

关于我国船舶产能供给侧结构性改革的机遇研究,本书充分研究了我国"一带一路"产能合作的背景与原因、"一带一路"沿线合作对象的选择因素、"一带一路"沿线典型国家的未来船舶产能需求预测,为我国开展船舶工业的相关产能合作提供了有益的借鉴。

关于我国船舶工业体制机制改革实施路径研究,本书通过对我国船舶工业供给侧结构性改革目标体系的深入研究,重点将我国船舶工业发展理念改革创新、产权改革、经营权改革、运行机制改革、发展模式改革创新等领域的改革创新作为产业供给侧结构性改革的重点。全书围绕我国船舶工业供给侧结构性改革总目标和改革重点,重点对深化国有船企混合所有制改革实施路径研究设计;国家对国有船舶企业改革要从现在的直接行为管控,向资本、技术、市场间接管控的路径改革;从直接生产干预向宏观管控路径转变;形成以国有大型船舶企业及关联企业为核心,非国有企业为主体,"一带一路"沿线国家企业为依托的人才"雁阵"、技术"雁阵"、产业"雁阵"。中国船舶工业改革要实现从平层推进向纵向推进的转变;对国有大型船舶企业和关联企业考评要实现从资源效益向技术效益转变,从追求产值向追求效益考核转变。

关于船舶工业基于研发为核心的创新能力建设,根据国际船舶工业智能和环保发展趋势,重点突出了世界级研发能力提升专项、智能无人船研制示范专项、绿色节能船舶规模化研制工程、核心配套设备创新研制专项、"人工智能+船舶工业"云计划实施示范工程等研发能力建设。

中国船舶工业是国家大型装备制造型产业,产业涉及的深度和广度是空前的。因此探索中国船舶工业的改革研究意义重大,任务艰巨。

第三节　中国船舶工业战略转型的
研究意义和价值

　　为了认真贯彻落实中央经济工作会议精神,学术界也应积极认真研究中国船舶工业去产能、推进供给侧结构性改革的问题。在中国船舶工业推进供给侧结构性改革研究刚起步的时期,抓住国家"一带一路"倡议机遇,进行如何整合国内不同性质的船舶企业、建立产业内部配套供需平衡和总体产能与市场需求平衡的发展结构体系的供给侧改革理论探索研究非常必要,意义重大。

　　本书主要通过对"一带一路"倡议给我国船舶工业供给侧结构性改革带来的机遇,以及我国船舶工业产能过剩、供给失衡的根源分析研究,最后为我国船舶工业供给侧结构性改革提供有效方案和实施路径。

　　本书对我国船舶工业供给侧结构性改革的原因、改革的机遇、改革的目标、改革的重点以及改革方案和实施路径做了深入的研究。在对我国船舶工业供给侧结构性改革的原因研究中,本书通过对全球船舶工业供给市场、国内船舶工业供给结构和供给能力进行研究分析的基础上,对我国船舶工业国际竞争力进行了定性和定量评估分析,这些研究为诊断我国船舶工业产能过剩的症结提供了理论依据,也为我国船舶工业供给侧结构性改革、从根源解决我国船舶工业相对过剩问题提供了理论支撑。

　　在对我国船舶工业供给侧结构性改革的机遇研究中,本书结合我国船舶工业发展实际情况、产业特点和"一带一路"沿线国家国情,对"一带一路"沿线国家船舶工业供给市场需求潜力进行分析;从政治、经济、文化的角度,研究了"一带一路"沿线国家与我国在船舶工业发展互补性和合作的可能性,对合作的潜力以及合作的风险都做了深入的研究。

　　在对我国船舶工业供给侧结构性改革目标研究中,本书重点对国外造船强国与我国造船企业的运行机制、组织竞争力进行比较研究,以及海外造船强国与我国造船企业在发展理念、发展模式等领域进行比较研究,从而实现对改革目标的系统性研究,探索并解决制约我国船舶工业实现减能增效发展的系列核心问题。问题解决的探索过程也是供给侧结构性改革的目标体系的建立过程。

在对我国船舶工业供给侧结构性改革重点研究中,本书将我国船舶工业发展理念改革创新、产权与经营权独立平衡问题的改革、产业运行机制改革、发展模式创新改革等领域作为我国船舶工业供给侧结构性改革目标的重点改革对象,并做了深入的理论分析和阐述。在对我国船舶工业供给侧结构性改革实施路径研究中,本书对深化国有船企混合所有制改革实施路径进行了研究设计。

本书主要就中国船舶工业供给侧结构性改革阐述了三个观点或主张,并就此提出了相应的改革实施路径。这三个观点或主张,一是中国船舶工业供给侧结构性改革是一个系统性改革工程,该产业存在的产能过剩问题只是产业发展问题的外在表现。行业内产权结构复杂,国有大型船企经营权与所有权的不平衡剥离,行业无序、企业运行机制僵化等是造成我国船舶工业发展无序、恶性竞争、产能过剩等问题的关键因素。因此要解决我国船舶工业减能增效问题不是单纯的资金问题、技术问题、产业或产品结构问题,而是要解决一个以公有制为主体,多种所有制经济共同发展的状态下如何与自由市场经济供给体系间形成一个良性互动的发展模式问题。二是我国船舶工业要实现减能增效,必须实行供给侧结构性改革,改革的重点是优化国有大型船舶企业与非国有船舶企业间的产业组织结构关系。我国船舶工业供给侧结构性改革必须通过股权改革,必须整合内外市场,优化产业组织结构,国企与民企间建立产业分工合作的"雁阵"利益关系,改变目前平层竞争的生死关系,我国船舶工业才可能实现有序高效的发展。三是我国"一带一路"倡议实施中过剩产能的海外转移不是简单的企业外走,而是对国内产能过剩产业结构和市场的优化。

中国船舶工业去产能"走出去"战略在实施中要系统规划,慎重布局。本书关于中国船舶工业去产能海外转移研究部分只是一个初步研究,而中国产业在"一带一路"建设中的国际化发展并不是产能转移的一种形式,还包括国际技术合作、国际劳务工招聘。在我国自身造船效率尚未达到世界一流水平之际,就轻易进行海外投资建厂不仅要考虑本身的投资回报率,还要考虑高效率的韩日同样的投资带来的竞争压力。中国船舶工业的"一带一路"国际化是发展趋势的迫切需要,不以人的意志为转移,需要考虑的仅是时机成熟与否,以及合作的内容是技术转移,还是直接投资,还是收购建厂。本书中建议我国在进行造船产能海外转移的战略布局中,优先第一梯队:斯里兰卡、巴基斯坦;第二梯队:考虑埃及、俄罗斯、印度尼西亚;第三梯队:考虑土耳其、阿联酋等。出于国家安全战略和政治关系的考量,暂不建议将船舶工业产能转移向越南和印度方向。

本书比较系统地对我国船舶工业发展存在的问题、产能过剩的原因进行了分析梳理。结合船舶工业的技术特征和未来船舶工业的发展趋势,在此建议中国船舶工业供给侧结构性改革的重点主要应在发展理念、发展模式等领域进行大胆改革创新,将产权改革创新、经营权改革创新和运行机制改革创新作为改革重点的突破口。在发展理念和发展模式改革创新上,我国船舶工业发展理念和模式应该从过去的追求规模的平层化、同质化扩张向追求技术的纵向推进,产业国际市场的差异化发展理念和发展模式的转变,只有改变思路才有最终的出路。所有制改革要通过制度、法规和机制的科学设计,对公司所有者和经营者的权利进行明确的界定和充分的保护,要充分利用现代企业的制度化管理理念和管理模式,实现国家对国有企业的管理从传统的直接行为管控向间接管控的转变。在借鉴国外大型国有企业在所有权和经营权改革成功经验的基础上,结合船舶工业的特点和中国实际情况,建议中国国有大型船舶企业的所有权、经营权平衡独立改革可以通过以下路径来实现:(1)建议以国务院国资委、国家发改委、财政部三部门联合成立中国蓝色发展银行。(2)建议将目前国家主要造船集团企业和关联公司中国船舶工业集团公司、中国船舶重工集团公司、中国远洋航运集团等企业的不低于60%的股权资产划拨到中国蓝色发展银行。剩下不到40%的股权资产中的不少于25%的股权资产分别由国家造船公司与国家航运公司、中国海洋石油集团公司、地方集体造船企业或民营造船企业等关联企业之间交叉持股,其余剩下的不到15%的股权资产作为公司库存股可以在公司进行个人持股,但公司每单个人持股最高额度不得超过3%。

加强中国船舶工业组织和运行机制改革创新,从国家层面制定长期科学的船舶工业发展计划、完整规范的国家造船产业发展的法律法规,准确定位和理顺两家央企造船企业和地方造船企业、民营造船企业的分工合作组织构架,建立从空间布局、产业链整合、金融政策、产能进退控制等高效全面的政府与行业发展的协调机制。加快中船工业和中船重工两大集团的战略性重组,两家央企未来的业务领域重点放在船体设计、新船型开发、动力装备、电子信息等船舶共性技术的开发和核心配套制造等高端业务上来,尽快从低端组装生产领域退出,中低端产业通过股权改革,让地方造船企业,民营资本造船企业进入,形成一个央企引领、民企跟进的组织"雁阵"业态。构建中国造船业不同业务在全球市场的体系竞争构架和组织"雁阵"。

取消中国国内所有船厂进出口贸易权,建议成立中国船舶贸易进出口总公司,该公司隶属于中国蓝色发展银行下全资子公司,也是中国唯一的船舶与海洋工程装备制造产品进出口贸易服务公司。公司主要组织全国船舶造船企业的海外进出口招标代理、交易结算、法规咨询等相关服务。从根本上清除中国船厂在承接海外船东订单的时候攀比压价、垫资等恶性竞争状况,从而规范我国船舶工业对外市场发展秩序。本书中建议结合我国海洋强国战略规划,从国家层面制定我国船舶工业发展的激励机制、产业链和产业集群发展方案、专业技术人才培养引进和技术创新政策、国家财政金融服务政策和国际贸易与交流合作机制;从世界级研发能力提升方案、智能无人船研制建造示范基地、绿色节能船舶规模化研制工程、核心配套设备创新研制、"人工智能+船舶工业"云计划实施示范工程几个领域,制定我国船舶工业供给侧结构性改革重大公关专项实施方案或计划。

本书将大量文献研究、实地调研和案例分析相结合。一是采用数理模型、理论模型和统计、经济计量分析法相结合,综合采用多种数理统计和经济计量分析法,对船舶工业的发展进行建模和实证分析,包括:在设定博弈要素基础上,利用演化博弈对船舶工业发展主体的博弈行为进行模型化分析;构建船舶工业生产函数模型,解释船舶工业的演化过程。二是在对"一带一路"沿线国家对中国船舶工业转移承接潜力定量分析研究上运用了五维权重数量模型分析法。在对中外船舶工业国际竞争力比较分析研究的时候采用 SCP 理论模型、Topsis 权重数量模型和经济计量统计,利用 SPSS 专业软件进行 KMO 和Bartlett 分析相结合的方法研究。三是比较分析和系统分析法相结合。对我国船舶工业供给侧结构性改革目标、改革重点、实施路径采用大量的比较分析和系统分析法进行深入全面研究。本书将经济、政治、文化、社会制度等各种复杂因素纳入我国船舶工业发展体系中,利用结构—空间—规制—数量四维度分析法,剖析船舶工业产业减能增效的内在机理和规律,实证研究船舶工业产业减能增效的实践发展,构筑"一带一路"倡议机遇下,中国船舶工业供给侧结构性改革的实施路径,具有一定的创新性。

本书基于供给侧结构性改革背景,在相关理论基础上,抓住我国"一带一路"倡议机会,深化国有船舶企业混合所有制改革,通过供给侧结构性改革和体系创新,探索我国船舶工业转型升级、减能增效可实施路径,为丰富和发展供给侧结构性改革的理论体系作贡献。该书具有鲜明的针对性和实用性,为我国造船行业实现优化发展和国有大型企业深化结构改革提供了科学有效的参考。比如,我们在对"一带一路"沿线国家船舶工业供需市场及风险分析研究的同时,对沿线国家的政治、经济、文化等都做了深入研究,这不但对我国船舶工业在沿线国家布局提供了理论参考,也为中国企业在沿线国家投资兴业、国家"一带一路"倡议的实施提供了一定的帮助。我们通过对我国船舶企业混改路径的设计,对我国船舶工业产业"雁阵"、人才"雁阵"组织构架的设计,这对深化我国国有企业改革、传统产业"减脂增肌"转型发展都是很好的借鉴。

第二章 海洋强国战略中的
中国船舶工业

第一节 船舶工业的产业界定

　　船舶与海洋工程产业（以下简称"船舶工业"）是典型的综合加工装配工业，是"综合工业之冠"。船舶工业与国民经济其他产业部门的产业关联非常广泛，关联面约达 80.33%；完全消耗系数接近 2.2；产业关联度大，带动性强，产业的拉动系数在全部工业部门中居第 11 位。根据《国民经济行业分类与代码（GB/T 4754-2011）》和国家统计局的行业分类，船舶工业涵盖船舶总装制造产业，船用配套产业，船舶修、拆、改装产业以及海洋工程装备制造业等。

　　船舶工业链对内关系船舶设计、原材料供应、船舶配套、船舶总装制造，对外关系航运、电子、机械、航空航天、核工业、钢铁等上下游的创新以及金融服务、软件服务等方面的哺育和反哺发展，本书根据船舶工业产业链供给情况对船舶制造业产业链图设计如下（见图 2-1）。

　　从国家战略层面，发展具有强大国际竞争优势的船舶工业可以顺应世界形势发展和满足我国当前及未来较长时间重大战略目标的实现需求。海洋强国建设，科技强国建设，"一带一路"倡议，我国都需要打造世界竞争力一流的船舶工业。以军民融合为例，与其他军工装备行业相比，船舶装备产业链军民融合程度最深，强化船舶工业创新能力的研究和建设，推动船舶工业在船型研

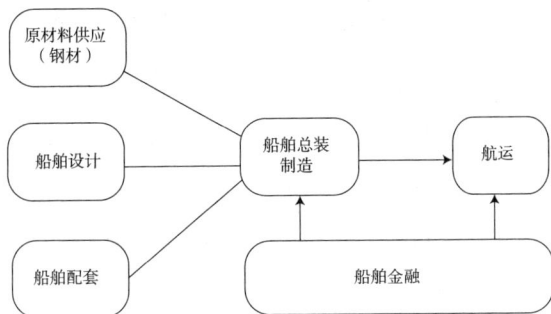

图 2-1　船舶制造业产业链图

资料来源:作者自绘。

究、新型动力、环保节能技术、人工智能技术、破冰技术等方面的未来深度融合,可以实现我国船舶工业在全球范围的高质量发展和引领作用。

一、 船舶工业的基本概念①

船舶与海洋工程装备制造业主要包括海洋船舶制造业和海洋工程装备制造业。其中,海洋工程装备制造业又可分为海岸工程、近海工程和深海工程三类。海岸工程主要包括海岸防护工程、围海工程、海港工程、河口治理工程、海上疏浚工程、沿海渔业设施工程、环境保护设施工程等。近海工程又称“离岸工程”。20 世纪中叶以来发展很快,主要是在大陆架较浅水域的海上平台、人工岛等的建设工程,以及在大陆架较深水域的建设工程,如浮船式平台、半潜式平台、自升式平台、石油和天然气勘探开采平台、浮式贮油库、浮式炼油厂、浮式飞机场等建设工程。深海工程包括深海工作站、无人深潜的潜水器和遥控的海底采矿设施等建设工程。这里谈的船舶与海洋工程装备制造业主要是指海洋动力运输船舶制造、海岸工程装备机械、近海工程和深海工程装备制造业。船舶与海洋工程装备制造业技术核心就是海岸工程装备机械以及海洋钢结构空体梁在海洋复杂环境条件下工作所需要的技术性能保障。由于海洋环

---

① 方学智:《船舶与海洋工程概论》,清华大学出版社 2013 年版,第 22—28 页。

境变化复杂,除考虑海水条件的腐蚀、海洋生物的附着等作用外,还必须能承受台风、海浪、潮汐、海流和冰凌等的强烈外力作用,在浅海区还要经受得了岸滩演变和泥沙运移等的影响。"船舶"这一术语是 20 世纪 60 年代开始提出的,其内容也是近二三十年以来随着海洋石油、天然气等矿产的开采,逐步发展充实起来的。按其技术核心和在海洋开发利用的海域,船舶与海洋工程装备制造业二者有所区别,又有所重叠。

海洋工程始于为海岸带开发服务的海岸工程。地中海沿岸国家在公元前 1000 年已开始航海和筑港;中国早在公元前 306 年至公元前 200 年就在沿海一带建设港口,东汉时开始在东南沿海兴建海岸防护工程;荷兰在中世纪初期也开始建造海堤,并进而围垦海涂,与海争地。长期以来,随着航海事业的发展和生产建设需要的增长,海岸工程得到了很大的发展,其内容主要包括海岸防护工程、围海工程、海港工程、河口治理工程、海上疏浚工程、沿海渔业工程、环境保护工程等。但"海岸工程"这个术语到 20 世纪 50 年代才首次出现,随着海洋工程水文学、海岸动力学和海岸动力地貌学以及其他有关学科的形成和发展,海岸工程学也逐步形成一门系统的技术学科。

从 20 世纪后半期开始,世界人口和经济迅速膨胀,对蛋白质、能源的需求量也急剧增加,随着开采大陆架海域的石油与天然气以及海洋资源开发和空间利用规模不断扩大,与之相适应的近海工程成为近三十年来发展最迅速的工程之一。其主要标志是出现了钻探与开采石油(气)的海上平台,作业范围已由水深 10 米以内的近岸水域扩展到了水深 300 米的大陆架水域。海底采矿由近岸浅海向较深的海域发展,现已能在水深 1000 多米的海域钻井采油,在水深 4000 米的洋底采集锰结核,在水深 6000 多米的大洋进行钻探。

海洋潜水技术发展也很快,已能进行饱和潜水,载人潜水器下潜深度可达 1 万米以上,还出现了进行潜水作业的海洋机器人。这样,大陆架水域的近海工程和深海水域的深海工程均已远远超出海岸工程的范围,所应用的基础科学和工程技术也超出了传统海岸工程学的范畴,从而形成了新型的海洋工程。海洋工程的结构型式很多,其中海上平台以钢材、钢筋混凝土等建成,可以是固定式的,也可以是活动式的。浮式结构物主要适用于水深较大的大陆架海域,如钻井船、浮船式平台、半潜式平台等,可以用作石油和天然气勘探开采平台、浮式贮油库和炼油厂、浮式电站、浮式飞机场、浮式海水淡化装置等。除上述两种类型外,近十多年来还在发展无人深海潜水器,用于遥控海底采矿的生产系统。海洋环境复杂多变,海洋工程常要承受台风(飓风)、波浪、潮汐、海流、冰凌等的强烈作用,在浅海水域还要受复杂地形以及岸滩演变、泥沙运移的影响。温度、地震、辐射、电磁、腐蚀、生物附着等海洋环境因素,也对某些海洋工程有影响。因此,进行建筑物和结构物的外力分析时考虑各种动力因素的随机特性,在结构计算中考虑动态问题,在基础设计中考虑周期性的荷载作用和土壤的不定性,在材料选择上考虑经济耐用等,都是十分必要的。海洋工程耗资巨大,事故后果严重,对其安全程度严格论证和检验是必不可少的。海洋资源开发和空间利用的发展,以及工程设施的大量兴建,会给海洋环境带来种种影响,如岸滩演变、水域污染、生态平衡恶化等,都必须给予足够的重视。除进行预报分析研究,加强现场监测外,还要采取各种预防和改善措施。

　　海洋船舶与装备制造业是为航运交通、海洋开发以及国防建设提供技术装备的现代化综合性产业,是保障国家安全、确保国家能源战略和维护海洋权益的重要工业基础,对钢铁、化工、轻纺、装备制造、电子信息等重点产业发展具有较强的带动作用,对促进劳动力就业、发展出口贸易和保障海防安全意义重大。船舶与海洋工程装备制造业是现代大工业的缩影,是关系国防安全及国民经济发展的战略性产业。按照中国的《国民经济行业分类与代码(GB/T 4754-2002)》,中国船舶与海洋工程装备制造业主要隶属于交通运输设备制造业中的船舶及浮动装置制造业(代码为375),包括金属船舶、非金属船舶、娱乐船及运动船建造和修理、船舶修理及拆船、船标器材浮动装置的制造等子行业。此外,海洋工程装备,即用于海上汽油开采的装备,则分布在其他一些分类之中。

二、 船舶工业及产业链

(一)海洋动力运输船舶重点产业及产业链

1.船舶设计产业

船舶设计产业为船舶建造提供专业技术服务,处于海洋船舶与工程装备制造产业链的最上游。它决定了船舶的技术规格与重大指标,也在一定程度上决定了船舶的建造成本,是海洋船舶与工程装备制造产业体系中最重要的一个环节,有"造船之母"之称。船舶设计是典型的技术密集型和人才密集型产业,具有较高的技术和人才壁垒。船舶设计可划分为合同设计、详细设计和生产设计三个阶段。

2.船舶制造产业

船舶制造产业主要是对各种类型的海洋动力运输船舶在船台或者船务进行分段制造或者总组装制造。目前建造的产品主要有散货船、集装箱船、超大型集装箱船、液化天然气船、化学品船、豪华游船、汽车运输船以及特种功能船等。

3.船舶配套产业

船舶配套产业是指生产和制造除船体以外的所有船用设备及装置的工业,它与船舶总装业、船舶修理业共同组成完整的海洋船舶与工程装备制造产业。主要产业有各种类型船用柴油机,罗经,收、发报机,锅炉以及其他甲板机械、舱室机械、舶舶上层建筑、烟囱、机舱、供电器、船用电缆、水泵、灯具、阀门、柴油机备件,化工等,此外还包括造船软件系统及信息集成系统、舰船机舱自动化控制系统、船用配套工程设计及设备安装等。随着分工越来越细,近年出现的船舶分段制造也成为船舶配套产品之一,未来的船舶制造产业主要趋向于总组装产业。

(二)海洋工程装备重点产业及产业链①

国际上通常将海洋工程装备分为三大类:海洋油气资源开发装备、其他海洋资源开发装备、海洋浮体结构物。目前海洋油气资源开发的过程中海洋油气资源开发装备是海洋工程装备的主体。海上石油开采行业是多行业交叉的行业,其产业链涵盖了海洋石油勘探、油井建设、钻采、运输、提炼等整个过程(见图2-2)。在这个产业链中,各种不同专业背景的企业需要紧密合作,运用大量的先进技术和装备,才能以最低的成本成功地开采出海洋石油。其中海洋工程装备是油井建设环节中不可或缺的技术装备。

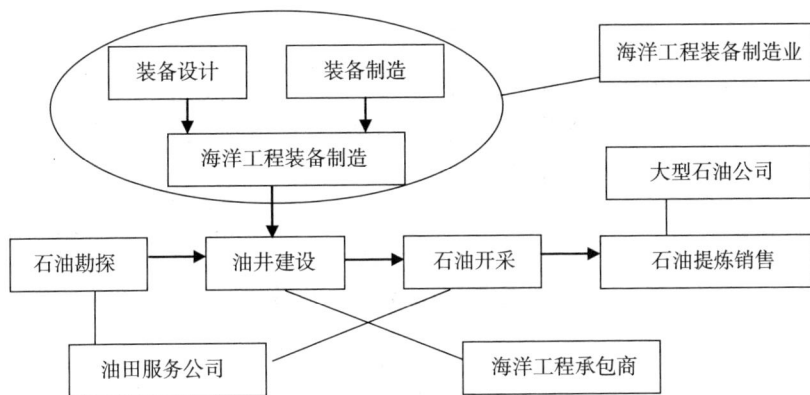

图 2-2　海洋油气资源开发的产业链图

资料来源:作者自绘。

具体到海洋工程装备的产业链,其主要包括装备设计、装备制造和装备配套三大环节(见图2-3)。其中,装备设计主要包括平台设计和平台配套设备设计、制造业务,以及其他海洋结构物的设计与制造服务;装备制造主要包括钻井平台(包括自升式钻井平台、半潜式钻井平台和钻井船)和生产平台(包

---

① 王丹:《船舶与海洋工程的产业链及代表企业分析》,豆丁网文库。

括 FPSO①、TLP②、SPAR③ 等);装备配套主要包括绞车、泥浆泵、顶驱、转盘、大型锚机、海水淡化设备等。

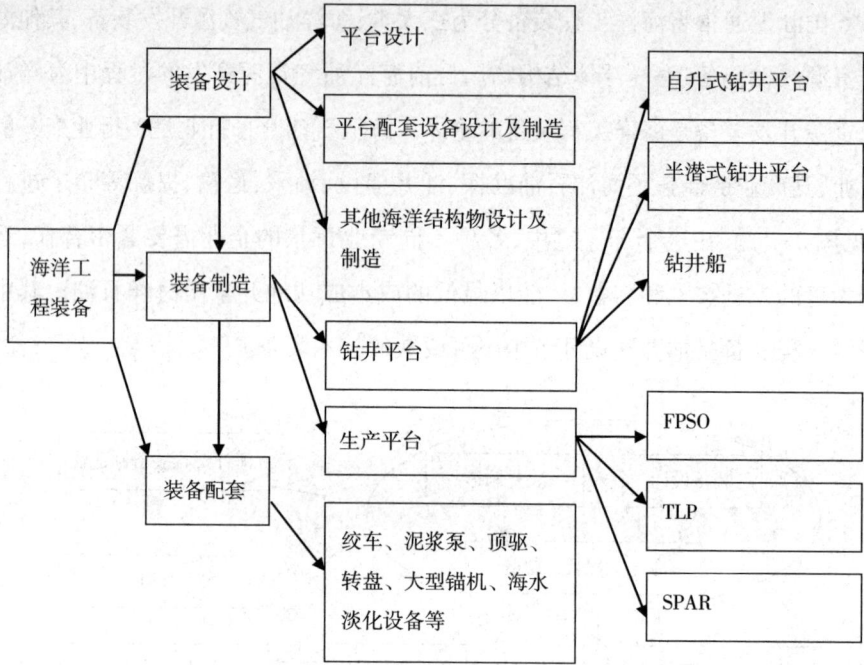

图 2-3　海洋工程装备的产业链图

资料来源:作者自绘。

第二节　船舶工业的基本特征

船舶与海洋工程装备制造业由于独特的技术要求以及产品应用的特殊环

---

① FPSO,Floating Production Storage and Offloading(浮式生产储油卸油装置,可对原油进行初步加工并储存,被称为"海上石油工厂")。

② TLP,Tension Leg Platform(一种海洋油气开发工程设施与设备,其原理是利用半顺应半刚性的平台产生远大于结构自重的浮力,从而与预张力平衡,以此为生产提供一个相对平稳安全的工作环境,并且其自身的直立浮筒结构也能使其具有良好的运动性能)。

③ 一种新型的浮动式海洋平台。

境,与其他机械制造业相比有着独有的产业特点。

一、 产业关联度大,对国民经济带动性强

船舶与海洋工程装备制造业被誉为"综合工业之冠",几乎与国民经济绝大部分产业部门密切联系,其中与机械、冶金、电子等行业最为密切。

(一)关联度大

船舶与海洋工程装备制造业作为综合性加工装配工业,需要大量上游产业为其提供各种原材料和配套产品,与国民经济各产业部门有着广泛而密切的联系。据对 1992 年投入产出表的分析表明,在国民经济 116 个产业部门中,船舶与海洋工程装备制造业对其中的 97 个部门有直接消耗,关联面达84%。1992 年,全国船舶与海洋工程装备制造业直接消耗其他产业的投入(中间投入)共78.53 亿元,其中机械电器行业产品占 37.7%,冶金行业产品占16.8%,电子、仪表、轻纺产品占 8.1%,石化、电力、建材行业产品占 8.6%,商业、金融等第三产业的服务占 18.9%,船舶与海洋工程装备制造业自身的产品占 7.3%。

在国民经济各产业部门之间的投入产出关系中,除了存在一个产业对其他产业产品的直接消耗(中间投入)外,还存在着相当部分的间接消耗。例如,造船要用电,还要用钢和机械设备,而钢和机械设备的生产也要消耗电,这部分电的消耗就是造船对电的间接消耗。通常一个产业所消耗的中间投入产品加工迂回度越大,则间接消耗也越大。将某产业在生产单位产品的过程中对其他产业产品的直接消耗和全部间接消耗之和称为"完全消耗"。依据直接消耗系数矩阵求得的完全消耗系数矩阵,可以更全面地反映出产业之间的关联状况。一般来说,完全消耗系数越大,则表明相应两个产业间的关联度就越高。1992 年投入产出表的资料表明,船舶与海洋工程装备制造业的完全消耗系数总计为 2.2603410,要高于整个机械工业的 2.0367904,也高于运输设

备制造业的 2.111807。这说明船舶与海洋工程装备制造业对整个国民经济或者说与三产业的关联度都很高。就各具体产业部门而言,船舶与海洋工程装备制造业与金属冶炼及压延工业的关联程度最高,其次是机械工业、商业、化学工业等。加快船舶与海洋工程装备制造业的发展,将会对相关产业的发展产生重要的带动作用。

(二)对国民经济的带动性强

船舶与海洋工程装备制造业对国民经济的带动作用除表现为与其他产业的关联性强外,还突出表现在它与其他产业间相互影响的效果上。一般而言,在国民经济产业结构这一系统中,某产业在生产过程中的任一变化,都将通过产业间的关联关系而对其他产业发生影响。通常,把某产业对其他产业的影响作用称为影响力,而把该产业受其他产业的影响称为感应度。通过投入产出表中逆矩阵系数的计算,可以求得某一产业的影响力系数和感应度系数,从而可以较好地判别该产业对国民经济带动作用的大小。结果表明,船舶与海洋工程装备制造业的影响力系数为 1.18594386,在国民经济 116 个产业部门中居第 16 位。影响力系数大于船舶与海洋工程装备制造业的产业部门主要是一些生活资料或与生活资料关系密切的生产部门,如纺织、日用电子、日用塑料、日用机械制造业等。而在与船舶与海洋工程装备制造业产业特征比较相近的运输设备制造业中,船舶与海洋工程装备制造业的影响力系数甚至超过了普遍认为带动作用巨大的汽车制造业而位居第一。与其他重要产业如机械制造业和建筑业相比,船舶与海洋工程装备制造业的影响力系数也处在较高的水平上。可以看出,船舶与海洋工程装备制造业对国民经济具有非常突出的带动作用。比较而言,船舶与海洋工程装备制造业的感应度系数相对较低,其原因主要是由于国轮国造的政策没有很好实施,导致大量船舶和海洋工程订单外流,国民经济发展对船舶与海洋工程装备制造业的真正需求没有充分显示出来。今后,随着国内订单的逐步增多,以及船舶与海洋工程装备制造业领域的进一步拓宽,船舶与海洋工程装备制造业的感应度系数必将大大提高,船舶与海洋工程装备制造业对国民经济的作用将更加充分地显示出来。

二、　集劳动密集、技术密集和资金密集于一体

船舶与海洋工程装备制造业是集劳动密集、技术密集和资金密集于一体的产业。劳动密集表现在建造一条现代船舶必须集中使用大量的劳力。由于造船不像生产汽车或电子产品高度自动化、机械化,船舶产品必须消耗大量的劳动力。据称每建造一万载重吨船舶,可以解决船舶与海洋工程装备制造业本身及其上游产业 3000 个就业岗位。在船用材料、设备价格日趋国际化的情况下,劳动费用的高低对一个国家造船竞争力的强弱有着十分重要的影响。虽然随着科学技术的发展,在发达国家劳动密集型这一特点已经不再显著,但是在中国,船舶与海洋工程装备制造业仍然属于劳动密集型产业。

技术密集表现在,现代化船舶集中了众多的先进科学技术成果,是技术高度综合的产品。并且,随着船舶产品的大型化、自动化、专用化以及用户多样化的要求,技术的难度大大增加。光纤通信、卫星导航、遥控自控、计算机信息技术等现代科学技术在新一代船舶方面的应用,使现代船舶的建造日趋复杂。

资金密集表现在,船舶企业固定资产投入大,生产周期长,占用资金多。船舶产品价值高。发展船舶与海洋工程装备制造业和生产船舶必须先有大量的投入和一定数量的资金积累。

三、　具有国际通用性

现代船舶具有很强的国际通用性,船舶建造必须符合一系列国际规范和标准。从建造的角度而言,随着国际分工的深化,现代船舶已经成为国际产品。现代船舶配套设备的复杂性,已使任何一个国家都难以不依赖其他国家而完全独立完成一条船的建造。衡量一个国家船舶与海洋工程装备制造业的水平,一个重要方面就是看其能不能紧跟国际先进造船技术,产品的性能、质

量、价格在国际上有没有竞争力。

第三节　中国船舶工业发展概况

一、　中国船舶工业总装产业发展情况

2015—2019 年,从世界造船三大指标及市场份额比较分析来看,中国的造船三大指标均长期位列世界前列,从全球每年造船完工市场份额分配来看,中国已经连续多年成为世界第一造船大国。其中,2018 年全球造船完工量市场份额明显超越日本、韩国(见图 2-4)。除了新接订单量全球市场份额占有率还不稳定外,其他两项指标仍然处于世界第一位,总的说来,中国船舶总装产业出现以下发展情况。

全球市场占有率（%）

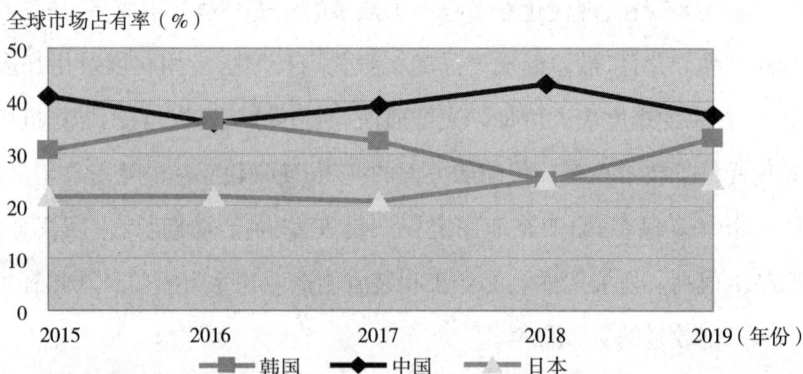

图 2-4　中、日、韩三国 2015—2019 年造船完工量全球市场占有率

资料来源:作者自绘。

1.总体运行有下降的趋势,新接订单在市场上占有率有所波动的同时,订单数量下降

2015—2019 年,从全球船舶与海洋工程制造业的三大指标走势来看,2016 年新接订单量出现一个猛增的势头,但是 2015—2018 年,全球新接订单

市场份额从 2016 年以来出现一个明显的下行趋势,其中 2018 年新接订单被韩国超越,说明全球船舶市场需求出现大的萎缩,我国造船竞争力面临挑战(见图 2-5)。从中、韩、日世界三大造船大国的市场份额来看,在 2015—2019 年,中、韩、日三国造船完工量都存在下滑趋势。从三国造船完工量市场份额占有率走势来看,中国在造船完工量上保持一个平稳的趋势,韩国处于一种下降趋势,日本处于稳步下降趋势,这一现象在 2016—2018 年最为明显。新接订单量是反映一个国家造船市场市场竞争力的一个重要指标。在 2015—2018 年,中国新接订单量在 2016 年达到了一个峰值。但是 2016 年以后,中国新接订单量每年迅速下降,韩国在 2016—2018 年相对地上升。日本在 2017 年止降转升,中国却加速下降。到 2018 年,韩国新接订单量超过中国,日本新接订单量也接近中国。这反映中国船舶与海洋工程制造业在 2015—2018 年市场竞争力明显下降,产业升级和结构调整压力空前。2019 年,全国造船完工 3672 万载重吨,同比增长 6.2%。承接新船订单 2907 万载重吨,同比下降 20.7%。12 月底,手持船舶订单 8166 万载重吨,同比下降 8.6%。全国完工出口船 3353 万载重吨,同比增长 6%;承接出口船订单 2695 万载重吨,同比下降 15.9%;12 月底,手持出口船订单 7521 万载重吨,同比下降 5.5%。出口船舶分别占全国造船完工量、新接订单量、手持订单量的 91.3%、92.7% 和 92.1%。

　　手持订单量是反映一个国家造船业生存压力的一个重要指标。从全球手持订单量总体走势情况来看,2014 年、2016 年是金融危机以来的两个峰值。2015—2019 年,中国手持订单市场份额保持一种相对的平稳,从 2017 年开始出现明显的下降趋势,而韩国、日本手持订单量出现一个稳步增长趋势。与中国的差距明显缩小。中国造船产业生存空间来自韩国、日本的挤压明显加强(见图 2-6)。中国船舶与海洋工程装备制造企业必须加快产业调整和产业升级步伐,快速增强企业的国际市场竞争力。这是中国船舶与海洋工程装备制造业的生存之道。

全球市场占有率（%）

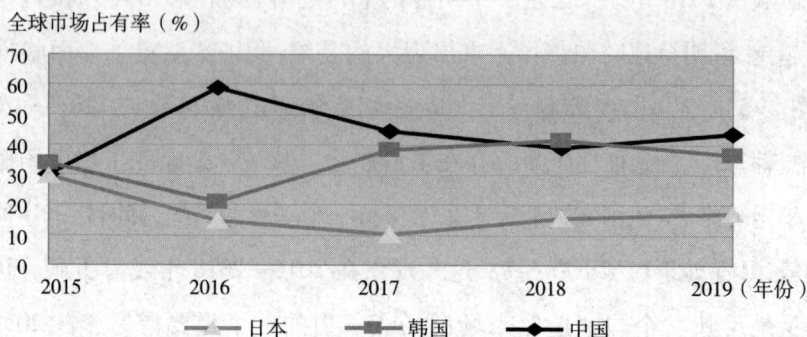

图 2-5　中、日、韩三国 2015—2019 年造船新接订单全球市场占有率

资料来源：作者自绘。

全球市场占有率（%）

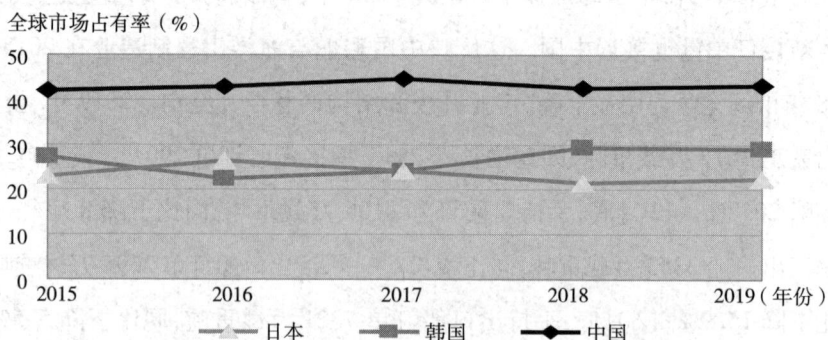

图 2-6　中、日、韩三国 2015—2019 年造船手持订单全球市场占有率

资料来源：作者自绘。

2. 船舶行业经济效益当年实现增长

2019 年，全国规模以上船舶工业企业 1052 家，实现主营业务收入 3947.7 亿元，同比增长 11.9%。其中，船舶制造企业 2879.9 亿元，同比增长 10.6%；船舶配套企业 430.6 亿元，同比增长 7.3%；船舶修理企业 212.9 亿元，同比增长 15.3%；船舶改装企业 41 亿元，同比增长 6.9%；船舶拆除企业 73.1 亿元，同比增长 62.9%；海工装备制造企业 304.5 亿元，同比增长 24.4%。规模以上船舶工业企业实现利润总额 53 亿元，同比增长 23.4%。其中，船舶制造企业 42.6 亿元，同比增长 6.6%；船舶配套企业 20.3 亿元，同比增长 24.6%；船舶

修理企业 6 亿元,同比增长 13.5%;船舶改装企业 4.1 亿元,同比增长 38.1%;船舶拆除企业 3 亿元,同比增长 110%;海工装备制造企业亏损 23 亿元,与上年基本持平。

3. 船舶出口金额同比下降

2019 年,我国船舶出口金额为 221.2 亿美元,同比下降 10.3%。出口船舶产品中,散货船、油船和集装箱船仍占主导地位,出口额合计 112.7 亿美元,占出口总额的 50.9%。船舶产品出口到 212 个国家和地区,仍然以亚洲为主。我国向亚洲出口船舶的金额为 124.3 亿美元,占出口总额的 56.2%;向欧洲出口船舶的金额为 36.1 亿美元,占出口总额的 16.3%;向非洲出口船舶的金额为 24.8 亿美元,占出口总额的 11.2%。

4. 船型结构升级不断取得新突破

2019 年,我国骨干船企加大科研投入,船型结构持续优化。智能船舶研发生产取得新突破。"一个平台+N 个智能应用"模式在三大主流船型上成功示范应用,我国造船业全面迈入"智能船舶 1.0"新时代。绿色环保船型建造取得新成果。17.4 万立方米双燃料动力液化天然气船、7500 车位液化天然气动力汽车滚装船顺利交付,2.3 万标箱的液化天然气动力超大型集装箱船下水。豪华邮轮建造取得新进展。首艘极地探险邮轮成功交付并完成南极首航、国产大型邮轮全面进入实质性建造阶段。高端科考船建造取得新成效。"海龙"号饱和潜水支持船交付,我国首艘自主建造的极地破冰科考船"雪龙 2"号与"雪龙"号一起展开"双龙探极"。

5. 船企效益企稳回升

2019 年,船企通过制定项目管理强化风险管控、利用机器人生产线推进智能化应用、深化预算制度加强成本管理等方式降本增效,同时,人民币兑美元汇率贬值和船板价格同比下降。三大船舶央企通过优化债务结构、开展股权融资、实施市场化"债转股"等途径有效低企业债务水平,全行业资产负债率由 69.4% 下降至 68.9%,同比下降 0.5 个百分点。统计数据显示,2019

年1—11月,规模以上船舶工业企业营业费用、管理费用和财务费用分别同比下降2.9%、7.7%和24.6%,利润总额为53亿元,同比增长23.4%,船企效益企稳回升。

6. 修船行业盈利水平明显提高

2019年,我国船舶修理行业充分利用IMO(International Maritime Organization,国际海事组织)《压载水管理公约》和限硫令即将全面实施的契机,积极承接船舶压载水处理系统和脱硫塔安装业务。统计数据显示,我国主要修船企业承接加装脱硫塔业务945个,比2018年增长5.5%,修船产值同比增长60%,企业盈利水平明显提高。同时,船舶修理行业持续推进绿色修船技术创新,舟山万邦永跃船舶修造有限公司自主研发的超高压水除锈设备在多家修船企业得到广泛应用,《修船行业绿色船舶修理企业规范条件》发布实施,促进了修船行业高质量发展。

7. 海工装备"去库存"取得进展

2019年,我国骨干海工装备制造企业把握全球海工装备上游运营市场温和复苏的趋势,采用"租、转、售、联"等方式积极推动海工装备"去库存"。据不完全统计,中国船舶集团、招商工业、中远海运重工等企业租售十余座钻井平台;福建省船舶工业集团有限公司、中远海运重工等企业交付各型海洋工程船六十余艘。

8. 船舶工业向智能化转型加快推进

2019年,船舶企业深入开展信息化与工业化融合发展,将智能制造作为船舶工业强化管理、降本增效的主攻方向。两家船舶智能制造试点示范项目单位——南通中远海运川崎船舶工程有限公司和大连中远川崎船舶工程有限公司,通过使用"全面钢板印字机""钢板数控切割""焊接机器人"等智能自动化生产线作业,生产周期明显缩短,物料消耗明显降低,作业人员明显减少。武汉船用机械有限责任公司打造的船海工程机电设备数字化车间将船机产品的研发周期缩短30%以上,生产效率提高20%以上。烟台中集来福士海洋工程有限公司自主研发的智能化激光复合焊接生产线投入使用后减少 30% 的建造工时,生产效率提高 40%。上海船舶工艺研究所研发制造的船舶智能制造流水线有效提高了产品质量,能源消耗降低 30%,人工比例降低 40%,生产效率提高 50%,船舶工业向智能化转型成绩显著。

二、 中国船舶工业装备配套业发展概况

（一）中国船舶与海洋工程装备配套业发展总体情况①

1. 出现产品开发设计能力、生产能力、国产化低三低的局面,船舶配套设备的采购长期依赖进口

国内船厂船用配套产品的开发设计能力和生产能力低已经成为严重制约中国船舶与海洋工程装备制造业发展的瓶颈,中国的造船成本优势减弱,船舶产品利润空间逐渐减小。按照国际标准、世界各船级社规范和国际海事公约及有关航海规则要求,衡量某国造船生产自我配套能力主要通过该国产设备装船率这一指标加以衡量,其计算公式为:

国产设备装船率(%)＝国产化装船设备价格之和/全船设备总价×100%

中国船舶工业总装产业多年一直保持高速发展的同时,中国船舶设备配套业却一直在走下坡路,国产船用配套设备的实际装船率持续下降,中国船舶配套对进口的依赖程度越来越大。例如,在柴油机发电机组、机舱自动化及遥感、通信导航和吊车锅炉等方面设备基本依赖进口;中船重工建造的 30 万吨巨型油船（Very Large Crude Carrier, VLCC）,国产设备仅占 11.7%。技术含量越高的船舶国产配套设备的装船率越低。据统计,中国船用产品的装船率小到 5%—30%,而日本是 98%,韩国是 90%。船舶配套产品的落后,使国内船厂在参与国际竞争和承接出口船订单时受制于人,同时大大降低了盈利水平,对中国争创世界第一造船大国的进程造成严重制约。一般情况下,一艘船舶

---

① 刘仲敏:《我国船舶配套业的比较优势》,《中国水运》2008 年第 4 期。

的总造价中,船舶配套设备占了大约65%,我国船用配套设备的大量进口,造成造船利润的严重流失。表面上看,中国造船位居世界第一,可从利润上看,中国则是处于倒数的位置。

目前全国船舶制造、配套企业已有两千余家,每年船舶配套设备采购额达200多亿元人民币。由于目前中国船舶配套产业技术及产品难以与船舶与海洋工程装备制造业的发展相适应,因此只能依靠大量进口国外船用设备产品来维持船舶与海洋工程装备制造业快速发展。与此同时,与日本、韩国相比,中国船用配套生产工艺装备实力普遍偏弱,往往无法按照先进技术的标准建造出合格的产品,不能满足近年来船舶与海洋工程装备制造业规模扩大的需要,无法满足船东的要求,使得船舶配套业对船舶与海洋工程装备制造业产生巨大的消极影响。

2. 国内配套业核心技术薄弱没有话语权

随着越来越多的企业进入船舶与海洋工程装备制造业,同时船舶与海洋工程装备制造业对造船技术要求越来越高,导致这个行业在竞争激烈的情况下价格逐渐下降,只有掌握技术核心的企业才能继续维持赢利的市场局面。但是在利润下降期间,没有掌握核心技术的大部分是国内的船舶配套企业。虽然中国的造船劳动力成本较日本、韩国和欧洲低很多,但是船舶的高附加值部分——船舶总装配套产品都需要进口,价格话语权全都掌握在国外出口商手中,因此中国的造船总装业数量虽大,但是利润空间是越来越小。并且,在日本等先进造船国家,上下游相关企业之间已经形成了一条产业链,每个企业都是整个产业链上的一环。在国际船市发生波动的时候,船舶产业链上的企业可以共同抵抗市场风险。而中国船舶与海洋工程装备制造业与船舶配套业的脱节,两者之间抵御风险能力低。中国船舶配套业在同船舶与海洋工程装备制造业发展的过程中没有像日本、韩国、欧洲的船舶配套企业一样,掌握船舶产品的知识产权与核心技术,使国内的船舶配套企业的竞争力大大降低,更严重影响了国际竞争力和实际创汇能力,使中国船舶与海洋工程装备制造业的发展越来越受制于人。因此如何突破中国船舶配套业的瓶颈束缚？如何把握当前面临的发展机遇？如何快速提升中国船舶配套业的综合实力？成为急需解决的问题。迅速扭转中国船舶与海洋工程装备制造业的利润逐渐被进口的高利润船舶配套产品消减掉的局面势在必行。由于全球的船舶配套产品的市场力主要掌握在国外的几个寡头企业手中，所以现在国内自主研发、自主创新的民族船舶配套业发展必须首先要打破国外技术垄断，逐步建立起自己的配套产业平台，这一点对于企业平台更为有效。

总的来说，与中国船舶与海洋工程装备制造业快速发展不相协调的是，中国国产船用配套设备的品种、质量和性能越来越难以满足船舶与海洋工程装备制造业发展的需要。与日本、韩国相比，中国船用设备的低水平配套能力，严重削弱了中国船舶出口的国际竞争力，已成为中国船舶行业需要认真思考和亟待解决的问题。

(二)近年中国船舶与海洋工程装备配套业发展新的进展

近年在国际船市总体下行的情况下，中国船舶与海洋工程装备配套业出现了逆市上扬的可喜局面。骨干船舶配套企业加大科技研发，加强产品研制和市场拓展。2014年，我国船舶配套产业出现恢复性增长，交付了国内首台绿色环保W6X72主机、11S90ME-C9.2船用低速柴油机、6S40ME-B9.3型船用低速柴油机；自主研发的电力推进系统集成、高效扭曲舵、全回转舵桨系统、350吨双滚筒拖缆机、船舶综合导航系统、1600千瓦伸缩全回转动力定位推进器等一批配套设备实现装船；自主研发的综合船桥系统及关键设备、低压大功率液压马达、SXD-MAN 12V32/40原油发电机组、组合式拖缆吊车、DP3动力定位系统等产品技术填补国内空白，打破国外垄断；自主研制的自升式平台升降系统实现批量出口，动力定位系统获得用户认可。2014年，中国船舶配套企业主营业务收入942.7亿元，同比增长11.8%。完工船用低速柴油机近

700 万马力,同比增长 71.6%。承接中低速柴油机超过 1200 万千瓦,同比增长 100%;锚铰机、舵机、吊机、增压器、螺旋桨、曲轴等主要配套产品产量同比也大幅增长;我国散货船本土化率达到 80%左右,油船和中小型集装箱船本土化率达到 70%左右。①

三、 中国船舶工业改修、拆船业发展情况

(一)中国修船业发展概况②

1.中国修船业发展现状

从 20 世纪 90 年代中后期开始,伴随中国制造业崛起,作为国际海运配套服务产业的海运船舶修理产业遵循成本原则和就近原则,中国大陆修船业发展极为强劲。在 2006 年国务院审批通过的《船舶工业中长期发展规划(2006—2015 年)》中,对中国修船业未来发展作出明确规划,为中国修船业的发展提供了政策支持和保障。此后,中国修船基础设施建设提速,船坞大型化发展,大型船舶改装能力明显提升。当前,中国修船价格相对低廉,只有新加坡价格的 45%左右,修船体系趋于完善,修船技术和水平不断得到提高。据中国船舶工业行业协会修船分会数据显示,截止到 2019 年年底,中国规模以上修船厂 200 多家,修船总产值占世界修船市场的近 30%。在技术实力不断增强和价格具有市场竞争性的基础上,中国修船业已经具有在世界修船市场上参与竞争的强大力量,其中经常承修外轮的修船厂约有 34 家,拥有各类船坞 82 座,合计总坞容 1300 万载重吨。2008 年全球金融危机以后,相对航运和造船业的萧瑟凄凉,修船业则出现难得的一片小温暖,尤其是在 2015 年和 2016 年两年中,中国修船业保持良性发展,修船市场需求出现反弹,加之供给

---

① 中国船舶工业行业协会官网:《2014 年船舶工业行业发展情况报告》,见 http://www.cansi.org.cn/。

② 《中国将成为世界修船中心》,《航运交易公报》2017 年 4 月 18 日。

能力的调整,修船利润得以增长。2015 年,全国规模以上船舶修理厂实现主营业务收入 227.4 亿元,同比微降 0.1%;实现利润总额 10.2 亿元,同比大幅增长。除常规修理任务外,骨干修船厂技术能力不断提升,承接了不少高端改装工程。2016 年,修船市场常规修理订单有所减少,环保改装需求虽有增加,但节能改装需求下降,虽不及 2015 年的"井喷"行情,2016 年全国修船产值仍达到 207.7 亿元,完工船舶 8086 艘。从产业集中度来看,SPCC(斯佩克)成员船厂修船产值占全国的 60.0%,艘数占 50.0%。根据中国船舶工业行业协会修船分会数据显示,2016 年中国重点修船厂(SPCC 成员船厂)完成产值 125亿元,完工修船 4039 艘。

2. 中国修船业未来发展趋势和挑战

修船市场是国际航运市场的重要组成部分,航运市场的景气度直接决定了修船市场的发展形势。船舶以平均两年半修理一次计算,目前每年修船量约为 2.35 万艘,其中中国船厂承修船舶每年近一万艘。其次,造船市场、拆船市场、二手船交易市场决定了航运市场的船队供给,除去环保等技术改装因素,船队的船龄状况也直接影响着修船市场的需求状况。根据中远海运重工数据分析,全球未来 5 年、10 年、15 年和 20 年船龄的船舶总艘数接近 9000艘,与 2015 年的 8659 艘基本持平,因此若无突发状况,在未来几年内全球修船市场将有小幅上升。与此同时,因为中国修船依然以三大主力船型为主,尤其散货船占比较大。从数据显示,三大主力船型四个船龄段合计船舶总艘数在 2018 年重回下降趋势,因此在未来几年中国修船基本上保持一种平稳发展状态。根据英国有关机构关于全球民船修理的报告显示,全球民船修理的潜在收益中,亚洲区域所占份额最大,其中中国的潜在收益为 21.93 亿美元,在亚洲区域中占比 44.82%,在全球中占比 16.15%。因此中国修船业未来在世界范围内正在发挥更大作用,此种背景下,中国修船厂着力构建更加规范、健康的市场。2016 年年底,《中国修船质量标准(GB/T 34001-2016)》公开发布,为世界上首个对修船质量要求实现全覆盖的国家级标准。2016 年 1 月 7

日起,以《中国修船质量标准(GB/T 34001-2016)》为依据的《中国修船价格指引(2016 版)》在全行业推广实施,作为中国修船厂定价决策的指导性文件。《中国修船价格指引(2016 版)》覆盖十多年来的船舶大型化和新船型新工艺,完善了大型船舶规格,填补新船型空白,反映安全环保投入,形成劳动力、材料等随行就市的机制,进一步体现中国修船行业"优质优价"的经营策略,充分反映近年来国家安全环保政策对修船业的要求,并对未来探索建立修船价格与资源价格的联动机制具有重要指导意义,这将为建立中国修船 4S 体系奠定重要基础。

中国修船市场竞争同时涵盖高端和中低端两个市场领域的竞争,在产能过剩未得到实质性改善的状况下,中国修船市场未来发展仍面临较大挑战。具体来看,未来高端市场的竞争因为中国的介入将日趋激烈,其竞争将主要在中国与新加坡之间展开。而中低端修船市场的竞争出现在中国国内的竞争,以及中国与越南、菲律宾、印度等东南亚国家之间的竞争。亚洲地区修船新增产能来势汹汹,使原有产能日趋饱和,甚至已经过剩,正冲击着世界修船市场的正常秩序。而当前中国修船业无序竞争依然没有得到根治,"去产能"市场机制和工作机制还没有形成,致使修船业产能过剩严重,"去产能"步伐较慢,仍然存在一些"僵尸"企业试图复活。从修船供给能力来看,中国修船业产能依然过大,据不完全统计,规模以上修船厂在华南地区有 7 家、船坞 14 座、总坞容 243.5 万载重吨;舟山地区有 11 家、船坞 26 座、总坞容 485 万载重吨;上海及周边地区有 10 家、船坞 26 座、总坞容 269.9 万载重吨;北方地区有 6 家、船坞 16 座、总坞容 280 万载重吨。以上船厂坞容总共约 1300 万载重吨,其中 14 座船坞坞宽超过 70 米,需全球一半以上的修船业务在中国完成才能满足如此巨大的修船产能。同时,修船产能扩张的阴影挥之不去。当前,部分造船厂由于新造船订单严重不足,开始转战修船领域,并向修造并举发展。SPCC(斯佩克)成员船厂会议分析认为,华南地区的修船坞容能力将从 250 万载重吨升至 350 万载重吨,在全国范围仅次于舟山地区。此外,还有部分修船新厂区实现投产,使得修船产能进一步扩张。中国北方一家企业在老厂关闭后,新厂暂时用30万吨级船坞进行修船,后续还将有10万吨级浮船坞投产。

除产能过剩外,因全球船市持续低迷,船东财务吃紧,中国修船厂面临普遍的订单缺乏,尤其是高附加值的订单不多。中国修船业近年经过结构调整,常规改装市场减少,部分船厂开始承接对FPSO/FSO及海工平台的升级改造,或对极少部分特殊船舶如牲畜船、重吊船的改装。但在高端市场领域,中国修船业面临着新加坡这个强劲对手。而修船全行业劳动力成本上升、技术创新的突破不多,也使得中国修船厂相对国外造船厂的竞争优势进步甚少。与此同时,世界修船市场还遭遇修船价格大幅下降的冲击。由于市场形势恶劣,船东尽量减少修船项目并压低修船价格,修船厂之间竞争激烈,修船成本不断上涨,致使修船厂利润空间大受挤压。而对于中国市场而言,修船价格偏低并不是新问题,甚至已经成为"中国特色",但修船的产能过剩加剧了这一趋势。与此同时,原材料、人工及能源成本不断上涨。有数据显示,当前土耳其修船价格约是中国修船价格水平的2—3倍,新加坡为中国的3—5倍。因此,对中国修船业未来的发展,作为中国修船重要力量的中远海运重工提出,除了常规修船以外,需要更多地关注和发展高附加值船舶的修理,并逐步发展市场驱动型和海工发展类的相关改装业务。近年来,国际组织"绿色修船"要求更为严格,国际上运营的船队面临船舶规范要求的改装、废气处理和节能减排方面改装的修船需求。据介绍,船舶规范要求的改装,主要集中在新增脱硫减排装置和压载水处理装置方面。随着压载水处理和废气减排新规范实施的临近,必将迎来新一轮的商机。《压载水管理公约》生效之前,预计有7000艘左右的船舶将陆续加装压载水处理系统。因此中国修船厂需要在高端领域持续发力,参与高端市场的竞争。

（二）当前中国拆船业发展概况①

1. 中国拆船业发展现状

结构性矛盾突出,多数拆船企业处于产业链中低端,缺乏知名品牌。中国拆船业兴起于20世纪六七十年代,发展于20世纪80年代末90年代初。目前全国有大小拆船企业近200家,拆解能力达到每年800多万轻吨。目前我国拆船业"低、小、散"结构主体的自主创新体系尚未完全建立,也缺乏具备国际一流的复合型拆船企业,由于地区经济、科技发展的不平衡,拆船企业生产经营管理的科技水平和能力参差不齐,一些中小企业设施装备、拆解工艺仍有待提高。目前,设有技术研发中心的拆船企业不多,同时还普遍存在知识产权意识不强等问题。此外,拆船业税费高、环保投入多、劳动力及融资成本增大、物资销售缓慢、库存占压资金周转率低,生产经营压力越来越大,盈利空间极其有限,持续亏损也是近年来我国拆船业发展面临的主要问题。当前受宏观经济形势影响,我国内需拉动不足,钢材需求量锐降,导致废钢市场萎靡不振。买船价格高,出售废钢价格低,进而导致拆船业疲软。2016年,中国拆解老龄船舶总量仅为397万总吨。其中拆解的散货船为289.5万总吨。2018年,受国家大幅减少限制类固体废物进口审批量、加快老旧运输船舶和单壳油船淘汰拆解政策到期的影响,中国拆船协会会员企业拆解国内外废船数量大幅减少。同时,国内废钢市场价格震荡上行,库存废船物资数量下降明显,部分企业经济效益亏损局面有所扭转。在成交数量方面,以轻吨量计同比下降非常明显,其中,成交国内、进口废船轻吨量分别同比下降很大;在成交价格方面,拆船企业成交国内废船年均价同比有小幅增长,成交进口废船年均价同比有小幅下降;在成交金额方面,国内外废船成交贸易总额同比下降近八成。总的来说,经济运行有以下几个特点。

---

① 《中国拆船业的"小目标"》,中国港口网,2018年12月21日,见http://www.chinaports.com。

（1）成交量大幅减少，拆船企业成交各类废船同比减少近八成。有废船成交"入账"的企业数量也大幅减少。

（2）成交废船船型变化大，拆船企业成交国内外废船主要以集装箱船、液化气船和重型吊装船为主，分别占成交总轻吨位的32.7%、23.2%和32.1%。其中，重型吊装船是国内拆船企业首次成交拆解，而以往成交数量最多的散货船(含杂货船)。

（3）拆船库存明显下降。随着供给侧结构性改革和"去产能"力度加大，以及受到生产价格指数(PPI)由负转正等积极因素影响，国内钢材市场需求有所回暖，废钢市场价格在震荡中上行，这也带动了拆船物资的销售。据不完全统计，目前拆船企业拆解回收的废钢、废船板、废有色金属等各类物资库存，同比和环比分别下降近60%和30%。

2. 中国修船业未来发展趋势

国务院在《船舶工业调整和振兴规划》中明确提出"规范发展拆船业，实行定点拆解"。在我国现行《循环经济促进法》中，对电器电子产品回收拆解和再利用也有"交售给具备条件的拆解企业"的要求。这实际上已经对废旧船舶拆解有了明确的要求。2017年4月，第十八届中央深化改革领导小组第三十四次会议，决定改革进口固体废物管理体制，先后公布了禁止包括废船在内的56种固体废物进口的时间表。在政府环保督查力度加大，尤其是2017年国家开展一系列进口固体废物企业督查专项行动以后，2018年国家和地方政府有关部门又进一步加强了对相关企业的环保督查和"回头看"行动力度，一些船舶修造企业非法从事相关船舶拆解活动受到查处；一些拆船企业根据督查整改要求，加大了在安全生产、环境保护和职工健康保障等方面的整改力度。国家改革固体废物管理体制的政策调整，对企业产生了重大影响，部分企业生产经营面临困境。国内拆船企业面临严峻形势。

对于拆船业未来发展，必须要实现科技创新，需要政府、行业协会组织、企业三方共同努力，才能使拆船产业形成可持续发展新的动力，推动拆船企业探索现代拆船新模式,组织进行相关项目的自主研发和技术的引进消化与创新,不断增强管理与技术的软硬实力,需要政府重点支持拆船企业推进结构调整与产品转型工作,引导企业建立自己的技术研发中心。通过政府出台相关政策进行扶持,培植拆船企业科技创新动力。行业协会要定期或不定期组织企业厂长经理研讨班、专门拆解技术交流和重要岗位人员培训班,积极引导拆船企业加强业务技术与科学管理交流,培养技术与管理骨干,引导企业重视科技与科技创新。拆船企业要增强保护自主知识产权的意识。自觉加快人员培养和引进,改善专业技术和管理队伍知识结构,善于积淀和总结技术与管理的成功做法和经验,逐步提炼并形成独有的"企业标准"或相关技术专利,扩大企业的无形资产。

与此同时,随着《香港公约》的出台、《欧盟拆船法案》的生效与实施,"绿色拆船"必将成为拆船业的主流。这就使得企业不得不重视拆船过程中的环境因素,并使得拆船企业成为维护生态环境、开发生态技术的重要力量。严格执行"绿色拆船"标准造成拆船企业成本增高,从经济利益的角度看,废旧船舶拥有者追求利益最大化可以理解;但从社会责任的角度看,拆船厂的社会责任也是废旧船舶拥有者社会责任的延续,船舶绿色拆解与否,会对废旧船舶拥有者社会责任(商誉、信誉等)构成很大的影响。而据克拉克森预测,增加压力以确保更环保的船舶回收可能会对拆船市场产生良好的影响。

四、 中国船舶工业海洋石油工程设备制造业发展情况

改革开放以后,中国船舶与海洋工程装备制造业得到飞速发展,从国家整体工业基础发展来看,中国已跨越以外国技术为主的加工制造阶段,向具有独立知识产权的高科技方向发展,即开始由制造大国向制造强国转变。2007年,中国高技术产品出口额占全国外贸出口总额的近30%,高技术制造业规模居世界第二位,国际市场份额居全球第一位。中国大量的钢铁和高技术机械制造、船舶与海洋工程装备制造业等支撑了海上油气勘探开发及运输设施

的制造,近两年中国海上油气设备展现出快速甚至是跳跃式发展的喜人景象。

经过多年艰苦努力,中国海洋工程装备在 20 世纪末期已具备在水深 300 米左右独立勘探开发的能力,配套装备和技术现已在浅水海域和滩涂达到世界先进水平。目前中国已经形成了几大块海洋工程装备生产基地,主要有环渤海圈、长三角、珠三角、海南、武汉中部地区海洋工程装备制造基地。从基地的数量来看,环渤海圈的基地数量最多,其次是长江三角洲地区,武汉中部地区、珠三角和海南地区都只有 1 个海洋工程装备制造基地。总的来说,目前中国海洋工程装备制造基地还主要分布在东部沿海地区,以东北沿海地区为主。中国的海洋工程装备制造在渤海湾、长三角、珠三角地区已初步形成具有一定产业聚集度的区域布局,进入这一领域的有造修船企业、石油系统企业和机械制造企业。国内最大的两家国有船舶制造集团——中船集团和中船重工均在各自位于一南一北两大基地内建设"海工装备基地",两者介入海工制造的历史已有二十多年,但其大规模开展海工制造业务都是在最近几年。这两大集团旗下的上海外高桥、青岛海西湾和大连重工等制造基地,承建了以 10 万吨级 FPSO 和 3000 米水深半潜式钻井平台等为代表的高档产品,代表了中国海工装备制造的最高水平。振华重工是一家港口机械行业的巨头,占据全球港口机械市场份额的近 80%,但近来也投资发展海工装备。中远集团是一家以航运、物流为主业的企业,但随着目前国内首个深海钻井船"大连开拓者"号正式开工,中远集团在海洋工程装备制造领域的布局也已基本成型。以江苏熔盛重工、金海湾等为代表的民营制造企业也已成为国内海工装备市场上的一支重要力量。这些民营企业作战灵活,产品多样,主要占据了工程机械辅助船舶等领域的市场份额。

第四节　船舶工业在国家海洋战略中的地位

船舶与海洋工程装备制造业不仅为海洋资源的开发提供了装备,也为国际贸易提供了必要的基础。中国的国情以及经济的发展都要求中国必须拥有与之匹配的船舶运输与造船能力。拥有自己的船队,有利于中国能源、贸易运输的安全,避免中国的战略性物资运输受制于他国。而拥有自己的运输能力,就需要有本国的造船能力。在国防工业各部门中,船舶与海洋工程装备制造业是军民兼容度最高、军民转换障碍最小的产业。军用舰船的制造,除对总体设计、武器装备、某些材料及设备具有特殊要求外,在生产手段、建造工艺和大部分设备采用等方面,与民用船基本类同。世界上许多国家的造船工业都是军民结合的,实行军民结合,可以使军船和民船的生产在技术上相互促进,在能力上相互补充。寓军于民,在和平时期把大部分生产能力用于建造民船,在战时迅速转产军船,是许多国家大力发展船舶与海洋工程装备制造业的目的之一,因此提高中国的造船能力关系到中国的国家安全。概括起来,发展船舶与海洋工程装备制造业的战略意义有以下几点①。

一、 对国民经济的发展具有不可估量的作用和贡献

船舶与海洋工程装备制造业对国民经济的重要作用不仅体现在它与其他部门之间供给与需求的关联以及由此而产生的强烈的前向推动作用和后向带动作用,而且随着船舶与海洋工程装备制造业的发展,还会产生对周边地区的旁侧扩散效应和对全国整体经济的综合社会效应。

1.对国民经济发展向前的推动作用

即船舶与海洋工程装备制造业通过为下游各产业部门直接提供产品和服务所产生的作用。船舶与海洋工程装备制造业属军民结合型的装备工业,一方面为海军建设提供全套现代化舰船装备,另一方面又为国民经济中的水运交通、能源运输、水产渔业和海洋开发等提供必需的物质手段,在确保国家国防安全和推动中国交通运输业、海洋资源开发等重要国民经济部门的发展上

①　吴锦元:《船舶工业对国民经济的作用与贡献》,《船舶工业技术经济信息》2001 年第 1 期。

具有不可替代的作用。同时船舶与海洋工程装备制造业通过供给联系,还可产生一些其他的衍生作用。例如,通过军转民和发展非船产品,可为国民经济其他各方面的需要提供服务;通过出口船舶和各种机电产品,可为国家创收外汇并为中国外贸事业的发展作出重要的贡献。

2.对国民经济发展后向的带动效应

即船舶与海洋工程装备制造业通过使用上游各产业部门的产品和服务所产生的作用。船舶与海洋工程装备制造业作为高度系统集成型的综合加工装配产业,需使用和消耗众多其他产业部门提供的大量原材料和产成品,对钢铁、机械、电子、化工等上游产业具有很大的带动效应。此外,船舶与海洋工程装备制造业通过需求联系,也会产生一些其他的衍生带动效应,比如可为高新技术的应用推广提供重要阵地,从而为高新技术的发展作出积极的贡献。

3.对国民经济发展横向的扩散效应

主要指由于船舶与海洋工程装备制造业的发展而对其周边地区产生的经济影响,包括由于工人区形成而对地区交通、建筑、商业的需求,以及对推进城镇化建设和地区经济发展所产生的积极作用。

4.综合社会效应

船舶与海洋工程装备制造业对上、下游产业和周边地区产生重要的作用和影响综合的结果,还会对全国整体经济产生积极影响,包括推动国民经济产业结构升级、提高国家整体竞争力、增强国有企业主体地位以及缓解就业压力等一系列重要的作用。

二、 对国防建设和国民经济建设的重大贡献

(一)为国防建设提供现代化技术装备

新中国成立70多年来,中国船舶与海洋工程装备制造业为海军建设提供了全套现代化装备,使中国海军舰队由小到大,逐步更新,发展成为一支初具

现代化规模的近海防御力量。由船舶与海洋工程装备制造业提供的舰艇，以导弹舰艇为主，包括大批水面舰艇、常规动力潜艇和核动力潜艇，使中国海军组成了具有相当实力的海上作战力量，并进入以导弹攻击力量和作战自动化为核心的现代化建设的新阶段。进入 21 世纪以来，中国船舶与海洋工程装备制造业研制的大批新型战斗舰艇和军辅船，包括新一代潜艇、新一代隐身导弹驱逐舰等战斗舰艇和"远望三号"航天测量船、大型综合补给船等军辅船舶开始装备海军部队，大大推动了海军装备现代化建设水平的提高，对保卫祖国海疆和维护国家海洋领土安全作出了重大贡献。此外，船舶与海洋工程装备制造业还为工程兵、铁道兵和边防部队提供了大量舟桥、船艇等水上装备，为航天及运载火箭试验提供了远洋测试所必需的重大装备，为中国的国防建设作出了重要的贡献。

经过多年的发展，中国船舶与海洋工程装备制造业在军工领域已逐步形成了包括基础理论、船舶总体、动力、机电、通信、导航、雷达、水声、光学、电子对抗、舰炮、指挥控制、火控、水中兵器、防火、材料、工艺等门类齐全、专业配套的科研、设计、试验机构，以及造船、造机、仪表、武器装备等具有相当规模的生产基地，基本上具备了依靠自己的力量、自主研制能适应未来战争要求的先进海军装备的能力，为中国海军的现代化建设、确保打赢未来高科技条件下的局部战争、保障中国的国防安全奠定了牢固的基础。

（二）为水运交通和海洋资源开发事业的发展作出重要贡献

船舶与海洋工程装备制造业担负着为水上交通运输业、水产渔业和海洋开发业等多个行业直接提供装备的重要使命，其发展对这些国民经济重要部门的现代化建设和发展具有重大的影响。新中国成立以来，中国船舶与海洋工程装备制造业累计建造了各种钢质机动船舶约 15 万艘，近 4000 万载重吨，为中国的水运、港口、航道、海洋开发和水产捕捞等部门提供了大量的船舶及装备，包括各种现代化的内河、沿海和远洋运输船舶，各种工程作业船舶，各种渔业捕捞及冷藏运输船舶,以及各种不同用途的海洋调查船和海洋石油钻探、生产平台,有力地支援了中国水运交通、港口建设、航道疏浚、航区拓展、水产捕捞、海洋石油和海洋资源开发等各项事业的发展,为中国水运交通和海洋资源开发事业的发展作出了重要的贡献。

在船舶与海洋工程装备制造业的大力支援下,中国航运业快速发展,世界航运大国的地位进一步巩固。2011 年,中国水上运输船舶总规模首次突破 2亿载重吨;全国港口货物吞吐量达 100.41 亿吨,集装箱吞吐量达 1.64 亿标准箱,双双居世界首位。中国目前已经拥有运输船舶 17.9 万艘、2.1 亿载重吨,运力较 10 年前增加了 2.7 倍;海运船队达到 1.15 亿载重吨,规模居世界第四位。其中,中远船舶运力总规模居世界第二位,中远、中海集装箱运力规模居世界前十位。中国船员总数已达 165 万人,船员总数居世界第一位。

(三)提供各种非船舶产品,为国民经济其他部门服务

船舶与海洋工程装备制造业是综合性很强的一种产业。它的核心技术主要有两个,即大型结构件的加工装配技术和多学科多门类复杂系统的综合集成技术。这两个核心技术使船舶与海洋工程装备制造业具有高度的产业扩展性,除了制造各种船舶及船用设备外,还可向其他领域扩展,通过提供各种非船产品,满足国民经济其他诸方面的需要。中国船舶与海洋工程装备制造业早在 20 世纪 50 年代就制造成功了中国第一台 1.2 万吨自由锻造水压机和第一台中板轧钢机,为发展中国的重机械加工工业作出了历史性的贡献。此外还承接过一些重要水利工程中大型船闸等工程,充分显示了船舶与海洋工程装备制造业拓展大型工程业务的巨大潜力。

20 世纪 80 年代以来,随着改革开放的深入进行,中国船舶与海洋工程装备制造业明确提出了"造船为主、多种经营"的战略方针,根据国家产业政策要求和国民经济发展需要,充分发挥船舶与海洋工程装备制造业综合加工的优势,大力开拓多种经营,非船业务获得了很大的发展。不仅非船生产由过去

的零敲碎打发展为多方位成批量的生产,而且开发了一批高技术、高附加值产品,形成了一批支柱产品。近二十年中,中国船舶与海洋工程装备制造业先后开发了 24 大类几千个品种的非船产品,涉及冶金、电力、石化、水电、煤炭、城建、轻工、烟草等十多个行业和领域,包括烟草机械、电力变压器、陶瓷机械、铁路产品、电动扶梯、液压元件及系统、港口机械等重点新产品。其中,集装箱、蓄电池、烟草机械、铁路车辆、陆用柴油发电机组以及大型钢结构、冶金设备等产品的产值均在 1 亿元以上。

同时,船舶与海洋工程装备制造业还承接和完成了一大批国家重点项目和重大工程,为国民经济建设作出了重要的贡献。这些重大工程项目包括西昌卫星发射中心的卫星发射架系统,超级超导电子对撞机量能器"样块",宝钢二号、三号高炉热风炉系统,岩滩水电站 320 吨水轮机转子,清江隔河岩升船机成套设备,三峡船用闸门,苏州、常州热电站工程,等等。北京、上海、广州许多大型建筑的钢结构也是由船舶与海洋工程装备制造业承建的。至于由船舶与海洋工程装备制造业承建的大型桥梁项目更是比比皆是。

三、 促进地区经济发展

船舶与海洋工程装备制造业对各相关地区的经济发展的促进作用,不仅体现在产业本身对当地经济的贡献上,而且还会对周边区域的经济发展产生扩散效应。

(一)有利于促进本地区经济的发展

船舶与海洋工程装备制造业由于产业规模较小,目前在国民经济中占的比例不大,近几年里总产值占全国工业总产值的比例仅为 0.3%—0.4%,总体贡献还不突出。但若具体到某些省市、地区来说,则对当地经济的贡献就要大得多。据 2008 年全国工业普查的资料,上海、江苏、福建、广东、辽宁等省市船舶与海洋工程装备制造业产值及出口额在各自省市工业总产值及出口额中的比例要明显高于全国平均水平。在工业总产值的比例中,福建高达 4.13%,上海也达到 1.15%。在出口额的比例中,上海、江苏、辽宁都超过了 1%。至于某些重点城市,船舶与海洋工程装备制造业的地位就更明显了。以广州、大连两市为例,1995 年仅原船总直属企业,其产值的比重就分别达到 1.53% 和 2.24%,出口额的比重甚至高达 3.88% 和 7.03%。应该指出,上述这些省市几乎全都是经济大省、大市,工业总产值和出口创汇的规模都很大,船舶与海洋工程装备制造业在其中能达到这一比重,它们对本地区的贡献已经是相当突出的了。而对于某些中小城市来说,如江苏省的扬州、靖江,这些城市中的造船企业不仅是当地经济的主要支柱,而且也是当地财税收入的重要来源。这些造船企业对当地经济的发展正在起着举足轻重的作用。

(二)有利于促进周边区域经济发展

船舶与海洋工程装备制造业的发展通过旁侧扩散效应会对周边区域的经济产生重要的影响。这种影响对于近些年来正在蓬勃发展的地方造船企业表现尤为突出。由于船舶装备制造企业占地广大,并需要紧靠大海大江,因此新建企业一般选择在远离城市的偏僻农村地区。这一特点为船舶企业充分发挥对周边经济的影响作用提供了基本的条件。在船舶装备制造企业建设和发展的过程中,随着道路交通设施的完善、住宅区的建设、商业服务网络的形成、外包工的大量使用等,这一切都将为吸纳农村富余劳动力和繁荣周边农村经济起到积极的作用。更重要的是,这一类船舶企业的发展还可为周边地区推进城镇化建设提供重要的支持。

四、 为高新技术的应用提供重要阵地

从历史上来看,船舶产品就是在不断吸取各个时期的最新科技成果中逐步发展起来的。历史上许多重要科技进步都在船舶技术中留下过深深的印记,每一次重大的技术革命都使船舶科技实现一次新的飞跃。大量事实证明,

船舶与海洋工程装备制造业历来就是新技术应用最重要的领域之一。当今时代世界科技发展日新月异,而船舶与海洋工程装备制造业对最新科技成果的吸附作用也更趋突出。愈来愈多的高新技术在船舶与海洋工程装备制造业中得到应用,并呈现如下特点。

（一）应用面广

船舶与海洋工程装备制造业是"综合工业之冠",涉及大量不同学科、专业和产品,技术领域宽广,因而所应用的高新技术面也很广。以中国的"863"国家高技术研究发展计划为例,该项计划包括了生物技术、航天技术、信息技术、激光技术、新能源技术、新材料技术和自动化技术 7 个领域,其中,除生物技术等少数领域外,其他大部分高新技术都能在船舶与海洋工程装备制造业中获得应用。例如新能源技术,对船舶动力技术的发展具有十分重要的影响。除已在船舶中应用的核能技术外,其他如燃料电池、氢能利用以及超导电磁推进等技术都与新能源技术的发展和应用密切相关。又如自动化技术,由于船舶制造中信息的多元化和装配作业的复杂化,造船生产的自动化历来被认为是制造技术中的重大挑战之一。但随着自动化技术中计算机综合自动化系统和智能机器人技术的突破及在造船中的应用,造船生产自动化的难题也将迎刃而解。其他各种高新技术,包括"863"计划中尚未列入的海洋开发技术等,也都能在船舶与海洋工程装备制造业中得到重要的应用。

（二）应用密度高

船舶是一种十分特殊的产品,一个产品就是一个巨大的复杂系统。一艘船舶由数以万计的零部件和数以千计的配套设备构成,功能各异的子系统,通过船体平台有机地组合成一个整体。船舶产品的这一特点使其有可能在一个产品上同时应用许多不同领域的高新技术。以战略导弹核潜艇和航空母舰为例,这两种船舶涉及导航、通信、水声、光学、电子、新材料等 300 多个专业学科,融合了核技术、航天航空技术、自动控制技术、超导技术、卫星导航通信技术、微电子技术等大量高新技术和产品,涵盖了许多当代技术发展的重要领域。如此大量不同领域的高新技术高密度地集中应用在一个产品上,这种情况除航天飞机等少数大型产品外,在其他行业中还不多见。

五、 产生积极的综合社会效应

(一)促进国家产业结构的升级

船舶与海洋工程装备制造业在工业先进国家和新兴国家产业结构升级中的重要作用已被大量成功的经验所证实。无论是早期的英国、美国,还是后来的日本,以及新起的韩国等,这些国家的工业结构在从以轻工业为主向以重化工业为主升级的过程中,都曾把船舶与海洋工程装备制造业列为优先发展的主导产业之一给予重点扶植,并取得了巨大的成功。

改革开放以后,尤其是 20 世纪 90 年代以来,随着中国船舶与海洋工程装备制造业的加速发展,其在中国产业结构升级中的作用明显得到加强。有关资料表明,中国在经过 20 世纪 80 年代轻纺工业补偿性的加速发展时期后,由于产业演进规律的作用,从 1990 年起,重化工业重新成为拉动经济增长的主要因素,并且呈现出向高加工度化发展的趋势。1990—1995 年重工业产值年均递增 26%,快于轻工业 4.2 个百分点。而重工业中的高加工业增长更快,年均递增 27%。船舶与海洋工程装备制造业作为高加工业的组成部分,在这一时期中国产业结构的调整和升级中起着积极的推动作用。1990—1995 年中国船舶与海洋工程装备制造业产值以年均递增 33%的高速度增长,不仅明显快于重工业,较之机械工业年均递增 30%的速度也要高出 3 个百分点。经过这一时期的调整和发展,机械工业在全部工业总产值中的比重 1995 年比 1990 年提高了 1.5 个百分点;而船舶与海洋工程装备制造业在全部工业总产值中的比重由 0.43%上升到 0.51%,在机械工业中的比重由 1.8% 上升至 2.0%。而且自 1995 年以后,这一趋势仍在继续,这表明,船舶与海洋工程装备制造业在中国产业结构升级中不仅发挥了积极的促进作用,而且这一作用还在不断增强。

(二)缓解就业压力

船舶与海洋工程装备制造业的要素密集特征虽然已经从劳动密集型转变为资金密集型,但由于中国总体工业的劳动密集状况要远高于发达国家,因而中国船舶与海洋工程装备制造业的劳动密集程度相对于国外先进造船企业来说仍然是相当高的,发展船舶与海洋工程装备制造业对于吸纳社会劳动力,缓解中国的就业压力仍能起到积极的作用。

根据当前中国船舶与海洋工程装备制造业的发展状况,据工信部装备工业司消息,2015 年 1—12 月,全国造船完工量 4184 万载重吨,同比增长7.1%。与 1998 年的 350 万载重吨相比增加了 3834 万载重吨,如果按照 1998年中国船舶装备制造企业的劳动生产率为 25 载重吨/人·年计算,假设每年劳动生产率的增长率为 10%,则 2015 年时的劳动生产率约为 126 载重吨/人·年。据此可计算得到 2015 年中国船舶装备制造企业将比 1998 年新增劳动力 19 万人,再加上 1/3 的外包工,估计仅船舶装备制造企业即可多吸纳劳动力 28.5 万人。根据西欧、美国等国的计算,每增加 1 个船舶装备制造企业劳动力大约可带动配套业及上游产业多吸纳 2 个劳动力。因此 2010 年中国造船产量达到 4184 万载重吨时,就比 1998 年多提供了 85.5 万人的就业机会,从而对缓解中国的就业压力作出了贡献。

此外,发展船舶与海洋工程装备制造业在提高中国的国际竞争力和增强国有企业主体地位方面也能起到十分积极的作用。尤其是在加入 WTO 及世界经济日趋全球化的新形势下,中国急需造就一批具有较强竞争力的产业参与国际竞争,以迎接新的机遇和挑战。船舶与海洋工程装备制造业作为已经具有相当竞争力基础的产业,它的发展壮大对于提高中国的总体竞争力无疑具有重要的影响。

第三章　基于供给侧的中国船舶
工业战略转型成因研究

生产力是每单位劳动与资本的产出价值——由产品的质量、性能及生产效率决定。一国经济发展水平和人民福利的高下,都取决于企业达到高生产力水平的能力,以及继续提高生产力的能力。波特在《国家竞争优势》中指出"企业要在国际竞技场中获胜,它的竞争优势不外是以较低的生产成本或与众不同的产品特性来取得最佳价格"[①]。

因此一个产业的国际竞争力研究必须基于产品的供给,特别是工业制造,脱离这一基础就是空中楼阁。因此本部分内容主要是从船舶工业的全球产品类型和我国产品供给结构两个方面开展研究。

第一节　全球船舶工业的产品供给结构概要

一、全球船舶产品类型

全球民用船舶和海工装备产品内容繁多,通过对目前全球主要民用船舶和海工装备产品类型收集整理,共有 7 大类 28 种(见图 3-1)。一般而言,不

---

① ［美］迈克尔·波特:《国家竞争优势》,李明轩、邱如美译,中信出版社 2007 年版,第146—158 页。

同产品类别的供给能力主要表现为企业愿意且能够提供的产品,这种信息可以通过企业的产品目录进行统计,鉴于全球造船厂的数量众多,且信息化水平存在一定差异,最终决定选择各造船厂的接单量这一指标作为产品供给的基本指标。接单量指标是从实际角度出发,说明了企业能够提供且能接获船舶订单的能力,反映了其总体供给能力,具有较强的现实意义和准确程度。

据统计,2010—2018 年全球共订购了 185 艘民用船舶和海工装备,主要包括液货船、散货船、集装箱船、海工装备、客船和滚装船、科考船和公务船以及其他船型(见图 3-1、图 3-2)。一般而言,造船市场以液货船、散货船、集装箱船、海工装备四大主力船型为主。

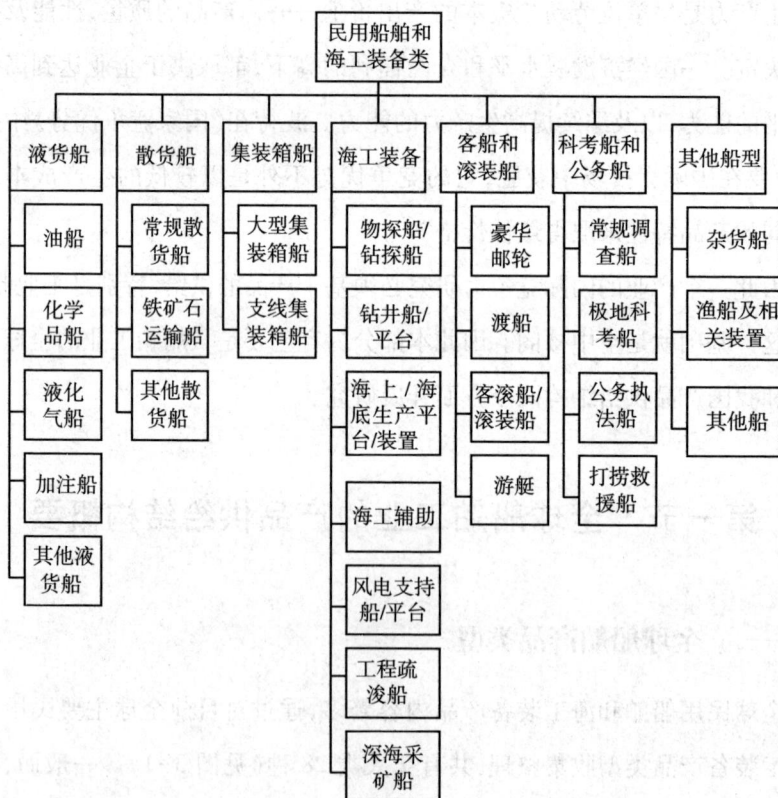

图 3-1 世界民用船舶和海工装备市场的产品类型

资料来源:作者通过 IHS 数据库(IHS sea-web)数据资料收集整理自绘。

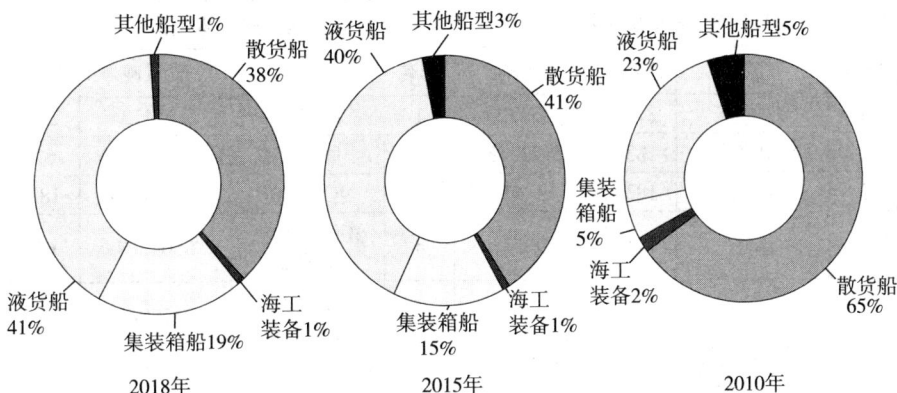

图 3-2 2010 年、2015 年、2018 年世界新船供给船型分布（载重吨）

资料来源：作者通过 IHS 数据库（IHS sea-web）数据资料收集整理自绘。

2018 年，液货船、散货船、集装箱船占全球新船订单的份额比例分别是 41%、38% 和 19%，三者合计达到 98%。这种分布具有规律性，例如 2015 年和 2010 年三者的比例合计达到 96% 和 93%。需要说明的是，海工装备一般而言主要是采用总吨考虑，上述统计均采用载重吨计，因此海工装备订单的比例看起来比实际弱。

具体看，将世界排名前十位的新船订单船型进行汇总（见表 3-1），可以看出，2018 年新造船市场主要是液货船、散货船、集装箱船占据世界新船成交榜单，以艘数计算拖船、渔船、杂货船、客船/滚装船也是成交热门船型，无论以艘数还是以载重吨排名，液化天然气运输船和液化石油气运输船是近年来新船成交的明星船型。海工装备市场近几年受制于低油价的影响而一直未有船型进入前十，2018 年成交的 4 艘 FPSO 共计 59.8 万载重吨，以吨位量计算排名当年新船榜单的第 12 名。当然，如果统计海工热门，成交年份的新船订单则完全不一样，例如 2010 年全球订单以艘数计算，包括拖船、三用工作船和平台供应船三型船的订单排名当年新船订单的前十位。

表 3-1　2015 年和 2018 年世界新船船型前十位

2015 年（按艘数排名）				2018 年（按载重吨排名）			
排名	船型	艘数	载重吨	排名	船型	载重吨	艘数
1	散货船	219	21431724	1	散货船	21554124	220
2	集装箱船	183	12922173	2	原油船	15125782	62
3	拖船	183	19743	3	集装箱船	12743680	182
4	渔船	141	69031	4	液化天然气运输船	5504807	67
5	杂货船	106	606716	5	化学品/成品油船	3197967	90
6	客船/滚装船	93	253965	6	铁矿石运输船	2833676	9
7	化学品/成品油船	90	3197967	7	穿梭油船	1285202	9
8	液化天然气运输船	67	5504807	8	液化石油气运输船	1139287	37
9	原油船	62	15125782	9	原油/成品油船	685400	6
10	成品油船	46	526299	10	杂货船	606813	106

资料来源：作者通过 IHS 数据库（IHS sea-web）数据资料收集整理自制。

二、　全球船舶产品供给规模

从数量看，1985—2015 年全球新船订单艘数，总体保持增长态势，从 2000 艘左右增加到 4000 艘左右，2018 年新船市场表现相对弱于预期，订单艘数又回到 20 世纪八九十年代的水平（见图 3-3）。从数量的变化看，订单规模突然急剧下降 50%，这意味着市场对造船产能的需求急剧下降，产能供给过剩的风险急剧凸显。

从吨位量看，1985—2015 年全球新船订单吨位量总体保持增长态势，30 年间全球产能增长了近 60 倍，年均增幅 100%，如果以复利计算，连续 30 年平均每年增幅为 14.5%（见图 3-4）。订单量的扩大意味着产能的同步急剧扩大，根据订单艘数的分析，需求呈现出明显的急剧下降，而产能在短期内保持稳定，这意味着产能短期内存在巨大的闲置风险。

（单位：艘）

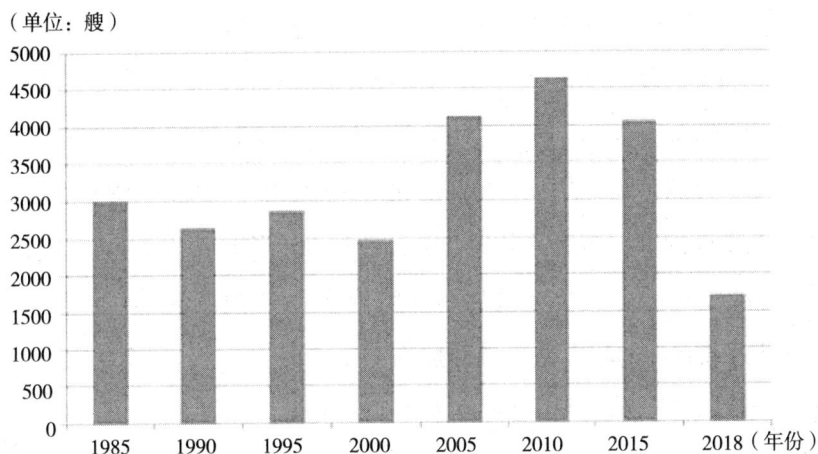

图 3-3 1985—2018 年世界新船订单艘数统计

资料来源：作者通过 IHS 数据库（IHS sea-web）数据资料收集整理自绘。

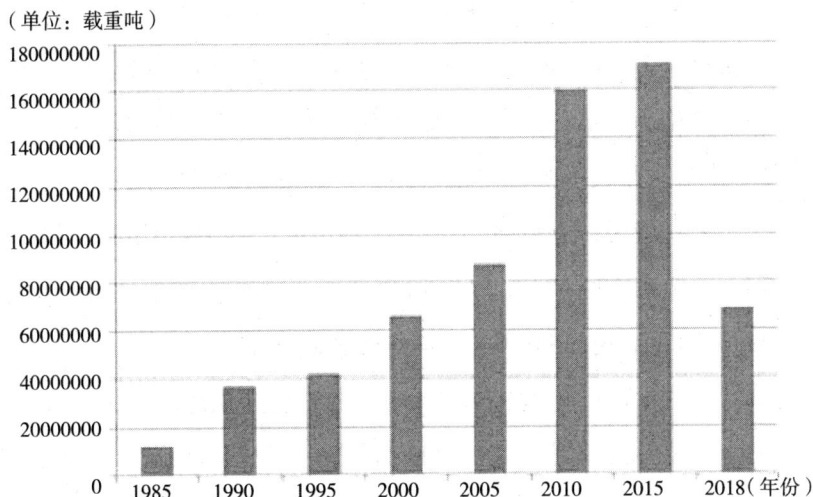

（单位：载重吨）

图 3-4 1985—2018 年世界新船订单吨位量统计

资料来源：作者通过 IHS 数据库（IHS sea-web）数据资料收集整理自绘。

三、 全球船舶产品价值

近年来，常见散货船、油船、集装箱船等民用船舶造价情况如下：一艘

17.4 万立方米/8.15 万载重吨的液化天然气运输船新船价格是 1.8 亿—2 亿美元。一艘 8.4 万立方米/5.17 万载重吨的液化石油气运输船的新船价格约为 7700 万美元。一艘 32 万载重吨的超大型油船新船价格是 0.9 亿—1 亿美元。一艘 5 万载重吨的 IMO Ⅱ 型涂层化学品船新船价格约为 3500 万美元;一艘 2 万载重吨的 IMO Ⅱ 型不锈钢化学品船的新船价格约为 3350 万美元。一艘 18 万载重吨的好望角型散货船新船价格是 5000 万美元。一艘 2 万标箱/19.7 万载重吨的超大型集装箱船新船价格是 1.4 亿—1.5 亿美元。1 艘 1.3 万标箱①的集装箱船新船价格为 1.1 亿美元。一艘 22.5 万总吨/1.5 万载重吨的豪华邮轮新船价格约为 14 亿美元(见图 3-5)。

对于海工特种功能船而言,1 艘 2.4 万 HP/4200 载重吨/5900 总吨的三用工作船新船价格是 6800 万美元。1 艘 4800 总吨/4200 载重吨/7100HP 的平台供应船新船价格是 4650 万美元。1 艘 20600 总吨/9000 载重吨的物探船的新船价格是 2.85 亿美元。1 艘 4000 载重吨/2.68 万总吨的自升式钻井平台新船价格为 6 亿美元(1 艘 3000 载重吨/1.4 万总吨的价格为 2.2 亿美元)。1 艘 6.1 万载重吨/6.5 万 HP/4.6 万总吨的钻井船新船价格是 8 亿美元。1 艘 2.15 万载重吨/3.16 万总吨的半潜式钻井平台新船价格是 8 亿美元。1 艘 19 万载重吨/19 万总吨的 FPSO 新船价格是 20 亿美元。1 艘 9.3 万载重吨/1.18 万总吨的 FLNG② 新船价格是 29.5 亿美元。

为分析高附加值船型,我们选择了各型船中吨位最大的船舶进行了分析,采用美元/重量比表示单位产品价值,其中民船吨位量采用载重吨计算,海工装备采用总吨计算,豪华邮轮同时采用载重吨和总吨分别进行了计算。从船

---

① 英文 Twenty-foot Equivalent Unit 的缩写。以长度为 20 英尺的集装箱为国际计量单位,也称国际标准箱单位。通常用来表示船舶装载集装箱的能力,也是集装箱和港口吞吐量的重要统计、换算单位。

② 又称 LNG-FPSO(LNG Floating Production Storage and of Floating Unit 的缩写),是集海上液化天然气的生产、储存、装卸和外运为一体的新型浮式生产储卸装置,应用于海上气田的开采具有投资成本低、建造周期短、开发风险小、便于迁移和安全性高等特点。

不同船型中，运输天然气的液化天然气船均价最高，
中国船企手持订单30%为散货船

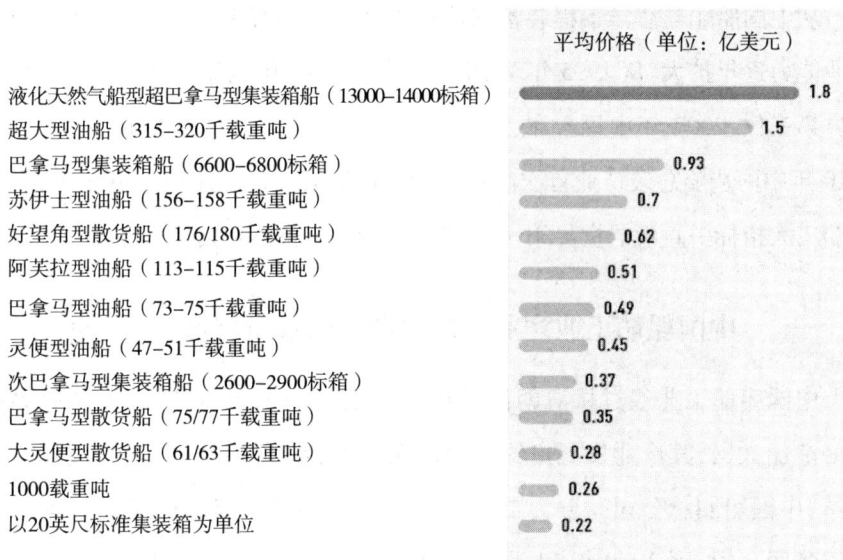

平均价格（单位：亿美元）

船型	平均价格
液化天然气船型超巴拿马型集装箱船（13000–14000标箱）	1.8
超大型油船（315–320千载重吨）	1.5
巴拿马型集装箱船（6600–6800标箱）	0.93
苏伊士型油船（156–158千载重吨）	0.7
好望角型散货船（176/180千载重吨）	0.62
阿芙拉型油船（113–115千载重吨）	0.51
巴拿马型油船（73–75千载重吨）	0.49
灵便型油船（47–51千载重吨）	0.45
次巴拿马型集装箱船（2600–2900标箱）	0.37
巴拿马型散货船（75/77千载重吨）	0.35
大灵便型散货船（61/63千载重吨）	0.28
1000载重吨	0.26
以20英尺标准集装箱为单位	0.22

图 3-5　散货船、液货船、集装箱船的主要新船价格

资料来源：作者通过 IHS 数据库（IHS sea-web）数据资料收集整理自绘。

舶新船造价看出，从超大型油船到集装箱船、液化天然气船和豪华邮轮的单船总价基本保持在 1 亿美元以上。如果计算单位产品价值，不锈钢化学品船、液化石油气船、液化天然气船和豪华邮轮是高附加值船型，超大型集装箱船的单位产品价值目前看明显偏低。对于海工装备而言，除海工辅助船的新船价格基本保持在 6000 万美元及以下外，其他勘探、钻井、生产平台基本保持在 1 亿美元以上，半潜式钻井平台和钻井船的新船价格相当于自升式钻井平台和物探船的 3—4 倍，FPSO 和 FLNG 的新船价格相当于半潜式钻井平台和钻井船的 2—3.5 倍。因此海工装备的附加值特点较为清晰。如果从单位产品价值看,FLNG 这一数值达到 25 万美元/总吨,其他是半潜式钻井平台和钻井船,不过仅为 FLNG 的 1/10。

第二节　中国造船业取得的成就及供给主体

从中国船舶与海洋工程装备制造业总体发展情况来看,总装产业规模和产业能力逐年扩大,从 1995 年至 2007 年十多年来,中国船舶总装产业一直居世界第三位,2007 年中国船舶总装产业第一次超过日本跃居世界第二位。2010 年中国造船总装产业首次超过韩国居世界第一位。2010—2018 年,中国造船三大指标一直稳居世界第一位,成为世界名副其实的造船大国。

一、　中国船舶工业产业发展主题构架及发展概况

中国船舶工业经过从清朝洋务运动兴起发展至今,目前已经是世界最大的造船大国,其产业发展主体为中国船舶总公司。1999 年 7 月部门机构改革,中国船舶总公司一分为二成立了中国船舶工业集团公司和中国船舶重工集团公司,到 2019 年 11 月 26 日中国船舶工业集团和中国船舶重工集团又合二为一成立了中国船舶集团有限公司。除此之外,长江航运集团造船公司、部分地方造船企业、地方与国外合资造船企业以及海军造船系统,也就是以"48"开头的船舶与海洋工程装备制造企业,比如解放军(海军)4810厂、陆军 7814 工厂等,海军的编号从南方到北方依次编号为"0"到"9"。目前中国船舶行业常说的"三足鼎立"是指中国船舶集团、海军造船厂和地方造船企业。

(一)中国船舶工业集团公司发展情况

中国船舶工业集团下属机构和企业主要分布在中国长江下游及以南地区。集团旗下的企业包括造修船舶与海洋工程装备制造企业(工业企业),其

中船舶修造企业 13 家,船用配套装备制造企业 18 家;科研院所 8 家,其他企事业单位 29 家,集团海工部单位 6 家,挂靠单位 3 家。

中国船舶工业集团公司(CSSC,以下简称"中船集团公司")组建于 1999 年 7 月 1 日,是中央直接管理的特大型企业集团,是国家授权投资机构,注册资本 63.743 亿元。CSSC 是中国船舶与海洋工程装备制造业的主要力量,旗下聚集了一批中国最具实力的骨干造修船企业、船舶研究设计院所、船舶配套企业及船舶外贸公司,共有约 60 家独资和持股企事业单位,产品涵盖散货船、油船、集装箱船等主要船型和液化天然气船、海洋工程装备等高技术、高附加值产品。

造船是 CSSC 的主业。在军船方面,中国船舶工业集团公司研制的产品几乎涵盖了中国海军所有主战舰艇和军辅船装备,是中国海军装备建设的骨干力量。在民船方面,中国船舶工业集团公司能够建造符合世界上任何一家船级社规范、满足国际通用技术标准和安全公约要求,适航于任一海区的现代船舶。产品种类从普通油船、散货船到具有当代国际水平的化学品船、客滚船、大型集装箱船、大型液化气船、大型自卸船、高速船、液化天然气船、超大型油船及海洋工程等各类民用船舶与设施,船舶产品已出口到 50 多个国家和地区。

CSSC 提出到 2015 年力争成为世界第一造船集团,从而推动中国成为世界第一造船大国。为实现这一目标,CSSC 将重点建设好中船长兴造船基地和中船龙穴造船基地。到 2015 年,造船能力将从现在的 400 万吨提高到 1400 万吨,产品涵盖液化天然气船、豪华游船等高技术船舶。在做大做强造船主业的同时,CSSC 积极发展壮大修船业、船用配套以及钢结构等非船业务。目前,CSSC 已进入航运、航天、建筑、电力、石化、水利、环保、冶金、铁路、轻工等 20 多个行业,形成集装箱、大型钢结构、冶金设备、陆用柴油机组、压力容器、B 超等一批重点产品。CSSC 多元化经营的领域,已涉及贸易、航运、金融、房地产、桥梁建设等领域,已发展成为在中国造船行业独占鳌头,在多个行业领域内快速发展的大型企业集团。在人才培养方面,中船集团公司于 2012 年 7 月中旬启动了"青年英才工程"。8 月 15 日,与西北工业大学船舶系统工程部签字共建大学生社会实践基地;9 月 19 日,与江苏省政府、中国船舶重工集团公司签字共建江苏科技大学。这是中船集团公司加强领导人员队伍建设、加大年轻后备人才选拔培养力度的一项重要创新举措,对推动中船集团公司实现破局发展、持续稳定发展具有非常重要的战略意义和现实意义。

(二)中国船舶重工集团公司发展情况①

中国船舶重工集团下属机构和企业主要分布在中国长江中上游及以北地区。集团旗下的企业包括造修船舶与海洋工程装备制造企业(工业企业),其中船舶修造企业 6 家,船用配套装备制造企业 80 家,科研院所 32 家,其他企事业单位 1 家,共建高校 1 所。

中国船舶重工集团公司(CSIC,以下简称"中船重工")成立于 1999 年 7 月 1 日,是在原中国船舶与海洋工程装备制造业总公司所属部分企事业单位基础上组建的特大型国有企业,是国家授权投资的机构和资产经营主体,由中央管理。中船重工是中国最大的造修船集团之一,拥有 46 个工业企业、28 个科研院所,员工 14 万人,总资产 1900 亿元。在 2012 年《财富》世界 500 强排行榜中排名第 434 位。中船重工的战略目标是创建中国最强最大、国际一流的船舶集团,成为中国船舶与海洋工程装备制造业的主导力量和中国海军装备最强最大的供应商。中船重工拥有中国目前最大的造修船基地,集中了中国舰船研究、设计的主要力量,有 3 万多名科研设计人员、8 个国家级重点实验室、7 个国家级企业技术中心、150 多个大型实验室,具有较强的自主创新和产品开发能力,能够按照世界知名船级社的规范和各种国际公约设计、建造和坞修各种油船、化学品船、散货船、集装箱船、滚装船、液化石油气船、液化天然

---

① 根据中国船舶重工集团公司官网收集整理,见 http://www.csic.com.cn/。

气船及工程船舶等,并出口到世界五大洲 60 多个国家和地区,已形成年造船能力 500 万吨。中船重工拥有国内最齐全的船舶配套能力,自主创新与引进技术相结合,形成了各种系列的舰船主机、辅机和仪表、武备等设备的综合配套能力。中船重工拥有较强的大型成套设备开发制造能力,自主开发生产的上百种非船舶产品,服务于航天、水电、冶金、石化、烟草、铁路、汽车以及市政建设等 20 多个行业和领域,并出口到世界各地。主要经营范围包括:经营集团公司和成员单位的全部国有资产;开展境内外投融资业务;承担以舰船为主的军品科研生产;承担国内外民用船舶、设备和非船产品的设计、生产和修理;开展各种形式的经济、技术合作,对外工程承包、劳务输出、境外带料加工、工程建设、建筑安装,以及国家授权、委托和法律允许的其他业务。

生产能力:中船重工是中国最大的造修船集团之一,拥有 7 家造修船企业,年造船能力 500 万吨。造船能力雄厚,工艺精湛,能建造各类型军民用船舶。

军用产品:中船重工是中国最大的海军装备制造商,可研制各类水面、水下战斗舰艇、军辅船舶以及各类水中兵器。中船重工在军船领域有着先进的科研、生产手段和强大的自主创新开发能力,能承接潜艇、导弹驱逐舰、导弹护卫舰、导弹快艇、两栖舰艇和各种水中兵器、舰载武器与舰用电子设备及各种军用桥梁的设计制造与售后服务。并可根据用户要求,进行国外装备引进、合作生产、舰艇改装和修理业务。

民船产品:中船重工建造的各类民用船舶,航行于五洋四海,为船东创造最佳盈利。在造船领域,中船重工可按照 DNV、LR、ABS、GL、BV、NK、RINA、CCS 等国际知名船级社的规范和国际公约设计,建造超大型油船、油船、化学品船、散货船、集装箱船、多用途船、滚装船、液化石油气和液化天然气船及各类工程船舶。

海洋工程产品:中船重工是中国海洋工程领域的领先者,为国内外业主设计、建造过多型钻井平台、生活模块以及浮式生产储油装置。

船舶修理与改装：中船重工拥有强大的修船设施和力量，能坞修和改装 30 万吨级超大型船舶在内的各类船舶和海洋工程项目。

船用配套产品：中船重工自主创新与引进技术相结合，拥有几十种专利制造技术，产品包括高、中、低速柴油机，发电机，船舶电站，甲板机械，阀门，增压器，螺旋桨，救生艇等。除为国内船舶与海洋工程装备制造企业配套外，还远销世界各地。

非船产品：中船重工积极拓展非船产品市场，先后成功开发和推出的产品有蓄电池、大型钢结构、港口机械、烟草机械、自动化物流系统、煤气表等数百种机电设备。

科研力量和成果：中船重工集中了中国舰船研究院设计的主要力量，涵盖 360 多个专业，拥有先进的实验室，采用先进的船舶设计软件和计算机辅助设计手段，进行船舶设计和生产。成功地走出了一条从购买设计、联合设计到自主设计的创新之路，能够自主设计开发除豪华游艇等个别船型之外的绝大多数船舶和海洋工程产品。陆续设计开发了各种船舶并实现了批量接单。在高技术船型设计开发方面，设计建造了海洋风车安装船、全电力推进火车轮渡、小水线面双体船、海洋科考船等，液化天然气船、超大型集装箱船等也都陆续开发成功。2009 年 1 月 5 日，大连船舶重工集团有限公司承建的第六代深海半潜式钻井平台交付美国用户，最大作业水深 3050 米，最大钻井深度超过 1 万米，标志着中国具备了建造国际先进水平深海半潜式钻井平台的能力。在船舶配套设备研制领域。中船重工在许多大型关键配套设备研制方面实现突破，相继制造了国内第一台 5 缸、7 缸 58T 智能柴油机，7S80 和 8K90 大功率低速柴油机，16/24、21/31 等新型中速机，研究开发了为超大型油船等大型船舶配套的大型螺旋桨、大型锚绞机等。2007 年 6 月 19 日，武汉重型铸锻有限公司攻克一系列难关，交付了首根缸径 60 厘米低速柴油机曲轴，这是中国第一根完全国产化的低速机曲轴，从炼钢、锻造、热处理、红套组装到整体精加工均自主完成，对于有效缓解"船等机、机等轴"问题发挥了积极作用。中船重工承担的中国品牌中速柴油机研制已完成概念设计,已经进入生产采购阶段。在清洁能源发展方向,中船重工组建成立中船重工(重庆)海装风电设备有限公司,立足集团公司强大的科技研发和总装集成优势,开发风电装备。在引进国外850千瓦风电机组成熟技术的基础上,经过引进消化吸收再创新,成功研制出中国首台具有自主知识产权、单机功率最大的2兆瓦风电机组,实现并网发电成功运行,累计发电超过500万千瓦时,手持合同35万千瓦。发挥科技优势,开发非船舶新产品,加快科技产业化,形成市场竞争新优势,已经成为推动中船重工持续发展的强大力量。

(三)地方造船企业组成结构

地方造船企业主要分布在中国沿海沿江省市,其中江苏和浙江是地方造船企业比较集中的地区。江苏地区主要造船企业有10家;山东地区主要造船企业有14家;浙江地区主要造船企业有7家。

根据国防科工委所统计的数据,中国船舶与海洋工程装备制造企业有3000多家,具有一定规模的只有387家,可以说数量多、水平低、小而散。根据其分布情况,中国船舶与海洋工程装备制造企业形成了相对集中的三大产业生产基地,分别是长三角船舶与海洋工程装备制造基地、珠三角地区船舶与海洋工程装备制造基地和环渤海地区地区船舶与海洋工程装备制造基地。

二、　中国船舶工业产业集群分布情况

(一)长三角船舶与海洋工程装备制造基地

长三角船舶与海洋工程装备制造基地主要以上海为中心,辐射江苏、安徽、湖北、浙江及福建五省。长三角船舶与海洋工程装备制造基地是中国目前规模最大、生产实力最强、产业涉及面最广、发展势头最猛的船舶与海洋工程

装备制造基地。它集聚了 CSSC 以及江苏、浙江等近百家船舶与海洋工程装备制造企业。主要代表企业有：沪东中华造船（集团）有限公司、上海外高桥造船有限公司、江南造船（集团）上海长兴岛的造船基地、崇明岛造船基地、解放军4805厂（申佳船舶与海洋工程装备制造企业）、中海长兴国际船务工程有限公司、中海工业立丰船厂、上海中远船务工程公司、南通中远川崎船舶工程有限公司、南通惠港造船有限公司（主要从事建造各类中小型船舶及船用铜质螺旋桨）、南通中远船务工程有限公司、中船澄西船舶修造有限公司、江苏扬子江船厂有限公司、江苏新世纪造船股份有限公司（原靖江造船厂）、苏州江辉船舶工程有限公司、武昌造船厂；安徽省有：芜湖新联造船有限公司（芜湖造船厂）、长江航运集团青山船厂、南京金陵船厂、浙江舟山造船基地、浙江扬帆船舶集团、海军第4806工厂、舟山金海湾船业有限公司、舟山市鑫亚船舶修造有限公司、厦门船舶重工股份有限公司、福建东南造船厂（原福建省渔轮修造厂）、福建马尾造船股份有限公司、福建华东船厂解放军四八零七厂（海军4807厂）。

（二）环渤海地区船舶与海洋工程装备制造基地

环渤海地区船舶与海洋工程装备制造基地以大连为中心，覆盖辽宁、河北、京津、山东等地区。环渤海地区船舶与海洋工程装备制造基地是中国在该领域技术实力最强的建造基地之一。在建造生产能力、建造规模、涉及产业领域上，是仅次于长三角船舶与海洋工程装备制造基地的中国第二大船舶与海洋工程装备制造基地。该基地主要包括：大连船舶重工集团有限公司、葫芦岛渤海船舶重工有限责任公司（原辽宁渤海造船厂）、鸭绿江船舶修造厂、丹东煜阳玻璃钢游船厂、东港市丹东大宇船厂、大东港区建设指挥部造船厂、营口辽宁船舶与海洋工程装备制造业园（在原营口渔轮厂、营口造船厂的基础上扩建而成）、辽宁船舶与海洋工程装备制造业园、大连中远船务工程集团有限公司、大连中远造船工业有限公司、大连辽南船厂［海军四八一零（海军4810）工厂，即旅顺大坞]、大连松辽船厂[即解放军七八一四(陆军7814)工厂]、韩国STX集团大连长兴岛临港船舶与海洋工程装备制造业基地、天津大沽造船厂、天津新港船厂、天津新河船厂、河北秦皇岛山海关船厂。世界第二大造船企业韩国三星重工业株式会社投资建设的三星重工业(荣成)有限公司将落户山东省荣成市。韩国大宇造船海洋(山东)有限公司位于烟台,是韩国大宇造船海洋株式会社(DSME)于2005年在烟台经济技术开发区独资创建的大型船舶制造企业。目前山东地区具有一定规模的企业有:烟台的莱佛士船业有限公司、中船重工集团青岛海西湾船舶与海洋工程造修船基地、北船重工公司、山东省黄海造船有限公司(黄海船厂)、灵山船厂、威海船厂、山东威海的海军的4809厂、海军4808青岛造船厂、4808工厂威海修船厂、西霞口船业有限公司等。

(三)珠三角地区船舶与海洋工程装备制造基地

珠三角地区船舶与海洋工程装备制造基地是中国第三大船舶与海洋工程装备制造产业集聚地。该基地以广东为中心,辐射海南、广西。该地区主要集聚的企业有广州龙穴造船基地、友联船厂(蛇口)有限公司、广州中船远航文冲船舶工程有限公司、广州广船国际股份有限公司、广州中船黄埔造船有限公司、解放军第四八零一工厂(海军4801厂)、解放军第四八零四工厂(海军4804厂)、深圳江辉船舶工程有限公司、解放军四八零二工厂(海军4802厂)、西江造船厂等。

第三节　中国船舶工业的产品供给
结构国际竞争力研究

一、　我国造船业取得显著成就

1978年,全球造船业经历了近百年以来最惨烈的一次大萧条时期。全球全年造船总量比高峰年份下降了 69%,造船吨位下降了 2000 万吨以上,仅造船大国日本就解雇了 2.57 万名造船工人,船厂的开工率不到 40%。面对全球造船业的危机时刻,邓小平同志对船舶工业生存发展提出了十六字原则:"军民结合、以军为主、发展民用、以民养军",同时还指出了中国造船业向国际市场进军的发展方向。

从 1982 年到 1997 年的 15 年间,中国造船业累计造船 1400 多万载重吨,其中出口造船量 1100 余万载重吨。产品出口到德国、法国、挪威、丹麦、希腊、瑞典、美国、加拿大、日本等发达国家。经过多年的学习、引进、探索,中国造船业实现了快速稳步的发展。到 2005 年,我国造船完工量首次突破 1000 万载重吨。2008 年达到 2275 万载重吨、手持船舶订单达到 24052 万载重吨、承接新船订单 3875 万载重吨,一举超过日本成为世界第二造船大国。2010 年,我国造船完工量 6373 万载重吨,新接订单 7169 万载重吨,手持订单 22500 万载重吨,造船三大指标第一次全面位居世界第一。1985 年我国新船完工量份额不足 5%,2015 年新船完工量市场份额超过 40%(见图 3-6)。

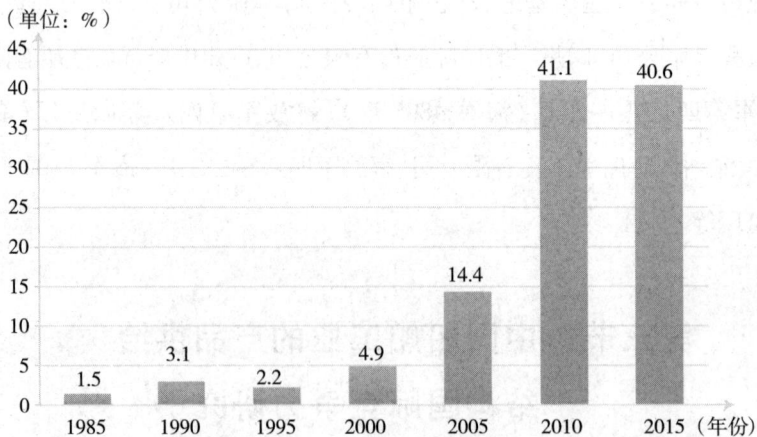

图 3-6　1985—2018 年中国新船订单占全球份额

资料来源:作者通过 IHS 数据库(IHS sea-web)数据资料收集整理自绘。

21 世纪初,我国船舶工业经历了一轮急剧扩张期,造船业明显过热。到了 2009 年 7 月,国家工信部在一次发布会上就明确指出:"中国造船大约存在 1600 万载重吨的产能过剩,过剩产能约占全国造船能力的 25%,属于严重过剩。"在 2009—2017 年这 8 年间,我国关停倒闭的造船厂约有 150 多家,被兼并收购的船厂约有 90 多家,其中不乏拥有 10 万吨船坞的大型企业。

2008 年 4 月 3 日,成为中国造船史上具有重要里程碑意义的一天,这一天,国产首艘万箱船在南通命名交船,中国首制液化天然气船也同时在上海命名交船。两艘船的成功交付,均填补了我国造船业的空白,标志着我国造船业水平取得重大突破。2012 年 5 月 9 日,一座海上巨无霸——中国第六代 3000 米深水半潜式钻井平台"海洋石油 981"号横空出世,钻头在南海 1500 米深的水下缓缓探入地层,开启了中国海洋石油正式挺进深水的新征程。总体看,新中国成立之后特别是近四十年以来,我国船舶工业基本建成了具有自主科研、设计、配套能力的船舶工业体系,成为世界造船大国。

二、 我国船舶工业的造船产品结构竞争力分析

从我国过去快速的造船完工量规模发展,以及一些高技术船舶的开创性研制交付,我国民用和海工装备产品除大型高附加值船舶未实现自主化建造之外,90% 以上的船舶完成了自主化设计和建造。从完工船舶类型看,20 世纪 90 年代能够建造的船型仅十多型,2000 年完工船型增加到约三十型,2010 年完工船型超过六十型,并保持至今。截至 2018 年,我国不能自主设计和自主建造的船型主要包括豪华邮轮、TLP 生产平台、Spar 生产平台、FLNG 等超高端产品。

从近三十年我国造船完工船型前十位看,1990 年主要船型分布较零散,总量也极少,仅 FPSO 的总吨位(2 艘)超过 10 万载重吨,杂货船是建造主力。2000 年,散货船、原油/成品油船、集装箱船异军突起,液化石油气船亦完工 7 艘。2010 年,散货船完全领先于其他船型,完工量超过 4000 万载重吨,占据我国当年新船完工总量的 65%,占全球当年新船完工总量的 22%;原

油船排名我国当年完工总量的第二位,约占 16.6%,不过置于国际市场,则份额明显下降,仅占全球年完工总量的 5.6%。海工装备市场方面,我国主要完工船型是锚作船、挖泥船、拖船、平台供应船、半潜式钻井平台等,我国海工装备完工量占全球海工装备完工总量的 18.7%。全球主要完工的海工装备船型包括钻井船、FPSO、半潜式钻井平台、自升式钻井平台、锚作船、供应船和支持船、拖船、挖泥船等。

2018 年,散货船完工量仍排名第一,占我国当年完工总量的 26.6%。集装箱船异军突起,完工量达到 64 万标箱,约占全球集装箱船年完工量的 48.8%,远超出 2010 年 18.3% 和 2000 年 5.3% 的市场份额。我国液货船市场方面,2018 年原油船完工量占全球原油船完工市场的 26%,液化石油气船和液化天然气船市场更是较弱,我国完工量仅占全球液化石油船和液化天然气船完工市场的12.0%,韩国这一市场份额是 65.3%。2018 年,海工装备市场方面,中国完工量主要船型是铺管起重船、自升式施工船舶、重吊船、平台供应船、海洋支持船、锚作船,海工装备的完工量占全球海工完工量的 41.8%。

根据上述分析可知,2019 年我国散货船船型产品仍占据我国和世界主要供给市场,集装箱船出现了跨越式发展,从规模上已经接近世界集装箱船最大供给国韩国,液货船特别是液化天然气船和液化石油气船的供给市场份额相比于韩国特别落后。

我国海工装备供给量从全球看,规模上已经具备一定优势,特别是在中低端海工装备上具有较强优势,但是在高端海工平台/船型供给能力上明显处于弱势。

三、 我国造船主要供给企业

(一)液货船市场的主要建造企业

2019 年,我国液货船供给船厂前十位(以载重吨计)分布较广泛(见图

3-7），全年共有 69 家船厂交付了液货船。中国船舶重工集团、新时代造船、中远海运重工集团、中国船舶工业集团是我国液货船建造的主要力量,其中大连船舶重工、新时代造船、中远川崎等船厂的建造份额相对较高,2018 年这一比例分别是 22.8%、17.8% 和 16.5%。根据赫芬达尔-赫希曼指数计算,国内液货船建造市场的市场集中度为 992,CR8 为 73.5%,总体判断目前我国液货船建造市场属于低垄断性的不完全竞争。

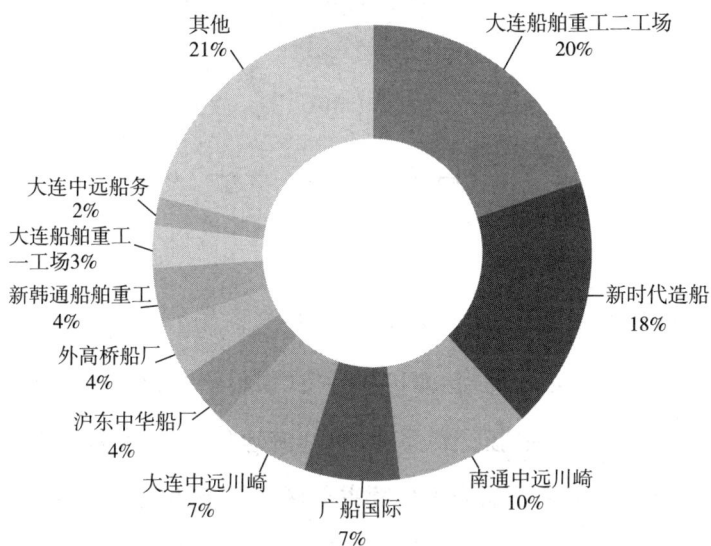

图 3-7　2019 年中国液货船前十大建造厂（载重吨）

资料来源:作者根据 IHS 数据库（IHS sea-web）数据资料收集整理自绘。

(二)散货船市场的主要建造企业

2019 年,我国散货船供给船厂前十位(以载重吨计)数量分散,共 40 家船厂交付了散货船(见图 3-8)。吨位量相对集中,主要是外高桥船厂、北海重工、扬子江集团、新时代造船等。前十家船厂的散货船完工份额占全国散货船完工量的 77.4%。根据赫芬达尔-赫希曼指数计算,国内集装箱船建造市场的市场集中度为 1004,总体处于低垄断性的不完全竞争。

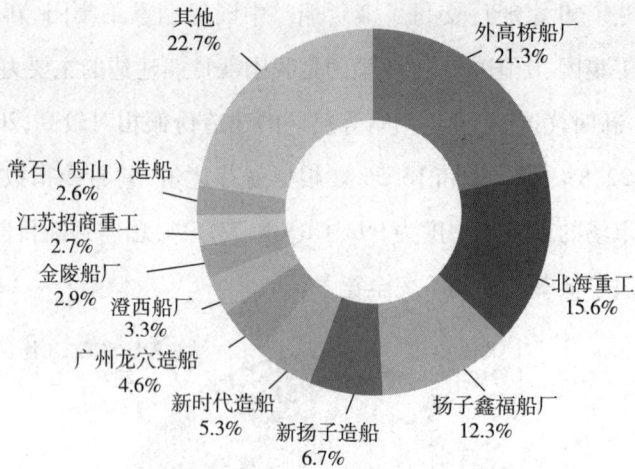

图 3-8　2019 年中国散货船前十大建造厂（载重吨）

资料来源：作者根据 IHS 数据库（IHS sea-web）数据资料收集整理自绘。

（三）集装箱船市场的主要建造企业

2019 年,我国集装箱船供给船厂前十位（以标箱计）分布较为集中,主要是外高桥船厂、江南长兴、扬子江集团、中远海运集团、金海重工等（见图 3-9）。前十家船厂的集装箱船完工份额占全国集装箱船完工量的 85%。根据赫芬达尔-赫希曼指数计算 2018 年我国集装箱船建造市场,集中度为 1027,我国集装箱船建造市场总体处于低垄断性的不完全竞争。

（四）海工装备市场的主要建造企业

2019 年,我国海工装备供给船厂前十位（以总吨计）分布较为广泛,包括振华重工、招商重工（深圳）、马尾船厂、广州黄埔船厂、烟台来福士船厂、大连船舶重工海工、大连中远海运重工、惠生南通重工、太平洋海洋工程舟山、大金重工等船厂（见图 3-10）,前十大船厂的完工市场份额以总吨计占全国海工装备完工量的 70.7%,其中振华重工的完工量占我国海工装备完工量的 21%。根据赫芬达尔-赫希曼指数计算,2019 年我国海工装备建造市场的市场集中度为 851,我国海工装

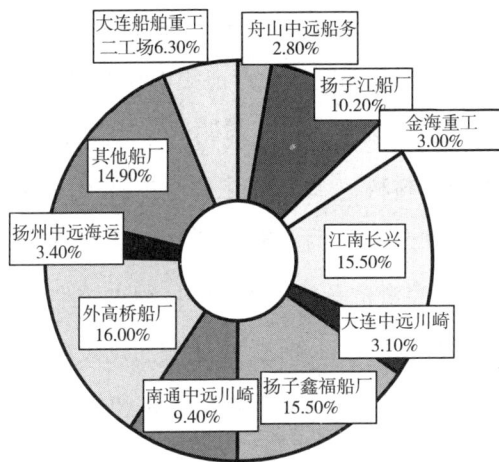

图 3-9　2019 年中国集装箱船前十大建造厂（标箱）

资料来源：作者根据 IHS 数据库（IHS sea-web）数据资料收集整理自绘。

备建造市场目前处于竞争性市场。如果按照贝恩考虑计算，该市场属于低集中寡占型，总体判断我国海工装备建造市场定义为低垄断性的不完全竞争比较合适。

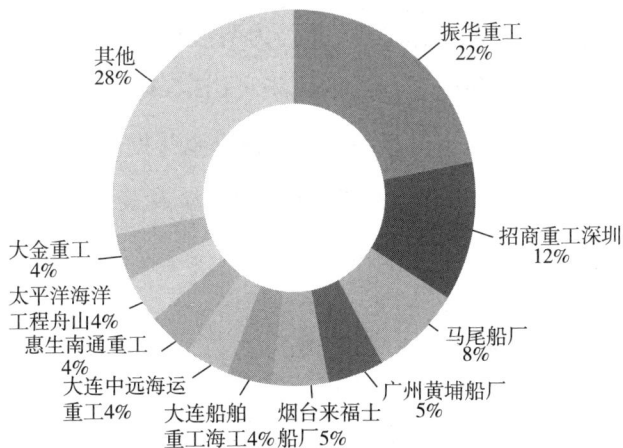

图 3-10　2019 年中国海工装备前十大建造厂（总吨）

资料来源：作者根据 IHS 数据库（IHS sea-web）数据资料收集整理自绘。

四、　我国船舶工业的配套产品结构竞争力分析

全球船舶工业的细化分工，使得船舶配套产业逐渐成为船舶工业的重要组

成部分,也是船舶工业链中高附加值产品聚集区,船舶专用配套设备占整船成本比例的40%—60%。我国船舶制造业产能集中在船舶总装环节,主要负责船舶建造设计、船舶结构焊接、设备的安装与调试等低附加值生产。船舶配套产品又分为专用设备和通用材料,专用设备主要有主机、各种机舱、甲板机械设备和通信导航设备等近150余种①,约占整船成本的40%—60%。通用材料有各种船用钢材、船漆、主机润滑油等数百种材料,约占整船成本的15%—20%。在船舶专用设备中,主机是核心设备之一;船舶通用设备包括船舶辅机、船舶电气系统、船舶通信导航设备、船舶救生消防设备和船舶甲板机械等。

随着亚洲造船业的崛起,亚洲国家船用设备也有了长足的发展,但日本大部分、韩国部分、中国大部分的船用设备制造技术是从欧洲引进的。欧洲国家收取高额技术转让和专用费,目前世界船舶配套的一流产品和品牌仍大多集中在欧洲。

分产品来看:①雷达及无线电导航设备零件占据我国进口/出口产品第一的位置,但综合来看,雷达导航产品仍为明显逆差;②船舶用柴油机逆差最大,主机仍是我国船舶配套行业的短板;③日字环节链、其他焊接链顺差最大,但也表明我国船配出口产品的附加值仍亟待提高。综上所述,我国船舶通信导航、电气及自动化、舱室机械、动力系统及装置的国产化率仍有巨大提升空间。

(一)我国船用柴油机生产能力

在船舶主机生产能力上,我国船用柴油机企业通过引进、消化、吸收、创新的途径,基本上具备了全系列船用柴油机的生产能力。中船集团推进低速机品牌自主化,2016年,瓦锡兰的二冲程低速机 WinGD 品牌被中船集团100%收购。不过,我国目前有11家低速柴油机生产企业,韩国仅有3家,但从总产

---

① 王宇飞:《船舶配套专题:全面推进国产替代,力争实现弯道超车》,中金公司官网,见 https://www.cnfol.com/。

量来看,韩国约是我国的 2 倍[1]。

(二)我国船用甲板机械具有较强的自主能力

我国在甲板机械领域具备较强研发和生产能力,2014 年市场占有率突破 70%,其中锚铰机国产率较高,约达到 80%(见图 3-11)。目前国内自主品牌谱系逐渐完善:锚铰机方面已完成 7 万吨级、11 万吨级、18 万吨级、4250 标箱、30 万吨级、38 万吨级等 6 个系列的产品配套;吊机方面形成 30 吨至 55 吨船用系列;拖缆机方面研发了 60 吨至 350 吨级产品;舵机也被应用于 10.8 万吨油船、30 万吨超大型油船、16.3 万吨油船等多个大型船型。从配套商来看,两大船舶集团、民营企业、中外合资企业,均涌现出一批具备一定市场影响力的公司。

(单位: %)

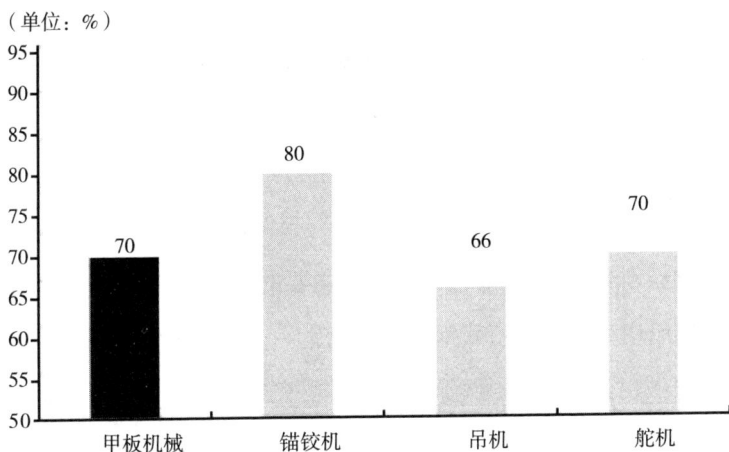

图 3-11　2014 年船用甲板机械的国产装配率

资料来源:中金公司官网。

(三)我国船用压载水系统研发处于全球领先水平

压载水处理系统,中国通过研发把握住市场先机,目前全球获得型式认可

---

[1]　王宇飞:《船舶配套专题:全面推进国产替代,力争实现弯道超车》,中金公司官网,见 https://www.cnfol.com/。

的产品共有 73 种,主要分布在中国、挪威、日本、韩国、德国,其中中国拥有 17 种,其市场占有率如图 3-12 所示。

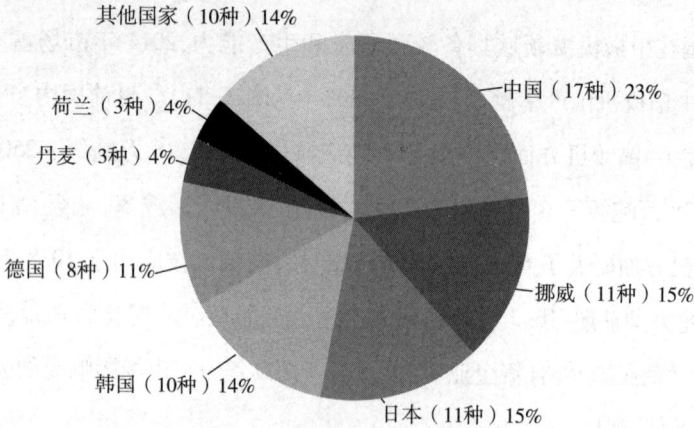

图 3-12　IMO 认可压载水系统全球主要国家市场占有率

资料来源:中金公司官网。

(四)我国基本船用材料自主,复合材料仍有差距

船用材料领域,钢材是船舶建造中最主要的原材料,特种钢性能在持续优化。我国造船用钢板一般由武钢,马钢,上钢一、三厂,太钢和昆钢等提供。在特种材料领域,我国船用钛合金技术已实现突破。2016 年,我国高温钛铝合金材料取得重大突破,使用寿命高出美国高温钛铝合金材料 1—2 个数量级,但是我国船舶用钛量偏低,总用钛量比例不足 1%,而俄罗斯的船用钛量达到18%。我国船用非金属复合材料尚有较大追赶空间,比如在玻璃钢用增强材料方面,我国与世界工业发达国家在产品技术水平、规格、品种、质量等方面相比都存在较大差距;船用高性能纤维材料如芳纶纤维、碳纤维材料等仍依靠进口,树脂产能也明显落后。因此,我国在船舶复合材料技术和应用技术的开发领域均有很大的发展空间。

第四章　竞争比较优势视角下中国船舶工业战略转型成因研究

第一节　SCP 理论概要

西方古典经济学认为:竞争机制是在经济发展过程中遇到各种问题的时候,能够给问题的解决提供最优解决方案的组织形式,竞争机制能使有限的资源在经济发展中得到最佳、最合理的配置。经济自由竞争必然引起生产要素的集中,企业家为了在追逐剩余价值的竞争中取得优势,必须不断进行技术创新,提高管理水平,降低生产成本,扩大生产规模,以提高劳动生产率,在竞争中取得优势,获取超额利润。因此,生产的集中发展到一定阶段就必然引起垄断。

1890 年,英国经济学家马歇尔在《经济学原理》中,在萨伊的生产三要素(劳动、资本、土地)的基础上将产业组织要素列为第四生产要素。[①] 马歇尔在《经济学原理》中对产业组织的效率进行了系统论述。他认为产业组织是社会化大规模生产中一种科学高效的生产分工,分工的结果是大大提高了生产效率。在大规模生产中,组织要素在高度机械化、智能化生产、系统性采购、销售和专业化经营管理等工作领域上都具有优势。20 世纪 30 年

---

① 参见[英]马歇尔:《经济学原理》上卷,朱志泰译,商务印书馆 2011 年版,第43—47 页。

代,为了尽快摆脱经济危机的困境,欧美资本主义国家纷纷采用了通过政府行政干预手段,加强对自由市场经济的干预,用单纯的竞争和垄断理论是无法解释当时西方国家面对的经济现象的。张伯仑在《垄断竞争理论》中认为这是产品的差异性导致了市场结构呈现垄断竞争,从而抑制了市场完全的自由竞争①;罗宾逊在《不完全竞争经济学》中也就垄断市场的需求特征、多厂单边垄断和双边垄断、企业成本等问题进行了阐述②。在 20 世纪 30 年代,国家垄断形式开始加强,美国推行的"罗斯福新政",标志着当时西方国家垄断得到了快速发展。

一、 哈佛学派

哈佛大学贝恩在 1959 年出版了《产业组织理论》一书,该书第一次系统论述产业组织理论,产业组织理论阐述了市场结构(Structure)—市场行为(Conduct)—市场绩效(Performance)理论分析范式,即 SCP 分析范式。它强调结构、行为和绩效之间存在市场结构决定市场行为,市场行为决定市场绩效这样一个逻辑关系。所以理想的市场绩效需要通过公共政策来调整不合理的市场结构。1970 年,谢勒在《产业市场结构和经济绩效》一书中进一步阐述了市场行为与市场绩效之间的关系,该书总结并提供了有关市场行为特别是价格形成、广告活动、技术开发等方面的理论成果。由于这些研究绝大多是以哈佛大学为中心展开的,因此学术界称之为哈佛学派。由于哈佛学派坚持市场结构对市场行为和市场绩效起到决定性作用,因此又称产业组织理论哈佛学派为结构主义。

二、 芝加哥学派

从 20 世纪 80 年代开始,美国一些传统优势产业受到日本和一些亚洲国

---

① [美]爱德华·张伯仑:《垄断竞争理论》,周文译,华夏出版社 2009 年版,第 397—405 页。

② [英]乔安·罗宾逊:《不完全竞争经济学》,陈良璧译,商务印书馆 1964 年版,第 267—373 页。

家强烈冲击,企业国际竞争力快速下降,如果继续实施世界上最严厉的反垄断政策,将大大削弱美国的产业竞争力,因此结构主义的反垄断政策在美国失去了主导地位。与此同时,在现实的经济运行中人们还发现:市场绩效对技术和市场结构也会产生反作用,因为不断变化的市场绩效催生了技术的变革,产业市场盈利情况决定了资本进入市场(市场行为)的吸引力大小,从而使市场结构因此发生改变。因此以德姆塞茨、斯蒂格勒、波斯纳和布罗兹恩等为代表的芝加哥学者对哈佛学派的 SCP 范式提出批评:他们认为哈佛学派的 SCP 范式过于简单武断。他们认为在结构、行为和绩效之间绝非是简单的单向因果关系,而是双向或多向的、彼此相互影响的多重关系。他们通过大量的实证研究得出了与哈佛学派相反的结论:高集中度产业内的企业高利润率并不是来源于寡占企业侵占的消费者剩余,而是来源于企业生产效率的提高。芝加哥学派认为:市场绩效是市场结构的原因,市场绩效决定着市场结构的变化。政府在产业政策制定上,只要市场绩效良好,就没有必要人为去限定产业的市场结构。与哈佛学派相比,芝加哥学派更注重理论分析及对垄断的宽容态度,而哈佛学派更注重经济分析及对垄断的强硬态度。

三、　SCP 主要构成要素及理论优势

传统产业组织理论 SCP 范式将结构、行为和绩效作为主要研究对象。①行业结构:行业发展的外部环境的各种变化对企业所产生的影响,包括产品需求、市场变化、销售的变化等。②市场行为:主要指企业在外部环境和行业结构发生变化时企业采取的应对措施,比如企业的生产要素整合、业务调整(收或放)、经营和管理模式的创新等一系列变动。③经营绩效:主要指企业在外部环境方面发生变化的情况下,企业在市场份额、成本、利润等方面的变化趋势。④外部冲击:主要指企业外部政治、经济、文化环境以及市场消费群体的消费习惯等因素的变化。

SCP 范式在行业分析上具有很强的说服力,主要因为:①SCP 范式分析有

一个严格的战略分析过程,而不是简单地定性和描述;②把企业的市场行为作为分析的重点,把企业的市场行为看作是企业取得市场绩效的关键;③通过企业的行为分析,用清晰的行为动态模式来阐述企业市场绩效的变化根源。

市场结构的主要决定因素包括市场集中度、产品差异化、市场进入与退出壁垒。市场行为的主要决定因素包括企业的定价行为、产品的开发策略、广告行为等,并购或排挤行为、默契合作等。市场绩效可以用资源配置效率、规模结构效率、技术进步程度、X 非效率理论等要素进行评估分析。

为适应船舶工业特点,同时考虑到数据的完整性和可获得性,本书主要采用以下数据对全球主要造船国家/地区的国际竞争力进行分析。产业行为方面,我们除了考虑企业行为,还考虑了政府支持等行为。企业经营行为主要包括并购和重组、对外合作、价格竞争等。

第二节　全球造船大国国际竞争力评估与分析

一、韩国造船产业组织竞争力

(一)产业结构

1.市场集中度

韩国三大造船巨头三星重工、大宇造船、现代重工以及几个有影响力的造船厂如韩进重工、STX 造船和成东造船,这些船厂占据了韩国 95% 的造船产能,产业集中度高,属于极高寡占型产业。按 CGT① 计,现代重工、大宇造船、三星重工三巨头的手持订单量分别占韩国船厂手持订单量的 42.6%、32.6% 和 18.5%(见图 4-1)。现代重工在越南的现代越南船厂亦接获了 86 万 CGT 新船订单,加上此订单现代重工占韩国船厂手持订单的 46%。

---

① 英文 Compensated Gross Ton 缩写,即补偿总吨。

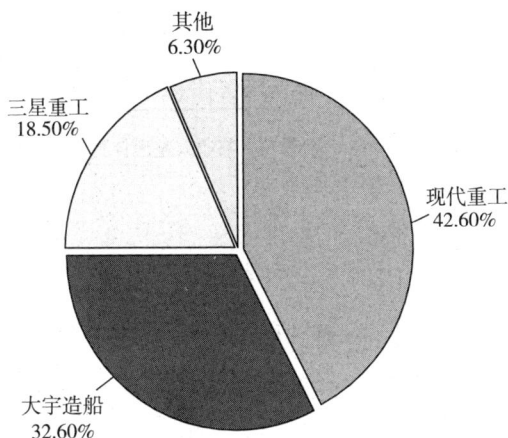

图 4-1　2018 年初韩国船舶工业的市场集中度（按 CGT 计）

资料来源：作者根据 IHS 数据库（IHS sea-web）数据资料收集整理自绘。

2. 产品差异度

目前韩国造船业的主力船种为：①数量庞大的大型油船和集装箱船；②拥有国际竞争力的液化天然气船、FPSO 和 FSRU[①]；③浮式海洋废弃物处理厂、海上机场等海上空间设备；④超高速、超大型船舶（见表 4-1）。

特点：高附加值船舶比例高；航海、通信、电子等高附加值配套产品仍严重依赖日本和欧洲企业。

表 4-1　韩国三大造船厂的主打品种

造船厂	主要产品
现代重工	大型散货船、油船、集装箱船、海洋石油、天然气钻探设备等，尤其擅长建造液化石油气运输船
大宇造船	大型油船、集装箱船、散货船、液化石油气及液化天然气船、FPSO 等，近海或深海平台、各种海洋工程装备设施以及潜水艇、驱逐舰等特殊船舶

---

① FSRU 是浮式储存及再气化装置（Floating Storage and Re-gasification Unit）的简称，通常也称 LNG-FSRU，是集 LNG（液化天然气）接收、存储、转运、再气化外输等多种功能于一体的特种装备，配备推进系统，兼具液化天然气运输船功能。

续表

造船厂	主要产品
三星重工	液化天然气船、钻井船、LNG-FPSO 船、海洋勘探船等

资料来源:作者根据 IHS 数据库(IHS sea-web)数据资料收集整理自制。

3.产业规模

根据克拉克森统计,自 2012 年起,韩国已连续六年造船年订单量位居第二,排在中国之后。但 2018 年,韩国船厂接单量达到 251 艘、合计 1236 万载重吨,以吨位计算占全球市场份额的 42.7%,大幅领先中国,位居全球首位(见图 4-2)。

(单位:万载重吨)　　　　　　　　　　　　　　　　　　(单位:%)

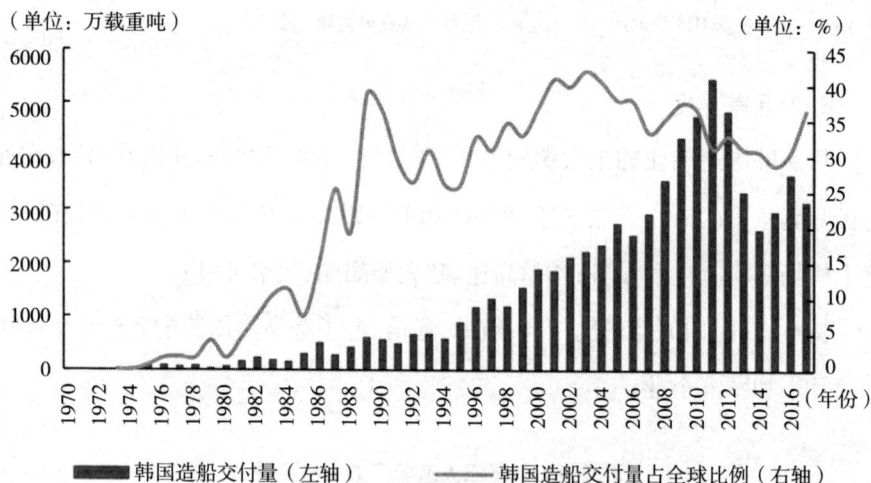

■韩国造船交付量(左轴)　　——韩国造船交付量占全球比例(右轴)

图 4-2　20 世纪 70 年代至 2017 年韩国造船完工量

资料来源:张钺:《船舶与海工行业分析报告》,长江证券。

(二)产业行为

1.政府扶持

韩国政府对韩国船舶行业的支持力度非常高,以"造船立国"的韩国政府,为推动三大造船集团大范围重整、增强造船业和海运业竞争力、促进船厂向服务市场转型、支援船厂大力发展环保智能化船舶等高附加值船舶等,出台了各种方案并投入大量资金。

2. 企业经营行为

并购重组:韩国现代重工、三星重工等主要船厂进行了多次并购重组,发展成为世界范围的造船巨头。2019 年年初,韩国现代重工与韩国产业银行达成初步协议将收购大宇造船海洋公司大部分股权。

对外合作:与俄罗斯、沙特等船厂和石油公司合作;收购海外船厂。

绿色船舶:加大在液化天然气燃料动力船、污染气体减排设备、船舶压载水处理装备和无压载水船舶,以及智能化船厂建设等方面的投资。

价格竞争:利用其品牌优势、低价抢单和合作等方式逐步垄断了高端造船市场(液化天然气船、超大型油船等)。

3. 企业研发行为

韩国造船业从 20 世纪八九十年代开始崛起,经过十余年的发展,到 2000 年年初,韩国船厂已具备精益生产、大型总段建造、高附加值船舶设计建造力及绿色船舶和相关技术的自主研发能力。各企业每年的研发经费投入约占营业额的 1%。

（三）产业绩效

1. 经济效益

2015—2017 年,韩国造船完工量情况见表4-2。2018 年,全球共 76 艘液化天然气船订单:韩国 66 艘、中国 5 艘、新加坡 4 艘、日本仅 1 艘。这样,2018 年韩国就获得了全球 76 艘液化天然气船舶总量的 86.8%、中国为6.6%、新加坡为 5.3%、日本为 1.3%。韩国的液化天然气船舶订单中,2018 年全球 17 万立方米以上的超大型液化天然气船全部被韩国造船厂接获,共计 65 艘。

表4-2　2015—2017年韩国造船完工量

（单位:万载重吨）

年份	造船完工量
2015	2966
2016	3692
2017	3227

资料来源:作者根据IHS数据库(IHS sea-web)数据资料收集整理自制。

在经营业绩方面,韩国船厂在过去几年经历了亏损局面,例如现代重工2015年净利润亏损1363223亿韩元(约12亿美元),不过其在2016—2017年已扭亏,2017年的净利润收益率达到17%(见表4-3)。2017年现代重工蔚山船厂员工21300人,其中造船部门8800人。

表4-3　现代重工2015—2017年的经济效益

（单位:百万韩元）

年份	销售额	净利润
2015	27488602	−1363223
2016	22300438	656668
2017	15468836	2703291

资料来源:现代重工合并财务报表,现代重工蔚山(HHI)2015—2017年年报。

2.企业创新成果

韩国船厂的自主发展之路是从弱到尝试自主再到强大。首先引进国外图纸,然后在生产中摸索,逐渐形成自主研发能力,同时引进成套生产设备,并且组装生产进口核心部件。和目前我国一样,当时的韩国亦充分利用低成本劳动力,接受出口船舶订单。以现代重工为例,当时生产的连续性差,各流程操作分散,整体控制力薄弱;之后,现代重工持续提高自主基础设计能力,自主生产发动机及核心机电设备,并且推动产业一体化发展。从船舶工业的发展趋势来看,造船技术向高度的机械自动化、集成模块化、数据智能化方向发展,韩国船厂在不断学习日本等国的先进经验的同时,加快开发和应用新的生产技术。随着建造经验与业绩的提升,韩国造船业开始尝试在高技术船舶和效率方面的提升。例如,独创性地开发出不用船坞造船的技术,而利用"浮动船坞"造船技术使产量实现每年两位数的增长。韩国船厂创造性地研制了世界钻井船、FLNG 等高端装备。

（1）现代重工

2013 年,现代重工开发了一系列未来增长潜力巨大的船舶产品,例如,智能船舶（2.0 版）、节能和高效船舶、FLNG 模块、岸基模块液化天然气储存罐、环保型发动机、环保型断路器、高效的太阳能电池、能效和环保建筑设备等。

现代重工为重点塑造旗舰产品的竞争力,2016 年投资了 1.7 亿美元开展新产品研发,研发投资重点为:液化天然气运输船气体管理系统并成功应用,该系统完全实现了液化天然气运输船在航行过程中的蒸发气的再液化;新的气体绝缘开关（GIS）模型研发,新模型的成本减少 11.6%;高阻燃绝缘材料的开发以及电气设备的保护装置开发。

（2）三星重工

三星重工一直以其创造的多个世界第一为荣,成立四十多年来,在钻井船、液化天然气船和 FPSO 等高技术和高附加值船舶市场取得了世界第一的份额,并且开发了世界首艘北极穿梭油船和 LNG-FPSO,推出了 LNG-FS-RU、北极破冰型集装箱船等创新产品。在研发创新方面,三星重工坚持关注降成本的技术应用,开发促进业务发展的技术。专注于确保高水平的工程化技能,改善基于 3D 模型的设计效率,差异化液化天然气相关加工技术,开发绿色船舶,开发智能船舶和智能船厂,累计开发了多个高端船用核心系统和程序,其中主要包括 S-Fugas（液化天然气船燃料供气系统）,S-Rel;（再液化系统）,S-Regas（再气化系统）、SAVER-Stator-D（导管式燃料节能器）,（每工项目材料工程化,管子环缝焊接机器;以及薄膜型货物围护系统（KC-S）,智能船舶经济安全运行解决方案,SAVER Air（空气润滑系统),无纸质船(3D绘图),数字双胞胎(SEVAS,移动),设计数据交换管理。总的可以规纳为三个方面推进研发创新:第一,旗舰产品技术的差异化,包括自主开发乙二醇再气化包,为液化天然气动力船舶开发供气系统、交付安装有韩国自主研发的液化天然气货物围护系统的液化天然气船,在油船上应用导管式节能装置;第二,拓宽创新技术的应用,包括开发海洋管道自动分析系统,开发基于3D扫描围护功能测试和绑扎仿真系统,推动数字化专项;第三,技术的商业化,包括自主开发动力定位系统、功率管理系统、硬件在环仿真。

二、 日本造船产业组织竞争力

(一)产业结构

1.产业集中度

日本IHI联合造船公司、川崎造船公司、万国造船公司、三井造船公司四家造船厂的造船能力和产量占了日本海事工业的50%以上。从手持订单看(见图4-3),按CGT计,2018年日本四家造船集团公司:今治造船、日本海事联合、大岛造船、常石造船手持订单分别占当年日本国内船厂的31.8%(516万CGT)、15.2%(247万CGT)、7.2%(116万CGT)以及3.4%(56万CGT),其中常石造船集团除日本国内拥有造船厂外,还在菲律宾、中国设有两家造船企业,2018年分别拥有订单70万CGT、51万CGT,占到日本手持订单的12.1%。

船厂强强联合,大型船型进一步增强建造能力,根据市场份额统计,日本船舶工业属于中集中寡占型。

2.产品差异度

日本造船厂建造的船舶包括了车辆运输船、豪华邮轮、客船、干散货船、油船、液化天然气船在内的几乎所有品类船舶(见表4-4),其用户遍布世界。

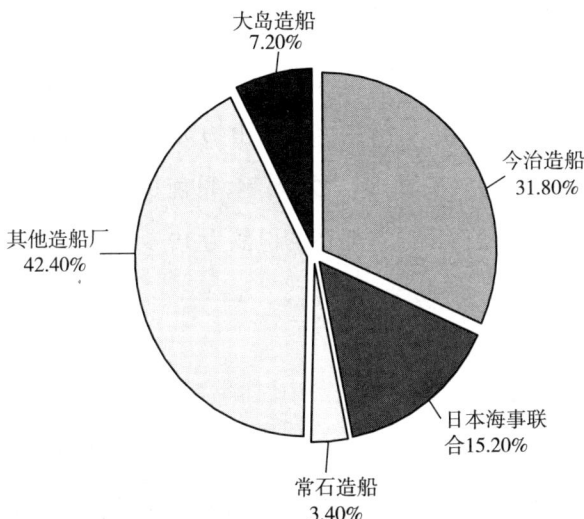

图 4-3　2018 年年初日本国内船厂手持订单分布（按 CGT 计）

资料来源：作者根据各船厂网站公布数据收集整理自制。

表 4-4　日本主要船舶公司的产品结构

船舶公司	主要产品
三菱重工	民用船舶：豪华邮轮、渡船、液化天然气船、液化石油气船、油船、集装箱船、滚装船、PCTC、纯汽车运输船、调查船、乏燃料运输船、渔业巡逻船、公务船
	海工装备：勘探船、铺缆船、钻井船、资源调查船、储油驳、FPSO、大型钢质结构
	维修改装服务：干船坞、系泊装置、液化天然气船、驳船、桨轴替换、损坏维修
	系统：二氧化硫洗涤装置、深潜器、水下装置、涡轮增压器、锅炉和透平、减摇鳍、操舵装置、螺旋桨、起重机、甲板机械、高速机、燃料供气系统、液化天然气动力船舶
	IT 系统：计算机网络系统、设计和生产支持系统
今治造船	散货船、集装箱船、油船、木屑运输船、特种船、汽车渡船、纯汽车运输船
日本 IHI 联合造船	民船：集装箱船、油船、散货船、液化天然气船、液化石油气船、汽车运输船、特种船、科考船
	海工：FPSO、LNG-FPSO、FSO、生产与测试系统、半潜式钻井平台、自升式钻井平台、海上储备基地
	系统：减摇舱、节能设备、SPB 围护系统
	船舶维修：压载水处理系统改装，全寿命保障

资料来源：作者根据各船厂网站公布数据收集整理自制。

3.产业规模

20世纪70年代初期和21世纪初期前十年是日本绝对造船量增长发展的两个高峰期(见图4-4),但是从全球造船市场份额来看,日本进入21世纪以来,其全球市场份额先后被韩国、中国超越,目前位居全球第三造船强国,2017年,日本造船完工量占全球造船业的份额为19.9%。

(单位:万载重吨)　　　　　　　　　　　　　　　　　　(单位:%)

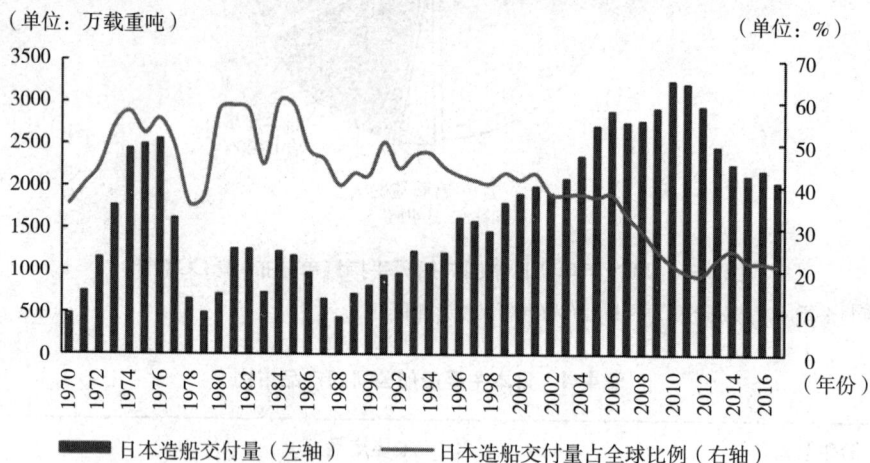

日本造船交付量(左轴)　　　　日本造船交付量占全球比例(右轴)

图4-4　1970—2017年日本造船完工量统计

资料来源:张钺:《船舶与海工行业分析报告》,长江证券。

(二)产业行为

1.政府扶持

OECD①(经合组织)对日本造船业的支持政策主要集中在以下四个领域:研发支持、出口信贷、本土信贷、出口信用保险。日本政府对造船业在环保、水下潜器、物联网、人工智能等方面,也都有资金支持。

2.企业经营行为

日本船厂主要采取重组、联合、退出、调整产品结构等策略应对市场危机,

---

① 英文 Organization for Economic Cooperation and Development 缩写,即世界经济合作组织。

是源于对造船业周期发展规律的深刻认识。

日本船厂的主要经营行为有:剥离造船业务,提升盈利能力;拓展中国地区业务,转移造船产能;推动并购,提升研制能力。

3.企业研发行为

日本造船业注重节能环保型船、高速船、信息化技术和智能化发展方面的研发,各企业研发经费投入约占营业额的5%。

（三）产业绩效

1.经济效益

日本造船经过十多年的绝对增长,2011年以后出现缓慢下降趋势,到2018年,日本三大造船指标(见表4-5)均低于中、韩,2018年,日本造船厂全年累计成交新船订单1151万载重吨,占全球成交总量的15%;全年新船完工量为2006万载重吨,约占全球完工量的25%。截至2018年年底,日本船厂手持订单量为4421万载重吨,同比减少19%,占全球的份额下降至21%。

表4-5 2018年日本三大造船指标

造船指标		2018年	份额（%）
新接订单量	万载重吨	1151	15
	万CGT	360	13
造船完工量	万DT	2006	25
	万CGT	753	25
手持订单量	万载重吨	4421	21
	万CGT	1365	17

资料来源:作者根据IHS数据库(IHS sea-web)数据资料收集整理自制。

2.企业创新成果

日本核心船厂在其核心造船产品领域强化新船型设计:①三井造船研发

并推出"neo 系列"节能环保散货船。②常石造船推进符合目标型船舶建造标准以及国际海事组织 Tier Ⅲ 等国际规范的新船型研发,目前已经完成 Kamsarmax 型、TESS64 型、TESS99 型散货船以及 LR 型成品油船设计。③日本 IHI 联合造船成功研发了符合 H-CSR、Tier Ⅲ 等规范的品牌商船,新船型开发覆盖了各种油船、散货船舶等。日本邮船和日本 IHI 联合造船在概念船舶设计上实现了大的突破,目前推出了 20 万吨液化天然气动力散货船概念设计,该新设计船舶可使其能效设计指数降低 40%。④川崎重工拥有成熟的液化天然气相关产品技术优势,目前正在研发液化天然气发电船,新船装机容量为 3 万—16 万千瓦级,电力需求日益增长的东南亚国家是其目标客户。川崎重工推出了用方形液舱围护系统代替圆形液舱围护系统的新型 Moss 型液舱围护系统,就是这一改变能够让液货围护系统在体积不变的条件下,船舶装载量增加 15%。⑤三菱重工计划利用其在豪华邮轮建造方面的丰富经验,在国际大型客滚船、客渡船和滚装船市场上获得更多的新船订单,同时也计划在气体燃料动力船舶领域寻求更多的市场机遇。⑥大岛造船与日本邮船将合作设计和建造液化天然气动力超巴拿马型散货船,由于引入物联网技术,船舶安全性和燃料效率都得到了提高。⑦名村造船推出更加节能的灵便型散货船以满足船东新需求。

三、 欧洲造船产业组织竞争力

(一)产业结构

1.产业集中度

在欧洲的造船国家中,从 2018 年欧洲主要几大造船集团共手持订单的情况下来看(见图 4-5),建造高附加值船舶的主要国家有德国、意大利、法国、挪威、西班牙等,特别是意大利建造量几乎 100% 接近或属于高附加值船舶。德国、法国、芬兰以及意大利等国基本上占据了全世界绝大多数豪华邮轮建造市场份额。从德国迈尔海王星收购了芬兰的图尔库船厂,意大利的芬坎蒂尼公司收购了 STX 法国以后。欧洲邮轮建造市场竞争格局实现了从"四强争夺"向"两强争霸"的转变,邮轮建造市场得到了进一步集中,产业集中度高,属于极高寡占型产业。以 CGT 计算,意大利芬坎蒂尼集团公司手持订单占比为 45.5%,德国迈尔海王星集团手持订单占比为 27.0%。

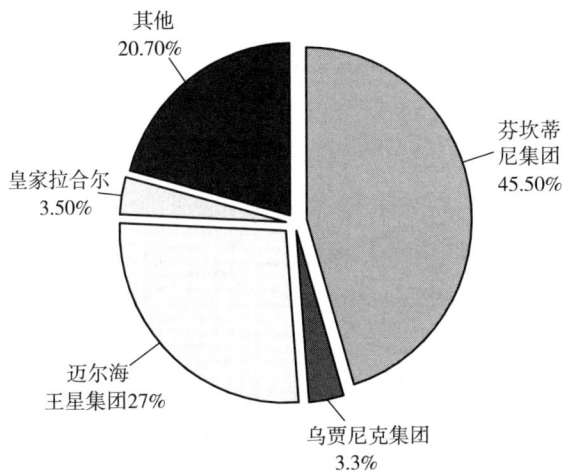

图 4-5 2018 年年初欧洲主要造船集团手持订单的集团分布(按 CGT 计)

资料来源:作者根据 IHS 数据库(IHS sea-web)数据资料收集整理自绘。

2.产品差异度

近年来豪华邮轮订单的火爆重新提升了整个欧洲的造船业的温度。欧洲两大造船巨头意大利芬坎蒂尼集团和德国迈尔海王星集团,其差异化的产品代表了目前欧洲核心造船厂产品的主要特点(见表 4-6)。

表 4-6 欧洲主要船厂及其主要产品

企业	主要产品
芬坎蒂尼集团	现代级到奢侈级的所有等级邮轮、海工船、客船/客滚船
迈尔海王星集团	邮轮、客船/客滚船
达门集团	拖船、工作船、海军巡逻船、高速船、散货船、挖泥船、近海工业用船、渡船、浮船和游艇

资料来源:作者根据 IHS 数据库(IHS sea-web)数据资料收集整理自制。

3.产业规模

欧洲是现代造船发源地,早在19世纪便统治了世界造船乃至航运业。但随着亚洲尤其是东亚的崛起,欧洲大陆不只是丢失了海运贸易量的市场份额,造船业也跟着一同衰落。欧洲已从当初的船舶净出口地区转变为现在的船舶进口地区,20世纪70—80年代,欧洲造船完工量占全球的比例在20%—35%,到2016年基本保持在5%以下(见图4-6)。

(单位:%)

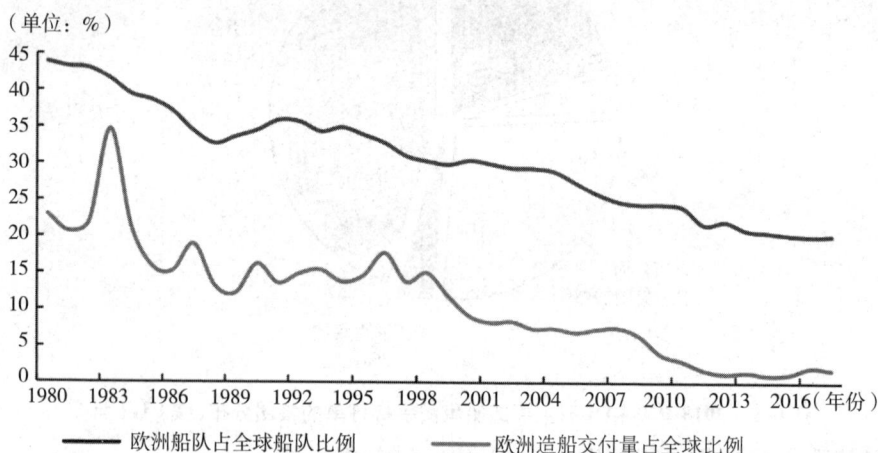

图4-6 1980—2016年欧洲造船完工量占全球份额

资料来源:张铖:《船舶与海工行业分析报告》,长江证券。

(二)产业行为

1.政府扶持行为

近年来,尽管欧洲三大造船指标全面下滑,但其仍在世界船舶工业中处于领先。欧洲造船业的成功在于其始终将技术引领作为其发展战略,注重和鼓励研发,各个国家分别针对本地区出台了一系列研发鼓励政策。国家的鼓励政策使得欧洲在产品设计、技术集成、核心配套装备、品牌运营等领域始终保持世界先进水平和主导地位。

2.企业经营行为

欧洲船厂的经营行为主要集中在豪华邮轮和船用配套领域。

在邮轮建造领域,各种兼并重组进一步整合了欧洲内部的资源,巩固了欧洲船厂在全球邮轮建造市场的长久优势。

在产品多元化方面,部分大中型船厂对意大利和德国船厂在豪华邮轮上的丰收格外关注,例如,欧洲一些海工造船厂在新接订单减少时,利用自己在核心市场的专业知识和经验,进入其他领域,比如兴旺的邮轮行业。

3.企业研发行为

欧洲主要企业的研发行为,涉及开发创新解决方案和系统,以优化船上操作和提高游轮效率,以及实现创新系统以提升某些类型的海军舰艇技术能力。其研发投入约为营业额的5.9%。

(三)产业绩效

1.经济效益

在全球造船业面临的严峻形势下,凭借在邮轮市场的绝对竞争优势,芬坎蒂尼集团成为全球造船业最有钱的"隐形冠军",近10年全球邮轮建造市场的订单份额中,芬坎蒂尼集团接获了近50%的订单。2016—2018年三年间,芬坎蒂尼集团业绩呈现飞速提高(见表4-7)。

表4-7 2016—2018年芬坎蒂尼集团的主要经营业绩

年份	销售额(百万欧元)	净利润(百万欧元)	造船交付量(艘)
2016	4429	60	26
2017	5020	91	25
2018	5474	108	35

资料来源:根据芬坎蒂尼集团2016—2018年财务年报收集整理。

2.企业创新成果

作为欧洲造船业的"领头羊",芬坎蒂尼集团十分重视创新的作用,在全球建立了多个创新基地和创新平台(见表4-8),目前通过意大利船舶工业协会和法国船舶工业协会开展民船和军船技术创新,其路线图是旨在打造四大支柱:提高船舶能效(绿色船舶)、数字化(智能船舶)、高效安全持续生产设施与工艺(智能船厂)和创新蓝色经济增长(智能海工基础设施)等,目前正在从国家层面例如"意大利运输2020"和"意大利蓝色增长"等国家技术产业集群和从欧盟层面例如"水运技术平台"和"欧洲船厂协会"等方面推进相关创新。芬坎蒂尼集团目前从三个方面推动研发:第一,开发应用于订单的技术和创新,包括在船舶设计过程中的技术解决方案、材料和创新系统。第二,商用创新。特定设计可能与订单无直接关联,主要是满足客户需求,例如节能和降低成本,提高载荷;对舰船而言包括提高质量和改善安全。第三,长期创新,为进入新领域开发技术。

表4-8 芬坎蒂尼集团的外部主要创新平台

创新平台名称	主要项目/平台
意大利国家技术集群	意大利运输2020:水面运输工业的创新研究,主要包括自动驾驶等
	意大利蓝色增长
意大利区域性的技术园区	弗留利—威尼斯朱利亚海事技术集群
	利古里亚船舶技术园区:关注舰船和休闲船舶、防务系统、船舶监测和安全
	利古里亚综合智能系统技术园区:开发用于自动生产和物流的虚拟现实、仿真和支持工具
	有机物和复合材料和工程结构园区:航空、海事、汽车、生物医疗、有机电子、建筑等创新型材料开发
	西西里岛海上运输技术园区:船舶维修和改装技能改善
挪威科技大学、工业和技术研究基金	智能船舶创新研究中心
	运动创新研究中心:改善海上运营,开发IT知识、方法和工具

续表

创新平台名称	主要项目/平台
欧洲	欧洲水上技术平台
	欧洲海事应用研发协会
	联合研究船舶联盟
	欧洲理事会燃料电池和氢联合研究创新项目
美国	美国政府国有造船研究项目

资料来源:芬坎蒂尼集团官方网站,见 https://www.fincantieri.com/en/。

目前芬坎蒂尼集团依靠自有资源运行超过 90 个研发项目(见表 4-9),并且从国际、国家和地区层面开展创新项目,重点从五大支柱方向开展创新研发,着重推动 2030 年愿景建设。这些项目都纳入了芬坎蒂尼集团 2018—2022 年可持续发展规划中。

表 4-9 芬坎蒂尼集团正在开展的主要创新研发项目

研发方向	主要研发项目
绿色船舶	高能效项目、船上垃圾与能源平台、创新发电项目、低环境影响技术项目、能效衡准和船舶电力平衡优化项目、可持续船舶设计项目、新一代减摇鳍
智能船舶和自主船舶	电子客舱、电子导航、安保平台、欧洲海事感知开放协作项目、综合驾驶室项目、网络项目
智能船厂	可持续和能效船舶的先进材料方案的实现与演示、海军沉浸式设计评估、豪华邮轮居住舱室大模块和一体化结构项目、船舶智能生产的数据处理模型、仿真负责船舶操作的虚拟海上试验
智能海上结构物	模块化生产平台、深海采矿

资料来源:芬坎蒂尼集团官方网站,见 https://www.fincantieri.com/en/。

四、 中国造船产业组织竞争力

(一)产业结构

1.产业集中度

目前我国造船企业有近 1000 家,按载重吨计,从 2018 年全国造船集团公司手持订单来看(见图4-7),中国船舶工业集团、中国船舶重工集团、中远海运重工、扬子江船业四大造船集团手持订单占国内手持订单的比例分别为33%、14%、7%、14%。四家造船企业手持订单份额接近全国的70%。目前产业发展属于中集中度寡占型。

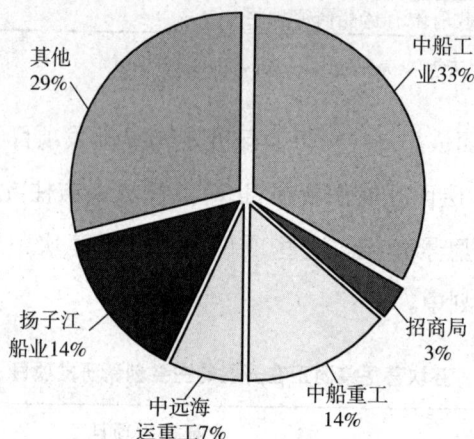

图4-7　2018年年初中国主要造船集团手持订单的分布(按 CGT 计)
资料来源:谭松、王熙:《从手持订单看全球重点造船集团竞争格局》,《中国船检》2018年第5期。

2.产品差异度

从我国主要造船集团的产品分布看和铲平结构来看(见表4-10),中国船舶工业集团公司产品既有高端的液化天然气船、大型 FPSO 海洋工程装备等技术含量高的高附加值产品,也涵盖了散货船、集装箱船、油船等主要普通船型产品。中国船舶重工集团公司的优势产品主要集中在超大型油船、矿砂船、苏伊士型油轮以及散货船等船型。中远海运重工主要集中在集装箱船、散货船、油船和海工类船。扬子江船业的优势产品多集中在集装箱船和散货船。其中散货船是四大造船集团中占比最高的。

表 4-10　中国主要造船集团的主要产品结构

企业	业务领域	主要产品
中船工业	造船	散货船、油船、集装箱船、特种船、客滚船、半潜船、自升式钻井平台、海工辅助船，以及液化天然气船、FPSO 等高技术、高附加值产品
	维修	船舶改装、常规修理
	船用配套	大功率中低速柴油机等
	非船产品	钢结构、成套机电设备、风电设备、地铁盾构、核电设备
中船重工	造船	超大型油船、苏伊士型油轮、散货船、集装箱船、自升式平台、海工辅助船、科考船
	船用配套	高、中、低速柴油机，发电机，船舶电站，甲板机械，阀门，增压器，螺旋桨，救生艇等
	非船产品	风电、核电、新材料、轨道交通、蓄电池、大型钢结构、港口机械、烟草机械、自动化物流系统、采煤装备等数百种
中远海运重工	造船	集装箱船、散货船、油船和海工装备
扬子江船业	造船	散货船和集装箱船
招商重工	造船	自升式钻井平台、起重船、超大型矿砂船、海上风电安装平台、挖泥船、半潜船、潜水支持船

资料来源:作者根据中船工业和中船重工官方网站和 IHS 数据库(IHS sea-web)数据资料收集整理自制。

3.产业规模

进入 21 世纪,改革开放后的中国经济飞速发展,迅速成为全球第二大经济体。全球前十吞吐量的港口有半数以上都在中国。从中国近 50 年造船交付量变化图可以发现(见图 4-8),中国造船市场份额从 20 世纪末的 10%一直提高到 2017 年的 40%。

从造船三大指标中我国近十几年手持订单全球市场份额来看,中国从 2009 年到 2017 年八年间,手持订单占全球市场份额都在 40%以上,韩国从 2005 年到 2017 年十多年间,手持订单占全球市场份额基本保持在 15%—

（单位：万载重吨）　　　　　　　　　　　　　　　　　　　　（单位：%）

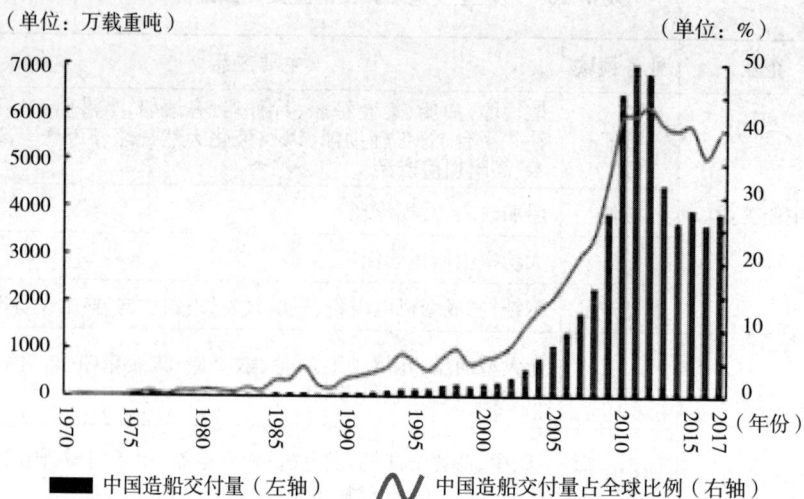

图 4-8　1970—2017 年中国造船交付量（万载重吨）

资料来源：张铖：《船舶与海工行业分析报告》，长江证券。

20%，日本从 2005 年到 2017 年十多年间，手持订单从 40%下降到 20%左右，全球其他国家除中、日、韩三国外，市场份额基本保持在 10%左右。从手持订单来看，中国已经成为名副其实的世界造船大国，三大造船指标多年领先日本，造船完工量和手持订单量以吨位计连续超过韩国，不过中国的新船接单量有时候仍然大幅落后于韩国。据克拉克松统计和 IHS 统计，2018 年中国新船订单量和完工量份额统计数据表图显示（见图 4-9），截至 2018 年年底，中国手持订单量排名全球第一，共计 2910 万载重吨，领先于韩国 2192 万载重吨和日本的 1372 万载重吨。2018 年，中国新船订单量以载重吨计占全球的份额为 29%，高于日本的 24%，小于韩国的 43%。2018 年，中国造船完工量以载重吨计，占全球的份额为 43%，高于韩国的 24% 和日本的 23%。

（二）产业行为

1.政府扶持行为

近年来，国务院及行业主管部门相继出台了一系列船舶振兴规划及船舶

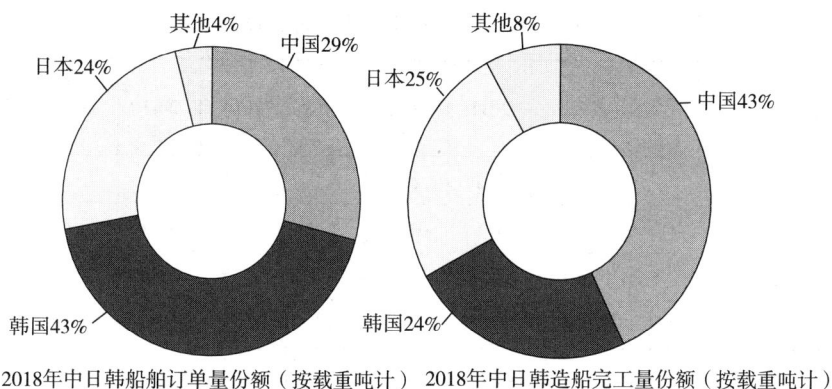

2018年中日韩船舶订单量份额（按载重吨计）　2018年中日韩造船完工量份额（按载重吨计）

图4-9　2018年中日韩新船订单量和完工量份额

资料来源:作者根据 IHS 数据库(IHS sea-web)数据资料收集整理自绘。

工业发展扶持政策,旨在帮助中国造船业维持世界第一的市场份额,并转型发展,以实现船舶工业核心竞争力全球第一的目标。

2.企业经营行为

为了增强我国造船企业的国际竞争实力,适应目前复杂的全球造船市场环境,国内大型造船企业和船舶配套设备制造企业采取兼并、重组等手段扩大自身竞争力和抗市场风险能力。合资也成为我国进入高端造船市场的重要方式。在经营接单策略方面,一方面,我国企业仍然依赖低首付和低价格来赢取订单;另一方面,我国采取专业化造船模式,不断提高船舶质量水平,全面提升四大主力船型的接单能力。

3.企业研发行为

中国船舶工业的研发投入总额近年存在逐年增长趋势,从中国船舶重工集团和中国船舶工业集团两大造船集团近年在科研上的投入情况显示,2008 年以来两大集团公司的研发支出总体上都保持持续增长趋势,2014—2015 年达到最高,中国船舶工业集团的研发投入资金为 11.1 亿元(2015 年),中国船舶重工集团的研发投入资金为 47.5 亿元(2014 年)(见表4-11)。两大造船集团近年来每年的科技投入经费都在当年销售收入的 5%以上,目前中国船舶拥有研发人员超过 2000 名。

表 4-11　2011—2017 年中国船舶工业、中国船舶重工研发投入及占营业收入比例

上市企业	年份 研发投入	2011	2012	2013	2014	2015	2016	2017
中国船舶 工业	研发支出(亿元)	3.2	2.1	4.3	10.3	11.1	10.5	9.1
	占营业收入比例(%)	1.1	0.9	1.9	3.6	4.0	5.0	5.0
中国船舶 重工	研发支出(亿元)	32.0	30.3	31.9	47.5	45.2	30.1	30.7
	占营业收入比例(%)	4.9	5.2	6.2	7.8	7.5	5.7	7.9

资料来源:作者根据中国船舶工业和中国船舶重工公司官网年报收集整理自制。

（三）产业绩效

1. 经济效益

中国造船工业在全球市场指标和市场份额继续保持领先地位,2018 年三大造船指标(按载重吨计)在全球市场所占份额情况是:全年造船完工量 43.2%、全年新接订单量 43.9%、全年手持订单量 42.8%;新接订单集中化趋势明显,前 10 家造船企业新接订单总量占全国总量的 76.8%,造船完工量占全国总量的 69.8%,分别比 2017 年提高 3.4 个百分点和 11.5 个百分点,行业产业集中度持续提高。

2. 企业创新成果

随着经济危机对我国造船业的不利影响日益明显,国内船舶企业也加大了在技术和新产品上的投资力度。2018 年,我国骨干船舶企业紧跟市场需求,产品结构持续优化,绿色环保型矿砂船和支线集装箱船订单承接出现批量化,超大型液化气船、大型半潜重吊船、大型液化天然气加注船、大型豪华客滚船和汽滚船、极地探险邮轮等高技术、高附加值产品市场不断取得新的进展。大型骨干企业加大了技术创新和攻关力度,不断提高产品研发和建造能力,2 万标箱级集装箱船批量交付,建成全球首艘 40 万吨智能超大型矿砂船、全球首艘安装风帆装置的 30.8 万吨超大型原油船、8000 车位汽车滚装

船、极地凝析油船、液化天然气双燃料 1400 标箱集装箱船、35 万吨 FPSO 等一批高端船舶和海工项目,国产大型豪华邮轮建造进入正式实施阶段、自主建造的极地科考破冰船下水、"深海勇士"号载人深潜器完成深海试验。

第三节　中国船舶工业的产品供给结构国际竞争力研究

一、　我国和国际船舶工业竞争力的定性比较

(一)产业结构

从产业集中度看,世界造船大国产业集中度情况如下:韩国和欧洲都是极高寡占型,中国和日本是中度寡占型。从 1936—1940 年贝恩对美国 42 个样本制造业的产业集中度研究结论发现,产业集中度与经济绩效、利润成正相关性。并发现产业投资平均回报率在高壁垒条件下明显高于低壁垒的现象。从船舶行业看,韩国和德国都是行业高垄断和高利润的国家,中国是行业集中度相对较低和利润较低的国家,日本是行业集中度相对低和利润相对一般的国家。

特别是,虽然近两年全球新造船订单略有复苏迹象,但中国造船业的产能过剩问题已成为痛点之一,船厂的主要经济效益指标仍在恶化,行业的资源整合、市场整合是改革的必修课,更多船厂停产、破产或被并购是未来我国船舶行业的常态,集中度走向高度垄断是必然的。近年来,我国造船产业集中度持续提高,但与韩国和欧洲相比,仍有一定差距。

(二)产业行为

1. 政策比较

(1)韩国:全面支持

从韩国对造船业的政策支持看,如果用一个词形容,那就是全面支持。从

政策规划到船型研发,到企业融资支持,再到企业重组,各个方面均进行管理。从管理层级看,韩国上至总统、总理,下至地方政府官员,都在支持造船和航运产业发展。从近几年韩国造船业危机处理分析研究发现,因为政府与企业有比较好的沟通机制,所以政府和企业的响应速度和默契程度都比较高,企业应对危机的能力大大加强。韩国对造船业的全方位支持引起了日本和欧洲方面的强烈反对,日方认为韩国政府违反贸易规则补贴本国造船业,让陷入经营困境的韩国船厂以低价接单,导致日本船厂遭受严重损失;而且指出韩国产业银行等多家金融机构出资支援大宇造船海洋公司,以及成东造船、STX 造船的企业结构调整等均违反世贸组织的规则。2015 年和 2017 年,大宇造船分别获得了来自股东韩国产业银行和韩国进出口银行的 4.2 万亿韩元(约合 39.3 亿美元)注资、60 亿美元的债务减免计划,其资产负债率也由 2016 年年底的 2185%降至 2017 年年底的 281%。

韩国政府近期一直热衷于振兴航运业和造船业的计划,其中一项值得注意的举措是成立了韩国海洋商业公司,成立这家公司的目的是为韩国航运和造船业提供金融及产业政策支持。然而,韩国政府的投资也引发了欧洲船东和行业协会的不满。不久前,欧洲船东呼吁欧盟委员会和欧盟成员国采取具体果断行动,反对韩国的不公平贸易行为、支持全球平等竞争环境。韩国之所以采取各种措施支持本国造船业复兴,是因为韩国将造船业视为本国经济支柱产业。

(2)日本:维持竞争力

日本政府对造船业的支持,主要集中在企业重大重组、前沿技术研究、人员培训等领域。如果用一个词形容日本政府对造船业的态度,那就是维持一定的竞争力。日本国土交通省着重在前沿技术研发方面进行补贴,特别是新能源船舶、智能船舶、液化天然气船舶、水下装备研发方面,大力支持三菱重工的船用液化天然气装置研发、川崎重工的自主式水下潜器技术研发和海上支持船舶推进器研发,又对共涵盖 10 项物联网和人工智能相关技术的创新型建造工艺技术研发进行补贴,对三井造船、今治造船和三菱重工的不同智能造船工艺应用研究项目分别进行补贴。

(3)欧洲:大小协同

从欧洲对造船业的支持,欧洲一方面继续在金融、中小企业研发等方面持续支持造船业;另一方面,制定了中长期战略、重大重组、重大联合专项、重大技术研发等多种措施。近年来更加重视造船业和航运业的发展,2018 年 4 月,欧洲经济与社会委员会指出欧洲需要针对造船和船舶设备制造行业的具体做法,像中国、美国、日本和韩国一样,欧洲决策者必须将其视为欧洲经济的战略部门。该委员会要求强化 LeaderSHIP 2020 策略,并为新的 LeaderSHIP 2030 策略提出重要建议,强调需要开展全球造船大国之间的贸易条款协商,涉及融资、研发支持(环境保护、安全、数字化、自动化等)、策略等方面。如果用一个词来形容欧洲政府对造船业的支持,那就是大小协同。一方面,欧洲各个国家自主开展对船舶行业的研发和金融支持;另一方面,欧盟也以大项目和大科研的方式对绿色运输和自主船舶的科研支持。从另一角度看,欧洲国家对造船行业的大企业和小企业都有支持,对造船科研行业和设备制造行业都有支持,对战略构想和基础技术研究都有支持。

欧洲对造船业的支持主要是通过其重大战略项目推行,例如欧盟"地平线 2020"计划、"欧盟海洋战略研究和创新议程(2015—2020)"等战略,开发前沿海事技术例如环保技术、自动化技术、无人技术等,同时充分利用国际海事规则规范推行越来越严格的要求,确保其在邮轮等高端领域的研发技术壁垒越来越高。又比如,德国《德国海洋议程 2025》中要求重点开展以下技术研究:船桥、推进器、传感器和数据管理、船舶工程技术、水下工程技术和风能设备、研究船、海难救助船和测量船,以及深海采矿领域的相关技术。

(4)中国:政策制定与实施有待完善和加强

2008 年国际金融危机爆发以来,我国就船舶工业未来发展制定并发布了船舶工业降产能、调结构、提质增效以及船舶关键技术产业化等系列的中长期的发展规划和政策。政府对我国船舶企业研发、企业破产重组等提供了很大的支持,这对我国船舶工业未来的健康发展起到了积极推动作用。

与此同时,国家在关于我国船舶工业未来发展定位并不是很明晰,比如我国船舶工业在未来是否还属于国家发展的支柱性产业?国家目前关于船舶工业未来发展制定的系列规划政策力度能否支撑我国现有船舶工业的转型升级?2008 年国际金融危机以后,我国就船舶行业未来发展制定的系列发展规划的实施程度能否达到政策规划制定的预期目标?高技术船舶研发推进、低效率制造问题的解决等诸多政策在实施中的资金、政策保障是否到位?这些问题的解决都有待进一步评估。

2. 研发比较

研发是非常适合描述船舶工业国际竞争力的指标之一,研发设施和手段的先进与否、研发资金的充足与否、研发方向的正确与否、研发考核的机制完善与否,都可以用于说明研发的效率与能力。正确完整地统计这些信息,十分有难度。但为了说明研发效率和能力,我们采用了三个方面的指标对全球船舶研发水平进行了初步的分析。

(1)人均研发投入

从对 2018 年全球主要造船巨头和设备巨头公司年报数据收集整理统计情况来看,目前全球造船巨头中,一般而言,每年研发投入保持在 5 亿—10 亿元。投入最多的是三菱重工,其每年投入研发资金约 106.5 亿元,主要是其业务板块多。一般而言,中船重工投入次之,每年研发支出达到 30 亿元。从研发支出占销售收入比例看,康士伯格海事和中船重工的比例都达到 8%—10%,其次是三菱重工和中船工业,比例约为 5%。令人惊讶的是,韩国船厂的研发投入比例目前保持在 1%左右,详细情况见图 4-10。

(2)研发手段

目前全球造船领域的研发设计绘图主要依靠计算机软件,三维设计软件包括英国 AM(原来的 Tribon)、日本 NAPA(芬兰研制)、美国 CADDS5、挪威

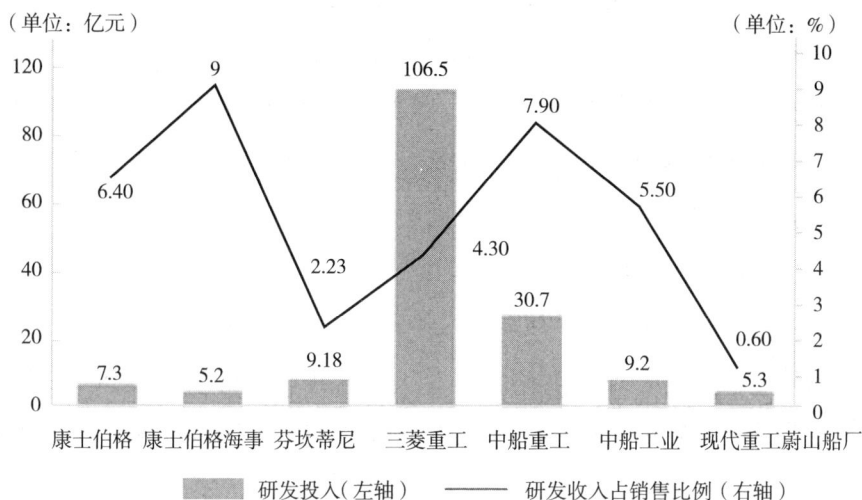

图 4-10　2018 年世界主要造船巨头和设备巨头的研发投入及占比

资料来源:作者根据各船厂网站公布数据收集整理自绘。

Nauticus、法国 CATIA、德国 SIMENSE NX、西班牙 FORAN、荷兰/芬兰
Nupas-Cadmatic、英国 PDMS、芬兰 TEKLA、中国 COMPASS、中国 SPD。以 NA-
PA 船舶设计软件为例,CFD 软件如比利时 FINEMARINE、美国 FLUENT、法国
OPENFOAM、德国 STARCCM、瑞典 SHIPFLOW 等;水动力软件如法国
Hydrostar、挪威 SESAM、美国 WAMIT、美国 SWAN、美国 LAMP、美国
NLOAD3D;立管软件如英国 Orcaflex、法国 ABAQUS、比利时 Flexcom、英国
DeepRiser;安装软件如美国 MOSES、美国 SACS 等;结构软件如美国 ANSYS、
美国 SACS、挪威 SESAM;系泊软件如英国 Orcaflex、法国 Ariane、比利时 Flex-
com、德国 GMOOR 和 DMOOR 等。

　　从上述简单的船舶与海工设计软件分类看,绝大部分核心软件都掌握在
欧美国家,而且国外软件应用范围极为广泛,例如 NAPA 软件是目前造船界
应用最为广泛的船舶设计软件之一,为 30 多个国家的总计 400 多家单位作为
船舶方案设计和送审设计的主要工具。欧美国家已经开始采用数字化造船建
造大型水面舰艇,但国内船厂由于均采用国外软件进行设计,所以难以进行二

次开发,国内软件开发企业不涉足船舶领域,而船舶系统内部研发的软件远远不如国外软件,因此阻碍了国内造船的数字化进程。

在船舶生产和设计领域,欧洲、日、韩船舶生产和设计自动化水平比较高,处于世界领先水平。中国造船业的大部分生产和设计,特别是在三维设计方面,自动化水平还不够完善,存在一些差距。

(3)高技术产品的市场份额

通过对 2010—2018 年全球高技术和高附加值船舶/海工装备的新船订单进行统计分析,得到的情况如下(见表 4-12):①中国在液化石油气船、大型集装箱船具备世界竞争的基本设计能力和详细设计能力,市场份额保持在 20%以上,尤其是以中国船舶及海洋工程设计研究院为核心的民用船舶中坚设计力量,实现了我国在三大主力船型中的高技术船舶——超大型集装箱船在世界有利的竞争地位。②我国在液化天然气船、钻井船、半潜式钻井平台、FPSO等船型上的详细设计能力较强,基本设计能力较弱,使得我国在全球船型推介的竞争力有限。③我国在 FLNG 模块化设计、豪华邮轮、半潜式生产平台领域的设计能力有限,是目前我国船舶设计领域的短板。

通过初步分析,第一,从我国高端船舶与海工装备具备设计能力的单位家数看,设计单位家数越少,市场份额越少,建议加大我国高端船舶和海工装备设计企业的能力投资。以液化天然气船为例,目前我国仅沪东中华船厂具备液化天然气船设计能力,而韩国和日本具备液化天然气船设计能力的单位超过 3 家以上。第二,从船厂和研究院所的设计外部效应看,科研院所对于我国船舶设计能力的整体培育具有更加显著的扩散效应:船厂因为自身研发付出和业绩考核要求,在高技术传播上更为保守,而科研院所在国家课题支持下、自身业务发展需求、行业使命担当方面会推动我国高技术船舶和海工装备在全球市场份额的扩大,而且技术溢出效应更为明显,更有助于推动产业链完善。特别是以大型集装箱船为代表的中国高技术船舶和海工装备的发展历程表明,强化对骨干科研院所的研发能力投资,特别是在复杂度极大的船型上予以深入的研究支持,是能够有效推动高技术的创新率先应用和大范围推广。

表4-12　2010—2018年中国高技术、高附加值船舶全球市场份额

船型	中国研发现状		中国份额（%）	韩国份额（%）	日本份额（%）	欧洲份额（%）
	设计能力	研发企业				
液化天然气船	基本设计能力缺乏；具备一定的详细设计能力	约1家	11.0	76.0	12.0	1.0
液化石油气船	具备较强的基本设计、详细设计能力	超过10家	21.8	43.1	30.9	1.5
FLNG	具备船体设计能力；上部模块设计能力弱	—	20.8	79.2	0	0
大型集装箱船（10000标箱以上）	具有优秀的基本设计能力	约2—3家	26.0	59.0	15.0	0
豪华邮轮（1000载重吨以上）	设计能力缺乏；详细设计刚起步	—	4.6	0	1.3	94.1
半潜式钻井平台	基本设计能力有限；详细设计能力强大	5家	36.4	30.3	0	6.0
钻井船	基本设计能力有限；具备一定的详细设计能力	约2家	7.9	68.2	1.1	0
半潜式生产平台	设计能力缺乏	—	0	66	0	0
FPSO	基本设计能力有限；具备较强的详细设计能力	约5家	23.8	28.6	9.5	0

资料来源:作者根据IHS数据库(IHS sea-web)数据资料收集整理自制。

3.造船人力资源

中国在船舶制造业投入的人力比韩国多大概3—4倍。中国造船厂包括国营造船厂在内的70%—80%的人力是外联企业的职员[①],仅大约20%—30%的人力为企业自有员工。根据统计,外联企业的人力中20%—30%的人力资源仅有1年以下的工作经历,资历不深,除了劳动生产能力,生产人力的频繁流动也是中国造船业生产率下降的原因之一。

---

① 朴布仁:《中韩造船业比较分析》,哈尔滨工业大学硕士学位论文,2015年。

（三）产业绩效

1. 新船订单和手持订单量

截至 2018 年年底,中国以 2970 万 CGT 的手持订单量排名世界第一,市场份额为 36.5%。但每艘船舶的订单价值为 4132 万美元,仅为韩国的 1/3。我国船厂建造高附加值船舶的比例偏小,世界新船手持订单量平均价值为 7100 万美元。

我国新船订单量近年来一直保持世界第一的领先地位,但 2018 年我国新船订单量仅为 931 万 CGT,仅为韩国船厂的 75%。中国船厂订单数虽多,却主要集中在单价较低的散货船,495 艘散货船订单几乎占手持订单量的 1/3。相比之下,韩国船厂手持订单量大部分为油船、液化天然气船和集装箱船,散货船手持订单量仅为 26 艘,单价过亿的液化天然气船手持订单量达到了 100 艘。

以液化天然气船为例,2018 年全球 76 艘液化天然气船舶新订单中,韩国占比 86.8%,垄断了 17 万立方米级超大型液化天然气船订单。中国液化天然气船订单为 5 艘,占比 6.6%,包括 3 艘液化天然气供气船订单。目前全球液化天然气船手持订单量共计 137 艘,中、日、韩除去韩国的份额,中日两国液化天然气船手持订单量分别只有 22 艘、15 艘。

大型集装箱船和油船方面,2018 年,35 艘全球超大型集装箱船订单全部被韩国船厂所包揽,全球 41 艘超大型油船新船订单量中,韩国船厂获得其中 34 艘,中国渤船重工接获 1 艘订单。

2. 经营业绩比较

通过对全球主要造船集团公司和船用配套设备企业近几年公司年报营业收入统计分析看(见表 4-13),韩国现代重工和日本三菱重工同属于一个阵营,营业收入基本保持在 2000 亿元以上(现代重工 2017 年的数据实际是现代重工股份公司的营业收入)。三星重工、中船重工、芬坎蒂尼属于第二阵营,营业收入基本保持在 300 亿元以上。中国船舶工业集团、扬子江船厂和康士伯格属于第三阵营,营业收入在 100 亿元以上。如果以中船工业和中船重工为主体进行考虑,2017 年两者的营业收入分别是 1998 亿元、2980 亿元,净利润分别是 24.8 亿元、48 亿元,那么现代重工、三菱重工、中船工业、中船重工造船利润额为第一阵营。

表 4-13　2011—2017 年全球主要造船集团和配套设备集团的营业收入

（单位:亿元）

集团\年份	中船重工	中船工业	扬子江船厂	现代重工	三星重工	三菱重工	芬坎蒂尼	康士伯格
2011	580.4	286.9	157.1	3171.6	790.1	1692.5	—	118.6
2012	585.0	242.7	148.0	3246.1	854.9	1690.7	—	122.8
2013	512.6	222.0	143.3	3199.7	875.2	2009.7	286.6	128.0
2014	609.7	169.1	153.5	3104.9	759.9	2395.3	330.8	130.3
2015	598.1	277.6	160.1	2729.9	573.2	2428.1	314.6	133.6
2016	520.6	214.5	150.9	2321.6	614.4	2348.4	333.1	124.3
2017	387.8	166.9	192.0	843.8	466.2	2466.5	377.5	113.6

资料来源:作者根据各造船公司网站年报收集整理自制。

通过对全球主要造船集团公司和船用配套设备企业近几年公司年报净利润统计分析看(见表 4-14),日本三菱重工、挪威康士伯格、中国扬子江船厂属于经营较为理想的大型集团,其中扬子江船厂净利润明显保持较高水平。芬坎蒂尼、中船重工、现代重工大部分时间保持盈利,但是 2015 年受制于海工市场的急剧下降,业绩出现较大亏损,总体而言,经营保持较为稳定。中国船舶、三星重工属于近年来持续保持亏损上市企业,经营较困难。

表 4-14　2011—2017 年全球主要造船集团和配套设备集团的净利润

（单位:亿元）

集团\年份	中船重工	中船工业	扬子江船厂	现代重工	三星重工	三菱重工	芬坎蒂尼	康士伯格
2011	47.5	23.3	39.7	162.6	50.2	14.7	—	11.1

集团\年份	中船重工	中船工业	扬子江船厂	现代重工	三星重工	三菱重工	芬坎蒂尼	康士伯格
2012	35.6	0.2	35.8	60.8	47.0	58.4	—	10.2
2013	27.6	(0.0)	30.9	8.6	37.3	96.2	6.4	9.6
2014	20.5	6.4	34.8	(130.3)	8.7	66.2	4.1	6.9
2015	(32.5)	(2.3)	24.5	(80.5)	(71.5)	38.3	(21.7)	5.9
2016	0.4	(30.2)	18.5	38.8	(8.2)	52.6	1.1	1.0
2017	(2.4)	(25.4)	30.9	61.6	(20.1)	42.2	4.0	4.4

资料来源:作者根据各造船公司网站年报收集整理自制。

通过对 2017 年全球主要造船集团公司和船用配套设备企业近几年公司的净利润与营业收入比统计分析,情况如下图(见图 4-11)。扬子江船厂以 16.1% 遥遥领先其他集团,现代重工和康士伯格属于盈利净利率也较优质的企业,特别是现代重工蔚山船厂在经营收入达到 1000 亿元以上的水平,能够保持 7% 左右的净利率,在船舶行业属于管理特别优秀的集团。其他集团属于第三层级,总体净利率基本保持在 1%—2%,略差的是三星重工集团,净利率为 -4.3%。

通过对 2017 年全球主要造船集团公司和船用配套设备企业近几年公司的人均产值和利润水平统计分析(见表 4-15),现代重工蔚山船厂以人均 500 万元的产值、人均 37 万元的利润和扬子江船厂以人均产值 320 万元、人均利润 50 万元遥遥领先于其他企业。三星重工的人均产值也高达 400 多万元,但是利润为负。三菱重工人均产值近 300 万元,人均利润约 7 万元。总体来看,韩日船厂在人均效率上较好。康士伯格公司主要依靠设备和服务,能够获得 166 万元的人均产值,也极为不易。另据 2016 年中国船舶工业行业协会统计,我国沪东重机、武汉船用机械、亚星锚链、宜昌船舶柴油机等企业亦紧随其后,具有和康士伯格和芬坎蒂尼相类似的人均产值和利润水平。

（单位：%）

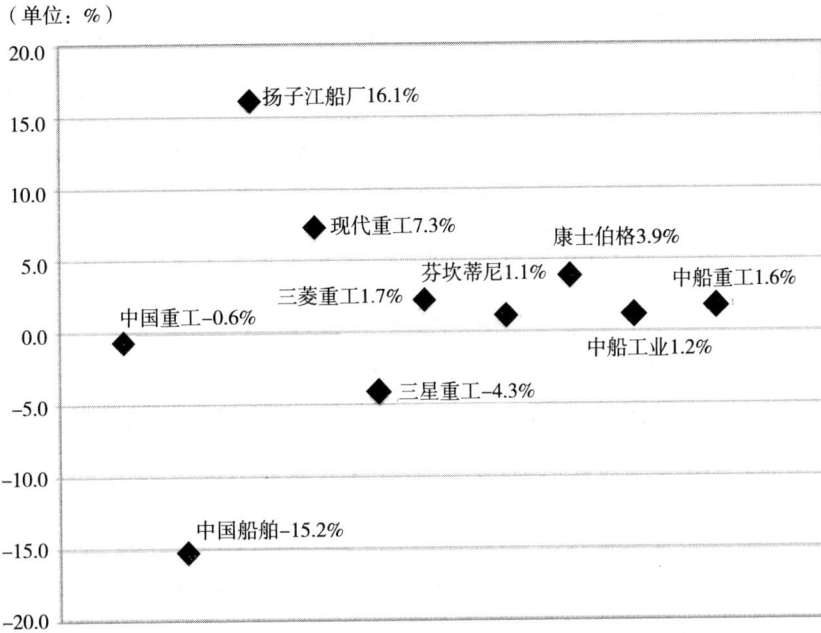

图 4-11 2017 年主要造船/设备集团的净利润与营业收入比例

资料来源：作者根据各造船公司网站年报收集整理自绘。

表 4-15 2017 年主要造船/设备集团的人均产值和利润

（单位：百万元/人）

船厂	人均产值	人均利润
现代重工蔚山船厂	5.11	0.37
三星重工	4.34	−0.19
三菱重工	2.99	0.07
芬坎蒂尼	1.93	0.02
康士伯格	1.66	0.06
中船工业	2.50	0.03
中船重工	1.86	0.03
扬子江船业	3.20	0.50

资料来源：作者根据各造船公司网站年报收集整理自制。

3. 生产效率

国内骨干船厂平均每修正总吨消耗 30 个工时,领先企业为 20 个工时,但韩国和日本为 15 个工时和 10 个工时,与之相比,我国仍有较大差距。中国的船厂仍处于 2.0 阶段,已跟不上国际先进水平。国内由于数据支撑不足,缺少工艺信息,在制造技术与信息技术的融合程度上也较低。

如果以 2017 年世界主要造船集团的新船完工量为指标(见表 4-16),我们统计了人均完工量,日本今治船厂和韩国现代重工每人每年船舶建造量分别达到 1900 载重吨和 1700 载重吨,效率最高,其次是中国南通中远川崎船厂,三星重工、外高桥船厂和扬子江船业的人均年完工量达到 500 载重吨。三菱重工的人均年完工量较小,一方面是其同时还在建造军船,另一方面是其正不断退出船舶建造业务。

以南通中远川崎为例,作为我国目前最先进的造船企业,从材料成本角度来分析,与国内其他船厂相比,南通中远川崎首制船钢材利用率达到 92%,高出国内其他骨干船厂 3 个百分点。从产值能耗比角度分析,其万美元产值耗电量为 760 千瓦时,比国内其他骨干造船厂节约能源 300 千瓦时。从造船周期角度来分析,我们以大灵便型散货船为例,从开工到交船的实际平均总建造周期为 15.37 个月,平均船坞周期为 4.37 个月,平均码头周期为 5.25 个月。其中用时最短的船舶总建造周期为 11 个月,船坞周期为 2 个月(船体 2 个月就下水),码头周期为 4 个月。5400 标箱集装箱船的实际建造总周期也只有 17 个月,船坞周期为 5 个月,码头周期为 5 个月。中远川崎公司与日本船厂相比,仍然有很大差距。如日本坂出船厂建造 1 艘大灵便型散货船只需要 17 万工时,1 艘 5400 标箱集装箱船只需要 45 万工时,1 艘超大型油船只需要 62 万工时。同样,日本船厂的万美元产值耗电量也只有 347 度。

韩国造船效率与日本一样,非常高,现代重工建造的液化天然气船的天然气日蒸发率仅为 0.07%,而中国船型为 1%。造船周期上,韩国更快,液化天然气船国际上建造周期一般为 500 天左右,而韩国造船厂不超过 480 天,沪东中华约需 900 天。

表 4-16 2017 年世界主要造船集团的年人均完工量

船厂	员工人数	总吨位(万载重吨)	人均完工吨位(载重吨/人)
现代重工船舶业务	8800	1500	1704.5
三星重工	10753	542	504.0
三菱重工船舶业务	6290	144	228.9
日本今治船厂	2000	380	1900.0
日本 IHI 联合造船	8000	314	392.0
中船重工	36315	556	153.1
外高桥船厂	11489	595	517.9
中船防务	17928	353	196.9
大连重工	15000	251	167.3
南通中远川崎	2600	259	996.2
扬子江船业	6000	311	518.3

注:今治船厂主要统计管理层和技术工人数,如加上劳务工人数,则共有 12000 人。
资料来源:作者根据各造船公司网站年报收集整理自制。

4. 船舶配套

船舶配套装备产业是船舶工业的重要组成部分,它直接影响一个国家的船舶工业综合竞争能力。中国船舶工业与日、韩的主要差距之一体现在配套产业链上,中国造船产业虽大,但采用了日本、韩国大量配套产品。我国虽然在侧推系统、雷达通导系统以及电子类设备等设备都能实现国产,但可靠性差,得不到国外船东的认可。船舶通信导航、电气及自动化的国产化率最低。发动机、甲板机械设备等方面在自主化、品牌化和核心技术方面仍然存在很大差距,在船用动力设备制造领域,从全球低、中、高速柴油机主要品牌企业的市场份额占有情况来看(见图 4-12)[1],中国在该领域没有自己的自主品牌,差距也非常明显。

---

[1] 王宇飞:《船舶配套专题:全面推进国产替代,力争实现弯道超车》,中金公司官网,见 https://www.cnfol.com/。

分类	特点	应用	品牌
低速柴油机	转速低于 350 转/分	世界上所有大型商船	曼公司(MAN B&W) 瓦锡兰(Wartsila)
	缸径大、冲程长、输出功率大,多于1万马力以上		
中速柴油机	转速在 350—1200 转/分	客运班轮、作业船、滚装船、游轮动力、军用舰船的柴电推进系统	瓦锡兰(Wartsila) 曼公司(MAN B&W) 卡特彼勒(Caterpillar)
	大多四冲程 V 型气缸布局,体积较小、重量比轻,制动速度快		
高速柴油机	转速在 1200—1800 转/分	小型船舶、舰艇的主机、大型船舶的辅机、常规潜艇的柴电推进系统	MTU(戴姆勒—奔驰集团子公司)、卡特彼勒、康明斯(CUMMINS)、道依茨(DEUTZ)、洋马、新泻等
	均为 V 型、四冲程,缸数 12—20		

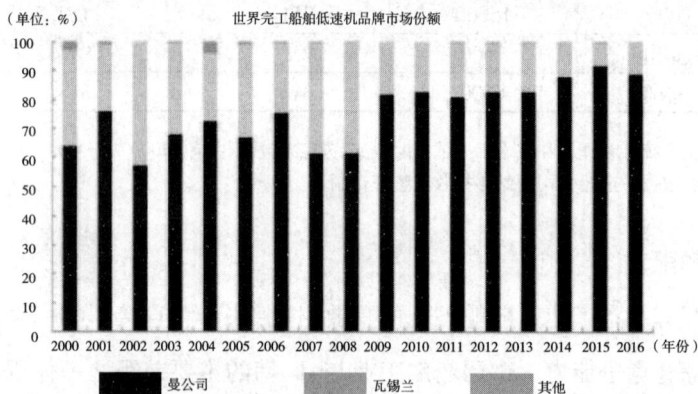

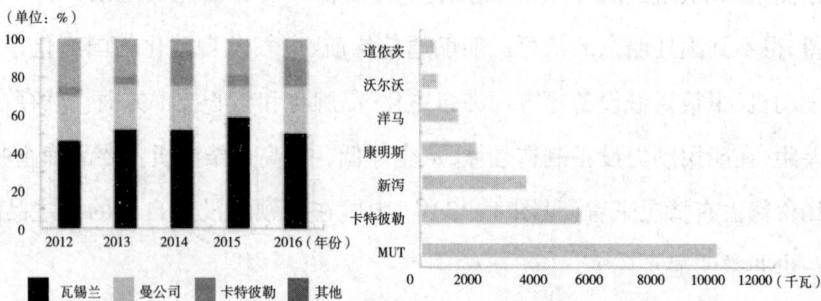

图 4-12　全球低中高速柴油机主要品牌企业的市场分布图

资料来源:中金公司官网王宇飞行业分析报告。

在燃气轮机方面,世界船用燃气轮机生产由欧美三大厂商主导(见表4-17):美国通用公司、英国罗尔斯·罗伊斯公司、乌克兰机械设计联合体,2011年我国GT25000型船用燃气轮机实现自主生产。吊舱式推进器主流产品均为欧洲公司开发,其中芬兰ABB公司Azipod系统占据一半以上市场份额。2018年,我国712所自主研制的国内首套兆瓦级吊舱推进系统成功交付实船。

表4-17　欧美主导的全球船用燃气轮机和吊舱式推进器市场分布表

船用燃气轮机市场分布:美国通用公司、英国罗·罗公司、乌克兰机械设计联合体						
型号	LM2500	DA80	WR-21	LM2500+	MT-30	LM2500+G4
试机年份	1969	1993	1997	1998	2001	2005
最大功率 (千瓦)	24.713	31.185	24.897	29.788	35.506	34.841
热效率(%)	37.2	38.1	42.1	39.1	39.8	39.3
耗油率 (公斤/千瓦时)	0.227	0.221	0.200	0.215	0.212	0.214
压比	19.3	21.0	16.2	22.2	24.0	24.0
制造商	美国通用电气	乌克兰"曙光"联合体	美国罗·罗公司	美国通用电气	美国罗·罗公司	美国通用电气

吊舱式推进器市场分布:均为欧洲公司				
研发公司	产品名称	功率范围 (MW)	技术特点和应用	
芬兰	AzipodCO/ DO/XO/XL	1.5—175	最早问世,占据了吊舱市场的一半份额;已成为大型豪华邮轮标准配置	
	Compact Azipod	0.4—5	高度模块化,"即插即用";在离岸支持船、钻井平台、科考船、豪华邮轮和渡轮上均有应用	
	CRPAzipod	22—90	将Azipod系统运用在CRP(双桨逆向对转推进)理念上,使吊舱式应用更加广泛	
瑞典 Kamewa	mermaid	5—30	闭锁回转封闭装置使维护人员可进吊舱内部检修,保证船舶不间断营运;采用海水对流冷却技术	
德国 Siemens 和 schottel	SSP	5—30	双螺旋桨结构设计,提高推进效率;永磁式同步电动机,部件结构紧凑	
德国 STNAtlas	Dolphin	3—19	牵引式的推进器使轴向吸入性能得到改善,空泡性能好,低励磁,低噪音	

资料来源:中金公司官网王宇飞行业分析报告。

　　我国船舶通信导航产品进口依赖严重。从全球船舶电子主要配套企业在全球造船大国的分布情况可以发现(见表4-18),中国还是一片空白,在出口船舶上,我国通导设备的进口占比在95%以上。近年来,国产通导设备有所突破,以船载航行数据记录仪VDR为例,国内厂商已逐渐占领一部分国内市场,其余市场基本由日本和欧洲厂商平分,各占30%左右。但在高端、集成设备和出口船舶市场,国产产品的竞争力仍然较弱。日本古野电气和JRC公司占据全球主要市场。欧美和日本占据船舶高端电子配套的核心地位,其中市场份额最大的是日本的古野电气和JRC公司,这两家公司提供从单品到系统、适用于几乎所有船型的海事电子产品。欧洲和美国仍然保留了大批优质导航系统生产商,如斯贝里、雷神安修司和瓦锡兰塞姆电子等包揽了我国出口船舶的大部分集成导航电子系统。

表4-18　全球船舶电子主要配套企业分布情况表

公司	国家
Furuno(古野电气)	日本
JRC	日本
Wartsila SAM Electronics(瓦锡兰塞姆电子)德国	德国
Sperry Marine(斯贝里)	英国
Raytheon Anschutz(雷神安修司)	德国
Transas(船商公司)	英国
Kelvin Hughes(凯文休斯)	英国
Raymarine(雷松)	英国
SAM	德国
Imtech	荷兰

资料来源:中金公司官网王宇飞行业分析报告。

在船舶电气及自动化领域,我国本土知名企业较少、国产装船率低。国产企业在技术、市场、售后方面与国际品牌差距较大。国际领先企业包括施耐德、西门子、ABB、现代、寺崎等,他们凭借领先的技术、发达的销售网络和全球化的售后服务网络,占据了中国的出口船舶和较大部分海工船舶市场。国内企业主要包括瑞特股份、镇江塞尔尼柯、镇江康士伯等少数几家,产品同质化较高,在船市低迷期竞争日趋激烈。

船舶辅机领域,国产化率相对较高。但液压元件的研制能力,是制约我国甲板机械产业进一步发展的重要因素之一。液压设备广泛应用于甲板机械,但由于我国产业成熟度还较低,液压阀、液压泵、液压马达等高端元件仍大量依赖进口。在全球船舶配套设备市场上,欧洲国家、日本和韩国在甲板机械装备领域一直保持技术和市场的领先地位。在欧洲国家中尤以德国和挪威更为突出。2015 年液压件进口额约 10 亿美元,博世力士乐、川崎重工等长期垄断了我国国内大部分市场。

二、 我国和国际船舶工业竞争力的定量分析

(一)评价指标体系的设计

产业竞争力评价指标是指能用于评价产业竞争力状况或揭示产业竞争力形成原因并具有数量表征特性的具体因素。在设计船舶工业竞争力评价指标体系时,应充分利用现有统计数据,进行客观、准确的评价。指标的选取既不能太多,也不能太少,太少的指标无法综合全面地反映评价对象的特征,太多的指标又会由于各指标之间的相关性而增加信息重复考量,进而影响评价结果的科学性和准确性。因此构建评价指标体系,必须遵循科学性、全面性、可操作性和简洁性原则。根据这些原则,将主要从产业结构、产业行为和产业绩效三个方面进行评价,根据相应的二级指标,构建船舶工业综合竞争力评价体系(见表4-19、表4-20)。

表4-19 船舶工业竞争力综合评价指标体系表

一级指标	二级指标
产业结构	市场集中度
	市场份额
产业行为	研发投入
	政府支持
产业绩效	手持订单
	营业收入
	净利润
	生产效率(人均年完工量)
	配套设备本土化率

资料来源:作者自制。

表4-20 二级指标原始数据采集表

指标	韩国	日本	欧洲	中国
市场集中度	极高	中度	极高	中度
研发投入(%)	1.0	5.0	5.9	6.7
政府支持	高	中	中	中
手持订单(CGT)	2134	1426	630	2970
人均产值(万美元)	4.73	2.99	1.80	2.52
人均利润(万美元)	0.09	0.07	0.04	0.03
人均年完工量(万载重吨)	1104	840	—	425
配套设备本土化率(%)	85	90	100	30

注:表数据选取主要以全球主要船企为参考假设。
资料来源:作者自制。

本书拟通过两种不同的方法对船舶工业竞争力进行评价,采用的统计分析工具为 SPSS 软件,它集数据录入、整理、分析功能于一身,SPSS 软件因其操作简单,在我国自然科学、社会科学的各个领域研究分析中发挥了巨大作用。该软件被应用于经济学、商业、统计学、数学、物流管理、生物学、医疗卫生、农林业等各个领域的分析研究。

(二)Topsis 法

Topsis 法(Technique for Order Preference by Similarity to Ideal Solution)是有限方案多目标决策分析的一种常用方法,可用于多个领域。本方法对资料无特殊要求,使用灵活简便,应用广泛。

本研究方法的基本思路是:将基于归一化后的原始数据进行矩阵分析,再采用余弦法找出目标方案中的最优方案和最劣方案,最后分别计算各个评价对象与最佳方案和最差方案间的距离,通过各评价对象与最佳方案的相对接近程度,作为评价对象优劣的依据。

为了减少数据量级对计算结果的影响,需要将原始数据进行归一化(见表4-21)。

表4-21　原始数据的归一化表

MMS_市场集中度	MMS_研发投入	MMS_政府支持	MMS_手持订单	MMS_人均产值	MMS_人均利润	MMS_配套本土化率
1	0	1	0.642735	1	1	0.785714
0	0.701754	0	0.340171	0.406143	0.666667	0.857143
1	0.859649	0	0	0	0.166667	1
0	1	0	1	0.245734	0	0

资料来源:作者自制。

计算最优值向量 Z+、Z-:

$$Z+ = (\max Z_{i1}, \max Z_{i2}, \cdots, \max Z_{i7})$$

$$Z- = (\min Z_{i1}, \min Z_{i2}, \cdots, \min Z_{i7})$$

计算每一个评价对象与 Z+ 和 Z- 的距离和：

$$D_i^+ = \sqrt{\sum_{i=1}^{m} (\max Z_{ij})^2}$$

$$D_i^- = \sqrt{\sum_{i=1}^{m} (\min Z_{ij} - Z_{ij})^2}$$

计算各评价对象与最优值的接近程度 C^i：

$$C^i = \frac{D_i^-}{D_i^+ + D_i^-}$$

Topsis 法根据评价对象分别与最佳或最劣方案的距离进行排序,从而进行相对优劣评价。

第一步:确定评价指标并确保评价指标同为正向趋势(值越大越好);

第二步:上表格中 D+ 和 D- 分别表示评价对象与最佳方案和最差方案之间的距离;

第三步:C 是评价对象与最佳方案的接近程度,该值越大说明越接近最优方案。

从表 4-21 可知,针对 7 个指标(MMS_市场集中度,MMS_研发投入,MMS_政府支持,MMS_手持订单,MMS_人均产值,MMS_人均利润,MMS_配套本土化率)进行 Topsis 评价,同时评价对象为 4 个(样本量数量即为评价对象数量)。

Topsis 权重法首先会对数据进行归一化处理,通过找出评价对象与最佳方案值和最差方案值,最终计算出各评价对象分别与最佳或最差方案的距离值 D+ 和 D-。

根据 D+ 和 D- 值,最终计算得出各评价对象与最优方案的接近程度(C 值),并可针对 C 值进行排序。

据 Topsis 评价计算结果显示,四个地区的船舶工业竞争力排序为韩国>日本>欧洲>中国(见表 4-22)。

表 4-22　Topsis 评价计算结果统计表

项	D+	D−	C	排序结果
韩国	0.742	1.878	0.717	1
日本	1.482	1.022	0.408	2
欧洲	1.718	1.129	0.397	3
中国	1.752	1.073	0.38	4

资料来源:作者自制。

(三)权重分析法

产业竞争力由产业行为、产业绩效和产业结构共同决定,而其中,产业行为和产业绩效又有着相辅相成的关系,所以可以用分别以各二级指标的标准化数据计算得到一级指标得分,再按照如下公式计算出各地区的产业竞争力得分:

产业竞争力 = 产业行为 × 产业绩效 + 产业结构

在构建的船舶工业竞争力评价体系中,评价指标共有 7 个,每个评价指标对总体的影响度也是不同的,所以一般要先确定每一项指标的权重。权重的确定具有较大的主观性,合理科学的选择能够保证评价结果的准确性。传统确定权重的方法主要有个人判断法、专家会议法和德尔斐法。近年来,也有学者采用主成分分析法等更具客观性的统计方法。由于专家会议法和德尔斐法在本书写作中不具备现实性,所以首先验证主成分分析法的可行性。

将标准化处理后的数据(见表 4-23)导入 SPSS 软件进行 KMO 和 Bartlett 检验得到检验结果(见表 4-24)。

表 4-23　标准化处理后数据表

S_市场集中度	S_研发投入	S_政府支持	S_手持订单	S_人均产值	S_人均利润	S_配套本土化率
0.866025	−1.44241	1.5	0.344642	1.37961	1.180194	0.278152

续表

S_市场 集中度	S_研发 投入	S_政府 支持	S_手持 订单	S_人均 产值	S_人均 利润	S_配套 本土化率
-0.86603	0.138314	-0.5	-0.36468	-0.01604	0.453921	0.437096
0.866025	0.493977	-0.5	-1.16217	-0.97054	-0.63549	0.754983
-0.86603	0.810123	-0.5	1.182203	-0.39303	-0.99863	-1.47023

资料来源:作者自制。

表 4-24　KMO 和 Bartlett 的检验结果表

KMO 值		null
Bartlett 球形度检验	近似卡方	null
	df	0
	P 值	null

资料来源:作者自制。

主成分分析探索定量数据可以浓缩为几个方面(主成分),通常用于权重计算。

第一,分析 KMO 值;如果此值大于 0.8,则说明非常适合进行分析;如果此值介于 0.7—0.8,则说明比较适合进行分析;如果此值介于 0.6—0.7,则说明可以进行分析;如果此值小于 0.6,说明不适合进行分析。

第二,如果 Bartlett 检验对应 P 值小于 0.05 也说明适合进行主成分分析。

第三,如果仅两个分析项,则 KMO 无论如何均为 0.5。

从表 4-24 可以看出,由于数据有着严重共线性,或者数据量太少等原因,导致无法计算输出 KMO 值。因此无法使用主成分分析法。

本书最终选用个人判断法。对于每一项一级指标,其二级指标的项目较少,且各项二级指标对一级指标的贡献差异不大,可以将权重平均分配给二级指标。为了减小数值量级对计算结果的影响,采用归一化后的数据进行计算。

所以,可由如下公式计算得出产业竞争力得分:

产业竞争力=产业行为×产业绩效+产业结构

=(0.5×MMS_研发投入+0.5×MMS_政府支持)×(0.333×MMS_人均产值+0.333×MMS_人均利润+0.333×MMS_配套设备本土化率)+(0.5×MMS_市场集中度+0.5×MMS_手持订单量)

将各项数据代入公式可以得出各个国家的产业竞争力得分:

S(韩国)=1.286,S(日本)=0.396,S(欧洲)=0.667,S(中国)=0.541

经对比,可以得出各国船舶工业竞争力排名:韩国>欧洲>中国>日本。

（四）竞争力定量比较的结论

从评价计算结果可以看出,两种评价方法所得出的竞争力排名有些许差异,Topsis法中日本的排名为第二,权重分析法中日本的排名为第四。这是由于各项数据的样本量不足,以及数据处理过程中的误差所造成的。但不难发现,从得分结果来看,日本、欧洲和中国的得分都较为接近,与韩国的得分有一定差距。为了使结果更具一致性,将四个地区分为两个梯队,第一梯队为韩国,两种计算结果的得分都远超其他国家,是目前世界上船舶工业竞争力最强的国家;第二梯队为日本、欧洲和中国,其得分相差不大,均具备较强的竞争力。

第五章　海外船舶企业运营机制、发展理念、管理模式研究

第一节　海外造船工业国家运营机制研究

分析总结海外船舶工业运营体制和机制,政府的宏观调控主要有两种:一种是以美国为代表的民间社会主导型产业规制模式,政府主要进行需求管理,即以财政政策和货币政策来不断扩张或压缩需求;还有一种是以日、韩、法、瑞等国为代表的政府主导型产业经济运营机制,这种运营机制的核心是政府主要根据全球船舶工业市场需求情况和国家供给能力进行综合宏观管理,即通过国家制定本国船舶工业经济发展计划和产业发展配套政策,通过宏观综合的手段来不断调整所在国家船舶工业供给能力的增减,实现本国船舶工业产能与市场需求相对平衡。

在市场经济下,国外政府主导型产业经济运营机制也是以私营企业制度为基础,微观经济决策也是由企业独立作出。因此,政府主导型经济运营机制并非政府决定一切的经济行为和经济决策的经济运营机制,而是政府通过制定宏观的经济计划和产业配套政策等,调节社会资源在国家经济运营中的配置,对企业决策进行明确和强有力的引导,从而实现政府对企业发展决策的间接影响,而不是通过直接的行政强制手段。政府的产业宏观规

划和配套政策,既达到影响企业决策,又实现改变市场态势如市场供求、商品价格等目的。

在现实经济发展运营中,一个产业的发展要素的集聚和转移,其外部驱动力来自资源和要素的比较优势。在第一次全球船舶工业转移时,东亚的日本、韩国等新型造船国家在劳动力、土地等资源和发展要素上较欧洲相比具有很明显的比较优势,产业发展成本较低,在一些低端船舶产品的生产制造的竞争中,欧洲就丧失了成本竞争优势,因此该部分产能转移到了东亚的中、日、韩等国家。而在亚洲内部的转移过程中,韩国凭借成本和技术上的优势,推动了船舶工业的快速发展,逐渐超过日本获得了世界造船中心的地位。

另一方面,不同国家对某一产业发展规划和配套政策、扶持力度也会对该产业转移方向和转移进程产生影响。由于船舶制造业的装备性强,产业链长,经济关联性和带动力大,对一个国家的军事、经济影响都非常大,因此世界上各个国家和政府对该产业的发展一直是进行重点管制①。政府通过相关的政策、法规,如建立强化船舶技术开发体制、提供出口信贷等具体措施,对产业的决策、协调、激励和分配等运营机制进行调节,促进本国船舶企业竞争力的提高,最终通过船厂之间的强弱竞争,实现产业转移。

以日本造船产业的运营机制看,过去半个世纪日本在成为世界第一造船强国以及重组优化的过程中,政府在计划造船、产业布局、激励机制、金融协调、产能调整和退出等方面的机制和产业政策实施是比较成功的,基本实现了它所追求的经济增长和生产高效率两大目标。一是其产业政策具有战略性、阶段性和具体性,从国家的全局和长远利益来考虑,在经济发展的不同阶段突出不同的重点,并不试图包揽整个产业,而是抓住其中的关键,通过对重点产业的某些部分、某些企业,甚至某几项产业的大力扶持,来带动整个产业乃至

---

① 季建伟:《世界船舶工业的产业转移及我国船舶工业支柱产业的选择》,《船舶物资与市场》2006 年第 2 期。

国民经济的发展;二是通过立法、财政等配套政策和一整套组织机构体系的分工配合,保证了其产业政策的落地实施。

一、 造船产业中长期发展战略和发展规划的制定

(一)日本造船战略和发展规划

第二次世界大战以后,日本政府在战后制订了一系列经济复兴计划来指导推动本国经济发展。在这一系列经济发展计划中,船舶工业振兴计划是全部经济发展计划中的核心部分,日本期望利用船舶工业装备性强、产业的关联性大、工业带动能力强等特点,从而快速恢复日本战后经济。与此同时,日本结合国家经济发展的不同阶段制定了日本船舶工业发展目标和任务,在日本经济复兴阶段,日本对船舶工业的发展目标任务定位为使日本经济恢复到战前合理的经济循环水平,奠定日本战后经济实现自立的基础。在日本经济复兴阶段,日本对船舶发展规划进行了四次分解。国家经济自立计划阶段,日本船舶工业发展目标和任务是实现国家经济自立,以扩充出口船舶生产能力为发展重点。为了实现这一目标任务,日本还重点推行了“日本造船合理化计划”并取得了明显效果。到了日本经济高速增长阶段,日本船舶工业发展目标任务是强化产业发展基础。重点强化海洋运输业和船舶建造技术的国际竞争力,结合这个目标日本政府制订了日本船舶科技创新计划和船舶工业发展计划,主要通过延期征收融资利息,降低船东利息负担等措施促进日本“船舶发展计划”得到落实。

(二)韩国造船战略与计划

韩国与日本一样,政府部门一直采用长期战略规划推动造船产业的高速发展和产业救济。韩国造船工业协会在 2005 年提出了韩国船舶工业发展战略目标。目标提出,韩国造船业到 2020 年所占全球造船市场份额要突破

40%;要确保韩国在未来的二三十年内成为世界第一造船大国。韩国造船工业协会同时还制定了韩国"蓝色海洋"发展战略和韩国船舶工业实施计划目标。

2018年4月,韩国贸易、工业与能源部披露了韩国造船业的中长期复兴方案,韩国政府计划在2019年之前,要求公共部门投资5.5万亿韩元(约合52亿美元)订造40艘公用船,其中包括韩国天然气公司计划购买的一艘液化天然气供气船。韩国政府还计划每年定造1—2艘液化天然气船,以促进韩国国内液化天然气船和液化天然气燃料需求增长,并考虑将国内沿海水域指定为排放控制区,激励私营企业增加绿色船舶订单。韩国政府希望借助援助计划,提高韩国船厂手持订单在全球市场所占份额。按照规划,韩国船厂手持订单所占份额将从2011—2015年的平均31.7%提升到2020年的33%。

（三）欧洲造船战略与计划

2013年,欧盟委员会、欧洲船舶和海事设备协会发表了旨在提高欧洲造船、海洋、船配件产业技术竞争力的 LeaderSHIP 2020 战略。此前,2000年欧盟委员会曾提出有关造船产业长期发展的 LeaderSHIP 2015 战略。新规划将船舶工业,特别是高技术船舶与设备制造视为欧盟的重要战略产业。与前一版本的规划相比,新的规划重点强调了全周期的绿色与节能。LeaderSHIP 2020 战略包括扩大在欧盟成员国制作的船配件占比、加强新技术开发能力及竞争力、增大欧洲投资银行金融扶持项目等内容,从而逐步提高产业的竞争力。此外,新战略不仅敦促欧洲造船海洋产业的发展,还鼓励通过新技术的开发进军海上风力发电市场等新兴市场,实现多样化发展。

二、 立法造船机制

（一）日本依法造船

第二次世界大战以后,为了保证日本国家造船计划的实施,日本国家围绕船舶工业的发展制定了大量的法律法规,这也是日本在规范、保护船舶工业发展上一个鲜明的特色,也从中看出第二次世界大战以后日本对船舶工业的重视程度。总的统计来看,日本围绕船舶工业的发展制定了以下这些法律法规:1950 年的《日本造船法》,1953 年的《日本临时船舶建造调整法》,1959 年的《日本中小型钢船建造合理化临时措施法》,1966 年的《小型船造船业法》。另外还有一些法律法规虽然不是专门涉及造船产业的法律法规,但是其法律法规内容中也有很多内容涉及船舶工业的发展规范。这些法律包括:1957 年的《日本中小企业团体法》,1963 年的《日本中小企业近代化促进法》,1978 年的《特定萧条产业安定临时措施法》等。就连人才招聘这种事,日本也从法律上予以确认。为了缓解严重的人手不足问题,日本通过立法将从 2019 年开始招募外籍工人。在 2018 年年底举行的内阁会议上,日本政府对国会之前通过的新版《出入国管理法》内容进行补充,增加新的执行方针,从 2019 年 4 月起,从中国、越南、菲律宾、印度尼西亚、泰国、柬埔寨、缅甸、尼泊尔和蒙古国九个国家,招募345150 名外籍劳动者前往日本工作。主要集中在当前劳动力短缺严重的 14 个行业,包括造船/船用工业、金属加工、汽车维修、农业、渔业等。这 14 个行业将在未来 5 年内聘用 34 万名外籍劳动者。其中造船业将在 2019年年内开放招募,人数为 13000 人,主要招募从事焊接、涂装、铁工、机械加工等的工人。

(二)韩国依法造船

韩国在 20 世纪 60 年代提出了"造船立国"的口号。整个国家把造船业作为支柱性产业来发展。从对韩国国家发展轨迹研究发现,韩国在国家发展计划、发展模式,尤其是在国家经济发展领域,都在向日本学习,借鉴日本的经验非常明显。为了保证韩国"造船立国"的实施,规范保障韩国造船业的发展,韩国也和日本当年一样,制定了一系列关于船舶工业发展的法律法规,主要有:1962 年的《韩国造船工业奖励法》,1967 年的《韩国造船工业振兴法》,1976 年的《韩国海运造船综合发展法》等。韩国围绕造船业制定的这一系列法规,为韩国造船业的发展提供了充分的保障条件,为韩国造船工业后来的大发展奠定了坚实的基础。到了 20 世纪 80 年代初,韩国政府为增强其国家造船工业的国际竞争力,强化造船工业在国家经济中的发展地位,又先后制定了《韩国造船法》和《韩国造船工业合理化法》。

在法律法规的保证和引导下,推动了韩国的大财团如韩国现代集团、三星集团和大宇集团大规模进军韩国的造船业务。例如在 1967 年韩国制定了《韩国造船工业振兴法》后,在政府的鼓励和法律法规的保障推动下,1971 年,现代重工依据《韩国造船工业振兴法》成立了造船发展基金,投资兴建了蔚山船厂,以此大规模进军韩国造船产业。

不过近年来,韩国政府对造船业补贴过度,引起日本和欧洲不满。2018 年年底,日本政府向世界贸易组织提起诉讼,抗议韩国政府违反国际规则,为国内船厂发放过剩补贴提供过多的行政支持。

(三)欧盟依法造船

在过去的十多年内,欧盟建立了一个系统和立体的海事法律体系,该法律体系覆盖了海上安全和环境保护的各个领域,该法律体系的建立对增强欧洲航运业的竞争力具有重要意义,也是从海上安全、环境友好的发展角度对加强海运船舶管理的迫切需要。

欧盟主要是通过法律法规制定,特别是在 IMO 未推行新规之前即自行出台严格法律法规,推动航运和造船朝着环保智能方向发展。2012 年,欧盟机构通过一项立法修正案,将对行驶在欧盟国家海域的船舶执行更严格的硫化物排放标准,以保护环境。立法修正案决定,自 2020 年起,所有行驶在欧盟成员国 12 海里领海或停泊其港口的船舶,将执行国际海运组织 2008 年制定的 0.5%硫化物排放标准,而属于欧盟专属控制区的波罗的海、北海和英吉利海峡,从 2015 年 1 月 1 日开始执行 0.1% 的标准。

2014 年 12 月,欧盟理事会宣布达成一项关于"航运业 CO_2 排放监测、报告和验证机制"的政治协议;2015 年 7 月,欧委会关于收集温室气体排放资料的《监控、报告和验证(MRV)法规 2015/757》(以下简称《MRV 法规》)正式生效。《MRV 法规》是欧盟推行减少海上运输 CO_2 排放的第一步,该法规要求开往欧盟港口、由欧盟港口始发以及在欧盟港口间航行的 5000 总吨以上的船舶的经营者,从 2018 年 1 月 1 日起开始,应当监控和报告所有有关航次的碳排放情况。欧盟 MRV 机制通过对船舶的适用上采用无歧视原则,使其成为一项具有全球影响力的管理法案,对国际造船业、航运业都将产生深远的影响。

在智能无人船舶运营领域,欧盟通过科研支持研究,提前谋划智能无人船的法律制定。欧盟的 MUNIN(海上智能无人驾驶航行网络)项目,由位于汉堡的 Fraunhofer 海运物流和服务中心领导,这个项目正在从技术、经济和法律三个方面,对在公开海域运营无人驾驶船舶进行可行性评估。科研成果的结果用于自主技术的研发、试验性项目和测试、制定法律基础、信息的宣传、保险政策的制定。

三、 计划造船与协调机制

以日本为例,日本实行产业政策调控的办法大致是:首先根据国内和国外情况,选择该时期内日本计划要重点发展的产业和相关产业发展实施部门,作为产业发展实施引导规范目标;再通过制定产业发展具体的实施办法,通过财政、金融、行政和法律法规保障等手段来推进产业的发展。其中一个极其重要的环节,是与企业,尤其是居垄断地位的大企业充分磋商,反复说服、劝导,达成一致,协力推进。

日本的长期产业政策主要由经济企划厅制定,设有官民结合,包括一百多位企业、学术界等各方面代表的"产业结构审议会"之类的机构来专司其职。

"官民协调"机制是日本制定和其国家经济政策的一大特点,尤其是在第二次世界大战结束后,日本国家在制定日本"造船计划"政策时表现得非常突出。首先从日本"造船计划"的决策机构的代表组成来看,该机构成员由日本经济安定本部、运输省官员、船东协会理事、渔船协会理事、大学教授、造船公司董事和工会代表等成员组成。从成员的组成结构充分体现了政府、企业、专家的统一协调性。在计划制订的过程中,各方代表反复研究、讨论作出提案,再报送审议会等咨询机构进行反复审议,充分代表了多方面的意见、协调保证了各方利益的条件下制订了日本"造船计划"。

四、 世界各国造船激励机制

从行业和企业角度看,激励在现代管理中,具有十分重要的意义。造船行业中,政府采取的主要激励措施包括:产能削减和重组转型等惩罚性措施,但更多的是正强化措施:注资国有债权银行、强化科研支持、金融信贷支持、国轮国造、国产国用。负强化方面包括防止重组过程中的人才外流。

(一)欧洲造船业的激励政策——以补贴向科研转移

欧洲造船业界普遍认为,国际船舶市场存在严重的结构性失衡,欧洲国家船厂始终认为扩充船舶工业产能、规模是一个高风险行为;加大船厂在船舶工业的技术研发和创新投入,在抵制低质量船舶的同时,加大高技术含量船舶和环保型船舶的开发是相对安全的投资行为。国际船舶市场的竞争优势在于高新技术,而不是低廉的成本。为此欧盟出台了一系列计划和政策措施①(见表5-1),在提升欧洲造船业的核心竞争力方面加大资金投入,鼓励技术研发和技术创新。

---

① 张勇慧:《欧盟造船业相关补贴法规及其发展趋势》,《船舶工业技术经济信息》2005年第4期。

表 5-1　欧盟对造船业的主要支持激励措施政策统计表

欧盟造船业补贴法规	实施时间	主要内容	目的
船价补贴	1970.3.1—2000.12.31	为帮助船厂争夺出口船订单,欧共体规定各成员国可以向其造船厂提供合同价5%的船价补贴。随后补贴上限一度升至合同价的40%,20世纪80年代中期后又开始降低	(1)补贴的目的性强;(2)对其他行业不公平;(3)WTO成立以及《补贴与反补贴措施协定》的生效
欧盟第1540/98号规则	1999.1.1—2003.12.31	船价补贴 关闭补贴 重组补贴 创新投资补贴 地区投资补贴 研发补贴 环境保护补贴	(1)2000年后不再允许提供船价补贴,此类补贴退出历史舞台;(2)通过关闭补贴和充足补贴促进欧盟造船业的结构调整;(3)首次提出创新投资补贴,补贴额度上限为整个创新项目总费用的10%,意在增强欧盟造船业核心竞争优势;(4)通过制定"通知"和"监控"条款跟踪和掌握补贴的实际落实情况
欧盟第1177/2002号规则——"关于造船业的临时防御机制"	2002.7.2—2004.3.31	对集装箱船、化学品船、成品油船和液化天然气船提供上限为合同价6%的船价补贴	欧盟与韩国造船业竞争争端
欧盟第502/2004号规则	2004.3.11—2005.3.31	将第1177/2002号规则的有效期延长	虽然国家补贴不是促使欧盟造船业更具竞争力的最有效方式,但延长造船补贴的决定明确表明:当共同体的利益遭受损害时,欧盟有必要采取例外措施

欧盟造船业补贴法规	实施时间	主要内容	目的
欧盟第 2003/C317/06 号规则——"造船业国家补贴的框架"	2004. 1. 1—2006. 12. 31	成员国可以提供符合《欧共体条约》第 87、88 条的补贴,如:培训补贴、微量补贴、中小企业补贴、援救和重组补贴、环境保护补贴、研发补贴等; 创新补贴占研发投入的比例由 10% 提高到 20%; 企业在 10 年内,在救援、重组补贴和关闭补贴之间只能享受一项; 成员国可以享受符合《OECD 官方支持出口信贷指导安排》规定的补贴	(1)尽可能消除造船业补贴规则与其他行业补贴规则的差异; (2)促进欧盟船厂核心竞争力的提高,压缩欧盟多余的造船产能,履行欧盟在出口信贷和援助发展中国家和地区方面的国际义务
"LeaderSHIP 2015"造船业长远发展战略	2002—2015	以海事论坛为基础加强欧洲造船的 RDI; 提供船价 20% 的研发补贴,同时给予风险承担者以必要的回报; 在整个欧盟范围内建立交船前和交船后担保基金; 严格贯彻欧盟立法,提高海事标准,并将其推广至国际; 成立专门的知识产权机构来建设和经营造船知识基础数据; 开展针对造船管理的培训计划; 建立可持续发展的产业结构,推动欧洲造船业的合并进程	(1)保持欧洲造船业的技术优势,重点发展高附加值船舶,并在政策上给予倾斜; (2)避免与亚洲船厂继续进行低价竞争; (3)加强欧洲造船厂间的合作关系,鼓励造船厂联盟; (4)提供激励措施,取消低效产能
国家补贴行动计划框架（IP/05/680）	2012. 1. 1—2013. 12. 31	将现有创新补贴的补贴范围延伸到内河船舶、浮式和移动海上结构物; 出口信贷和地区补贴政策不变; 取消关闭补贴、就业补贴和研发补贴	适应全球造船业新业态,持续鼓励创新

欧盟造船业补贴法规	实施时间	主要内容	目的
"LeaderSHIP 2020"战略规划	2013—2020	重点在绿色船舶、高效船舶、安全性船舶等研究上为"Blue PPP"制定出一个"发展路线图";扩大在欧盟成员国制作的船配件占比;增大欧洲投资银行(EIB)金融扶持项目;欧盟沿海国家在2014—2020年结构基金分配上,应进一步推动海事技术向新兴市场的多样性发展,尤其是智能相关领域	(1)提高船舶工业就业与技能;(2)提高研发激励创新能力;(3)提高市场进入门槛,创建公平竞争的市场条件;(4)改善融资环境、畅通渠道
第六研发框架计划(FP6)	2003—2006	研发经费总投入192.56亿欧元;相关主题研究领域有:信息社会科学(信息化)、新材料与新生产技术、可持续发展(包括能源、全球气候变化和生态系统)等共10101个项目	(1)以建立"欧洲研究区"为目标,鼓励国际参与、合作及交流;(2)增强欧洲在工艺和技术方面的领导地位;(3)实现整体技术的发展,从技术构成到应用和服务;(4)首次在所有研究领域中对非欧盟成员国提供经费支持,也是首次对我国开放的国外高科技计划
第七研发框架计划(FP7)	2007—2013	研发经费总投入550亿欧元;参与主体依次为教育机构、企业、研究机构、其他、公共团体等,其中中小型企业获得的创新资助共计12亿欧元,而交通运输业是获得资助最多的工业分类;相关的主题研究领域有:信息与通信技术、交通、新材料与新生产技术、能源、环境污染与气候变化、空间科技及安全等共25778个项目	(1)扩展国际合作,通过有选择的邀请等,更好地参与开展科研工作;(2)实施"原始创新计划",加强欧洲在关键技术和知识前沿的研究;(3)支持研究和创新能力建设,加强中小企业创新能力,建设知识区域;(4)创新金融风险分担机制,鼓励私人投资研发

续表

欧盟造船业 补贴法规	实施时间	主要内容	目的
第八研发框架计划(FP8)——"地平线2020"(Horizon 2020)	2014—2020	计划研发经费总投入860亿欧元; 相关的主题研究领域有:工业技术(使能技术)、社会挑战(水生生物资源和海洋研究、安全清洁高效能源、智能绿色和综合交通运输、应对气候变化行动环境资源效率和原材料)等	(1)促进新技术从实验室到市场的转化,拉动经济增长,扩大就业; (2)探索新的资助机制,根据研发活动的不同性质,灵活实行拨款、贷款、政府资金入股和商业前采购等多种资助形式

资料来源:张勇慧:《欧盟造船业相关补贴法规及其发展趋势》,《船舶工业技术经济信息》2005年第4期。

 欧洲从20世纪70年代开始,欧盟就在船价补贴、关闭补贴、重组补贴、创新投资补贴、地区投资补贴、研发补贴、环境保护补贴等方面对欧洲造船业进行激励。随着世界造船领域的反补贴相关协议的生效,进入21世纪后,欧洲强化了研发补贴力度,欧盟第2003/C317/06号规则——"造船业国家补贴的框架"规定"创新补贴占研发投入的比例由10%提高到20%",并且提高了其他补贴的门槛,即发挥上述激励理论中的负强化作用——"过去10年里接受过援救和重组补贴的企业不再享受部分关闭补贴",2012年开始,更是在"国家补贴行动计划框架(IP/05/680)"中"取消关闭补贴、就业补贴和研发补贴"。随着新技术的重要性日益突出,欧盟特别重视研发投入激励机制的适用,重大科研项目例如"LeaderSHIP 2020"战略规划、第六研发框架计划(FP6)、第七研发框架计划(FP7)、第八研发框架计划(FP8),投入大量研发资金和大量研发项目支持科研,以第八研发框架计划为例,投入大量研发资金开展研究工业技术(使能技术)、社会挑战(水生生物资源和海洋研究、安全清洁高效能源、智能绿色和综合交通运输、应对气候变化行动环境资源效率和原材料)等。

近年来,随着欧洲制造业复兴,各国陆续出台了一系列针对本国、本地区的船舶技术研发政策。如德国为造船创新提供了每年至少 2500 万欧元专项资金,启动了支持新造和改装液化天然气船的燃料战略;挪威设立了智能无人船专用海试场,并为智能无人船项目的商业合作提供资金支持,另外拨付 7000 万欧元专项资助零排放船舶项目等。

(二)日本造船业的激励政策——以技术研发支持为主

日本造船业的长足发展与政府大力扶持分不开,包括法律援助和"计划造船""出口信贷"等扶持政策,但核心还是重视持续科研,依靠领先技术闯天下。日本政府不仅从法律政策上引导,而且集中各方力量展开"产学官联合开发"。因此日本船厂在全球造船业的活跃表现,除了体现在接单量近年来始终保持全球前三外,还体现在产业发展时不盲目扩张,产业收缩的时候仍坚持技术创新。近年来,日本船舶行业特别关注参与国际海事规则规范和标准的制定,并在船舶绿色和智能发展方面持续领先,如液化天然气围护系统、空气减阻技术、"i-shipping"智能船项目以及船厂高效智能制造模式等。日本船厂始终力求主动在设计上做到适度超前,在有关海事新规则生效前就能率先推出满足要求的船型,可以说日本在亚洲造船国家中已然实现了从劳动密集型演变为知识技术密集型。

在整个日本的造船科研体系中,除国土交通省外,还有一些接受政府领导的其他机构也在对造船科研提供经费支持。有的直接为船舶科研机构提供科研经费;有的间接地将政府科研经费落实到具体的科研机构,在政府和科研机构之间扮演着中介的功能。这些结构主要包括日本船舶振兴会、S&O 财团(日本船舶与海洋财团)和日本运输设施装备事业团等。这些机构的资金来源既有国家拨付,也有自身运营获得的收入。具体操作方式包括:①为日本尖端造船技术提供长期/短期资金支持,并为保持造船产业的稳定性提供必要运营资本;②为日本造船企业现代的经营管理和新的技术方案提供咨询服务和融资支持;③为日本造船技术的研究开发机构提供金融和资金支持;④与航运企业分担费用来促进近海客船和货船的建造和改装;⑤对停产船厂进行造船设备收购和土地管理、转让等①。

五、 产业布局的协调机制

随着社会经济的进一步发展,区域发展不均衡及因产业结构不合理导致的诸多结构性矛盾日益明显。通过政府对产业布局的协调作用,不仅能够维持现有的生态环境和竞争力,而且还能营造出新的、适应工业化发展的良好生态环境。通过实施不同层次的产业协调政策,引导资源有目的地倾斜和聚集,从而对增长的进行培育,对薄弱的进行弥补,对弱小的进行扶植,对衰退的进行撤让。而在这一过程中,实施产业布局协调的主体依然是企业。

(一)产业空间布局——产业集群融合发展

产业布局协调分为空间和结构两个方面。一方面,当技术、劳动力、土地等生产要素使得企业成本上升、竞争力下降时,要促使和加快产业向相对低成本区域的空间转移。例如韩、日两国在20世纪90年代前后,造船市场兴旺之时都在尽最大努力扩大国内造船能力,抢占市场份额。而后随着劳动力成本上涨和产业升级,韩、日两国船厂为了满足生产需要,又通过贷款建厂、技术合作等方式,积极在中国、菲律宾和罗马尼亚等国投资新建分段厂及总装厂。同时研发了平地造船法等多种新造船方法来迅速提高产能,保证不因造船设施不足而放弃其重点战略船型的市场。

这里重点强调造船产业集群的布局,以造船强国挪威为例。挪威海事产业非常发达,海事产业集群效应非常明显,海事产业创新能力非常强,挪威拥有超过1500家的船用设备设计企业、海事产业的工业和商业产值每年接近800亿挪

---

① 张长涛:《日本的政策性机构对造船科研的支持》,《船舶工业技术经济信息》2004年第7期。

威克朗,每年为挪威经济产生 200 多亿的挪威克朗的效益增加值,雇员超过 2 万人,平均每个雇员创造的挪威 GNP 接近 110 万挪威克朗;海工钻井设备制造产业的效益增加值达到 99 亿挪威克朗。2015 年,挪威制造的船用设备和钻井设备的出口额占挪威商品和服务出口总量的 12.5%,船用设备 90%对外出口。

挪威船舶工业链体系很完善,产业集成度很高,形成了一种通过促进海洋知识、技术交流,进而改善船舶海事高端服务创新的产业布局发展方式。国内企业在船舶工业链上从上到下各个环节均拥有一定的参与力量和市场份额,产业链涵盖了从上游的船东到中游的船舶产品的研发设计、核心装备系统的集成建造和海事技术服务、金融服务,再到下游的船舶建造、船舶运营管理等整个船舶工业链,在以高端制造服务业为主的产业链中,挪威在游艇产业的制造和技术服务方面的实力最强。与此同时,挪威政府为国际海事巨头、国际高端制造巨头入住挪威创造了很好的投资发展环境,大量国际海事巨头、高端设计与制造巨头和大量知识密集型企业分别在挪威设有研发基地和生产基地,保证了挪威海事高端制造服务产业持续创新发展。挪威 Torgir Reve(托雷尔·雷夫)教授定义知识中心/集群为"创新制造企业的高度集中、先进研究机构、风险资本和具备竞争力船东的密切关联,简言之是互联、专业化、开放式创新、合作与竞争"。

挪威通过本土企业与国外企业的强强联合,创建了挪威全球知名的海事产业集群基地(见图 5-1)。在挪威大量区域性的海事产业集群中,Alesund(奥勒松)地区的 More(莫尔)海事产业集群是目前国内主要的世界级的海事集群区域之一。在这个集群中,有船东 20 家,设计公司 13 家,设备配套厂商 169 家,船厂 14 家。集群区域内聚集了众多国际型企业,例如罗尔斯·罗伊斯公司、Kleven(克莱文)公司、VARD(瓦德控股)公司和 Ulstein(乌尔斯坦)公司等,集群区内雇员多达 2.25 万人,聚集了全球海事高端技术人才和管理人才。挪威海事产业集群区域诞生了全球 75%的大型高端船舶与海工设计,集群区域内的船东控制了全球 40%最先进的海工船队。在全球最先进船舶操作方面的创新、原型装备研制、竞争合作新模式探索、全球海事产业服务专业知识与交流等领域,挪威海事产业集群区一直保持较快的发展。在挪威Hordaland(霍达兰郡)深海工程技术与产业集群区内,集聚了全球深海工程专家,该深海工程海事产业集群区主要集聚了深海工程设备的产品开发和生产、创新型产品服务、安装运营和维护深海油气生产系统。到目前为止,该海事产业集群区内聚集了全球126家合作伙伴和成员,主要组成成员中有科研教育知识技术型企业8家、生产制造型企业8家,以及一些平台服务型机构如联合试验设施服务中心、研发基础设施保障中心和联合创新保障中心等。据统计,2013年该深海产业集群区内产值达到510亿挪威克朗,产业集群区内雇员超过2万人。

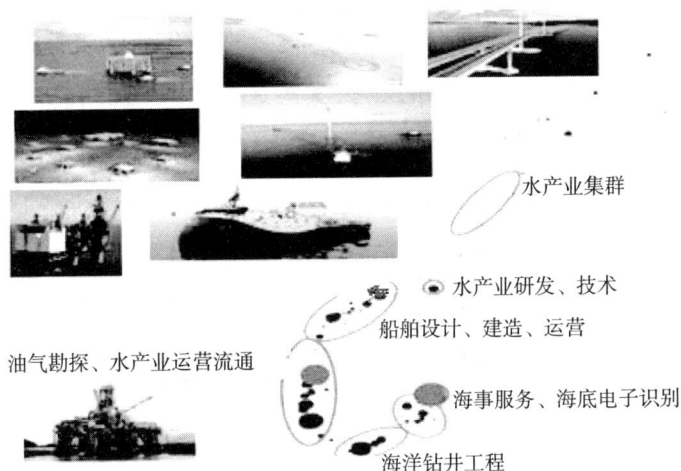

图5-1　挪威海事产业的顶级集群

资料来源:挪威NCE船舶工业集群官网。

(二)产业链布局

发展中国家的支柱产业在发展时,经常会遇到产业链不完善、核心技术被制约、产品附加值被剥夺的困境。根据产业"微笑曲线"理论可以发现,在一个产业的产业链分工中,劳动密集部分处于"微笑曲线"中端(低盈利部分),技术密集部分和知识密集部分处于"微笑曲线"的两端(高盈利部分),按照"微笑曲线"理论的产业链三段论,船舶工业链主要分为:船舶产品的研发和技术设计、产品核心部件集成—产品生产制造—产品品牌经营与知识服务。从船舶工业链的利润分布来看:船舶技术研发和产品设计开发、产品技术集成的船舶产品设计开发、船舶核心装备技术集成的毛利率超过 50%;产品生产制造的船体建造、零部件、一般辅助设备制造的毛利率在 10%以下;产品品牌经营与技术服务的船舶集成总装、技术咨询服务的毛利在 40%以上。我们通过对船舶工业的产业链分工可以发现,其产业分工及产业盈利分布和"微笑曲线"非常吻合。船舶的核心高端技术的授权费较高,例如仅液化天然气船薄膜型的液货舱系统的生产许可使用费就高达 1000 万美元/艘,占整条船舶总成本的 15%以上。在全球造船业向亚洲转移的过程中,欧洲公司将自主研发、技术集成和品牌建设这两个"微笑曲线"的高端产业,牢牢地掌握在手中。据欧洲船舶配套委员会的数据统计测算,欧洲在船舶核心配套设备市场份额超过 50%,在全球船舶工业链的利润分配上占绝对领先的地位。欧洲造船强国仅仅是将产业链的中段区域(一般生产制造)对劳动力、土地和环境等生产要素需求较高且利润低的部分转移到了亚洲,因此船舶企业要增加盈利,不应持续在组装和制造位置,而应往"微笑曲线"的左右端迈进。

六、 金融协调机制

船舶工业是集劳动密集型、技术密集型、资金密集型于一体的集群产业,对于一般的中小型造船企业来说,自身资金积累非常有限,资金缺口一直是该产业中的企业发展的重要瓶颈,是造船企业技术开发、生产经营投资极不稳定的根源所在,从欧洲、日、韩船舶工业培育发展的经验来看,政府通过多种形式、渠道为船舶工业大发展提供资金保障非常关键。

（一）日本造船业的金融协调机制

以日本造船业为例,第二次世界大战后,日本政府在国家资金十分紧缺的情况下,通过加强引进外资特别是美国资本,成立了对日援助资金以服务于资金缺口较大的日本造船。美国资金减少后,日本主要利用自身金融发展经济。内部资金筹措方面,日本政府通过复兴金融公库大量贷款支持优惠重点产业,为了减小造船成本,日本推行造船钢材补贴金制度。同时国家还成立了日本国家开发银行、日本进出口银行等金融机构为日本"造船计划"的实施提供大量财政和金融支持,以"协调融资"的形式吸引商业银行对海运造船业的大量投资。

优惠税制对于造船业快速发展的支持特别大,1952 年,日本政府对日本造船业制定了技术引进课税特殊措施,对向国外进行技术或重要机械装备引进的企业实行减税或免税措施、企业设备折旧制度和企业损失补偿制度等措施调动企业的积极性。

（二）韩国造船业金融协调机制

韩国政府对韩国船舶工业采取了大量财政金融措施以支持韩国造船业的发展。一是降低船舶企业法人税税率,全部免交船舶企业增值税和物品税。二是政府通过为企业提供总投资额 65% 的低利息长期贷款的方式促进企业新建或扩建船厂,政府为企业提供造船资金和出口船延期付款资金。以大宇造船海洋公司为例,韩国政府包括银行机构对造船巨头的金融救济机制体现得非常明显。因船舶海工市场和管理层经营不善等原因,大宇造船海洋公司 2012—2016 年连续 5 年出现大幅亏损,年均营业亏损额高达 64 亿元人民币,一度濒临破产。2016 年,韩国大宇造船海洋公司处于"资本蚕食"状态,负债率最高达到 7308%。为帮助大宇造船海洋公司走出困境,在韩国政府引导下,韩国产业银行和韩国进出口银行为大宇造船海洋公司提供了2.1万亿韩元的资金支持和2.9万亿韩元限额性新贷款。在2000年前后,韩国国家产业银行还分两次向大宇造船海洋公司提供了融资支持,以债转股的方式使韩国产业银行成为大宇造船海洋公司的最大股东。2018年,韩国政府通过企业结构调整,大宇造船海洋公司债务重组方案获得债权人高票通过,韩国政府成功将一家老牌民营造船企业国有化。债务重组方案对大宇造船海洋公司在2017年4月—2019年4月间共计1.35万亿韩元(约82亿元人民币)债务中的50%实施债转股,其余50%债务延期3年偿还。方案通过后,其最大债权人韩国产业银行和进出口银行为大宇造船海洋公司提供2.9万亿韩元(约175亿元人民币)的资金支持,使其再次成功避免破产危机。

七、 船舶产能过剩退出机制

2008年至今,世界海运贸易量增速较低,全球呈现航运运力和造船产能"双过剩"的不景气行业形势,世界造船产能在过去已经减少的艰难环境下,未来还要面临韩国通过重组提高更大的产能等逆向行为。从美欧日等市场经济比较成熟的国家和地区过去的经验总结来看,船舶产能过剩退出机制主要有两种模式:一种是政府消极介入模式。政府不积极主动介入市场,市场在出现过剩饱和的情况下,由市场竞争、优胜劣汰自动调节过剩产能,企业根据市场需求决定登记经营或注销,或进入破产程序以及资本退出机制等,通过市场"无形的手"调度资源可以从不能有效利用的领域退出,参与到新的循环之中。另一种是政府积极介入模式,在某些特定行业出现产能过剩的时候,政府进行直接积极干预,通过财税政策、金融和产业政策等手段,推动企业兼并重组、限产促消费,或者促进企业产能海外转移,或者通过淘汰落后产能、对过剩设备在处理时实行税收优惠等手段,主动去除本国在该行业的产能过剩问题。

由于船舶行业属于重要装备制造业之一,涉及军民融合,因此在坚持市场化退出机制这个化解产能过剩的根本性机制的前提下,发挥政府的主动积极介入作用非常必要,政府主动制定并推进企业兼并重组、促进过剩产能海外转移等去产能机制体系,建立政府与市场相协同的产能过剩退出机制,是符合船舶工业特点的一种船舶行业产能过剩有效退出机制。

(一)政府回购

实施回购的主要方式包括:一是政府直接出资并实施,如韩国大宇造船海洋公司在濒临破产时,韩国政府在2015—2017年通过国家政府金融机构向大宇造船海洋公司提供总额达到约12万亿韩元(约105亿美元)的金融援助,并与民间银行一同帮助大宇造船债转股等,凭借国家力量对韩国造船业进行全面的援助。

二是政府通过提供优惠贷款或者补贴的手段鼓励和支持行业协会或社会机构进行回购。日本造船业在出现产能过剩时,通过国家提供资金,由行业协会来实施回购降低造船能力,如日本运输设施整备事业团等,可对停产船厂进行造船设备收购和土地管理、转让等。

通常在政府实施的回购中,尽管所占股份比例较大,但并不会直接管理企业,也不会派驻官员到企业里去,仍是由企业自主提出自救计划,在企业经营状况改善时,政府以企业回购股份或股权转售等方式退出。

(二)政府推动企业兼并重组

有的国家在国内某个产业发生产能过剩时,大力推进企业兼并重组,优化调整产业结构,生产供给能力实现从数量向质量的转变。20世纪七八十年代,日本政府大力推动重组,削减船舶工业过剩产能,以渡过两次造船行业的大萧条时期。20世纪70年代,日本通过兼并重组,淘汰了35%的造船过剩产能,同时通过造船生产设备的自动化改造,提升了日本造船业的高效率产能和产业的国际竞争力。日本1986年通过对国内年建造5000万吨以下的船舶制造企业进行合并、系列化和业务合作等形式,日本造船企业从 21 家减到了 8 家,去除了日本 20%的造船过剩产能。

此外,还可以采用限产方式缓解产能过剩问题,日美欧等国家和地区在造船领域采取过限产措施。

（三）促进过剩产能的海外转移

当国内市场产能过剩,将低端产能转移到国外是通常采用的有效办法之一。在 20 世纪末和 21 世纪前 10 年,日、韩造船业国内产业出现严重过剩情况,日、韩船厂开始采用船舶低端产能海外转移的方式解决国内造船产能过剩问题。20 世纪 90 年代,在日本造船业陷入第三次大萧条的时候,为应对本国产能过剩问题,日本采取加快海外生产的措施,特别是在中国设立合资造船企业,例如中远川崎,以应对韩国的竞争。为推动产能海外转移,全力支持企业“走出去”,日本设置了一批专门负责对外贸易投资服务的政府机构组织,例如日本贸易振兴机构、日本贸易保险、日本国际协力银行等,这些机构均是政府授权或出资,间接代表日本政府与所在国家政府建立良好关系,支持日本企业大规模进行海外投资和对外贸易。

另外一种情况是,当产能转移所需时间过长时,采取依靠产品出口的方式来化解过剩产能,欧、美、日、韩等造船国家和配套制造国家和地区都十分注重在海外设立办公室和分支机构,以推动国内产品在全球的销售扩大。

第二节　海外造船工业行业发展理念研究

本节主要从发展战略、企业自主经营权、协商机制、企业价值观、发展模式等方面,阐述国外造船集团和配套设备集团在管理、理念、文化、技术创新、差异化发展、成本价格竞争、资本市场、多元化等方面不同的特点和差距。

一、　发展战略和路径清晰

（一）企业竞争战略

通过对全球主要造船国家竞争战略的选择统计分析,不同国家不同地区在不同时期的竞争战略选择都不一样(见表5-2)。欧洲国家造船企业凭借其专业技术优势,多年来坚持专业化竞争优势战略;日本和韩国船舶企业则经历了成本优先、差异化、细分市场和多元化等竞争战略的选择。

表5-2　全球主要造船国家竞争战略选择情况统计

年份	欧洲	日本	韩国
1945—1955	成本优先竞争战略	—	—
1955—1975	专业化竞争战略	成本优先竞争战略	—
1975—1985	专业化竞争战略	差异化竞争战略	成本优先竞争战略
1985—1995	专业化竞争战略	差异化竞争战略	成本优先和细分市场竞争战略
1995—2005	专业化竞争战略	低成本竞争战略	低成本和双元竞争战略
目前	专业化竞争战略	低成本竞争战略	双元竞争战略

资料来源:作者自制。

（二）多元化战略

造船作为船舶集团的主营业务,主业主责,大力发展高质量船舶研制是企业的责任与使命。同时,造船作为重型装备产业,与机械、电子、材料等方面密切关联,发展这些有限关联产业是合理的举措。特别是近年来信息化、智能化、绿色化技术的快速进步,机器人,环保处理系统,液化天然气燃料供气系统,液化天然气储罐及围护舱、泵、钻井系统,部分生产模块等都是可以产业化的领域。韩国、日本、欧洲、美国造船巨头和配套设备巨头都在开展关联业务有限多元化的战略。

1.韩国现代重工集团的多元化业务

现代重工集团主要经营产品如下:①造船:现代重工的主要优势是在大型原油船、液化天然气FSRU、大型液化石油气船和液化天然气船等产品和成本竞争力、技术领先。②海工:主要采用优化劳动力、设计标准化、采购本土化、改进建造方法和建立战略伙伴关系。③发动机和机械:为满足国际环境标准,开发环保船用产品,例如液化天然气燃料气体供应系统、NO_x减排设施、SCR系统、压载水处理系统等。④柴电系统:电力设备、旋转电机、配电设备等。⑤建筑设备:电梯、智能建筑设备、远程可控移动系统。⑥绿色能源:主要是太阳能发电设备和电池。⑦海洋冶炼和化工:生产高附加值产品,通过多源进口降低成本。⑧金融:船舶/柴油机资金损失,以及利率变动带来的债券估值损失,同时获得了房地产、结构化金融等方面的收益,同时开展前沿技术的风险投资。

2017年,现代重工进行了业务分拆重组,目前集团新的业务领域组成如下(见图5-2):①造船(2017年营业收入占64.2%);②海工(2017年营业收入占16.7%);③工业装置(2017年营业收入占9.2%);④发动机和机械(2017年营业收入占4.6%);⑤绿色能源(2017年营业收入占1.7%);⑥其他(2017年营业收入占3.6%)。

图5-2　现代重工集团事业部组成

资料来源:现代重工官网,见 http://english.hhi.co.kr。

2.挪威康士伯格公司的多元化业务

2017年,康士伯格公司的营业收入结构见图5-3,公司总的营业收入为144.9亿挪威克朗(约为17.2亿美元),全年营业利润0.64亿美元,雇员6830人(其中国防与航空航天2421人,海事3819人,其他590人)。其中2017年康士伯格公司的国防与航空航天业务营业额为7.25亿美元,海事业务的营业额为8.5亿美元。

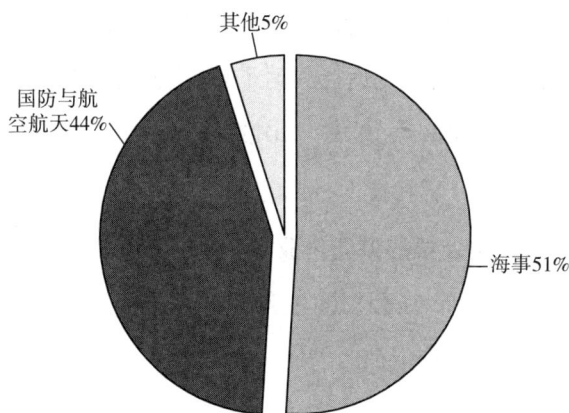

图5-3　2017年康士伯格公司主业销售市场份额

资料来源:康士伯格公司官网,见 https://www.kongsberg.com/。

在海事业务领域,康士伯格公司是"集成船舶概念的世界级领导者",该公司传统主打产品包括海洋地图测绘、海洋声呐、水下通信设备和摄像设备、船舶机器人等。在新兴海事产业装备领域,该公司主打产品包括船舶自主设备、船舶卫星定位设备以及船舶甲板操作系统设备等。对于水下技术,该公司开发了海底观测设备和AUV,主要用于国防、科研、海底测绘、海洋应用和搜索等。在海洋水产业领域,该公司为商用渔船、渔业研究船以及世界首个海洋养殖场提供信息传输系统等设备。除了数字化平台,康士伯格还开发了海事模拟技术,主要用于培训船舶、海洋市场的人员和学生,可以提高企业运营安全性和降低成本,这些模拟器还可以用于验证和决策支持。

在国防与航空航天领域,康士伯格对自身的定位是"世界级的防务供应商",

主要产品包括指控、监视、航天、战术通信、远程武库站、导弹等产品和系统,以及用于飞机的复合材料和工程化产品。产品涵盖从水面、陆地、空中到太空等。目前康士伯格是世界领先的装甲车远程控制武库站的供应商,已经向全球 19 个国家提供了 19000 个武库站。同时,该公司也是北欧地区最大的工业航天公司。

在数字化领域,目前拥有 500 多名雇员,主要为全球的海洋船舶、海洋油气平台和海洋可再生能源设备等领域提供新一代软件和数字化解决方案。目前公司在物联网、智能数据、人工智能、数字化双胞胎等技术领域加大了开发投资力度,支持自动化和自主化运行。据了解,该公司为超过 18500 艘船舶和 1 万个油井提供过软件解决方案。2017 年,该公司发布了数字化平台 Kognifai,可以提供数字分析和技术,例如人工智能、机器学习和虚拟现实。

3. 罗尔斯·罗伊斯公司的多元化业务

2017 年,罗尔斯·罗伊斯公司的主营业收入结构如图 5-4 所示,公司合并总营业收入 207.28 亿美元,研发投入 17.8 亿美元,专利申请量为 704 件,雇员 5 万人(其中工程师 18245 人)。共由 5 个业务板块组成:民用航空航天、国防航空航天、动力系统、船舶业务和核业务。

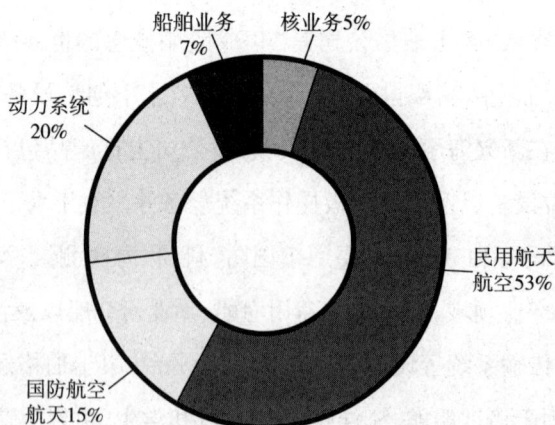

图 5-4　2017 年罗尔斯·罗伊斯公司的主营业务布局

资料来源:罗尔斯·罗伊斯公司官网,见 https://www.rolls-royce.com/。

　　由于罗尔斯·罗伊斯公司对未来发展趋势的判断是清洁和安全化、电气化、数字化,因此 2018 年年初将业务部门从 5 个整合为 3 个,并且对民用船舶业务开展了战略评估,逐步实现了核心业务的转型。2018 年之前,罗尔斯·罗伊斯有五大经营板块:分别是民用航空航天,每年有 101.7 亿美元产值;动力系统,每年有 36.86 亿美元产值;国防航空航天,每年有 29.24 亿美元产值;核业务,每年有 10.17 亿美元产值;船舶业务,每年有 13.98 亿美元产值。2018 年年初,将核业务中的民用核动力合并至动力系统,潜艇每年有 7.63 亿美元产值合并到国防业务。每年有 3.81 亿产值的船舶业务中的海军舰船业务也合并到了国防业务中。转型调整后,船舶业务中,每年有 10.17 亿美元产值的民用船舶业务不再作为公司独立的业务,目前正处于运营战略评估期,调整转型后,罗尔斯·罗伊斯公司主要有三大业务板块,分别是:民用航空航天业务板块,每年有 101.7 亿美元的产值;动力系统业务板块,每年有 39.41 亿美元的产值;国防航空航天业务板块,每年有 40.68 亿美元的产值。据了解,自 2015 年以来,公司的海运业务剥离了非核心业务,工厂数量已经从 27 个减少到了 15 个,整体占地面积减少 40%,员工人数减少 30%,减少到 4200 人。但是,该公司的海运业务一直在投资新设备和新技术,特别是在船舶智能和智能无人船领域,2017 年 6 月,罗尔斯·罗伊斯公司在哥本哈根港成功展示了世界上第一艘遥控商业船,此外,公司将保留发动机业务以服务电力系统内的海事客户。

二、 重视引进技术与自主吸收创新,强化技术纵向推进发展

　　船舶工业属于技术密集型产业,技术创新是推动船舶工业发展的核心力量,通过对全球船舶产业自主创新在不同时期各造船巨头间的分布情况收集整理发现(见表 5-3),不同时期全球各造船巨头在科技创新的投入和成效不同,也最终决定不同时期各造船巨头在全球船舶市场的话语权、影响力和竞争力。

表 5-3 造船业的自主创新与世界造船巨头关系

时期	创新名称	创新的国家
19 世纪上半期	钢质船体	英国
	油船	英国
	用于船舶设计的船模试验池	英国
19 世纪下半期	船体分舱和板格船底	英国
	螺旋桨	英国/美国
	复式发动机	英国
	水管锅炉	英国/法国
	动力操舵装置	英国
20 世纪上半期	蒸汽轮机	英国
	齿轮传动蒸汽轮机	英国
	柴油机	德国
	纵骨架结构	英国
	全焊接船体	英国/美国/德国
	推力轴承倾斜垫块	英国/美国
20 世纪下半期	巨型油船	日本
	标准预制船	美国/日本
	特种船	美国
	自动化进舱	日本/瑞典
	具有先进蒸汽参数的涡轮机	美国
	巨型单轴柴油机	丹麦/瑞士
	尾轴管油封	德国
	可分离尾传动装置	英国/美国/瑞典
	无键螺旋桨装置	英国
	全遮蔽式船台	瑞典
	光学放样	德国/瑞典
	光电钢板切割	瑞典
	数控切割与光顺	瑞典/挪威/英国

资料来源:作者自制。

（一）日本造船业引进技术与自主创新

日本造船业的快速崛起与技术创新密切相关。一方面，日本造船在产品研发方面，船型标准化和超大型油船为日本在船舶产品创新领域带来了显著优势；另一方面，日本推动技术变革在船舶建造工艺上的创新，显著地提升了日本造船业的成本优势。第一，推动模块化建造，提升建造效率。第二，采用平行造船法，能够同时建造多艘标准船舶，降低原材料采购成本和减少建造时间。第三，广泛使用预舾装法，以进一步降低建造周期。

20世纪下半期，日本不仅自主创新产品和工艺，而且对于其他国家在造船业的创新加快学习与引进。例如英国首创的全焊接船体结构并没有大范围在本国应用，反而在日本等国家加速应用，推动日本造船业在技术领域取得了显著优势。而且日本船厂在技术引进创新方面还获得了具有远见的政府的大力支持和协调，进一步加快了技术创新。

（二）韩国造船业引进技术与自主创新

1. 韩国引进、消化吸收造船技术

韩国船舶工业最初发展的时候，工艺技术和设计技术极差，而且人才相当缺乏，最初也是依靠技术引进。例如现代重工蔚山船厂的设计和项目管理最初外包给国外企业。据统计，1973—1981年引进了船舶设计、建造技术和经营管理等技术多达70多项。但是韩国船厂在引进造船技术后，强化自主研究开发，以液化天然气船为例，1977—1978年现代重工先后向法国购买了专利使用权和技术资料，现代重工通过对法国技术的消化、吸收、创新，最终掌握了液化天然气船的设计和建造能力。韩国最初对船舶配套产业的引进和合作也特别重视，1991年之前，在该领域的合资经营、专利协议、合作生产和技术援助高达187项。韩国造船企业最成功的地方在于他们在和欧洲造船强国获取技术转让的机会的时候，通过消化、吸收、创新，逐步掌握了现代船舶的设计方

法和设计能力。

为推进技术创新,韩国造船企业非常重视各种人才的培养。现代重工在发展初期聘请丹麦船厂高层高管担任本集团的厂长,而且从建厂起就把技术人员送往欧洲学习,比如在 1983 年三星重工为了能掌握船舶精密加工技术,公司投入巨资,派遣了 10 名高级技术人员赴欧洲、美国、日本等国家和地区进行进修。据统计,三星重工 1983 年在高级技术人才培养方面的投资达到该集团总销售额的 3.8%。韩国造船企业拥有一大批优秀的研发人员,从而为其技术竞争力的获得提供了支撑与保障。除 1997 年金融危机外,韩国造船企业的研发队伍(特别是硕士、博士研发人员)基本保持稳定的态势。一支高素质的人才队伍是韩国造船企业获得和保持国际竞争力的保证,也必将在韩国造船企业的发展中发挥更大的作用。

2.现代重工的技术创新之路

以现代重工为例,在现代重工近 50 年的发展历程中,贯穿各业务领域发展最关键的成功因素始终就是技术创新。现代重工将技术创新视作企业生命的原动力,坚持不断加强技术储备和提升创新能力。投入研发经费占销售收入比重稳定在 1.1% 以上,年研发项目始终保持在 1000 项以上。同时,通过国内的船舶、工业、电子、设计管理 4 个研究所和美国、匈牙利等地的全球研发合作中心建立国内外技术专家网络,加强研发部门与业务部门、学术机构之间的合作,不断改进各业务领域的核心技术能力,确立主导产品的全球领先地位。纵观现代重工的发展历程,成功并不令人惊奇。现代重工正是在坚持创新、踏实稳健、不断追求卓越的发展过程中成就了一个世界领先装备制造集团的王者之路。20 世纪 90 年代,韩国通过构建系统性的研发机构,引进吸收技术,开展船型创新,提高自主设计技术,提高造船生产效率。

一是建立系统性的研发机构(见图 5-5)。1982 年,韩国现代重工在韩国科学技术部注册成立,之后成立了研究所(HHI)。这个研究所包括 3 家单位,分别是:现代海事研究所(HMRI)、现代产业研究所(HIRI)和现代电力机械研究所(HEMRI)。1994年,现代重工的研究开发部正式成立(由上述3个研究所组成);2000年,现代重工又建立了技术设计研究所(TDI)。HMRI正式成立于1984年,是现代重工开展造船研发的主要力量,拥有进行船舶、海洋结构和装置的流体力学研究的相关设备设施,HMRI的流体力学测试设施于1986年获得了国际拖曳水池会议(ITTC)的正式认可。其他研究活动包括海洋工程、结构、噪声、振动、机械和与海事相关的内容。同时,HMRI也开展提高现代重工业部门竞争力的研究工作。HIRI成立于1983年,主要进行焊接、材料加工、自动化、船用发动机、能源和环保系统及保护性涂装技术的升级。HIRI是现代重工提高主要产品性能、使用寿命和安全性能工程技术的主要开发力量,其研究领域还包括机电领域,如机器人和激光系统。HEMRI的主要业务是从事市场上尚不存在的但极具市场潜力的高附加值产品的核心技术的开发,范围不仅涵盖了现代重工的所有产品和业务领域,而且包括前瞻性技术的开发。TDI通过为不同产品和建设任务开发新设计方案来协调设计开发,支持最优设计技术。它包括两个部门,一个是可视通信设计部门,另一个是产品设计部门。现代重工在匈牙利还设有一个技术中心,主要进行新型电磁系统、装置的设计和测试,带有超导轴承的能量存储调速轮的开发和应用,以及产品改进方面的领先性技术的开发,等等。2003年,现代重工在美国成立了Hyundai-Enova创新性技术中心,主要进行数字能量转换和数字控制方面的基础性、前沿性技术开发。

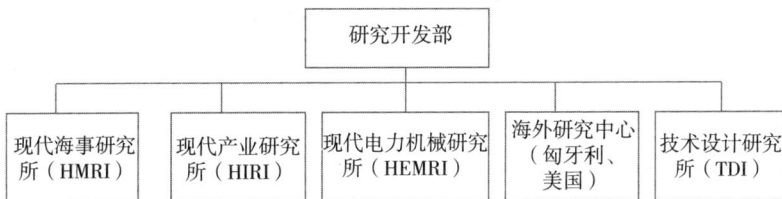

图5-5　现代重工的研发机构

资料来源:作者根据现代公司科研组织结构收集整理自绘。

科研机构组织体系的健全和完善赋予了现代重工雄厚的科研开发能力，其研发部门系统性是其竞争力的重要保证。

二是促进交流，重视研发。技术成长型造船国家赶超先进造船国家的一个重要途径就是通过国际间的技术交流与合作来迅速提高自身的技术水平，从而快速增强自身企业的科技竞争力，缩小与先进国家的差距。韩国造船企业在研究开发中十分注重对国外先进技术的引进和吸收，而通过与国外科研机构进行合作研究是实现其技术学习目的的重要途径。随着韩国造船业逐渐成熟，与日本的竞争日趋激烈，韩国各造船企业逐渐认识到了展开技术交流与合作的重要意义，例如共同举办技术交流会。

韩国明确提出其造船业要从量的发展向质的发展转变，从以产量为中心转变为以效益为中心，实现这一转变必然要以提高技术能力作为主要手段。因而，配合其竞争战略的实施，韩国造船企业加大了对技术研发项目的投资力度。投资领域主要包括：船舶技术开发、造船工艺研究、新船型设计开发和测试。其中，自动化造船研究和造船工艺技术研究是投资重点中的重点。在研究开发资金投入方面，韩国企业一直保持较高的研发投入占比，现代重工2002年压缩设备投资，增加研究开发投资，其目的一方面是出于改善财务结构，提高现金流的健全性，另一方面是为了大力提高其技术开发能力。2003年，其研发投资达到1179亿韩元，占销售收入的1.4%；而2002年其研发投资为980亿韩元，占销售收入的1.2%。

三是积极开发新船型市场。现代重工不断优化船舶技术性能和船型的升级换代。自1984年成立现代海事研究所后，现代重工在船舶降噪减震等方面持续改进；同时，积极加强新船型研发，抢占高附加值船舶市场。1974年交付了首艘26万吨巨型油轮，1986年交付了首艘液化石油气船，1994年交付了首艘液化天然气船。2000年后逐渐加强绿色船舶研发，陆续开发了电力推进液化天然气船、装有压载水处理系统的超大型油轮等船舶，快速迎合了国际船舶节能环保的技术要求。

现代重工在液化天然气船建造领域充分体现了消化吸收和创新的历程。20世纪70年代末现代重工就产生了液化天然气船建造梦,1978年1月,现代重工与法国签订了薄膜型舱生产许可证协议。为稳妥处理,现代重工选择了曲线优化的技术成长路线设计:公司先建造技术含量稍微低一点的液化石油气船,公司通过经验积累消化后逐渐转向液化天然气船建造市场的技术成长路线。在此思想的指导下,现代重工于1979年签订了一项可同时建造液化石油气船和液化天然气船的薄膜舱许可证协议。公司同时启动这两种船的研究开发活动。1982年,现代重工通过向荷兰学习获得了液化石油气船舶的先进建造经验,韩国在液化石油气船的开发研究就进入到了实用性阶段。现代重工在1982年还同挪威造船企业集团签订了Moss型液化天然气船的生产许可证协议并着手研究开发。现代重工1985年成功接获了第一艘4000立方米液化石油气船订单;1991年6月成功接获现代商船公司第一艘12.5万立方米Moss型液化天然气船建造合同。通过技术引进、消化、吸收、创新的途径,韩国现代重工的造船技术获得了跨越式发展。

四是重视以提高效率和降低成本为主的内涵式发展。现代重工不断创新造船方法,先后研发了全球最早的并行下水工法、平地造船法、湿船坞串联造船法,通过提高船坞利用率、改进设计和技术软件等方式不断提升生产效率。打造完整配套产业链,实现内部供货,降低交易成本;通过与浦项钢铁交叉持股,降低原材料采购成本。

三、　重视企业价值观和协同发展

企业价值观是一个企业包括企业家、中层管理者、基层员工,以及控股股东对待自身、对待产业上下游和产业集群、对待社区和行业社会的认知、行为准则和激励信念。一个国家的造船业要走向世界第一,必须有世界第一的企业巨头,必须有世界一流创造力、自信心和责任感的企业员工与高管。世界造船巨头创新服务海洋运输的价值观及协同发展的理念,从更加认真友善地对待和培训劳务工人,到多个企业协同开展创新,都凸显出世界一流企业的优秀品质和文化。韩国现代重工集团的价值观是:"勇创世界第一,追求卓越引领领导,创造美好未来。"挪威康士伯格公司的价值观"创新、坚定、合作、可靠"是该公司两百年来的运营管理基础。英国罗尔斯·罗伊斯公司的价值观是:"引领动力发展,为顾客提供清洁、安全和更具竞争力的解决方案,以满足全人类的动力需求。"

第三节　海外造船工业企业管理模式研究

海外造船企业在运营管理模式和发展模式上具有自己鲜明的特色,主要表现在企业的经营权、人事管理权的独立性和自由性等领域。

一、企业经营权和技术创新的自主性

如何处理好股东权和经营权的平衡关系是个困难问题,一方面要实现全体股东的利益,防止控股股东或政府的不恰当干预;另一方面要形成有效的内部约束机制,防止经营层和管理层滥用权利,可以用以下几个案例进行比较清楚的阐述。

(一)芬坎蒂尼公司的控制权与经营权模式

一般认为,以公司制为改革方向的国有企业,虽然在形式上建立了现代企业制度,但由于国有产权制度的演进,并没有解决国有产权"最终委托人缺位"的制度短缺和产权结构的动态配置,导致内部控制效率的损失极大,无法实现通过一个制度的存在、运作而导致另一个制度更加巩固的关系。但是,意大利芬坎蒂尼公司作为一个国企巨头,近年来却成为世界最富有的船厂。芬坎蒂尼的成功可以归结为以下几点:经验丰富的技术工人、卓越的研发团队、优秀的合作伙伴、严格的质量监管体系、贯彻始终的创新理念、良好的市场前

瞻性以及完善的技术咨询和售后服务。这些,都是一个船厂获得成功所需要
的关键因素。从其控制权和经营权分析如下。

1. 股权股份

从 2017 年年底芬坎蒂尼公司的股权分布图显示(见图 5-6),芬坎蒂尼公司
的股本金为 8.63 亿欧元,股本 16.9 亿股。芬坎蒂尼公司的公众股份占比
28.08%,国家持股 71.64%,没有任何个人持股超过 3%。意大利经济与财政部
通过子公司 Fintecna(芬特科纳公司)掌控意大利存贷款银行 Cassa Depositi e
Prestiti(卡萨·普雷斯蒂银行),进而间接控制其 71.6% 的股份。自从上市后,
根据法律规定,Fintecna 不再像之前一样对芬坎蒂尼公司进行各种指导和协调。
目前的芬坎蒂尼公司表现为:①与客户、供应商完全独立交易运作,不受任何外
部干涉;②独立策划公司和集团的战略、产业、金融和财务规划;③不再接受
Fintecna 的规定;④不再与 Fintecna 发生现金协议,不会给予 Fintecna 任何金
融支持或协调行为;⑤不接受来自 Fintecna 关于金融借贷的指令或指导意见。

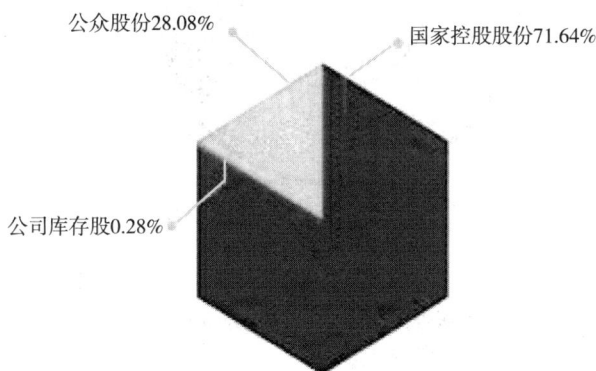

公众股份28.08%　　　　国家控股股份71.64%

公司库存股0.28%

图 5-6　芬坎蒂尼公司的股权分布图

资料来源:芬坎蒂尼公司官网年度报告,见 https://www.fincantieri.com/。

为了保护这种具有国家战略意义的企业,意大利政府拥有法律规定的
"黄金权力"等,具备制止和反对资产出售、技术转移、股权转让、并购等权利。
根据法律规定,意大利政府主要通过芬坎蒂尼公司的股东大会或董事会行使

决议投票权;法律规定,除意大利政府之外,任何个人持股不能超过股本的5%。

2.董事会和监事会组成

芬坎蒂尼公司的董事会由9位成员组成(见表5-4),其中董事会主席和CEO各1位,都是执行董事,其他7位都是非执行董事。这些非执行董事分别参与风控委员会、薪酬委员会、提名委员会和可持续发展委员会等工作。董事会成员的主要业务专长是财务、工业、规划和战略,各董事会成员的专长领域分布结构见图5-7,公司管理机制见图5-8。

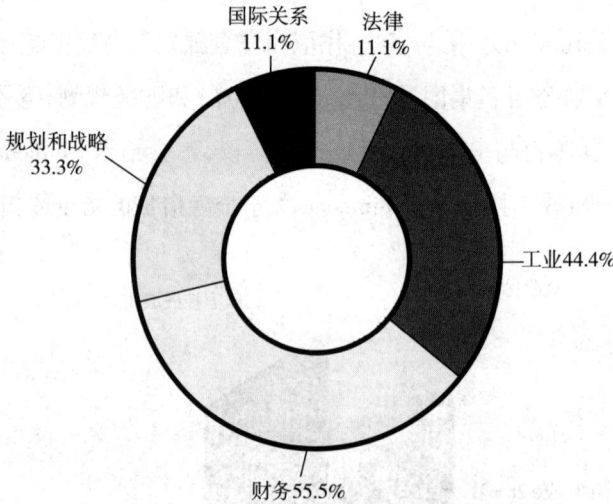

图5-7 芬坎蒂尼公司董事会成员的专长领域

资料来源:芬坎蒂尼公司官网年度报告,见 https://www.fincantieri.com/。

表5-4 芬坎蒂尼公司董事会组成

职务	角色	风控委员会	薪酬委员会	提名委员会	可持续发展委员会
董事会主席	执行董事	—	—	—	—
CEO	执行董事	—	—	—	—
成员	非执行董事	√	—	—	—
成员	非执行董事	—	—	√	√

续表

职务	角色	风控委员会	薪酬委员会	提名委员会	可持续发展委员会
成员	非执行董事	—	—	—	√
成员	非执行董事	√	—	—	√
成员	非执行董事	—	—	—	—
成员	非执行董事	√	√	√	—
成员	非执行董事	—	√	—	—

资料来源:芬坎蒂尼公司官网年度报告,见 https://www.fincantieri.com/。

监事会由 5 位成员组成,主席 1 名,永久审计员 2 名,候补审计员 2 名,董事会成员与监事会成员均不相同。

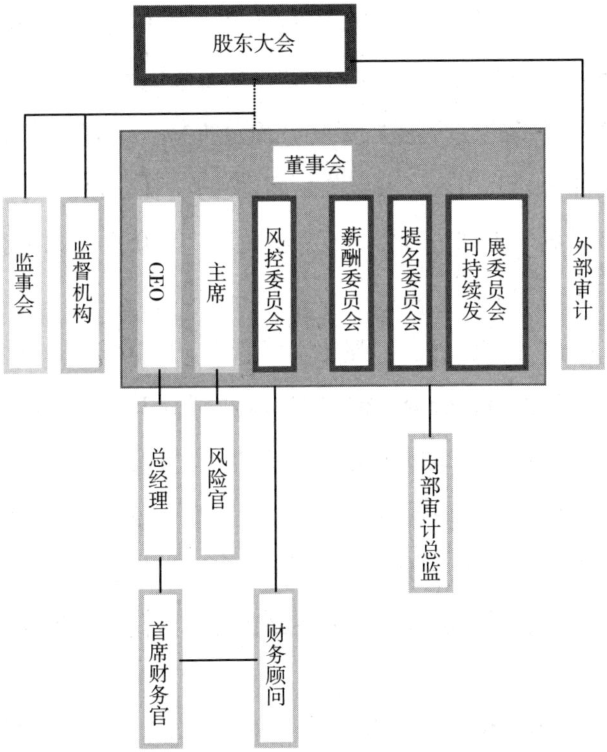

图 5-8　芬坎蒂尼公司的管理机制

资料来源:芬坎蒂尼公司官网年度报告,见 https://www.fincantieri.com/。

（二）大宇造船海洋公司的控制权与经营权模式

1.新任管理层改革成功

1998—2000 年，韩国国家产业银行在向大宇造船海洋公司提供融资支持的时候，通过以债转股的方式，一举使韩国国家产业银行成为大宇造船海洋公司的最大股东。通过这次企业结构调整，韩国成功将一家老牌民营企业进行了国有化改造。因船舶与海工装备市场和管理层经营不善等原因，大宇造船海洋公司 2012—2016 年连续 5 年出现大幅亏损。

2015 年 5 月，大宇造船海洋公司最大债权方——韩国国家产业银行指派郑成立为首席执行官，解决其财务丑闻和巨额亏损问题。郑成立到任后，彻查该公司财务造假问题并全部公开，将过去年份实际发生亏损重新体现在 2008—2016 年的财务报表中。及时分割一方面避免大宇造船海洋公司大额的实际亏损拖累后续的经营业绩；另一方面也带来一定幅度的亏损税收抵扣收益。大宇造船海洋公司从一家濒临倒闭的公司，在短短两三年的时间内逆袭成为一家产品竞争力和盈利能力最强的船厂，其众多做法值得我们学习。其他重要改革举措如下。

第一，大幅度精简组织机构，强化责任管理。2016 年 12 月，大宇造船海洋公司进行了大规模组织机构调整，在 2015 年削减 30%部门的基础上又削减了 22%的部门。此次调整的核心是由过去以生产、设计、财务等职能部门为中心转变为以造船、海洋和特种船等事业部门为中心的组织架构。在此期间，接近 50%的高管被降职或替换，员工薪资也有一定幅度的下降。此外，该公司还将业务能力强、品行优异、领导力突出作为选拔高管的明确标准，并定期进行新老交替。

第二，大量剥离出售非核心资产，获取流动资金。继 2016 年出售 2 座浮船坞、首尔总部大楼等基础设施后，2017 年，至今，大宇造船海洋公司进一步剥离出售非核心资产。据不完全统计，仅 2017 年出售非核心资产就接近

2000 亿韩元(约合 12.1 亿元人民币)。包括向达门集团出售其持有曼加利亚重工 51%的股份、出售拥有 1200 名设计人员的设计咨询公司 DSEC(大宇公司统计普查局)、出售生产分段的全资子公司 DSSW(战略控制部)、出售后勤服务公司 Welliv(韦利夫)、出售风力发电子公司 Dewind(德温德)、出售 FLC(铁电液晶公司)培训基地和高尔夫球场、与俄罗斯国营造船集团合资建立的 Zvezda-DSME LLC(星帝斯曼有限责任公司)船厂申请破产等。

第三,提前计提海工巨额亏损。大宇造船海洋公司之前的亏损,很大一部分来自海工项目。2017 年,该公司能够实现扭亏为盈,很重要的原因就是大部分的海工预计亏损已经在 2015 年和 2016 年提前计提。2015—2016 年,大宇造船海洋公司的海工及特种船亏损合计达 174 亿元人民币,由于该公司的特种船属于毛利较高的业务,可见提前计提的海工亏损要大于 174 亿元人民币。此外,2017 年大宇造船海洋公司对部分快要交付的海工项目均进行了加价,并成功交付了 5 艘预计延期的钻井船和海工平台。

第四,以交船和接单为中心强化管理。郑成立到任就积极加大对产品交付和接单的推动力度,对后续财务状况改善提供了有力支撑。促进交付方面,郑成立到任后就通过严格执行预算、提升生产效率和保证按期交付进一步提高了主力商船的利润。之前承接毛利较高的液化天然气船陆续开工生产也是盈利的关键。此外,郑成立向船东传递共生存的发展理念,促成了多笔建造定金和尾款的提前支付,还为部分弃单找到了新买主。推进接单方面,郑成立此前曾被派驻英国和挪威,有较多船东人脉资源,2017 年的许多订单都是其亲自拜访船东获得。特别是在 2015 年以后的行业低迷期,希腊 Angelicoussis(约翰·安吉利库西斯)集团逆势在大宇造船海洋公司订造了 25 艘高附加值船舶,为该公司成功脱离困境提供了较大帮助。从 1994 年起,Angelicoussis 已在大宇造船海洋公司订造共计 101 艘、112 亿美元的船舶。据设计人员介绍,大宇造船海洋公司对船东的设计变更实际更改通常不超过 20%,而对 Angelicoussis 提出的变更要求,其都会尽力满足,正是凭借周到的服务,才能在船厂危机时得到船东的支持和帮助。

第五,低价批量承接优势船型订单。2018 年,大宇造船海洋公司能够获得订单最重要的原因还是很强的价格竞争力,超大型油船(VLCC)和液化天然气船(LNG)一度达到行业底价。由于其 1 号船坞(529 米×131 米)是专门用来并联建造超大型油船和液化天然气船的船坞,2018 年,大宇造船海洋公司果断选择用低船价策略批量承接这两型船(截至 2018 年 11 月底,共计承接 16 艘超大型油船和 15 艘液化天然气船)。正是通过降低毛利要求,该公司批量承接液化天然气船、超大型油船和超大型集装箱船保证了均衡物量。特别是在 2018 年,该公司批量承接的超大型油船虽然价格相对较低,但采用相同设计和规格,总设计工时可缩短 80% 以上,批量生产带来的效率提升和收益性都十分可观。这让小批量承接订单的船厂在价格上很难与其竞争。

第六,重视研发维持技术引领。过去几年,大宇造船海洋公司一直在面对来自政府、债权人、媒体、工会等各方的压力,但其从未停止提升竞争力的步伐。尽管采取了裁员、出售非核心资产等自救措施,但其研发投入占销售额的比例却保持稳定。在企业巨额亏损的情况下,大宇造船海洋公司仍投资成立了船舶行业首个半实物仿真(HILS)中心;在设计业务量相对较少时,该公司组织设计人员参与新船型开发和基础船型的优化;开发了蒸发率更低的液化天然气船 SOLIDUS 围护舱系统以节约专利成本;与外包企业 FHI 联合打造智能舾装件生产工厂推进合作共生;联手英特尔打造"智能船 4.0"节省开发成本。2018 年 7 月,大宇造船海洋公司正式推进"尖端船厂"和"智能船厂 4.0"项目,计划通过投资可提升生产效率的尖端设备和基础设施、应用可占领未来市场的尖端技术、改造厂区物流和设施,到 2025 年将自己打造成世界最尖端的船厂。2018 年 11 月,郑成立还表示,研发部门是公司的未来,其正研究应对青年研发人才的流失问题,考虑通过外部猎头扩充研发人才。

2. 企业股权的国有化改革

2018 年,大宇造船海洋公司股权改革后,韩国国家产业银行和韩国进出口银行两家韩国国有银行成为大宇造船海洋公司主债权银行,两家国有银行成为大宇造船海洋公司的债权团——公司最大的股东,其中韩国国家产业银行持有大宇造船海洋公司56%的股份,韩国进出口银行拥有大宇造船海洋公司2.3万亿韩元的永久债款。大宇造船海洋公司债权团虽然有权利从其自身利益和市场状况出发提出相关处理意见和方案,但是对大宇造船海洋公司的最终决断权则掌握在韩国政府手中。比如像要最终落实大宇造船海洋公司拍卖方案,必须要与韩国政府进行沟通和协调,经政府同意的情况下才可以进行。韩国政府在对大型造船企业的业务调整、并购重组等经济行为一直坚持"市场自律"的原则。2019年3月8日,现代重工与韩国产业银行签署并购大宇造船海洋公司股权的正式协议,全球造船业"超级船厂"诞生。

二、 确立工会与管理层协商机制

劳动力供给和成本已经成为目前全球造船界必须全力面对的问题。从价格的变化比例看,材料例如钢板和设备等方面的成本差别不大,劳动力成本占总造船成本的30%,生产效率成为订单经营的一个重要决定因素。过去15年来,韩国船厂工人的年薪已经增长了一倍,比2000年增长了106%。国际上,造船工会与企业管理层具有一定的协商渠道,可以解决一定的问题,但是协商机制并不完善,近年来造船劳资双方仍存在较大矛盾,劳资协商久拖不决,冲突频发。2018年,韩国三大造船厂现代重工、三星重工和大宇造船海洋公司劳资双方之间的协商目前均陷入了僵局。

(一)现代重工的劳资纠纷

现代重工的劳资协商从2018年5月开始一直持续到7月24日,其间劳资双方共交涉了21次,随后中断。现代重工的海洋工程装备订单在8月20日已正式"清零",目前,资方已接受了其海洋工程部门5年以内到达退休年龄的员工名誉退职(提前退休)的申请,并对2600名员工中的1220名提出了停薪留职的要求。8月27—29日,该公司工会组织部分员工举行了罢工。

(二)三星重工的劳资纠纷

三星重工的劳资协商也处于僵持状态。从2016年开始到目前为止,相关的劳资协商一直在进行。2016年,造船业务不景气时,三星重工向债权团提交了自救方案,随后资方和工会达成继续协商的协议;2017年5月1日,三星重工下属造船厂发生了一起起重机倒塌事故,双方的协商被迫推迟。2018年,从6月末开始到夏季假期之前,劳资双方虽然继续进行了协商,但之后又进入了停滞状态。三星重工资方提出了无薪循环休假制和冻结基本工资等方案,从2017年11月起到2018年6月,该公司已对包括蓝领、白领在内的3000余名员工实施留职留薪措施,随着企业经营情况的进一步恶化,资方正在讨论实施停薪留职方案。

(三)大宇造船的劳资纠纷

2018年12月27日,面对工会的强硬态度和罢工带来的压力,大宇造船不得不低头妥协,同意加薪并且补发奖金。大宇造船宣布与工会达成了暂时性的薪资协议,同意提高基本工资。根据协议,大宇造船同意将员工2019年每月基本工资提高21000韩元(约合人民币129元),并提供今年的绩效奖金,以及150万韩元的额外补偿(约合人民币9200元)。另外,大宇造船和工会还达成一致,将共同努力改善大宇造船附属企业的工人待遇。大宇造船工会将会在12月31日对这一暂时协议进行投票。自2018年年初以来,大宇造船工会已经与管理层进行了九个月的谈判。工会要求将基本工资增加4.11%,引入单一薪酬制度,提供基于绩效的支付标准并雇佣新员工,但都遭到了管理层的拒绝。大宇造船工会认为,在过去几年来,大宇造船工会成员已经作出了工资冻结、返还工资等巨大牺牲,也因此公司的管理业绩有了大幅改善,增加基本工资并不是一个不合理的要求。

（四）日本造船厂的人手不足

日本一直面临人口老龄化，劳动力短缺的问题更是由来已久。日本造船工业会专家表示，造船业的大部分工人要一直工作至65岁，而65岁或以上的工人也往往需要继续从事指导类工作，人力缺口之大可见一斑。为了缓解严重的人手不足问题，日本造船业将从2019年开始招募13000名外籍工人，为了吸引外籍劳动者，日本政府同意给予外籍工人等同甚至高于日本工人的薪酬。将从2019年4月起，从中国、越南、菲律宾、印度尼西亚、泰国、柬埔寨、缅甸、尼泊尔和蒙古国九个国家，招募345150名外籍劳动者前往日本工作。其中，造船业将在2019年年内开放招募，人数为13000人，主要招募从事焊接、涂装、铁工、机械加工等工作的工人。

三、 造船和配套发展模式

（一）船舶建造模式

一是在船舶建造理念上的差距。本着将船舶建造工作最大限度地转移到最宽泛的生产环境中这一建造理念，日、韩两国大型现代化造船厂在建厂时就船型、生产量、生产模式、生产效率等各方面的软硬件需求统一协调考虑布局。在船舶建造中非常重视建造模块集成度，在日、韩绝大部分船厂的集成预装配率达到80%，有的甚至超过90%。

二是在管理理念上的差距。日、韩基本上实现了数据造船，船厂在产品设计、物料采购、成本控制、生产运营管理、质量控制和售后服务等全程实现了数字化管理，生产效率大大提高，生产成本显著降低。以日本住友船厂为例，住友船厂采购占全船成本的50%左右，在生产运营管理上，日、韩实行的是精准定点定量管理，工作量化到人头上；在生产工作量分配管理上，日、韩精准到工时单位。工作量管理的差距直接影响计划安排的准确性、造船的效率和船舶建造的成本控制。

(二)配套设备发展模式

1. 欧洲"科技引领型"发展模式

欧洲是现代化造船业的发源地,产业和技术发展已经有几百年的发展历史,船舶工业配套体系极为完整,产品全球市场占有额超过50%。在发展模式上,欧洲船舶配套业坚持走科技引领发展模式,在设计制造船用设备技术、船用设备系统集成、模块化制造以及成套供货能力等领域一直占据着世界领先地位。主要发展特点表现在:第一,重视科研,始终掌握着产品设计和试制,以及关键技术和船舶配套产品标准制定的话语权;第二,重视产品销售服务体系的建设;第三,重视发挥产业集群优势,通过组建跨国集团提升产品对外竞争力等。

2. 日本"技术持续跟进型"发展模式

规模大、品种全、国产化率高是日本船舶配套业发展的显著特点,其市场份额占世界总产值的35%—40%。研发能力强,技术先进,产品质量上乘,售后服务完善。日本船舶配套产业凭借其几十年的不懈努力,已处于世界领先地位,日本船舶配套设备国产化率高达95%—98%,并且大量出口国外。从20世纪70年代起,就通过引进、消化和吸收欧美国家的先进技术,逐步整合资源,按专业分工形成集中生产优势,现已具备很强的船用设备研发实力。呈现出以下特征:第一,引进技术,不断改进、创新;第二,借鉴欧美先进经验,建立完善全球服务体系;第三,整合优势资源,减少自我竞争与内耗,协同发展等。

3. 韩国"政府主导型"发展模式

韩国于20世纪90年代基本建立起了一个较为完整的船舶配套工业体系,国产设备的装船率超过85%。虽然配套业起步较晚,但能够具备如此高的自主装船率,竞争力更多是来源于政府的支持。在产业发展初期,政府主导侧重于行政和法律手段的干预。表现为以下特征:第一,成立专门机构,负责对配套设备进行研发、生产及销售;第二,打破国内市场壁垒,鼓励国内造船企业优先采购国产配套产品;第三,加强国内市场的保护与管控,限制进口具有国产能力的船舶配套产品;第四,加强企业与国外著名公司的合作等方式迅速提升配套企业的技术水平等。

第六章　中国船舶工业战略转型的
理论与政策研究

第一节　中国船舶工业战略转型理论探索

中国船舶工业经过新中国成立以来几十年的发展,已经是全球第一造船大国,但是,中国船舶体量大、效益低、市场竞争力不强、抗风险力差等问题在2008年全球金融危机以后表现得非常明显。这些问题的形成既有我国国情的客观原因,也有多年来我国船舶工业发展理念和发展思路的深层问题,因此,探索中国船舶工业转型发展的理论研究责任重大。

一、　供给侧结构性改革是中国船舶工业战略转型的理论基础

所谓"供给侧改革",就是从供给、生产端入手,通过解放生产力,提升竞争力,促进经济发展。"供给侧"与"需求侧"的投资、消费、出口"三驾马车"相对应,主要是劳动力、土地(自然资源)、资本和创新四大要素。资本在经济体处于中等收入阶段之前,其对经济发展的推动作用是非常明显的。但是过了中等收入阶段以后,科技创新和制度的创新将是经济发展的核心供给要素,如果经济发展供给要素在这个时候不能实现供给要素和供给结构的改变,这个经济体极有可能跌入中等收入陷阱。供给的范围和水平取决于社会生产力

的发展水平,一切影响社会生产总量的因素也都影响供给量;但是,市场供给量不等于生产量,因为生产量中有一部分用于生产者自己消费,作为贮备或出口,而供给量中的一部分可以是进口商品或动用贮备商品。提供给市场的商品,不仅具有满足人类需要的使用价值,而且具有凝结着一定社会必要劳动时间的价值。因此,供给不单纯是一种提供一定数量的特定的使用价值的行为,而且还是实现一定价值量的行为。①

供给量是指供给随着市场价格波动而其他因素不变的情况下,某经济体在一段时间内所提供的商品总量。在某一价格下,消费者愿意购买的某一货物的总数量称为需求量。在不同价格下,供给量会不同。供给和需求也就是说价格与需求量的关系。

凯恩斯学派强调通过需求管理来调节经济周期,特别是在经济不景气时通过加大政府公共支出来保持经济的稳定(属于扩张性财政政策);古典学派和供给学派强调供给一方的作用,强调通过财政货币政策激励生产企业调整产品结构、提升产品质量,强调依靠技术进步和生产效率的提升来提高国民经济的供给能力。

供给侧结构性改革旨在调整经济结构,使要素实现最优配置,提升经济增长的质量和数量。需求侧改革主要有投资、消费、出口"三驾马车",供给侧则有劳动力、土地、资本、制度创造、创新等要素。因此所谓"供给侧改革",意思是从提高供给质量出发,用改革的办法推进结构调整,矫正要素配置扭曲,扩大有效供给,提高供给结构对需求变化的适应性和灵活性,提高全要素生产率,更好地满足广大人民群众的需要,促进经济社会持续健康发展。面对中国经济当下的情况,仅从需求侧着手已经很难有所突破;而从供给侧与需求侧双侧入手改革,增加有效供给的中长期视野的宏观调控,才是结构性改革。

结合中国经济发展的现状,中央不失时机地提出"供给侧结构性改革"的

---

①　贾康、徐林等:《中国需要构建和发展以改革为核心的新供给经济学》,《财政研究》2013年第1期。

战略方针,强调在适度扩大总需求的同时,在推进经济结构性改革方面做更大努力,着力加强供给侧结构性改革,着力提高供给体系的质量和效率,使供给体系更适应需求结构的变化,使供给侧和需求侧得以合理匹配,增强经济持续增长动力。

目前,在"三期叠加"的大背景下,影响经济增长的结构性问题非常突出。主要矛盾就是供给与需求不匹配、不协调和不平衡,而矛盾的主要方面不在需求侧,而在供给侧。现在,扩大内需特别是扩大投资的效果在递减,而供给体系总体上呈现中低端产品过剩、高端产品供给不足的状况,同时不少消费品供给规模有余而品质不足。只有在适度扩大总需求和调整需求结构的同时,着力加强供给侧结构性改革,才能实现由低水平供需平衡向高水平供需平衡的跃升。

对于我国经济的供给侧结构性改革问题,国务院发展研究中心研究员、著名经济学家吴敬琏教授提出:"要改善供给也有两种不同的办法,在我看来,正确的办法是建立有利于创新创业的制度体系,通过市场化、法制化、国际化的制度体系来推动供给侧的改善、供给体系和供给结构的改善。"①

北京大学光华管理学院名誉院长厉以宁指出:"需求调控转到供给方面的调控,其中会碰到一系列难题,需要加大改革的速度和力度。大家都知道,发展方式的转变说起来容易,真正做起来并不容易,为什么呢? 因为发展方式的转变涉及关停并转,这样就容易产生问题。"②

财政部财科所原所长、新供给经济学研究院院长贾康教授指出:"供给侧改革必须把核心内涵放在进一步深化改革来解放生产力的命题上。我们需更注重以中长期的高质量制度供给统领全局的创新模式,在优化供给侧环境机

---

① 厉以宁、吴敬琏等:《三去一降一补:深化供给侧结构性改革》,中信出版集团 2017 年版,第 39—43 页。

② 厉以宁、吴敬琏等:《三去一降一补:深化供给侧结构性改革》,中信出版集团 2017 年版,第 73—75 页。

制中,强调以高效的制度供给和开放的市场空间,激发微观主体创新、创业、创造的潜能,构建、塑造和强化我国经济长期稳定发展的新动力。"①

供给侧改革,怎样才算是基本成功?中国国际经济交流中心特邀研究员范必在 2017 年 6 月 24 日第十六次长安街读书会暨"供给侧改革与中国经济道路"读书学习活动中用形象直观的语言作出了解释:"中国船舶工业供给侧结构性改革如果实现了生产要素、产品与服务领域的排队现象消失,价格机制可以灵活地调节供给和需求,市场对资源配置起决定性作用,这时供给侧改革就算基本成功了。"

二、　供给侧结构性改革为中国船舶工业战略转型,实现高质量发展指明了方向和路径

关于中国船舶工业的供给侧结构性改革,中国船舶工业行业协会会长郭大成进行了详细的阐述。他认为,船舶工业目前的重点任务就是要在适度扩大需求的同时,着力推进供给侧结构性改革,重点是去产能、去库存、降成本、补短板,增强船舶工业供给结构对需求变化的适应性和灵活性。

一是去产能,有"加"有"减"。船舶行业属于外向型行业,在市场上直面国际竞争。目前,日、韩等国是中国的主要竞争对手。船舶工业去产能不能"一刀切",而是做到有"加"有"减"。中国船舶工业供给侧结构性改革应该重点鼓励和支持那些创新能力强、质量效益好、在国际上具有一定知名度和竞争力的船舶企业去参与国际市场竞争,争取更多订单,获取更多国际市场份额。而对于那些没有订单、扭亏无望、创新能力不足、研发设计和建造能力都不强的处于停产或者半停产状态的"僵尸"和"半僵尸"企业,则要采用促其关停并转的方式做"减法"。尤其是在企业兼并过程中,要注意减量置换,做到真正"瘦身"。

---

① 贾康、冯俏彬、刘薇、苏京春:《供给侧结构性改革理论模型与实践路径》,企业管理出版社 2018 年版,第 89 页。

二是去库存,确保交船。对一些船舶工业企业而言,去库存恐怕也要重点关注。尤其现在存在一些企业完工的船舶交付难的问题。船舶工业生产模式属于定制化,一般来说不存在库存的问题,但由于市场行情低迷,船东选择延期交船甚至弃船的情况时有发生,给船舶企业带来了"特殊库存"。特别是海工产品,由于近期国际原油价格持续低迷,大量自升式钻井平台积压在手交不出去,随时会出现弃单风险,可以说交付难已成为制约海工建造企业生存发展的瓶颈,事关企业生死存亡。完工产品压在手里,既压资金,又为企业下一步生产经营带来巨大压力,如何防范弃船风险、实现完工产品顺利交付,也是船舶工业企业目前需要认真对待的问题。

三是降成本,多方发力。降成本对船舶工业企业非常有针对性。船舶工业既是技术密集型,又是资金密集型、劳动力密集型产业,其管理成本、融资成本、人力成本占比都较高。特别是降低融资成本方面,中国船协将进一步发挥作用,与政府部门和金融机构沟通,争取他们对船舶工业的更多支持。

中国船舶工业行业协会会长郭大成在2018年提交的"两会"提案中就建议将政策性船舶出口买方信贷业务实施期延长10年,用政策性金融手段支持船企"争订单,保订单"。他同时认为船舶工业企业是否能够在金融机构支持之外开辟新的融资渠道,自力更生,直接从社会融资,也是值得全行业研究和思考的事情。

四是补短板,做优做强。船舶工业需要补的"短板",一个是产品、产业结构之"短",另一个是产业链之"短"。目前,中国船舶工业产品结构不合理,这个短板"短"在包括海洋工程装备以及液化天然气船、豪华邮轮等高技术、高附加值产品;另外,从全产业链来看,中国船舶工业企业的总体建造技术优秀,但是"微笑曲线"的两端尚显不足,研发设计特别是技术储备、售后服务特别是国际网点布局、船用配套产业特别是关键船用设备等均存在短板。

船用设备发展滞后问题目前十分突出,已成为制约我国造船强国建设的主要瓶颈,其研发能力亟待全面增强,本土品牌产品竞争力亟须提高。目前,工业和信息化部制定并印发《船舶配套产业能力提升行动计划（2016—2020）》，为"十三五"期间船用配套产业发展提供了行动指南。中国船舶工业供给侧结构性改革在具体落实工作中，应该鼓励和支持国内船用配套企业，加强关键核心技术研发，开展质量品牌建设，成为系统集成和打包供货能力强、规模实力雄厚、具有国际竞争力的优强企业，补齐中国船舶工业产业链上的这块短板。

当前航运、造船市场低迷，把目光聚焦供给侧改革是船舶工业实现转型升级的必由之路。推进供给侧结构性改革，船舶工业企业必须主动作为。在加强供给侧改革的同时，企业还要想方设法寻找需求、创造需求，接新任务、抢新订单，做到需求与供给"两手抓，两手硬"，才能真正推动船舶工业转型升级。

在中国船舶工业行业协会理事会上郭会长还阐述了对于船舶行业发展的"定位与转型、创新与强基、建造与服务、规模与效益、自律与他律"五个问题的思考，并审慎提出了"定位要准，转型应稳；强基唯实，创新蓄力；建造为本，服务至上；规模适度，效益优先；自律是本，他律是基"的基本主张，同时全面介绍了协会将面向"三个服务"、打造"六大平台"建设的工作思路。郭会长指出：全球经济增长放缓，发达经济体复苏仍不稳定，新兴市场经济总体表现疲弱，未来发展的不确定性仍然较多。全球性运力过剩和造船产能过剩的情况在短期内难以得到根本缓解，国际造船市场供过于求的矛盾仍将在未来较长时间内存在，船舶市场仍处在深度调整期。"十三五"期间，全球新船年均需求大概在8000万载重吨左右，世界造船市场需求不足、产能过剩，将在一段时间内成为常态。随着船舶市场和世界船舶工业格局深度调整，我国船舶工业进入增速减缓期、结构调整期和优势重构期三期叠加的新阶段。我国劳动力、土地等各类要素成本进入集中上升期，依靠物质要素投入的外延式扩张带来的高增长已经难以为继。随着世界船舶工业技术进步步伐的加快，科技创新对产业竞争的影响力日益凸显，以技术、管理和产业链升级为核心的新竞争优势亟待构建。船舶市场热点也向技术复杂船型转移,更多的市场增量将来自超大型集装箱船、液化天然气(LNG)船、液化石油气(LPG)船、汽车运输船、豪华邮轮和技术复杂的工程类船舶以及节能、环保和安全的船型。

与此同时,经济全球化仍在深入发展,超大自由贸易区正逐步形成,特别是区域经济一体化进程在加快。我国经济结构优化、动力转换,都在有序推进,稳中有进和稳中向好的态势没有变。在市场不景气的前提下,我国正在全面推进"海洋强国"战略和"一带一路"倡议的实施,这必将为船舶工业发展创造空间。同时,以信息技术和制造业深度融合为重要特征的新一轮科技革命和产业变革与我国船舶工业结构调整的窗口期相重合,为我国船舶工业转型升级创造了历史机遇。机遇与挑战并存,形势与任务密不可分。中国船舶工业的发展面临的主要任务有两个方面,一是如何渡过当前的难关;二是如何着眼于长远做强。这两项任务既有区别又有联系。区别在于,前者关乎生死存亡;后者关乎生存质量。

三、 减能增效,是我国船舶工业供给侧结构性改革,实现战略转型的重要课题

产能过剩既是当前供给侧结构性改革首先要面对的问题,也关乎能否长远优质发展的问题。特别是船舶行业又是产能过剩的行业之一。关于中国船舶工业未来的发展改革,业界专家学者提出了"结构性过剩"的概念,即散货船类过剩(最高时达到70%),高技术船舶不足,如豪华邮轮的生产制造市场还是空白。因此中国船舶工业未来发展改革既要做减法,也要做加法。强调结构性过剩,把握好中国船舶工业产能过剩的特点,有利于国家在船舶工业金融政策上避免和减少"一刀切"的现象出现。目前,船舶行业去产能工作已经取得了阶段性的成绩,从原先8000多万载重吨减到6500万载重吨左右。中国船舶工业只有达到技术含量较高、质量较好的产品占据世界40%以上的船舶市场份额,成为世界造船强国的目标才有可能实现。所以,"瘦身健体,减

能提质"仍然是船舶行业当前的重点工作之一。为此应重点解决好以下几个问题。

一是要规范标准。为化解产能过剩,2015年6月,国家发展和改革委员会、工业和信息化部印发了《关于印发对钢铁、电解铝、船舶行业违规项目清理意见的通知》,中国船舶工业行业协会协助政府部门对在建违规项目、建成违规项目进行了专项清理,还会同中国船级社接受工信部委托开展了船舶工业行业规范条件评审工作。开展这些工作在一定程度上有利于缓解产能过剩矛盾。今后,这类工作还要深化,应该搞"回头看"工作。

二是要处理"僵尸"企业。对那些长期既没有订单,又扭亏无望,处于停产状态的"僵尸"企业,要妥善处理做"减法",尽可能促其兼并或转型。处理"僵尸"企业不仅会出现场地闲置、设备荒废等问题,还可能会在资产清算、人员安置时,发生社会不稳定问题。但是"僵尸"企业问题不解决,不仅有害于企业,还将影响行业肌体的健康。在促其转型时,要关注国民经济发展出现的新需求、新业态。如滨海旅游业的发展、远洋渔业的发展、海洋资源开发的发展等对新装备建造的需求,这些将给这类企业带来新商机。

三是要"瘦身健体"。各级政府部门、金融机构要鼓励和支持那些创新能力强、质量效益好、在国际上具有一定知名度和竞争力的船企参与国际市场竞争,争取更多订单,获取更多国际市场份额。但是,这类企业也要主动瘦身健体。比如中国船舶工业集团公司强调的要"做强主业"的提法,对待主营业务要专心致志、一心一意去做。在破产或进入破产程序的企业里边,就有不专心搞造船,抽离资金另有所为的,这是一种投机心理和逐利行为在作怪。当然,不是说不能搞多种经营,"一业为主,有所兼顾",在做好主业的前提下,利用主业的优势做一些相近的业务,那是可以支持的。建议目前发展势头比较好的企业,也要再审视一下,是否存在主业还未做强,而副业有蔓延的情况。如果有,就要痛下决心削减副业,加强主业,"强身健体"。

四、 我国船舶企业在探索和推进船舶工业体制机制改革工作中应加强体系建设，实现多方发力

一是国有企业改革。国有企业历史文化底蕴深厚、人才荟萃、技术领先、资金雄厚，在促进行业发展中起到了基础性和骨干性作用。但是，国有企业仍然存在一些亟待解决的突出矛盾和问题，深入改革势在必行。中共中央、国务院印发的《关于深化国有企业改革的指导意见》对国有企业改革作出了明确的部署，目前，全国上下都在贯彻落实。近期，在国有企业体制改革中，中国远洋运输（集团）总公司与中国海运（集团）总公司两家航运企业合并是最大的一件事。同时，中国船舶重工集团公司在体制改革方面的力度也比较大，有些大型企业在重组，如武昌船舶重工集团有限公司与青岛北海船舶重工有限责任公司重组；还有以专业为平台进行体制改革，如成立风帆股份有限公司和中国船舶重工集团公司第七〇三研究所等企业和科研单位参加的动力有限公司等。前不久，国务院国有资产监督管理委员会、财政部、证券监督管理委员会联合印发了《关于国有控股混合所有制企业开展员工持股试点的意见》，明确了在三级以下国有企业可以试点骨干持股工作，有条件的国有企业要积极参与这方面的试点工作。

二是发挥民企作用。21世纪以来，民营企业在推进船舶工业改革发展中，起到了重要的作用。特别是近年来，民营骨干船企不仅在量的方面作出了重要贡献，而且在质的方面也有很大的进步，有些民营骨干企业成为细分市场的领先者，一批产品填补了国内外市场空白。截至2015年年底，符合工信部《船舶行业规范条件》的71家企业中，民营企业有42家。如何更好地发挥民营骨干企业在船舶行业中的作用，一直是中国船舶工业行业协会关心的问题。但是，民营企业往往存在资金短缺、技术储备不足、研发能力较弱、人才匮乏等诸多不足，希望民营骨干企业要带头补上短板。

三是政产学研合作。当前，建立高等学校、科研院所、企业和政府之间的

协同创新体系,加强技术储备能力和水平,培育船舶需求新动能显得尤为重要。近年来,以船舶与海洋工程产业国家示范基地为依托、以《高技术船舶科研项目指南》为纽带,不同科研机构之间协同创新工作不断推进。

四是完善产业体系。工信部连续印发了《船舶配套产业能力提升行动计划(2016—2020)》《发展服务型制造专项行动指南》等重要政策文件,对完善船舶工业体系有重要的指导意义。目前,我国部分实力较强的船配企业已建立起了覆盖国内主要沿海地区的服务网,随着业务的不断拓展,一些企业开始布局全球服务网络,这方面工作还要努力推进。

对于具有人才、技术和资金密集型特点的船舶工业来讲,发展和建设的第一要素是人才。要渡过当前的难关,进而实现由大变强的战略目标,更要靠人才。我国船企人才状况存在“三缺一少”的现象,即研发设计人员缺、高级管理人员缺、高级技能型人才缺,“本工”人数少。发展比较好的船企,不管是国企、民企,还是合资企业,都很重视人才,为引进人才、留住人才和发挥好人才的作用,不惜花力气引进,花重金培养,投入情感挽留。但是,也有一些单位对于人才问题关注不够。对于如何做好人才工作,可以从以下几方面着手找到突破点。

一是用好已有政策。为了吸引国外高层次人才,2008 年,中共中央组织部牵头出台了《海外高层次人才引进计划》,即“千人计划”,由国家出资引进国外高层次科技和专业人才;2011 年,又出台了《青年海外高层次人才引进工作细则》,即“青年千人计划”,为今后 10—20 年我国科技和产业跨越式发展提供支撑。各地方也相继出台“百人计划”。这些都为我们引进人才创造了条件,企业要积极争取。

二是加大培养力度。在船舶总公司时期,大中企业一般都有职工学校或培训中心,管理人员岗位培训、科技人员继续教育、技工人员技能培训开展得很红火。如今,这类活动少了很多,企业各类人员教育培训工作还是要加强。在这方面,沪东中华造船(集团)有限公司在为生产液化天然气船时,舍得花本钱建立专门的焊接培训中心的做法值得赞赏。南通中远川崎船舶工程有限公司建立了与船舶行业发展相适应的多层次人力资源队伍，并且加大教育培训力度的做法也值得学习。

三是抓住储备机遇。2017年9月，中日两国造船协会举行双边会晤，就两国造船行业人力资源状况进行深入交流。据日本造船工业协会（SAJ）介绍，日本造船业经历了两次造船低谷，进行了两次大裁员，很多技术骨干被裁掉，对今后行业发展影响很大。韩国的一些造船企业也在调整，一些技术骨干也有被裁减的可能。可以在日本韩国大量裁撤人员的时候，我们有计划、有重点地吸引一些急需的技术、管理和技工人才，为我所用。

四是营造良好氛围。现在很多企业网站"见物不见人，见事不见人"，侧重宣传场地设施、建造能力和产品以及经营活动等事务性工作，介绍、宣传公司人才队伍的相对较少。公司具有一流的人才队伍是争取船东信任的重要砝码，也是公司具备竞争实力的体现。企业多宣传各类人才队伍建设情况和典型事迹，有利于提升人才的归属感、荣誉感和使命感，是企业文化不可或缺的重要环节。像《大国工匠》中宣传的沪东中华从事液化天然气船焊接的焊工张冬伟、中国船舶重工集团公司第七〇二研究所从事深海载人潜水器组装的钳工顾秋亮等，都是国宝级技能人才，应加大宣传力度。

中国船舶工业经过多年发展，我国船舶与海洋工程装备建造能力已位居全球首位，但是原始科技创新能力还不足，高技术船舶、深海海工装备制造等关键核心领域与外国公司仍有一定差距，特别是核心知识产权拥有、知识产权运营等方面仍有很大发展空间。一些企业还不同程度地存在重建造轻研发设计的现象，甚至有的大企业研发设计能力也比较弱。照此发展，要实现由大变强的目标是很困难的。要解决这个问题，可以在以下几个方面作出努力。

一是树立主体意识。2013年，国务院办公厅印发的《关于强化企业技术创新主体地位全面提升企业创新能力的意见》明确提出，到2015年，基本形成以企业为主体、市场为导向、产学研相结合的技术创新体系。因此，企业摒弃重建造轻研发设计的思想,树立企业是第一创新主体的观念,鼓励有条件的企业建立创新中心或者联合创新中心,挖掘企业创新潜力,研发设计最符合用户满意度的产品。有条件的大型骨干民企要带头在这方面开展工作,如果单独干有难度,也可主动参加当地的产学研合作联合体。

二是发挥科研院所的作用。我国船舶工业系统科研院所的实力雄厚,多年来为我国船舶工业特别是海军装备发展作出了重大贡献。由于管理体制问题,特别是考核体系的问题,这些院所没有很好地发挥引领行业科技发展的作用。因此,应充分地整合科研院所的力量,发挥科研院所为行业科技发展,特别是在解决出口船舶"卡脖子"的配套产品研发方面的积极作用。

三是关注科研导向。国务院印发《"十三五"国家科技创新规划》,围绕面向世界科技前沿、面向经济主战场和面向国家重大战略需求,启动实施深海空间站等重大科技项目以及智能制造和机器人等重大工程;提出加强海洋、深地极地拓展的关键技术突破;大力发展海洋运输等现代交通技术与装备;不断发展智能装备与先进工艺;加强海洋农业(蓝色粮仓)与淡水渔业科技创新等。同时,我国还公布了《促进装备制造业质量品牌提升专项行动指南》,强调制造业创新中心建设、工业强基、智能制造、绿色制造和高端装备创新五大工程。这些都是我们应该关注并积极参与的。

四是加大投入力度。发挥企业在技术创新和科研中的主体地位,加大科研投入是必不可少的环节。2009年12月,工信部印发的《创建国家新型工业化产业示范基地管理办法》明确规定,产业聚集区内研发投入占销售收入比重原则上不低于2%;2016年4月,国家发改委印发的《国家级企业技术中心认定评价工作指南(试行)》要求,研发投入占主营业务收入的比重为0.8%,这两个指标均可以作为目标依据。企业可以根据自身情况,采取量力而行、逐年增加的方式。建议国家在顶层设计时,对创新型企业给予税收优惠补贴或减免,鼓励引导企业搞研发创新;还可以探索吸引金融机构、社会资本以共创科技创新基金、参股等形式注入科技创新体制。

五是加强产权保护。船舶行业专利项目还不是很多,与行业需求不匹配。解决我国船舶行业核心技术专利不足、知识产权保护与运用能力不强的问题应该提上日程。当然,比如旨在为船舶企业知识产权提供服务保障工作的"中国船舶与海洋工程产业知识产权联盟",旨在助推企业知识产权工作的"中国船舶工业集团知识产权促进工程"等都值得借鉴和推广。

五、 资本运营管理理论创新是我国船舶工业实现战略转型的有力保障

资金密集是船舶行业三大特点之一,而融资难、融资贵又是船舶行业常态化难题。有效解决资金问题是企业生存之根本。解决这个问题有几点需要考虑。

一是打造银企利益共同体。此前,船舶行业被列为产能严重过剩行业,银行对船舶行业贷款逐渐收紧。粗略估计,因融资难导致 2015 年船舶行业丢掉超过 1000 万载重吨订单,我国新船市场份额也自 2008 年国际金融危机之后首次下降。为支持实体经济发展,缓解企业融资难题,国务院和各有关部门、单位陆续出台一系列文件,但是"最后一公里"的问题还没有解决好。解决这个问题的出路之一是银企真诚合作。银行收紧放贷,我们应给予理解,金融机构也是市场主体,也需考虑效益问题。但从长远看,企业因融资问题影响接单,不利于我国船企提高国际竞争力,也不利于金融机构船舶业务效益的持续提升。

二是落实差别化信贷政策。中国人民银行等八部委再出重拳,2016 年 2 月 16 日发布《关于金融支持工业稳增长调结构增效益的若干意见》,明确提出,落实差别化工业信贷政策。鼓励银行业金融机构在风险可控的前提下,坚持区别对待、有扶有控原则,对船舶、钢铁、有色、建材、煤炭等产能严重过剩行业中产品有竞争力、有市场、有效益的优质企业继续给予信贷支持,帮助有前景的企业渡过难关。中国进出口银行做得很好,不搞"一刀切",内部建立了

企业和产品目录,将效益较好、转型升级突出的企业作为金融支持的重点,"白名单"企业可以作为金融机构重点支持的企业,重点支持自主研发产品、首制船等,鼓励和引导企业自主研发。

三是拓宽船舶行业融资渠道。银行融资是最常规也最受欢迎的融资方式。但船企融资问题单靠国家政策性银行难以彻底解决,还要争取带动更多商业银行参与,引导社会资本广泛参与,有条件的金融机构可以以资本金注入的方式参股船企新船型研发设计,比如多家银行或联合社会资本设立科研创新专项基金,实现金融与企业的深度联姻。近几年,我国的船舶融资租赁业务发展十分迅猛,中国(福建)自由贸易试验区厦门片区通过政策优势,采取注册资本金奖励、购租房补贴、业绩补贴等普惠措施,研究出台船舶租赁的针对性措施,大力发展船舶租赁业务,推动形成融资租赁产业集聚区,值得大家参考。

六、 产业结构转型和技术推进是我国船舶工业实现战略转型的关键

在 2014 年全国船舶工业结构调整转型升级工作会议上,工业和信息化部苏波副部长提出在当前至未来 10—20 年,在全球船舶市场和船舶工业深度调整的背景下,在新一届党和国家领导人提出建设海洋强国新使命的指引下,船舶工业深化结构调整,全面转型升级,加快由大到强的转变,最终将成为世界最主要的造船强国。这一时期可以称之为以调整转型、全面做强为标志的船舶工业 3.0 时代。

苏波副部长提出船舶工业 3.0 时代的奋斗目标是建设世界造船强国。衡量造船强国的因素有很多,标志性的因素突出表现为"四个领先":一是国际市场份额世界领先;二是科技创新能力世界领先;三是质量、品牌、效率世界领先;四是优强企业实力世界领先。分析借鉴先进造船国家的发展路径,我国船舶工业 3.0 时代的战略取向和步骤是,到 2020 年,建成规模实力雄厚、创新能

力强、质量效益好、结构优化的船舶工业体系,力争在制造业中率先突破,成为与韩国实力相当的造船强国。在此基础上,再经过 10 年的努力,到 2030 年,成为具有全球引领影响力的造船强国。

船舶工业 3.0 时代的核心任务是全面推进结构调整转型升级。未来一段时期,船舶工业结构调整转型升级的总体思路是:深入贯彻落实党的十八大和十八届三中全会精神,紧紧围绕建成世界造船强国的宏伟目标,以改革创新为动力,着力促进两个全面转型,推动三大结构升级,不断提高发展质量和效益,持续提升产业核心竞争力。

两个全面转型的内涵,一是产业发展动力的全面转型,由依靠物质要素驱动向依靠创新驱动转变,以产品创新、制造技术创新,生产模式、管理模式和商业模式创新支撑产业发展,加速创新模式从跟随向并行、直到向引领转变,使原始创新和集成创新的技术和产品不断涌现;二是产业发展方式的全面转型,由外延式扩张向内涵式发展转变,建立工业化和信息化"两化"深度融合的集约式发展模式和现代造船模式,更加注重发展的质量、效益和效率,走高效、绿色、可持续的发展道路。

三大结构升级的主要内容,一是技术结构升级,夯实创新基础,完善创新体系,占领世界技术前沿,船舶、海洋工程装备、专用设备设计制造技术和技术标准达到世界先进水平;二是产品结构升级,全领域打造国际知名品牌,形成技术经济性和环境协调性优良的系列化产品;三是组织结构升级,培育壮大世界级优强企业,化解产能过剩,提高产业集中度。

实现造船强国目标,促进"两个全面转型"和"三大结构升级",要扎实推进以下七项工作:一是全面提升质量品牌竞争优势。以技术先进、成本经济、建造高效、质量优良为主要目标,全面提升船舶和海洋工程装备产品质量、技术经济性和环境协调性,提高在国际主流船东中的质量信誉度,形成品牌效应。抓住技术复杂船型和海洋油气开发装备需求持续活跃的有利时机,提升液化天然气船、万箱级集装箱船、深水钻井平台等高端产品的设计建造水平,打造品牌。适时进入豪华邮轮设计建造领域。加强战略性、前瞻性重大装备的研究,开展北极新航道船舶、海洋可再生能源和化学能源利用装备、深海矿产资源开发利用装备的研制,推进深远海装备等重大工程的实施。打造主流产品领跑、高端产品做大、海工产品先进的有层次有特色的产品结构,不断扩大国际市场占有率。

二是培育壮大世界级优强企业。瞄准世界先进企业,打造具有强大创新能力、较强盈利能力和持续发展能力,管理高效、国际化程度高的大型优强企业,成为世界造船企业的旗舰。扩大和提升专业化制造能力,培育一批世界级先进海工装备制造企业。扶植发展一批"专精特新"的中小企业,围绕细分市场需求调整结构和转型成长,在特种船舶、船用设备和海洋工程装备专用设备、船舶修理等领域做精做优,成为细分市场的领导者。鼓励发展工程设计、安装调试、信贷融资、法律服务等生产性服务企业。形成大而强、小而精,大中小企业优势突出、特色鲜明,充满活力的企业竞争格局,进入世界造船完工量前10强的造船企业达到5家以上。

三是构建海洋工程装备制造业支柱地位。抓住技术源头,掌握勘探、开采、加工、储运等生产环节关键装备的自主设计建造核心技术;以我国海洋资源开发需求为突破口,融合船舶工业、石油石化和其他海洋产业各方力量,由浅水到深水,逐步提升总体装备、关键系统和设备规模化制造能力;坚定不移地走专业化、国际化的道路,统筹配套总装发展,建立专业化海工装备区域制造基地;结合国内海洋开发需求,建立产学研用协同创新机制,支持企业以产业联盟的形式在技术难度大、市场前景广阔的领域整体突破。产学研用协同,专业化国际化发展,提质增量,将海工装备制造业打造成为船舶工业发展的"第二引擎",进入世界海工装备制造先进国家前列,形成海工、造船"双轮驱动"的格局。

四是全面突破配套产业发展瓶颈。紧跟世界船舶技术发展步伐,积极开展关键系统和设备集成化、智能化、模块化、节能环保、可靠性技术研究,掌握产品设计制造核心技术;支持配套企业由单一产品制造向产品系统集成供应商和解决方案提供商发展。柴油机和甲板机械等重点领域形成规模经济,提高关键零部件制造能力和水平,建立完善的关键零部件配套体系。通过合资合作、引进专利技术、自主研制等多种形式,提升舱室设备和通信导航自动化系统等薄弱领域的制造能力。依托国内需求,加快提升自主研制的船用设备以及钻井系统、动力定位系统、水下生产系统等海工装备关键系统和设备的产业化应用。自主研发与系统集成全面突破,产业规模和核心能力同步提升,优势领域实力壮大,薄弱环节显著改善,成为世界最主要的配套设备制造国。

五是多管齐下化解产能过剩矛盾。船舶工业产能过剩问题相较于其他行业,其全球性、周期性的特点尤为突出,更应充分发挥市场在资源配置中的决定性作用。坚决控制造船产能增量,妥善处理在建违规项目,清理整顿建成违规产能。开拓国内国外市场,大力发展海洋工程装备和船舶高端产品,消化和转移一批产能;建立符合行业规范条件的企业公告制度,实施行业"白名单",2014年上半年将启动企业申报工作,年底前公布首批符合行业规范条件的企业名单,引导社会资源向优强企业集中,挤压落后企业生存空间,促进其转产转业和联合重组。凡是不符合规范条件的企业,引导其整改,整改后仍不符合条件的,应逐步使其退出。通过政策引导,市场运作,以优化结构为主线化解产能过剩矛盾,促进产能总量与市场需求、环境资源相协调,产业集中度和产能利用率达到合理水平。

六是进一步提高融合与开放水平。推动船舶工业军品与民品资源和成果的互通互用,促进军民深度融合发展。以数字化网络化智能化制造为核心,推进管理模式、生产方式的"两化"深度融合。充分利用国内国际两个市场、两种资源,加大"引进来""走出去"的开放力度。充分参与国际造船经济技术规则制定,加强与海事强国在技术、市场等方面开展多领域深层次的交流和重大项目合作。支持企业通过并购、合资等方式组建海外研发中心。加快建立海工和船舶设备全球营销和服务网络。实现与世界先进制造模式变革并行,军民深度融合和"两化"深度融合：在国际创新平台上谋划发展，全球范围资源配置和价值链整合能力大幅提升，在更高层次上实现更大的发展。

七是加强多层次人才队伍建设。鼓励企业积极创造条件，引进研发设计、经营管理等境外高层次人才和团队。通过参与国际间重大项目，培育海洋工程装备项目国际化人才。支持企业优化人才培养机制，加强创新型研发人才、高级营销人才、项目管理人才、高级技能人才等专业化国际化人才的培养和队伍建设，开展针对现有员工新业务的再教育和培训。船舶专业高等院校应加强船舶和海洋工程装备学科建设，既要培养高层次研发设计管理人才，也要加大制造技术、工艺技术等领域的人才培养力度。

建设世界造船强国，加快船舶工业结构调整转型升级，是一项光荣而艰巨的历史使命，完成这一使命，需要政府部门完善引导和服务，需要企业进一步开拓奋进，需要方方面面的大力支持。一是进一步创新行业管理思路和方式。深入贯彻落实党的十八届三中全会精神，全面深化改革，进一步转变政府职能，大幅度减少审批事项和对市场主体的干预，加强公共服务、市场监管、社会管理、环境保护等职责，加强综合性、战略性问题研究，强化发展战略、规划、制度、标准的制定和实施。地方船舶行业管理部门要发挥贴近基层、就近管理的优势，落实好国家规划、产业政策，加强行业管理的指导性、针对性和有效性。2018 年特别要做好行业规范条件实施工作，逐步建立起防范和化解产能过剩长效机制。二是更好地发挥行业组织的作用。行业组织是政府和企业之间的桥梁和纽带，是船舶行业管理的重要力量。凡是船舶行业管理工作中适合于市场化方式提供的公共服务事项，都应交由具备条件、信誉良好的行业组织来承担，这也是推动政府职能转变，推进政事、政社分开，建设服务型政府的必然要求。船舶工业行业协会、造船工程学会、船舶进出口商会、中国船级社等行业组织要依法自治、发挥作用，积极承担行业管理的基础性工作，加快自身能力和素质的提高，在协调产业发展、规范产业秩序、完善发展环境等方面当好政府的参谋和助手，更好地支撑政府和服务企业。2018 年重点做好船用设备自主化审查工作,进一步加强国际造船新公约新规范新标准的技术培训。三是骨干船舶企业要带头结构调整转型升级。骨干企业要在行业发展中发挥更大作用,要做结构调整转型升级的"排头兵"和"领头羊",瞄准世界级优强企业全面开展对标,加强创新能力建设,加强在诚信经营、产品服务质量、节能减排、环境保护、安全生产等方面的自我约束,在建立现代造船模式、提高效率和效益、强化成本和风险控制、推进管理模式和商业模式创新、加快信息化建设等方面作出示范。

第二节　中国船舶工业战略转型主要政策梳理

进入 21 世纪以来,我国船舶工业得到了高速发展,但是,我国船舶工业在结构上存在产能相对过剩、产业国际核心竞争力不强、资源利用和生产效益不高等问题,尤其是在 2008 年全球金融危机爆发以后,国际航运市场大幅萎缩,船舶制造业进入了行业发展的严冬,为了面对国际船舶市场变化的挑战,国家就中国船舶工业未来发展制定了一系列政策,先后制定了《船舶工业中长期发展规划(2006—2015 年)》《船舶工业调整和振兴规划》《船舶工业加快结构调整促进转型升级实施方案(2013—2015 年)》《船舶工业深化结构调整加快转型升级行动计划(2016—2020 年)》《船舶配套产业能力提升行动计划(2016—2020 年)》《高端船舶和海洋工程装备关键技术产业化实施方案》《智能船舶发展行动计划(2019—2021 年)》《推进船舶总装建造智能化转型行动计划(2019—2021 年)》《船舶与港口污染防治专项行动实施方案(2015—2020 年)》《船舶发动机排气污染物排放限值及测量方法》等激励方案和政策,本节在此就其主要政策措施进行梳理。通过对国家近年为解决我国船舶工业发展中存在的重大问题而制定的系列相关政策的仔细分析梳理发现:我国近年关于船舶工业战略转型政策制定主要集中在人才与技术、财税金融及产业资本市场管理、产品及行业市场规范管理、市场引导及产业结构调整以及军民融合发展等五大领域。

一、　人才与技术发展政策

船舶工业是技术密集型产业,我国船舶工业转型升级发展离不开人才和技术,这一点从近年国家关于我国船舶工业转型升级系列政策的制定中得到了充分的体现。

(一)《船舶工业中长期发展规划》中的人才与技术发展政策

在 2006 年 8 月由国务院常务会议审议并通过、国家发改委和国防科工委联合发布的《船舶工业中长期发展规划(2006—2015 年)》中,关于人才与技术发展的政策有两条。

1. 加大对船舶工业自主创新的支持力度

重点扶持生产企业、科研机构自主开发和优化设计新型船舶及船用设备,引进消化吸收高技术、高附加值船舶和关键船用设备技术,开展基础技术和共性技术研究。

2. 加强船舶工业人才队伍建设

教育机构、科研院所、生产企业要注重培养具有专业知识技能的科技人才、管理人才和一线生产操作人才,建立培训和激励机制,促进优秀人才脱颖而出。

(二)《船舶工业调整和振兴规划》中的人才与技术发展政策

在 2009 年 2 月国务院常务会议审议并通过的《船舶工业调整和振兴规划》中,关于我国船舶工业人才与技术发展的政策中要求加大科研开发和技术改造投入。增加高技术船舶科研经费投入,支持高技术新型船舶、海洋工程装备及重点配套设备研发;支持关键共性技术和先进制造技术研究,加快船舶工业标准体系建设;支持开展船用配套设备、海洋工程装备以及特种船舶制造专业化设施设备等方面的技术改造;支持大型船舶企业兼并重组后进行信息化建设和流程再造;支持中小型造船企业符合相关产业政策要求的调整转型;支持船舶企业和科研机构研发条件建设。

(三)《船舶工业加快结构调整促进转型升级实施方案》中的人才与技术发展政策

在2013年7月国务院制定并印发的《船舶工业加快结构调整促进转型升级实施方案(2013—2015年)》中关于我国船舶工业人才与技术发展的政策有三条。

1. 加快科技创新,实施创新驱动

开展船舶和海洋工程装备关键技术攻关,培育提高科技创新能力,增强创新驱动发展新动力。加大主流船型符合国际新规范、新公约、新标准的节能安全环保技术开发,做好宣传、培训和推广,积极参与国际标准制定,支持数字化智能设计系统等重点技术研究和应用。开展液化天然气存储技术研究,突破液化天然气船双燃料、纯气体动力技术;组织豪华邮轮总体布置、减振降噪、海上舒适度等技术以及工程项目组织管理和特殊建造工艺研究。开展深海浮式结构物水动力性能、疲劳强度分析等关键共性技术攻关,提升钻井船、半潜式平台、液化天然气浮式生产储卸装置、水下生产系统等核心装备的概念设计和基本设计水平,掌握大型功能模块的设计制造技术。突破磷虾捕捞加工船、大型拖网加工船等大型远洋渔船设计建造技术,提高金枪鱼延绳钓船、金枪鱼围网船、秋刀鱼捕捞船等远洋渔船设计建造能力。加快产品开发,建立标准化船型库,加强防撞击、适航性等技术集成应用和创新,提高行政执法和公务船舶设计制造水平。

2. 提高关键配套设备和材料制造水平

重点依托国内市场需求,推进关键船用配套设备、海洋工程装备专用系统和设备以及特种材料的制造,提高产业核心竞争力。培育中高速柴油机、小缸径低速柴油机、甲板机械等优势产品自有品牌,加快转叶式舵机、污水处理装置、压载水处理系统、油水分离机等产品产业化,提高通信导航和自动化系统制造水平。加快液化天然气船动力推进系统、低温冷藏系统、低温液货装卸系统等关键系统的研制。开展透平和原油发电机组、单点系泊系统、动力定位系统、电力推进系统、海洋平台吊机、水下井口装置、铺管专业设备等海洋工程装备专用系统和设备研制技术攻关。推进渔船探渔、诱渔、捕捞、加工、冷藏等专用设备制造。推进行政执法和公务船舶电子、通信、导航设备产业化。发展耐腐蚀、超低温、高强度、超宽超长超薄和异形船板,海洋工程装备、海洋油气输送管线用钢等特种钢材。

3.要加强企业技术进步和技术改造

引导企业加大科研开发和技术改造投入,增强高技术船舶、海洋工程装备创新能力,开展生产工艺流程改造,加强高技术船舶、海洋工程装备、船用设备专业化能力建设,以及技术引进、消化吸收再创新和填补国内空白的产业化项目建设。

(四)《船舶工业深化结构调整加快转型升级行动计划》中的人才与技术发展政策

为贯彻落实党中央、国务院关于推进供给侧结构性改革、建设海洋强国和制造强国的决策部署,全面深化船舶工业结构调整,加快转型升级,促进产业持续健康发展。在我国船舶工业"十三五"发展规划的《船舶工业深化结构调整加快转型升级行动计划(2016—2020 年)》中关于我国船舶工业人才与技术发展的政策有四条。

1.要提高科技创新引领力,重点加强基础及前沿技术研究

面向绿色环保主流船舶、高技术船舶、海洋工程装备及核心配套设备等重点领域,加强水动力技术、结构轻量化设计技术、船用发动机概念/工程设计技术等基础共性技术研发,以及相关国际标准规范研究和制修订;加大对智能船舶、深远海装备、极地技术及装备等领域攻关力度,强化前瞻布局,增强源头供给,推动科技创新向"并行""领跑"转变。重点建设高水平创新中心,围绕重大科技创新需求,加快深远海海洋工程装备制造业创新中心建设,在智能船舶、船用动力等领域建设一批具有国际水平的实验室和工程中心。推进数值水池、数据资源、大型共用实验装置等平台建设。鼓励平台开放聚集的各类资源,为社会提供专业化服务,建立资源富集、创新活跃、高效协同的"双创"新生态。通过实施重大专项工程,加快启动深海空间站重大科技项目,组织实施大型邮轮、智能船舶、船用低速机、第七代深水钻井平台等一批重大创新工程和专项,产学研用协同攻关,系统地开展重点领域基础共性技术、产品设计制造关键技术研究,关键系统和设备研制,以及标准规范制定等。

2. 发展先进高效制造模式

大力推进智能制造。将智能制造作为船舶工业强化管理、降本增效的主攻方向,大力推进数字化、网络化和智能化技术在船舶以及配套设备设计制造过程中的应用。夯实船舶精益制造基础,普及数字化、自动化制造。重点实施船舶中间产品智能制造,加快建设船体分段、智能涂装、智能管子加工等示范智能车间和智能生产线。大力推广船舶配套设备智能制造新模式,开展智能车间/工厂示范,全面推进船舶及配套设备设计、制造、管理、维护、检验等全流程的智能化。积极发展"互联网+"与服务型制造。加快构筑自动控制和感知、工业核心软件、工业互联网、工业云和面向制造业的信息技术服务等船舶制造业新基础。充分利用"互联网+"等手段创新服务模式,发展网络精准营销、个性化定制服务、智能监测、检验、远程诊断管理、全寿命周期管理等服务,实现从制造向"制造+服务"转型升级。支持有条件的海洋工程装备、船舶及配套企业由提供设备向提供系统集成总承包服务转变,由提供产品向提供整体解决方案和服务转变,推动解决方案服务专业化、规模化和市场化。加快发展第三方物流、检验检测认证等生产性服务企业。全面推行绿色制造。将绿色理念贯穿船舶制造全产业链和产品全生命周期。以推动产品设计生态化、生产过程清洁化、能源利用高效化、回收再生资源化为重点方向,强化设计的节约意识,积极推广应用新型节能环保材料和工艺工装,支持企业进行节能、环保、绿色、安全生产等方面技术改造,加快开展绿色制造体系建设,建立绿色、安全造船技术规范与标准体系。

3.加强产业创新和推广应用支持力度

引导产学研用协同创新,实施行业重大创新专项和工程,加强重点产品的产业化推广和示范应用;加强与钢铁等上下游产业合作,联合攻关,促进新材料研制和应用;支持建设行业重大试验检测平台,推进高端产品示范应用;实施《船舶配套产业能力提升行动计划(2016—2020年)》,支持重点配套设备创新和产业化推广应用。

4.健全多层次人才保障体系

加强船舶行业对高水平研发人才、高技能人才、高层次管理人才和国际化人才的培养。鼓励船舶企业和高校联合建设专业人才培育体系,鼓励地区性船舶行业技能培训中心建设,支持船舶企业优化人才培养机制,开展针对现有员工新业务的再教育和培训,不断提升从业人员的素质和学习能力,培养具备精益求精"工匠精神"的高技能技师和现代产业工人。鼓励船舶企业面向智能制造等未来技术发展趋势开展相关管理人才和技术工人的培养。

(五)《增强制造业核心竞争力三年行动计划》中的人才与技术发展政策

为了支持高端船舶和海洋工程装备关键技术及配套产业化发展,在2017年12月国家发展改革委办公厅制定并印发的《增强制造业核心竞争力三年行动计划(2018—2020年)》中关于我国船舶工业人才与技术发展的政策有两条。

1.加强关键核心技术研发

充分利用现有科技资源,针对目前基本依靠引进技术或技术水平低、创新能力弱的船用低速机、燃气轮机、喷水推进装置及油船货油区域相关设备,通过产学研用协同创新,开展重点产品典型样机研制,攻克一批对产品技术水平具有重大影响的关键共性技术,掌握以绿色、智能、协同为特征的先进设计制造技术,形成一批具有全局性影响、带动性强、满足市场需求的重大产品,大幅提升我国船舶配套产业的创新能力。

2.加大船用设备研发支持力度

进一步发挥企业在技术创新和科研投入中的主体地位,积极引导船舶配套企业加大科研投入。支持船用设备制造企业建设国家工程研究中心、重点实验室和企业技术中心。

(六)《智能船舶发展行动计划》中的人才与技术发展政策

在 2018 年 12 月工业和信息化部、交通部、国家国防科工局印发的《智能船舶发展行动计划(2019—2021 年)》中关于我国船舶工业人才与技术发展的政策有七条。

1.突破关键智能技术

加强船舶智能系统总体设计,整合行业内外创新资源,突破智能无人船舶基础共性技术和关键核心技术。重点围绕智能感知、智能航行系统等研制需求,着重提升船舶总体、动力、感知、通信、控制、人工智能等多学科交叉的集成创新能力。

2.推动船用设备智能化升级

围绕智能无人船舶辅助决策、自主控制等功能需求,系统梳理感知与控制基础元器件技术要求,着重补齐短板,强化综合集成。推动船舶航行、作业、动力等相关设备的智能化升级,研制信息和控制高度集成的新型船用设备,全面提升船舶智能化水平。

3.提升网络和信息安全防护能力

充分利用相关行业科研基础和科技成果,加强网络与链路安全、系统硬件与软件安全、数据安全等方面应用研究,全面提升智能无人船舶网络和信息安全防护能力,确保安全、可靠、可控。

4.加强测试与验证能力建设

充分利用现有条件与基础,突破半物理环境测试、跨域协同测试等技术,建立涵盖智能器件、智能设备、智能系统以及整船的多层级综合测试验证平台,建设满足多场景实船测试要求的水上综合试验场,构建虚实结合、岸海一体的综合测试与验证能力,打造智能无人船舶试验、验证、评估、检验的服务体系。

5.完善激励政策

综合运用中央和地方现有政策,加大对智能无人船舶关键技术研究、基础软硬件开发、智能系统设备研制、试点示范等方面的支持力度。进一步加强智能无人船舶领域的知识产权保护,建立健全成果转化、推广应用等激励机制,营造智能无人船舶健康发展的良好环境。

6.加快人才培养

打造多种形式的高层次人才培养平台,鼓励骨干企业和科研单位依托重大科研项目和示范应用工程,培养和引进一批智能无人船舶领军人才和青年拔尖人才。加强后备人才培养力度,鼓励企业和高等院校深化合作,优化学科和课程设置,扩大相关专业学生规模,为智能无人船舶发展提供智力保障。

7.加强国际合作

进一步加大参与相关国际组织事务工作力度,充分利用政府间双多边合作机制,鼓励围绕智能无人船舶技术、产业、人才培养等方面开展多种形式的国际交流与合作。构建国际化创新合作机制与平台,高效利用全球创新资源,加快推进产业链、创新链、价值链的全球配置,全面提升智能无人船舶发展能力。

（七）《推进船舶总装建造智能化转型行动计划》中的人才与技术发展政策

在2018年12月工业和信息化部、国家国防科工局印发的《推进船舶总装建造智能化转型行动计划(2019—2021年)》中关于我国船舶工业人才与技术发展的政策有七条。

1. 攻克智能制造关键共性技术和短板装备

首先是突破船舶智能制造关键共性技术。面向智能制造单元、智能生产线、智能车间建设,加快物联网、大数据、虚拟仿真、系统协同、人工智能等技术应用,突破船舶智能制造总体技术、工艺设计、智能管控、智能决策等一批关键共性技术;研发船舶智能制造核心支撑软件,构建船舶行业工业软件体系。其次是研制关键环节智能短板装备。针对船舶分段制造过程中的船体零件切割、成形、焊接、涂装等脏险难与简单重复的作业过程,以及检测与装配、物流与仓储等关键环节,以船舶智能制造单元、智能生产线建设需求为牵引,研制一批造船专用智能制造装备,实现工程应用和产业化,支撑造船关键工序的自动化、数字化、智能化作业。

2. 夯实船舶智能制造基础

一是推进基础管控精细化、数字化。系统构建涵盖船舶制造全过程的中间产品体系和中间产品壳舾涂完整性标准;实行拉动式工程计划管理,制定中间产品生产期量标准,建立适应智能化造船新模式的工时管理系统,实现量化的精益管理;构建企业造船精度补偿模型及数据库,推进以补偿量替代余量,将造船精度控制从船体搭载工序向切割加工工序、从船体工程向舾装工程延伸扩展,推进全工艺过程的无余量制造。二是构建船厂信息基础设施。改造船厂企业内网络,实现船舶设计、制造、管理和服务等各类系统的互联互通;加快工业互联网标识解析集成创新应用,推进(设计)数字流、(人员)工时流、物流、资金流、能耗、设备、人员等船舶制造过程海量多源异构数据信息的实时采集与传输,形成高效可靠的船厂工业互联网网络基础设施,加强企业网络与数据安全能力建设;全力推动船舶设计、制造、管理和服务等云服务平台建设,推动企业信息集成与产业链协同运营。三是建立船舶智能制造标准体系。对接国家智能制造标准体系,针对船舶工业特点,构建船舶智能制造标准体系。按照急用先行原则,着重围绕船舶智能车间,从总体规划、智能设计、智能工艺、智能装备、智能管理和互联互通等六个方面推进智能制造标准研究,构建标准试验验证平台(系统),开展技术规范、标准全过程试验验证,形成有力标准支撑。

3.推进全三维数字化设计

一是推进基于模型的数字化设计体系建设。研究并建立统一的设计标准、工具集、基础资源库和管理流程,形成三维数字化设计与工艺设计的软件系统,打通从三维设计到生产现场的交互数据流,推进面向现场作业的三维工艺可视化仿真,促进基于模型的设计/工艺/制造协同。二是推进船舶产品数据管理信息化。研究并掌握面向智能制造的船舶产品数据组织、船舶生产设计系统数据集成、精细化工时物量管理、设计工艺信息管理、设计及物资编码映射、工时物量与任务包/工作指令(WP/WO)的关联等关键技术,形成面向智能制造应用的船舶产品数据管理系统(PDM),提升船舶设计数据管理水平,加快生产设计数据的统一管理和集成应用。三是推进三维数字化交付。基于船舶单一数据源,应用三维可视化技术,建立包含设计信息、图纸审查信息、工艺信息、运维信息等要素的一体化三维数字化模型,打通船舶全生命周期数据链,推进基于一体化数据源的全要素、全生命周期设计、送审、建造、检验、管理、运维,适应船东运营数据要求,推动完工产品数字化交付。

4.加快智能车间建设,持续优化造船工艺流程

以船舶制造的加工、配送、装配、焊接、涂装等关键工艺环节为重点,推进车间总体设计、工艺流程及布局的数字化建模,分析优化适应智能制造需求的各工序、生产线、车间的工艺流程与端到端数据流,实现物流与信息流的有机统一;结合与生产工位功能相匹配的专用工装和自动化、智能化装备,构建人员、设备与信息相协调的生产工位;运用大数据技术对生产过程中不断产生的海量数据进行分析挖掘,实现造船工艺流程的持续优化和改进;加快中间产品智能生产线建设。以船舶分段制造为重点,强化底层设备数字化网络化改造,全面推进船舶中间产品流水线的数字化、智能化升级改造与建设,逐步实现零

件、小组立、中组立、平面分段、管子等各类中间产品数字化、智能化流水式批量生产;建设车间制造执行系统。以企业资源计划(ERP)平台为基础,加快推进智能车间制造执行系统(MES)建设,实现船舶车间计划、调度、设备、生产、效能的全过程闭环管理,并与企业资源计划平台实现高效的协同与集成;推动数字化车间应用示范。推进车间互联互通平台、车间智能管控系统建设,形成集计划管理、过程协同、设备管控、资源优化、质量控制、决策支持等功能于一体的智能化车间,并在船体分段、管子加工、分段涂装等关键环节加快应用示范,树立行业标杆。

5.推动造船数字化集成与服务

推进设计生产管理一体化信息集成。基于一体化数据源,全面集成产品数据管理系统(PDM)、企业资源规划系统(ERP)和制造执行系统(MES),打通设计、制造、管理与服务的信息通道,实现设计、生产和管理等关键环节的信息集成和持续优化。加强造船产业链信息集成。推进船舶行业工业互联网建设,加快客户关系管理、供应链管理、远程运维服务等系统的推广应用,逐步打通与船东、设计公司、船检、供应商间的信息链条,为实现企业间无缝合作以及有效的信息集成与管控,发展服务型制造打下坚实的基础。探索造船大数据分析与决策。搭建船舶建造过程大数据平台,推动船舶制造过程大数据的存储、分析、可视化、模式识别、人工智能决策等技术的研发与创新应用,为智能装备运行、车间智能管控和企业智能决策等提供技术支撑,显著提升船厂生产过程决策水平和管理效率。

6.加强人才队伍建设

鼓励支持有条件的高校、院所、企业建设船舶智能制造实训平台,开展相关管理人才和技能人才的培养。鼓励高校开展船舶智能制造学科体系和人才培养体系建设,建立船舶智能制造人才需求预测和信息服务平台。鼓励骨干企业依托国家重大科研项目和示范应用工程等,引进和培养船舶智能制造高层次领军人才。

7. 深化国际交流合作

围绕船舶智能制造技术及装备研发、标准制定和示范应用等,鼓励造船企业、科研院所与国外相关机构开展多层面、全方位、跨行业的技术交流与合作。同时,积极参与相关国际规则规范标准的研究制定,推动我国船舶工业智能制造水平大幅提升。

二、 财税、金融及产业资本市场管理政策

船舶工业是资金密集型产业,我国船舶工业转型升级要得到落实,资金是保障,财税、金融以及产业资本市场政策是决定我国船舶工业能否实现战略转型升级的关键,这一点从近年国家关于我国船舶工业转型升级系列政策的制定中得到了充分的体现。

(一)《船舶工业中长期发展规划》中的财税、金融及产业资本市场管理政策

在 2006 年 8 月由国务院常务会议审议并通过、国家发改委和国家国防科工局联合发布的《船舶工业中长期发展规划(2006—2015 年)》中关于我国船舶工业财税、金融及产业资本市场管理的政策有五条。

1. 拓展行业发展融资渠道

支持大型船舶企业集团在条件成熟时通过股票上市、定向募股、发行企业债券等形式筹措资金,投资大型造船设施建设。支持造船、航运和国内相关行业的大型企业集团投资参股现有租赁公司,开展船舶租赁业务。

2. 提高国内金融机构提高服务水平

提高对国内造船企业建造内销远洋船舶和海洋工程装备所需流动资金贷款的支持力度,满足符合条件企业的信贷需求。国家支持金融机构进一步探索以在建船舶作抵押,对造船企业发放流动资金贷款的做法。交通主管部门要完善在建船舶抵押登记的实施办法。

3. 进一步完善船舶出口融资体制

研究调整出口信贷结构，积极扩大出口买方信贷比例。按照国际惯例，制定科学的卖方信贷利率。

4. 加强出口信用保险体系建设

发挥出口信用保险公司和其他商业保险公司的作用，创新保险业务品种。鼓励船舶出口企业积极利用出口信用保险。

5. 加大财税政策支持

鼓励采取股份制或合伙制的方式，组建专业化的船舶、船用柴油机设计公司，为船舶工业提供技术支持，设计公司适用现行鼓励技术创新的财税政策。

(二)《船舶工业调整和振兴规划》中的财税、金融及产业资本市场管理政策

在 2009 年 2 月国务院常务会议审议并通过的《船舶工业调整和振兴规划》中关于我国船舶工业财税、金融及产业资本市场管理的政策有三条。

1. 加大生产经营信贷融资支持

各相关银行对船舶企业在建船舶和有效合同所需的流动资金贷款要确保按期到位；对船东推迟接船的，要适当给予船舶企业贷款展期支持；对信誉良好的船东和船舶企业要及时开具付款和还款保函。加强银企合作，对在建船舶实行抵押融资。支持符合条件的船舶企业上市和发行债券。加快建立船舶工业投资基金。

2. 增加船舶出口买方信贷投放

鼓励金融机构增加船舶出口买方信贷资金投放，帮助大型船舶企业集团和其他骨干造船企业稳定现有出口船舶订单。

3. 鼓励购买弃船

研究制定相关政策措施，鼓励骨干航运企业购买远洋船舶的弃船，鼓励金融租赁公司购买出口船舶的弃船。

（三）《船舶工业加快结构调整促进转型升级实施方案》中的财税、金融及产业资本市场管理政策

在2013年7月国务院制定并印发的《船舶工业加快结构调整促进转型升级实施方案（2013—2015年）》中关于我国船舶工业财税、金融及产业资本市场管理的政策有两条。

1.鼓励开展船舶买方信贷业务

鼓励金融机构加大船舶出口买方信贷资金投放，对在国内骨干船厂订造船舶和海洋工程装备的境外船东提供出口买方信贷。鼓励银行业金融机构积极拓展多元化融资渠道，通过多种方式募集资金。

2.加大信贷融资支持和创新金融支持政策

鼓励金融机构按照商业原则，做好对在国内订造船舶且船用柴油机、曲轴在国内采购的船东的融资服务，加大对船舶企业兼并重组、海外并购以及中小船厂业务转型和产品结构调整的信贷融资支持。研究开展骨干船舶企业贷款证券化业务。积极引导和支持骨干船舶企业发行非金融企业债务融资工具、企业债券等。积极利用出口信用保险支持船舶出口。优化船舶出口买方信贷保险政策，创新担保方式，简化办理流程。鼓励有条件的地方开展船舶融资租赁试点。

（四）《船舶工业深化结构调整加快转型升级行动计划》中的财税、金融及产业资本市场管理政策

为贯彻落实党中央、国务院关于推进供给侧结构性改革、建设海洋强国和制造强国的决策部署，全面深化船舶工业结构调整，加快转型升级，促进产业持续健康发展。在我国船舶工业"十三五"发展规划的《船舶工业深化结构调整加快转型升级行动计划（2016—2020年）》中关于我国船舶工业财税、金融及产业资本市场管理的政策有两条。

1.大金融支持

推动完善在建船舶抵押相关政策；鼓励和指导金融机构根据实际情况对

船舶行业实行差别化的授信政策;加大对船舶企业直接融资支持力度,支持符合条件的船舶企业在境内外上市融资、发行各类债务融资工具,优化融资结构;鼓励金融机构支持船舶行业兼并重组和国际产能合作;支持金融机构和船舶企业积极利用全口径跨境融资宏观审慎管理政策,改善船舶工业跨境融资环境。鼓励和支持船舶企业在对外贸易及相关投融资活动中使用人民币计价结算,降低汇率风险,减少汇兑成本。

2. 完善保险支持政策

实施好首台(套)重大技术装备保险补偿机制,适应行业发展需求,动态调整相关品类目录;加大船舶出口信用保险支持力度,研究规范短期出口信用保险业务,扩大出口信用保险支持范围。

(五)《增强制造业核心竞争力三年行动计划》中的财税、金融及产业资本市场管理政策

为了支持高端船舶和海洋工程装备关键技术及配套产业化发展,在2017年12月国家发展改革委办公厅制定并印发的《增强制造业核心竞争力三年行动计划(2018—2020年)》中关于我国船舶工业财税、金融及产业资本市场管理的政策有两条。

1. 优化资金支持方式

充分利用现有渠道,加大资金投入力度,重点推动有研发基础、已获得订单、可实现产业化的技术创新项目实施。创新资金使用方式,积极运用先进制造产业投资基金等资金,扶植骨干企业发展和重点项目建设,推进船舶和海洋工程装备关键技术产业化。通过融资租赁、上市、发债、市场化债转股等方式,为船舶和海洋工程装备发展提供资金支持。

2. 加强财税金融政策支持

综合应用技术改造、首台(套)重大技术装备保险补偿机制、重大技术装备进口税收政策、船舶信贷、开发性金融促进海洋经济发展等政策加大对我国

船舶配套产业发展的支持力度;支持股权投资基金、产业投资基金等参与船用设备研制及示范应用项目;统筹船舶军民资源,推进军民融合发展;加强船舶配套企业实施兼并重组、海外投资的金融支持力度。

（六）《推进船舶总装建造智能化转型行动计划》中的财税、金融及产业资本市场管理政策

在 2018 年 12 月工业和信息化部、国家国防科工局关于印发的《推进船舶总装建造智能化转型行动计划（2019—2021 年）》中关于我国船舶工业财税、金融及产业资本市场管理的政策有两条。

1. 加大金融支持力度

鼓励政策性银行和开发性金融机构加大对船舶总装建造智能化转型的融资支持力度。鼓励商业性金融机构在风险可控、商业可持续的基础上,为船舶智能制造项目提供融资条件。鼓励建立船舶智能制造发展基金,引导社会资本参与船舶智能制造关键技术和装备的研发及产业化推广应用。

2. 大力培育系统解决方案供应商

面向船舶智能制造发展需求,推动造船企业与智能制造装备、自动化、信息技术等不同领域企业开展分工合作与协同创新。依托中国智能制造系统解决方案供应商联盟船舶行业分盟,探索船舶行业系统解决方案供应商推荐与工作机制,逐步培育若干在国内外具有一定影响力的船舶行业智能制造系统解决方案供应商,提升船舶智能制造创新服务能力。

三、　产品及行业市场规范管理政策

船舶工业产业链长,关联性大,因此产品及行业市场的规范发展、产业发展的组织竞争力的提升,是解决我国船舶工业产业平层化、国内市场长期无序恶性竞争问题的关键,也是我国船舶工业实现技术产业纵向推进、实现战略转型升级发展的必要条件。因此,我国船舶产业产品及行业市场的规范管理在

近年国家关于我国船舶工业转型升级系列政策的制定中得到了充分的体现。

（一）《船舶工业中长期发展规划》中的产品及行业市场规范管理政策

在 2006 年 8 月由国务院常务会议审议并通过、国家发改委和国防科工委联合发布的《船舶工业中长期发展规划（2006—2015 年）》中关于我国船舶工业产品及行业市场规范管理的政策有两条。

1. 充分发挥行业社团组织作用

充分发挥中国船级社、船舶工业行业协会、造船工程学会、进出口商会等行业组织的作用。行业组织要加强自身建设,提高协调组织能力,加强行业自律,维护出口有序竞争;增强服务意识,向政府部门研究提出解决行业重大技术经济问题的对策建议。

2. 加快完善行业市场规范

按照建立和完善社会主义市场经济体制的要求,全面贯彻落实《行政许可法》和国家投资体制改革等各项法律法规和政策。地方各级政府部门不得擅自扩大投资项目的管理权限,地方核准的项目须报国家发展改革委备案。新建大型造船设施项目须符合以下条件:一是项目总投资一般不低于 20 亿元,项目资本金占固定资产投资的比例不低于 40%;二是按照现代总装造船模式要求进行工厂设计和工艺布局。国家将优先支持规划内改扩建和新建大型造船设施;现有造船厂按照现代总装造船方式的要求建立船用材料配送中心、工艺专业化加工中心和中间产品生产中心;大型船舶企业集团组建民用船舶和海洋工程装备研发机构,高等院校、科研机构建立船舶工程研究中心;企业信息化改造等以上类型的固定资产投资项目。新建造船(含分段)和船用低、中速柴油机及曲轴外商投资生产企业,中方股比不得低于 51%。外商投资建立产品研发机构和船用设备生产企业等不受股比限制(境外企业、境内外商独资企业、外资控股的合资企业重组兼并境内造船企业和船用低、中速柴油机生产企业,视同新建合资企业)。引导采取多元化筹资方式建设项目。规划内新建项目,项目单位要积极吸收其他投资主体共同建设,新建企业要按照现代企业制度运作。未获得国家核准或备案的造船设施建设项目和船用低、中速柴油机生产项目,土地管理部门不批准建设用地,金融机构不发放贷款,证券管理部门不核准发行股票并上市,工商行政管理部门不办理新建企业登记注册手续。

(二)《船舶工业调整和振兴规划》中的产品及行业市场规范管理政策

在2009年2月国务院常务会议审议并通过的《船舶工业调整和振兴规划》中关于我国船舶工业产品及行业市场规范管理的政策中要求完善企业兼并重组政策措施。制定出台鼓励企业兼并重组的政策措施,妥善解决富余人员安置、企业资产划转、债务合并与处置、财税利益分配等问题;采取资本金注入、融资信贷等方式支持大型船舶企业集团实施兼并重组;支持骨干船舶企业兼并重组其他船舶企业,优先核准其技术改造项目,鼓励进行产品结构调整。

(三)《船舶工业加快结构调整促进转型升级实施方案》中的产品及行业市场规范管理政策

在2013年7月国务院制定并印发的《船舶工业加快结构调整促进转型升级实施方案(2013—2015年)》中关于我国船舶工业产品及行业市场规范管理的政策有三条。

1. 调整优化船舶工业生产力布局

严把市场准入关口,严格控制新增造船、修船、海洋工程装备基础设施(船台、船坞、舾装码头),坚决遏制盲目投资加剧产能过剩矛盾。通过优化产业组织结构,推进企业兼并重组,集中资源、突出主业,整合一批大型造船、修船及海洋工程装备基础设施资源,发展具有国际竞争力的船舶企业集团。通过调整中小船厂业务结构,发展中间产品制造、修船、拆船等业务,开拓非船产品市场,淘汰一批落后产能。在不增加产能的前提下,加快实施城市老旧船厂搬迁。依托环渤海湾、长江口和珠江口地区三大造船基地发展海洋工程装备,重点发展海洋工程装备专用系统和设备,形成造船、海洋工程装备、配套设备协调发展的产业格局。

2.加强企业管理和行业服务

引导船舶企业深化内部改革,加强制度创新,夯实管理基础。加强成本和风险控制,增强应对市场变化和抵御市场风险能力。全面建立现代造船模式,加快信息化建设,推进精益造船,应用节能、节材技术和工艺,降低资源和能源消耗,提高发展质量和效益。加强船员人才队伍建设,建立严格的船员培养、选拔、考核、退出机制,提高船员综合素质,满足可持续发展需要。加强船舶行业管理,完善行业准入条件,加强国际新规范、新公约、新标准的宣传、培训和推广,发挥行业协会、专业机构等在行业自律、信息咨询、技术服务、检验检测、宣传培训等方面的重要作用。

3.构筑中国船舶制造知名品牌

（1）提升产品质量

加强关键技术与产品试验验证能力建设,推广采用先进成型和加工方法等,大幅提高船用中高速机、电力推进系统、甲板机械、智能航行系统,以及海工平台钻井包、电站、系泊定位系统等配套设备的性能稳定性、质量可靠性和环境适应性,达到国际先进水平。培育和弘扬精益求精的工匠精神,引导企业树立质量为先、信誉至上的经营理念,组织攻克一批制约产品质量提升的关键共性技术,推进中国船舶制造"品质升级"。

（2）推进品牌建设

紧跟市场需求,在散货船、油船、集装箱船主流船型、自升式平台、半潜式钻井/支持平台、海洋工程作业船和辅助船等领域打造一批技术先进、成本经济、建造高效、质量优良、有较高信誉度的国际知名品牌,并推动品牌产品向高技术船舶、深海海洋工程装备全面拓展。扩大船舶动力、甲板机械等核心配套领域品牌影响力。建设品牌文化,加大中国品牌宣传推广力度,树立中国船舶制造品牌良好形象,提升品牌附加值和软实力。

(3)强化制造体系管理

制定和实施中国造船质量标准和中国修船质量标准。加强供应链质量管理,提高配套设备全寿命周期质量追溯能力,建立覆盖产品全寿命周期的技术标准规范体系。利用信息技术,推广建立船厂现场质量管理体系、精度控制体系、外包管理体系和成本管理体系。加强先进检测工具、设备研发应用,提高生产过程质量监督检验的效率和准确性。

(四)《船舶工业深化结构调整加快转型升级行动计划》中的产品及行业市场规范管理政策

为贯彻落实党中央、国务院关于推进供给侧结构性改革、建设海洋强国和制造强国的决策部署,全面深化船舶工业结构调整,加快转型升级,促进产业持续健康发展。在我国船舶工业"十三五"发展规划的《船舶工业深化结构调整加快转型升级行动计划(2016—2020 年)》中关于我国船舶工业产品及行业市场规范管理的政策中要求发挥中介组织和专业机构作用。充分发挥船舶工业行业协会、造船工程学会、进出口商会、中国船级社、渔船渔机渔具行业协会等中介组织、专业机构和相关智库的作用,加强行业自律,维护行业权益,及时向政府反映企业诉求,提出政策建议。提升行业服务水平,加强行业分析监测和研判预警,引导行业健康发展。

(五)《增强制造业核心竞争力三年行动计划》中的产品及行业市场规范管理政策

为了支持高端船舶和海洋工程装备关键技术及配套产业化发展,在 2017 年 12 月国家发展改革委制定并印发的《增强制造业核心竞争力三年行动计划(2018—2020年)》中关于我国船舶工业产品及行业市场规范管理的政策有三条。

1.建立项目储备制度

按照"建设一批、启动一批、储备一批、谋划一批"的思路,建立船舶和海洋工程装备关键技术产业化项目库,实施项目动态管理。以技术水平、实施条件、战略作用等为标准,有关省级发展改革委和中央企业每年3月底前报送符合条件的项目。国家发展改革委产业协调司组织咨询机构和专家,对上报项目进行评估,将通过评估的项目纳入项目库并给予优先支持。

2.加强项目建设管理

根据《加强和完善重大工程调度工作暂行办法》(发改投资〔2015〕851号)要求,有关省级发展改革委和中央企业对项目建设进行动态监管,定期向国家发展改革委报送项目实施进展情况,协调解决存在问题,保证项目按计划顺利实施。委托中国国际工程咨询公司会同行业协会等单位,对实施方案中项目建设进度、资金使用等情况进行监督检查,及时发现和反馈项目实施过程中出现的问题。项目实施单位按季度向中国国际工程咨询公司提交项目进展报告,有关省级发展改革委要积极做好检查督促工作。

3.开展质量品牌建设

针对具有较好发展基础,已实现研发制造,部分产品已实现批量装船的船用中高速机、电力推进系统、甲板机械等产品,重点提升质量品牌竞争力,扩大品牌产品市场占有率。提升数字化集成化设计水平,开展设备轻量化、模块化、节能环保、智能化开发,完善产品系列;提高产品性能稳定性、质量可靠性、环境适应性和使用寿命,各项指标达到国际同类产品先进水平;加强关键技术与产品试验验证能力建设;提高产品全寿命周期质量追溯能力,建立覆盖产品全寿命周期的技术标准规范体系;增强以质量和信誉为核心的品牌意识,树立品牌理念,提升品牌附加值和软实力。

（六）《国家智能船舶发展行动计划》中的产品及行业市场规范管理政策

在 2018 年 12 月工业和信息化部、国家国防科工局印发的《智能船舶发展行动计划（2019—2021 年）》中关于我国船舶工业产品及行业市场规范管理的政策中要求构建规范标准体系。开展智能无人船舶规范标准制修订工作，规范相关术语和智能化分级，推动建立统一协调的信息交互、数据传输、网络和信息安全标准，逐步构建覆盖设计、建造、测试与验证、运营等方面的智能无人船舶规范标准体系。积极参与和推动智能无人船舶相关国际海事公约规范标准的制修订。

（七）《关于全面深入推进绿色交通发展的意见》中的产品及行业市场规范管理政策

为贯彻落实《中共中央　国务院关于加快推进生态文明建设的意见》（中发〔2015〕12 号）、《大气污染防治行动计划》（国发〔2013〕37 号）和《水污染防治行动计划》（国发〔2015〕17 号），结合履行国际公约相关义务和我国水运发展实际，在《关于全面深入推进绿色交通发展的意见》中关于我国船舶工业产品及行业市场规范管理的政策有四条。

1. 推进设立船舶大气污染物排放控制区

借鉴国际经验，突出国家大气污染联防联控重点区域，兼顾区域船舶活动密集程度与经济发展水平，设立珠三角、长三角、环渤海（京津冀）水域船舶大气污染物排放控制区，控制船舶硫氧化物、氮氧化物和颗粒物排放。

2. 协同推进船舶污染物接收处置设施建设

加强港口、船舶修造厂环卫设施、污水处理设施建设规划与所在地城市设施建设规划的衔接。会同工信、环保、住建等部门探索建立船舶污染物接收处置新机制，推动港口、船舶修造厂加快建设船舶含油污水、化学品洗舱水、生活污水和垃圾等污染物的接收设施,做好船港之间、港城之间污染物转运、处置设施的衔接,提高污染物接收处置能力,满足到港船舶污染物接收处置需求。

3. 加强污染物排放监测和监管

强化监测和监管能力建设,建立交通运输环境监测网络,完善交通运输环境监测、监管机制;建立完善船舶污染物接收、转运、处置监管联单制度,加强对船舶防污染设施、污染物偷排漏排行为和船用燃料油质量的监督检查,坚决制止和纠正违法违规行为。

4. 提升污染防治科技水平

鼓励企业开展船舶与港口污染防治技术研究,积极争取国家重点专项对船舶与港口污染防治的支持,加强污染防治新技术在水运领域的转化应用。重点开展船舶与港口污染物监测与治理、危险化学品运输泄漏事故应急处置等方面的技术和装备研究。

四、 市场引导及产业结构调整政策

我国船舶产业平层化发展模式导致我国船舶工业存在严重的结构性问题,是我国船舶工业产能相对过剩,造船企业间同质化恶性竞争的根源所在。调结构,转变增长方式,实行供给侧结构性改革,是我国船舶工业实现战略转型升级发展的核心改革课题。在近年国家关于我国船舶工业转型升级系列政策的制定中,尤其是 2008 年全球金融危机爆发后的一系列政策制定中得到了充分的体现。

(一)《船舶工业中长期发展规划》中的市场引导及产业结构调整政策

在 2006 年 8 月由国务院常务会议审议并通过,国家发改委和国防科工委联合发布的《船舶工业中长期发展规划(2006—2015 年)》中关于我国船舶工业市场引导及产业结构调整的政策要求重点支持现有船用低、中速柴油机生产企业的改扩建,原则上不再规划新建船用低、中速柴油机生产企业项目。

（二）《船舶工业调整和振兴规划》中的市场引导及产业结构调整政策

在2009年2月国务院常务会议审议并通过的《船舶工业调整和振兴规划》中关于我国船舶工业市场引导及产业结构调整的政策有三条。

1.努力扩大国内船舶市场需求

对国内企业向国内海上石油天然气开采企业销售海洋工程结构物,继续实行增值税退税政策。加大预算内资金投入,提前实施纳入国家规划的政府公务性、公益性船舶建造。

2.加快淘汰老旧船舶和单壳油轮

研究鼓励老旧船舶报废更新政策。抓紧出台单壳(包括单壳双底和双壳单底)油轮强制淘汰政策,严禁超龄船舶改造、运营。

3.严格控制新增产能

除《船舶工业中长期发展规划(2006—2015年)》内的造船项目外,各级土地、海洋、环保、金融等相关部门不再受理其他新建船坞、船台项目的申请。新建大型海洋工程装备专用基础设施项目需报国家核准。今后三年,暂停审批现有造船企业船坞、船台的扩建项目。

（三）《船舶工业加快结构调整促进转型升级实施方案》中的市场引导及产业结构调整政策

在2013年7月国务院制定并印发的《船舶工业加快结构调整促进转型升级实施方案(2013—2015年)》中关于我国船舶工业市场引导及产业结构调整的政策有五条。

1. 改善需求结构,加快高端产品发展

鼓励老旧船舶提前报废更新。加快淘汰更新老旧远洋、沿海运输船舶,推进内河船型标准化,发展满足国际新规范、新公约、新标准的节能安全环保船舶,优化船队结构,提高航运业竞争力。大力发展海洋工程装备。加大海洋油气资源勘探开发力度,发展钻井平台、作业平台、勘察船、工程船等海洋工程装备。鼓励骨干油气、造船企业和科研院所等成立专业化企业或联合体,培育海洋工程装备设计、系统集成和总承包能力。加强行政执法船舶配置。增加海上行政执法船舶数量,提高配置水平,开工建造一批海上行政执法船舶,改善装备条件,充实执法力量,尽快提高海上维权执法能力。加快海洋综合开发和应急保障船舶建造。建设专业化海上应急救援队伍,开工建造一批大型救助、打捞船舶,提高海上综合救援能力。加快开发建造一批资源勘察、环境监测、科学考察船舶,改善海上科研条件,提高海洋科考能力。依托重大海洋基础设施工程,建造一批水上工程船舶,形成规模化海上施工能力。开拓高技术船舶市场。大力发展大型液化天然气船,提高专业化设计制造能力和配套水平。加快培育邮轮市场,逐步掌握大中型邮轮设计建造技术。完善游艇产业链条,培育豪华游艇自有品牌。实施渔船更新改造。逐步淘汰老、旧、木质渔船,发展选择性好、高效节能的捕捞渔船。加快老旧远洋渔船更新步伐,提升远洋渔业装备水平。发挥船舶工业研发和制造优势,整合科研生产要素,提高渔船开发设计和制造水平。

2. 稳定国际市场份额,拓展对外发展新空间

加强对国际船舶市场态势、产品发展趋势以及主要造船企业发展战略的分析和研究,加大国际市场开拓力度,稳定和努力扩大国际市场份额。支持引进船舶和海洋工程装备开发、设计核心人才和团队。支持有条件的企业通过自建、并购、合资、合作等多种方式在海外设立研发中心,支持开展海外产业重组,掌握海洋工程装备、高技术船舶、配套设备等领域的先进技术。支持大型船舶和配套企业开展全球产业布局,在海外建立营销网络和维修服务基地。

3.鼓励老旧运输船舶提前报废更新

鼓励老旧远洋、沿海运输船舶提前报废并建造符合国际新规范、新公约、新标准要求的绿色环保型船舶。

4.支持行政执法、公务船舶建造和渔船更新改造

支持海上行政执法船舶以及救助打捞、资源调查、科学考察等公务船舶建造,支持航海保障设施、设备的配备,支持海洋渔船更新改造,满足船舶建造和更新改造资金需求。

5.控制新增产能,支持产能结构调整

地方各级人民政府及其有关部门不得以任何名义核准、备案新增产能的造船、修船和海洋工程装备基础设施(船台、船坞、舾装码头)项目,国土、交通、环保等部门不得办理土地和岸线供应、环评审批等相关业务,金融机构不得提供任何形式的新增授信支持。地方各级人民政府要立即组织对船舶行业违规在建项目进行认真清理,对未批先建、边批边建、越权核准的违规项目,尚未开工建设的,不准开工,正在建设的项目,要停止建设;国土、交通、环保部门和金融机构依法依规进行处理。对停建的违规在建项目,按照谁违规谁负责的原则,做好债务、人员安置等善后工作,区分不同情况,采取相应的措施,进行分类处理。对已经建成的违规产能,根据有关法律法规和行业准入条件等进行处理。在满足总量调控、布局规划、兼并重组等要求的条件下,推动整合提升大型基础设施能力。加快淘汰落后产能,支持企业转型转产。

(四)《船舶工业深化结构调整加快转型升级行动计划》中的市场引导及产业结构调整政策

为贯彻落实党中央、国务院关于推进供给侧结构性改革、建设海洋强国和制造强国的决策部署,全面深化船舶工业结构调整,加快转型升级,促进产业持续健康发展。在我国船舶工业"十三五"发展规划的《船舶工业深化结构调整加快转型升级行动计划(2016—2020 年)》中关于我国船舶工业市场引导及

产业结构调整的政策有四条。

1. 加强新需求的培育

在坚持渔船数量和功率双控的前提下,加快推进渔船更新改造;推动人工岛礁、海上浮式平台、海洋探测、海洋资源勘探开发等技术装备研制和应用;优化邮轮港口布局,完善游艇持证要求、运营法规及保险体系,探索试点游艇租赁业务,制定全国邮轮旅游发展总体规划,加快培育和发展邮轮、游艇旅游市场;结合我国排放控制区的设立,推动内河沿海老旧船舶淘汰更新,完善内河船舶节能减排标准,鼓励内河船舶油改气、加装岸电受电设施和废气处理装置,推进使用清洁能源。

2. 努力化解过剩产能

加强对符合行业规范条件企业的监督管理,动态调整船舶行业"白名单",择优扶强,引导社会资源向优势骨干企业集聚,促进落后企业转产转业和破产重组。利用国内外市场倒逼机制,促进跨行业、跨区域、跨所有制的兼并重组,引导骨干企业主动适应需求变化,通过产能置换、退城进郊、改造升级等方式主动压减过剩产能。

3. 大力扶植优强企业

加强企业内部管理,对标国内外先进企业,提高劳动生产率,不断降本增效。在大型主流船舶、高技术船舶、海洋工程装备以及船用动力等核心配套领域扶植培育一批创新能力强、专业化制造及管理水平高的世界级先进企业和系统集成总包商。在特种船舶、大型渔船及深海养殖装备、内河船舶建造、高技术船舶修理改装、中间产品制造等领域壮大一批专业化、特色化的中小船舶企业。

4. 积极培育新的经济增长点

适应国内邮轮游艇等传统高端消费潜力加速释放的趋势,加快实现邮轮自主设计和建造,大力发展中小型游艇和新型游艇设计制造。积极开展深海渔业养殖装备、可再生能源开发装备、深海矿产资源开发装备、海洋空间开发利用装备、极地技术与装备等研制和应用。

(五)《增强制造业核心竞争力三年行动计划》中的市场引导及产业结构调整政策

为了支持高端船舶和海洋工程装备关键技术及配套产业化发展,在2017年12月国家发展改革委制定并印发的《增强制造业核心竞争力三年行动计划(2018—2020年)》中关于我国船舶工业市场引导及产业结构调整的政策有十条。

1. 发展高技术船舶与特种船舶

通过联合开发、技术引进、合资经营等方式,开展邮轮设计、制造和示范应用,逐步掌握邮轮总包建造技术,提升工程组织和供应链管理能力,带动邮轮专用配套设备的发展,形成比较完整的邮轮制造产业链。开展超大型集装箱船、大洋钻探船、超大型气体船、深海采矿船、浮标作业船、大洋综合资源调查船、海底管线巡检船、多功能物探船、超大型矿砂船等高技术、绿色智能船舶的设计和制造,提升自主设计、系统集成和总承包能力,推动关键配套设备和系统实船应用。发展深远海多功能救助船、大型远洋打捞工程船、高性能公务执法船、多功能应急保障船等特种船舶,救助打捞专用设备、水下特种作业设备、海上应急通信系统、安全监测系统、水下探测监测系统、溢油监测系统等设备系统,增强海上综合保障装备能力。开展极地多用途船、极地物探船、重型破冰船、极地科考破冰船等极地船舶与装备的设计与建造,加强物探拖缆收放系统、大功率全回转推进装置等极地用关键配套设备的研制和实船应用。

2. 发展海洋资源开发先进装备

推动大型浮式生产储卸油装置(FPSO)、水下生产系统、固定式海上液化天然气存储气化平台(PSRU)、海上平台拆解装备、张力腿平台(TLP)、第七代半潜式钻井平台等油气开采装备的研发、示范应用,提升海洋油气装备的自主设计、系统集成和总承包能力,完善海洋油气装备体系。加快海上卫星发射平台、海上城市结构物、装配式工厂、深海空间站、深潜水工作母船、深海载人潜水器、深海探测机器人等装备开发,加强海上风能、波浪能、潮汐能、温差能等开发装备的研制,积极推动示范应用,建立海洋空间资源开发装备体系。开展深远海养殖平台、磷虾捕捞船、冷链运输和加工等深远海渔业装备的研发、示范应用与产业化,提升海上养殖智能化水平,拓展海洋经济发展新空间。

3.提升关键系统和核心部件配套能力

通过自主创新、技术引进、海外并购、国际合作等方式,开展中高速柴油机、双燃料发动机、气体发动机等船用动力系统与关键配套设备的攻关,掌握关键核心技术,培育自主品牌。开发大型远洋船配套的尾气处理装置、挥发性有机物回收再利用装置、超大型油轮凝析油脱臭装置等环保装备,提升产业化能力,加强推广应用,满足国际海事组织最新排放要求。推动甲板设备、舱室设备、推进设备、辅助自动驾驶系统、辅机设备智能综合管控系统、无人装卸作业系统、钻井系统、大功率激光器、液货装卸及外输系统等集成化、智能化、模块化。开发通信导航、深水多点锚泊系统、动力定位系统、物探系统、地震拖缆系统、锚拖带作业系统等关键设备和系统,提升产业化能力,推动实船应用。

4.提升研发制造服务能力

建设虚拟现实设计与试验平台。建立信息采集技术标准,利用设计仿真、专家诊断和虚拟现实技术,构建远程运维体系架构。开展定制化产品设计、设备操作与运维、数据交互与状态预警等虚拟试验,提升试验的安全性、可靠性和有效性,降低研发成本,缩短设计建造周期,满足未来船舶和海洋工程装备产品开发需要。建设公共技术服务平台。整合现有资源,推动核心机电设备、深远海养殖系统、低速柴油机数字化、海上风电装备、海洋工程装备等试验检测,提升试验检测认证能力。建立在役船舶和海洋工程装备实时运维数据系统,形成远程监测、数据分析、智能诊断、状态评估和风险预警技术能力,提供信息、技术、人才、管理、咨询等服务。建设智能示范生产线、智能示范车间、智能船厂。加快虚拟制造、数据库管理、信息化等新型技术的开发与应用,优化生产流程工艺,推动工业机器人、自动化生产线等技术的应用,加强研发、制造、服务深度融合,降低生产成本,提高产品质量和生产效率。启动大中型邮轮工程、大型集装箱船工程、特种船舶工程、海洋资源开发装备工程四大重点工程。

5.加强统筹组织协调

落实好支持船舶工业发展的相关政策措施,营造有利于船舶工业结构调整和转型升级的环境。坚持自主创新与国际合作相结合,发挥骨干企业的牵头和引领作用,推动组建产业联盟和联合体,探索建立利益共享、风险共担的合作模式。完善协同推进机制,充分调动地方、企业等方面的积极性,为重点工程的实施提供有效保障。

6.大力推动示范应用

瞄准已经突破关键技术和实现工程样机研制,但装船率低的舱室设备、通导与智能系统及设备领域的产品,通过产学研用相结合的方式,集中力量重点围绕大功率吊舱式推进器、液货装卸产品及系统、安全环保舱室设备、主要基础通导设备、智能化航行管理相关设备等核心产品,开展关键技术攻关、首台(套)推广和产业化示范应用,从满足内河、公务、沿海船舶需求入手,实现批量装配,形成一定示范效应后,逐步实现远洋船装船突破。

7.强化关键零部件基础能力

全面推进船舶动力、甲板机械、舱室设备、通导与智能系统及设备等产品关键零部件配套体系建设,培育稳定的配套关键零部件合作企业,推动总装产品与关键零部件协同研发,形成产品研发、市场开拓、售后服务等全寿命支持服务共同体;全面开展关键零部件基础材料、基础工艺和基础技术的研究,提升关键零部件的研发、制造能力和水平。

8.培育具有国际竞争力的优强企业

重点支持一批实力领先的专业化船舶配套企业,逐步发展成为主营业务突出、竞争力强、成长性好的"小巨人"企业,支持创建绿色设计示范企业,推动优势企业全面建设高效、规模化、绿色、智能制造体系,支持企业由生产型制造向服务型制造转变,由提供设备向提供系统集成总承包服务转变,由提供产品向提供整体解决方案转变。

9. 促进产需对接

鼓励船舶配套企业联合船东、船厂、船舶设计单位、高校、研究机构等建立产业创新联盟,开展产业协同创新、协同制造,组织重大科技攻关,推动成果转化和首台(套)示范应用;支持行业组织发布经技术机构认证符合装船要求的船舶配套产品目录,引导船东、船厂、船舶设计单位选用;鼓励航运企业、大型船厂参股、控股船舶配套企业,发挥大型骨干企业的支撑和引领作用。

10. 完善全球服务网络

支持企业由制造型企业向"设计+制造+服务"型企业转变;加强海外服务网点的建设,鼓励国内配套企业组成联盟,共同开拓海外服务市场,以降低服务成本,实现互利共赢。围绕产品全寿命周期安全可靠运行保障和远程监控管理的需要,开发和建立船舶动力、甲板机械、舱室设备等核心配套领域的数字化运营保障体系,形成全球化的服务能力。

(六)《智能船舶发展行动计划》中的市场引导及产业结构调整政策

在 2018 年 12 月工业和信息化部、国家国防科工局印发的《智能船舶发展行动计划(2019—2021 年)》中关于我国船舶工业市场引导及产业结构调整的政策有七条。

1. 全面强化顶层设计

研究制定我国智能无人船舶中长期发展规划。深入分析智能无人船舶发展趋势,明确智能无人船舶概念与分级分类,研究提出智能无人船舶技术体系框架,制定技术发展路线图。研究制定智能无人船舶规范和标准体系建设指南。加强智能无人船舶配套基础设施研究,提出总体布局规划方案。开展智能无人船舶相关法律法规梳理,提出需求框架,启动急需法律、法规和相关政策性文件的制修订。

2.推动工程应用试点示范

积极推进智能技术工程化应用,以新建智能无人船舶的试点示范,带动营运船舶的智能化改造升级,不断拓展各类智能无人船舶及智能系统设备的应用范围。以技术发展为牵引,以市场需求为导向,统筹推进内河、沿海、远洋各类智能无人船舶的试点示范。

3.打造协同发展生态体系

促进船岸协同,推动岸基共享云服务平台建设,实现船船、船岸、船港的信息互联互通;围绕航运、港口、物流等相关需求,推动船舶航行、靠离泊、营运管理、货物装卸等方面的智能应用。推进船舶设计、建造、配套、营运、检验等相关环节协同发展,逐步构建和完善智能无人船舶发展生态体系。

4.加强组织实施

建立政府、企业、行业组织和专业机构等协同推进机制,强化部门协同和上下联动。充分发挥行业组织、专业机构在政策宣传、技术指导、交流合作、成果推广等方面的平台作用。有效利用中央和地方资源,吸引调动相关社会资源,统筹推动智能无人船舶发展。

5.推进跨界融合

搭建智能无人船舶跨界交流合作平台,集聚行业内外重点企业、高等院校、科研院所、配套供应商等开展技术需求对接,推动数据资源合理共享,促进务实合作与协同创新。鼓励互联网、大数据、人工智能等领域专业企业和服务机构与船舶、航运企业加强合作,提供行业解决方案,推广行业最佳应用实践。

6.加强组织协调

加强政府、行业组织、企业等多方联动,有效利用中央、地方和其他社会资源,加快协同推进。鼓励各地区结合当地实际,研究制定相关配套支持政策。充分发挥行业中介组织、专业机构在加强政策宣贯、企业评估、技术指导、交流合作、成果应用推广等方面的平台作用,引导造船企业加快智能化转型。造船企业(集团)要结合实际情况,制定具体行动方案,加强组织领导,确保各项任务落到实处。

7. 强化创新和示范应用的支持力度

充分利用现有渠道,加大对船舶智能制造关键技术研究、标准制定、智能制造装备研制、工业软件开发以及行业性大数据中心建设等方面的支持力度。支持智能化试验验证平台建设,开展船舶智能制造工艺、装备、软件、关键技术、标准等验证,鼓励其发展成为行业公共服务平台。鼓励造船企业积极协同装备生产企业,建立创新联合体,加快智能制造短板装备的研发、工程化和产业化。充分利用首台(套)重大技术装备、工业互联网示范应用有关政策,促进船舶智能制造装备创新应用。

(七)《关于全面深入推进绿色交通发展的意见》中的市场引导及产业结构调整政策

为贯彻落实《中共中央　国务院关于加快推进生态文明建设的意见》(中发〔2015〕12 号)、《大气污染防治行动计划》(国发〔2013〕37 号)和《水污染防治行动计划》(国发〔2015〕17 号),结合履行国际公约相关义务和我国水运发展实际,在《关于全面深入推进绿色交通发展的意见》中关于我国船舶工业市场引导及产业结构调整的政策有三条。

1. 持续推进船舶结构调整

依法强制报废超过使用年限的船舶,继续落实老旧运输船舶和单壳油轮提前报废更新政策并力争延续内河船型标准化政策,加快淘汰老旧落后船舶,鼓励节能环保船舶建造和船上污染物储存、处理设备改造,严格执行船舶污染物排放标准,限期淘汰不能达到污染物排放标准的船舶,严禁新建不达标船舶进入运输市场,规范船舶水上拆解行为。

2.积极推进液化天然气燃料应用

全面落实《交通运输部关于推进水运行业应用液化天然气的指导意见》（交水发〔2013〕625 号），进一步完善液化天然气加注设施的相关标准规范体系，统筹液化天然气加注站点布局规划与建设，有序推进船舶与港口应用液化天然气试点示范工作，加大液化天然气动力船船员、码头操作人员的培训力度，逐步扩大液化天然气燃料在水运行业的应用范围。

3.大力推动靠港船舶使用岸电

推动建立船舶使用岸电的供售电机制和激励机制，降低岸电使用成本，引导靠港船舶使用岸电。开展码头岸电示范项目建设，加快港口岸电设备设施建设和船舶受电设施设备改造。

五、 军民融合发展政策

船舶工业装备性尤其是在军事装备上加强，是寓军于民的战略工业。随着习近平总书记海洋强国建设方略的提出，中国船舶工业战略转型不仅仅在经济发展理论上需要实现战略转型，在产业发展功能和使命上也需要实现战略性转型。军民融合发展导向在近年国家关于我国船舶工业转型升级系列政策的制定中已经得到了充分的体现。

（一）《船舶工业加快结构调整促进转型升级实施方案》中的军民融合发展政策

在 2013 年 7 月国务院制定并印发的《船舶工业加快结构调整促进转型升级实施方案（2013—2015 年）》中关于我国船舶工业军民融合发展的政策中第一次提出要推进军民融合发展。促进军用与民用科研条件、资源和成果共享，促进船舶军民通用设计、制造先进技术的合作开发，加强军用与民用基础技术、产品的统筹和一体化发展，推动军用标准与民用标准的互通互用。引导造船企业发挥技术优势积极开拓民用特种、专用船舶市场。立足民用船舶工业基础,依托重大民品研制项目,突破关键产品、材料、加工制造设备等军工能力建设瓶颈。

(二)《船舶工业深化结构调整加快转型升级行动计划》中的军民融合发展政策

为贯彻落实党中央、国务院关于推进供给侧结构性改革、建设海洋强国和制造强国的决策部署,全面深化船舶工业结构调整,加快转型升级,促进产业持续健康发展。在我国船舶工业"十三五"发展规划的《船舶工业深化结构调整加快转型升级行动计划(2016—2020年)》中关于我国船舶工业军民融合发展的政策要求:一要促进军民协同创新。推动建设军民融合的科技协同创新平台。进一步加强船舶军转民、军民两用技术科研工作,支持军民技术双向转移转化。完善国家军民融合公共服务平台,推进军民融合信息共享和技术交流。二要推进军民资源共享。进一步加强船舶领域研发设计、试验验证设施、生产及配套资源的共享共用。支持统筹开展军民通用的水池、海洋环境、通信导航等综合性试验设施和重大军民结合型产业化项目建设,推进北斗导航应用,提高资源配置效率。建立军民品协作配套体系。加快推进船舶工业军民通用标准建设,推动若干领域军用标准、规范与民用相统一。

(三)《增强制造业核心竞争力三年行动计划》中的军民融合发展政策

为了支持高端船舶和海洋工程装备关键技术及配套产业化发展,在2017年12月国家发展改革委制定并印发的《增强制造业核心竞争力三年行动计划(2018—2020年)》中关于我国船舶工业军民融合发展的政策中要求贯彻军民融合发展战略。强化船舶工业为经济发展和国防建设服务的定位,将贯彻军民融合发展战略作为推动船舶工业发展的强大动力。大力发展军民两用船舶技术,促进军转民、民参军。加强军民资源共享,推动船舶领域研发设计、试验验证、加工制造等设施共享共用。实施军民融合重大工程,加快船舶和海洋工程装备新技术、新产品研制和应用。

(四)《智能船舶发展行动计划》中的军民融合发展政策

在 2018 年 12 月工业和信息化部、国家国防科工局印发的《智能船舶发展行动计划(2019—2021 年)》中关于我国船舶工业军民融合发展的政策要求促进军民深度融合。加强智能无人船舶军民通用规范标准体系建设,统筹智能无人船舶研发、设计、制造、配套及关键元器件资源,推进创新平台、综合测试与验证平台及综合测试场的规划布局和共建共享。加强军民科技成果双向转化,推动北斗定位导航系统等在智能无人船舶领域的广泛应用,促进雷达、夜视装备、微机电系统、天基通信系统、目标探测等技术在民用领域的转化应用。

第三节　中国船舶工业战略转型
现行政策评价与分析

船舶工业寓军于民,其发展对国家战略,尤其是国家海洋战略的实施至关重要,在 21 世纪初期,尤其是 2008 年全球金融危机以后,全球航运快速萧条,其市场波动直接影响全球船舶制造行业的发展。中国作为全球造船大国,受国际市场的影响也非常明显,为应对国际市场的变化和解决我国船舶工业发展存在的问题,国家关于我国船舶工业的发展,先后出台了十多项政策。在本章第二节已经对其重要政策进行了收集梳理。本节重点就以上政策做简单的评价与分析。其研究重点从政策制定的导向,政策指定的预期目标,政策指定要解决的重点问题做简单的评价与分析。

一、 中国船舶工业战略转型现行政策制定导向

船舶工业中长期发展政策制定导向有四点:一是通过深化改革,通过加快

我国船舶工业体制改革、技术创新和管理升级,提高效率,增长效益。走科技含量高、经济效益好、资源消耗低、环境污染少、人力资源优势得到充分发挥的新型工业化道路。二是调整存量资产和新建产能相结合,优化船舶工业组织结构。通过整合产业资源,提高运行效益。实现集约集成发展。三是提高自主研发能力和船用设备配套能力,增强船舶工业核心竞争力。四是技术"引进来"和产品"走出去"并举,拓宽船舶工业发展空间。鼓励企业大力开拓国际市场,改善出口产品结构。有条件的企业可到境外投资船用设备业,进一步融入国际化分工合作体系。

船舶工业调整和振兴政策措施政策导向有四点:一是稳订单,保增长。积极应对推迟接船和弃船风险,防止出现大量撤单问题,力争船舶企业按期完成订单任务,保持生产平稳较快增长。二是加强政策引导,扩大船舶需求。调整优化运力结构,淘汰落后老旧船舶,扩大船舶市场需求。三是推进结构调整,整合造船资源。四是加快自主创新,加大技术改造力度,加强关键技术和新产品研究开发,提高船用配套设备水平,发展海洋工程装备,提高国际竞争力。

船舶工业加快结构调整促进转型升级实施方案政策措施政策导向也是四点:一是强化需求引导,调整产品结构。发展技术含量高、市场潜力大的绿色环保船舶、专用特种船舶、高技术船舶,发展海洋工程装备,提高船用设备配套能力,扩大国内有效需求,推动船舶产品结构升级。二是实施创新驱动,提高竞争能力。推进技术创新,全面满足国际新规范、新公约、新标准要求,提高船舶设计制造水平,增强产品国际竞争力,稳定国际市场份额。实施海外投资和产业重组,开展全球产业布局,积极拓展对外发展新空间。三是控制新增产能,优化产能结构。遏制产能盲目扩张,利用骨干企业现有造船、修船、海洋工程装备基础设施能力,推进大型企业重组和调整,整合优势产能;调整业务结构,鼓励中小企业转型转产,淘汰落后产能。四是完善政策体系,创新体制机制。尊重市场经济规律,顺应世界船舶工业深刻调整新形势,完善船舶工业转型发展的政策体系;推进重点领域改革和体制机制创新,加强企业管理,改善行业服务,不断增强船舶工业自身的发展活力。

船舶工业深化结构调整加快转型升级行动计划政策导向有四点:一是坚持创新驱动。把科技创新摆在行业发展全局的核心位置,面向世界船舶和海洋工程装备科技前沿,突破关键技术瓶颈,提高自主创新能力,以科技创新带动全面创新,使创新成为产业结构调整和转型升级的主动力。二是坚持深化融合。大力发展军民两用技术,促进军民技术双向转移转化,加强军民资源共享,在船舶研发、设计、制造、服务等方面全面推进军民融合;顺应数字化网络化智能化的制造方式变革方向,大力推进船舶中间产品智能制造,加快船舶和海洋工程装备制造技术和信息技术的深度融合。三是坚持优化结构。发挥市场配置资源的决定性作用,引导社会资源向优质企业倾斜,着力优化产能结构;着眼于当前和未来市场需求,面向国家和经济社会发展需要,加强品牌建设,拓展市场空间,优化产品结构和能力布局。四是坚持开放协同。推进高水平双向开放,提高全球资源配置和利用能力,促进造船、修船、配套、海工协同发展,制造业与服务业协调发展,产学研用及产融紧密结合,建立优势互补、合作共赢的开放高效的产业生态体系。

高端船舶和海洋工程装备关键技术及配套产业化实施方案措施导向为推动我国船舶工业转型升级,提高技术水平和核心竞争力,巩固和增强国际竞争优势。

智能无人船舶发展行动计划政策措施政策导向为:系统布局,谋划长远。加强顶层设计,注重体系化布局,有机衔接当前急需与长远发展,系统提升船舶智能化水平,为全产业链提供协同创值和增值服务。创新驱动,重点突破。以重点项目为牵引,加强关键共性技术和重点系统设备研发,提前布局前瞻性技术攻关,加快成熟智能技术工程化应用,补齐技术链与产业链短板。分类实施,梯次推进。根据远洋运输船舶、沿海运输船舶、内河运输船舶、工程船舶、公务船舶等各类船舶特点,结合不同用户的需求,制定有针对性的智能化发展策略,推动各类智能无人船舶有序发展。协同发展,跨界融合。加强产学研用结合,促进跨界联动,深化军民融合,拓展国际合作,推进智能无人船舶核心技术的联合攻关与示范应用,强化法规标准与产业政策的协调,开展新型商业模式的共同探索与实践。

推进船舶总装建造智能化转型行动计划政策性指导措施有三点:一是夯实基础,补齐短板。面向行业智能制造发展需求,完善船舶精益制造体系和智能制造标准体系,加强船厂互联网基础设施建设。围绕关键环节,补齐关键技术和柔性化、自动化、智能化造船装备短板,结合船舶制造特点,充分发挥人与机器智能协同优势。二是重点突破,以点带面。立足船舶建造关键薄弱环节,特别是脏、险、难工作,集中优势力量和创新资源,开展重点领域软件系统、硬件装备的研发与应用,构建船舶智能制造单元、智能生产线和智能化车间,通过示范,由点到面推进实施,带动行业技术进步与节能环保水平提升。协同创新,开放融合。构建产学研用协同创新机制,促进关键技术和工艺、智能制造装备和发展模式的创新突破。坚持军民融合、跨界融合,建立开放高效、合作共赢的智能制造生态体系,在标准制定、人才培养等方面加强国内外交流合作。三是远近结合,分类施策。强化顶层设计,着眼长远,体系布局,着眼当前急需,推动试点先行。结合造船企业自身基础和条件,选择适合的发展路径,通过填平补齐、升级改造等多种方式有序推进。

核心配套设备创新研制政策政策导向有七点:一是以建设世界造船强国为目标,充分利用国内国际两个市场、两种资源,以推动船舶配套产业链和价值链双升级为主线,实施"五大工程",做强优势产品,改善薄弱环节,打造具有国际竞争优势的专业化船舶配套企业和系统集成供应商,全面提升我国船用设备核心发展能力,做大做强我国船舶配套产业。二是要按照"分类施策、创新驱动、系统推进、军民融合、开放合作"原则逐步推进。三是船用设备各类产品发展的基础和条件差异大,对于采用专利技术生产或技术水平低的产品,以提升创新能力为重点;对已经实现产品研制,有一定市场占有率的产品,以产品系列化、提升质量品牌市场认可度和品牌价值为重点;对已突破关键技术,但装船率低的产品,以全面掌握设计制造技术、丰富产品型号、推动产品示范应用为重点,大幅提升我国本土化船用设备装船率。四是坚持以创新驱动发展,引导船舶配套企业及相关科研院所加强原始创新,强化集成创新和引进消化吸收再创新,完善创新体系,加强创新平台建设,推动产学研用联合创新和跨领域跨行业协同创新,突破一批重点领域关键技术,促进重点船用设备集成化、智能化、模块化发展,加大满足国际新公约新规范新标准产品的创新力度。五是全面掌握核心设备设计制造技术,提升产品可靠性和市场竞争力。围绕核心设备逐步具备提供解决方案能力,实现系统集成、打包供货;推进整机产品与关重件协同发展,以整机产品带动关重件发展,使整机产品成为关重件研发应用的平台,从而带动产业链的完善和提升。六是大力发展军民两用船用设备及技术,加强船舶配套领域军民资源共享,在研发、设计、制造、服务等方面全面推进军民融合,打造良性互动的军民融合发展体系,促进高新技术军民双向转化、应用以及产业化,带动军、民船配套核心能力的同步提升。七是加大"引进来""走出去"的开放力度,通过合资合作、引进专利技术、并购专业化公司、实施创新等多种形式,提升船舶配套薄弱领域的研发制造能力。充分利用我国机械、电子等行业的发展成果,支持相关企业发展船舶配套产品。加强重点船用设备研发和售后服务领域与国外企业多种形式的合资合作,提高我国船舶配套产业在国际产业链条中的价值增值能力。

船舶与港口绿色发展专项行动实施方案相关政策导向有四点:一是坚持统筹谋划、防治结合。紧密结合船舶与港口污染防治工作现状和阶段性特征,立足当前、着眼长远、科学规划、有效衔接,系统提出分阶段行动目标和主要任务,强化源头防控,注重科学治理,有序推进船舶与港口污染防治工作。二是坚持全面推进、重点突破。系统梳理船舶、港口污染防治全过程、各环节存在的问题,紧抓制约污染防治水平的关键领域和重点环节,打好攻坚战,以点带面,全面推进船舶与港口污染防治工作。三是坚持政府推动、企业施治。贯彻节约资源和保护环境的基本国策,在充分发挥污染防治企业主体作用和市场调节作用的同时,发挥好政府的政策引导和监督管理作用,形成政府、企业协同推进工作格局。四是坚持创新驱动、示范带动。发挥企业的科技创新主体作用,加强船舶与港口污染防治关键技术、设施设备科技攻关,推动科研成果的转化应用;选择具有较好基础条件、符合污染防治发展方向的项目,开展试点示范和经验推广,推动污染防治工作深入开展。

二、 中国船舶工业战略转型现行政策制定目标分析

《船舶工业中长期发展规划(2006—2015 年)》制定目标为:2010—2015年,年产量 1700 万—2200 万载重吨。(产量增加)年能力达到 2300 万—2800万载重吨。船用低、中速柴油机年生产能力分别达到 450 万—600 万千瓦和1100—1200 台,基本满足同期国内造船需求,形成一批具有较强国际竞争力的船用设备专业化生产企业,本土生产的船用设备平均装船率(按价值计算)达到 60%—80%。管理水平和生产效率提高:骨干造船企业的生产效率达到15 工时/修正总吨,3 万载重吨以上常规船舶平均建造周期达到 9 个月,人均年销售收入力争达到 200 万元。

船舶工业调整和振兴政策措施政策目标有六点:一是船舶生产稳定增长。今后三年船舶工业保持平稳较快增长,力争 2011 年造船产量达到 5000 万吨,船用低速柴油机产量达到 1200 万马力。二是市场份额实现 2011 年造船完工量占世界造船完工量的 35%以上,高技术高附加值船舶市场占有率达到20%,海洋工程装备市场占有率达到 10%。三是配套能力实现三大主流船型本土生产的船用配套设备的平均装船率达到 65%以上,船用低速柴油机、中速柴油机、甲板机械等配套设备的国内市场满足率达到 80%以上。四是结构调整实现大型船舶企业集团在高端船舶市场具备较强国际竞争力,若干个专业化海洋工程装备制造基地初具规模,一批船用配套设备生产企业发展壮大,环渤海湾、长江口和珠江口成为世界级造船基地。五是研发水平实现三大主流船型研发设计系列化、标准化,形成一批具有国际竞争力的品牌船型,高技

术高附加值船舶和海洋工程装备开发取得突破。六是生产效率上要实现骨干船舶企业基本建立现代造船模式,三大主流船型平均建造周期缩短到 10 个月以内,单位工业增加值能耗三年累计降低 15%,钢材利用率显著提高。

船舶工业加快结构调整促进转型升级实施方案政策措施政策目标也是六点:一是产业实现平稳健康发展。国内市场保持稳定增长,国际市场份额得到巩固,骨干企业生产经营稳定,船舶工业实现平稳健康发展。二是创新发展能力明显增强。新建散货船、油船、集装箱船三大主流船型全面满足国际新规范、新公约、新标准的要求,船用设备装船率进一步提高。高技术船舶、海洋工程装备主要产品国际市场占有率分别达到 25% 和 20% 以上。三是产业发展质量不断提高。产业布局调整优化,建成环渤海湾、长江口、珠江口三大世界级造船和海洋工程装备基地。骨干企业建立现代造船模式,造船效率达到 15工时/修正总吨,单位工业增加值能耗下降 20%,平均钢材一次利用率达到90% 以上。四是海洋开发装备明显改善。运输船队结构得到优化,渔业装备水平明显提高,科学考察、资源调查等装备配置得到加强,海洋油气资源勘探开发装备满足国内需求,邮轮游艇产品适应海洋旅游产业发展需要。五是海洋保障能力显著提升。行政执法船舶配置大幅提升,调配使用效率明显提高,适应海上维权执法需要;救助、打捞船舶升级换代,航海保障能力及海上综合应急救援能力显著增强。六是化解过剩产能取得进展。产能盲目扩张势头得到遏制,产能总量不增加;企业兼并重组稳步推进,产业集中度不断提高;一批大型造船基础设施得到整合,产业布局更加合理;一批中小企业转型转产,落后产能退出市场。

船舶工业深化结构调整加快转型升级行动计划目标有五点:一是到 2020年,建成规模实力雄厚、创新能力强、质量效益好、结构优化的船舶工业体系,力争步入世界造船强国和海洋工程装备制造先进国家行列。二是市场份额稳中有升。国际竞争地位进一步提高,力争造船产量占全球市场份额在“十二五”时期的基础上提高 5 个百分点,海洋工程装备与高技术船舶国际市场份额达到35%和40%左右。三是创新能力进入世界前列。科技创新能力进入世界造船先进行列,船型的能耗经济性、环保性、安全性、智能化水平达到国际领先水平,高技术船舶和海洋工程装备概念/基础设计达到世界先进水平,全面掌握船舶动力、甲板机械、舱室设备、通导与智能系统及设备的核心技术,船舶规范标准国际影响力明显提升。规模以上企业研发经费投入不低于销售收入的2.5%。四是结构调整成效显著。产业集中度大幅提升,前10家造船企业造船完工量占全国总量的70%以上,形成一批核心竞争力强的世界级先进船舶和海洋工程装备制造企业;配套能力明显增强,散货船、油船、集装箱船三大主流船型,高技术船舶和海洋工程装备本土化设备平均装船率分别达到80%、60%和40%以上,成为世界主要船用设备制造大国;骨干船舶、海工装备和配套企业基本建立全球研发、营销和服务体系。五是质量效率大幅提升。骨干船厂全面建立精益制造体系,自动化、数字化、智能化水平显著提升,建成一批智能车间和智能生产线。大中型企业资源计划(ERP)普及率和数字化设计工具普及率均达到97%,关键工艺流程数控化率达到90%。船舶和海工产品质量品牌信誉度明显提高,船舶"白名单"企业造船效率达到15—20工时/修正总吨,标杆企业造船效率达到国际先进水平,经济效益实现稳步提升。

　　高端船舶和海洋工程装备关键技术及配套产业化实施方案政策措施目标是:通过实施本方案,使我国高技术船舶和特种船舶的自主设计、系统集成和总承包能力进一步提升,一批船舶和海洋工程装备产品填补国内空白,海洋资源开发装备结构明显升级,关键配套设备装船率不断提高,研发设计、试验检测设施更加完善,产业核心竞争力明显增强;大型邮轮设计建造取得重要进展,22000箱超大型集装箱船实现首船交付,公务执法船、磷虾捕捞船、深远海渔业养殖平台等推广应用,高强度系泊链、大功率激光器、海底管道检测系统等产业化能力明显增强,虚拟现实设计与试验平台等投入使用。

　　智能无人船舶发展行动计划政策措施政策目标为:经过三年努力,形成我国智能无人船舶发展顶层规划,初步建立智能无人船舶规范标准体系,突破航行态势智能感知、自动靠离泊等核心技术,完成相关重点智能设备系统研制,实现远程遥控、自主航行等功能的典型场景试点示范,扩大典型智能无人船舶"一个平台+N个智能应用"的示范推广,初步形成智能无人船舶虚实结合、岸海一体的综合测试与验证能力,保持我国智能无人船舶发展与世界先进水平同步。

推进船舶总装建造智能化转型行动计划政策措施政策目标有四点:一是经过三年努力,船舶智能制造技术创新体系和标准体系初步建立,切割、成形、焊接和涂装等脏险难作业过程劳动强度大幅降低,作业人员明显减少,造船企业管理精细化和信息集成化水平显著提高,2—3家标杆企业率先建成若干具有国际先进水平的智能单元、智能生产线和智能化车间,骨干企业基本实现数字化造船,实现每修正总吨工时消耗降低20%以上,单位修正总吨综合能耗降低10%,建造质量与效率达到国际先进水平,为建设智能船厂奠定坚实基础。二是突破一批关键技术和智能制造装备。突破总体、设计、工艺、管控和决策等5类船舶智能制造关键技术;攻克船体零件智能理料、船体零件自由边智能打磨、小组立智能焊接、中组立智能焊接、分段外板智能喷涂、管件智能加工等6种船舶智能制造短板装备。三是形成一批智能制造标准和平台。制修订船舶智能制造标准20项以上,建设试验验证平台4个以上、公共服务平台3个以上。四是建成一批智能制造单元、智能生产线和智能化车间。形成型材加工、板材加工、分段喷砂除锈、分段涂装以及VOC处理等智能制造单元,建成型材切割、小组立、中组立、平面分段、管子加工、构件自由边打磨等6种船舶中间产品智能生产线,以及分段制造、管子加工、分段涂装等船舶智能化车间。

核心配套设备创新研制政策主要目标是经过5—10年的时间,基本建成较为完善的船用设备研发、设计制造和服务体系,关键船用设备设计制造能力达到世界先进水平,全面掌握船舶动力、甲板机械、舱室设备、通导与智能系统及设备的核心技术,主要产品型谱完善,拥有具备较强国际竞争力的品牌产品;龙头企业规模化专业化发展,成为具有较强实力的船用设备系统集成供应商;配套能力显著提升,散货船、油船、集装箱船三大主流船型本土化船用设备平均装船率达到 80% 以上,高技术船舶本土化船用设备平均装船率达到 60%以上,船用设备关键零部件本土配套率达到 80%,成为世界主要船用设备制造大国。争取到 2025 年,我国建成较为完善的船用设备研发、设计制造和服务体系,船舶配套能力全面提升,本土化船用设备平均装船率达到 85% 以上,关键零部件配套能力大幅提升,成为世界主要船用设备制造强国。

船舶与港口绿色发展专项行动实施方案相关政策总体目标是:到 2020年,船舶与港口污染防治政策法规标准体系进一步完善,船舶与港口大气污染物、水污染物得到有效防控和科学治理,排放强度明显降低,清洁能源得到推广应用,船舶和港口污染防治水平与我国生态文明建设水平、全面建成小康社会目标相适应。具体目标是:到 2020 年,珠三角、长三角、环渤海(京津冀)水域船舶硫氧化物、氮氧化物、颗粒物与 2015 年相比分别下降 65%、20%、30%;主要港口 90% 的港作船舶、公务船舶靠泊使用岸电,50% 的集装箱、客滚和邮轮专业化码头具备向船舶供应岸电的能力;主要港口 100% 的大型煤炭、矿石码头堆场建设防风抑尘设施或实现封闭储存。沿海和内河港口、码头、装卸站(以下简称"港口")、船舶修造厂分别于 2017 年年底和 2020 年年底前具备船舶含油污水、化学品洗舱水、生活污水和垃圾等接收能力,并做好与城市市政公共处理设施的衔接,全面实现船舶污染物按规定处置。按照新修订的船舶污染物排放相关标准,2020 年年底前完成现有船舶的改造,经改造仍不能达到要求的,限期予以淘汰。

三、 中国船舶工业战略转型现行政策制定要解决问题的重点

通过对船舶工业中长期发展政策梳理分析发现,其政策制定主要是想解决三大重点问题:一是要解决核心技术问题。在技术上要提高产品优化设计和制造水平;全面掌握市场需求量大面广的主力船舶和海洋工程装备的优化

和设计技术,以及高附加值船舶和海洋工程装备设计、制造能力。逐步掌握船用设备设计、制造核心技术;加强基础技术、关键共性技术研究,增加技术储备。建立船舶性能和结构数据库,开发船舶线型和综合性能快速优化设计系统,加强推进、操纵、减振、降噪和结构设计计算等技术研究,构筑产品开发平台;建立健全我国船舶工业技术标准体系;充分利用信息技术改革产品设计、生产和经营管理方式,努力缩短造船周期,降低造船成本。二是要解决产品市场问题。要以满足国内外船舶市场的主流需求为目标,重点提高主力船舶的市场份额,逐步实现标准化、系列化、品牌化,使之成为我国船舶工业的主导产品;采取引进技术、联合建造等方式,发展高技术、高附加值船舶,逐步填补国内空白;提高海洋资源勘探、开采、加工、储运和后勤服务等方面的海洋工程装备研制水平,向深水化、大型化和系统化方向发展。努力满足我国海洋管理需要,增强海洋调查监测和海洋执法管理等装备的研制能力;大力发展救助打捞装备、远洋渔船、大型工程船和个性化游艇等产品;优先发展船用动力装置、甲板机械等已具备一定基础和优势的产品,打造国际品牌;大力发展低速柴油机曲轴、船用大型铸锻件、锅炉、发电机组等对产业发展具有较大影响的产品;加强对外合作,促进机舱、装卸和观通导航等自动化系统产品的本土化生产。三是要解决相关行业协同发展问题。船用钢材、焊材、涂料、电缆等相关产品,保障船舶工业发展需要。钢铁工业要结合自身发展,有针对性地实施技术改造,增加产品品种规格,提高船用钢材国内自给率。大型船舶企业集团可与钢铁、航运等相关产业的企业集团结成联盟,提高抵御市场风险的能力。四是要解决企业生产管理水平问题。造船企业要积极运用现代管理技术,调整生产组织结构,合理配置生产要素,推行工种复合化和中间产品生产专业化;三大造船基地内的骨干船厂要率先推行现代总装造船模式。按照专业化生产要求,建立板材、管材、电缆等大宗材料配送中心,努力实现船用材料定规格入厂;建立铸造、锻造、热处理和电化学处理工艺专业化加工中心,实现部件成品化入厂;船舶企业集团和生产企业要尽快建立本级局域网络,普及信息化管理,对设计、采购、生产、销售、库存、财务等生产经营环节实时监控,加强信息交流,提高管理效率。企业集团公司要充分利用网络管理平台,集中采购生产资料,统一调配集团内部资源;建立开放的协作配套体系。船舶工业要充分利用机械、电子、化工、轻工等行业的技术优势和生产能力,培育一批专业化生产企业。

从对船舶工业调整和振兴政策措施政策的梳理分析发现,其政策重点主要突破以下九个问题:一是稳定船舶企业生产。采取有效措施,支持大型船舶企业和航运企业按期履行合同,积极应对推迟接船、撤单、弃船等经营风险。指导船舶企业加强生产管理,合理安排生产计划,确保造船质量和进度,保持生产连续性。二是扩大船舶市场需求。加快报废更新老旧船舶和淘汰单壳油轮,积极发展远洋渔船、特种船、工程船、工作船等专用船舶。三是发展海洋工程装备。支持造船企业研究开发新型自升式钻井平台、深水半潜式钻井平台和生产平台、浮式生产储卸装置、海洋工程作业船及大型模块、综合性一体化组块等海洋工程装备,鼓励研究开发海洋工程动力及传动系统、单点系泊系统、动力定位系统、深潜水装备、甲板机械、油污水处理及海水淡化等海洋工程关键系统和配套设备。四是支持企业兼并重组。支持大型船舶企业集团及其他骨干船舶企业实施兼并重组。推动大型船舶企业与上下游企业组成战略联盟,相互支持,共同发展。引导中小船舶企业调整业务结构,发展中间产品制造、船舶修理、特种船舶制造等业务,开拓非船产品市场。支持有条件的企业并购境外知名船用配套设备企业、研发机构和营销网络。五是提高自主创新能力。制定《船舶工业科研开发重点项目目录》,支持优化升级三大主流船型,开发适应新规范、新标准和节能环保要求的船舶,提高大型液化天然气船、大型液化石油气船、大型汽车运输船、科学考察船等高技术高附加值船舶的设计开发能力,加快新型船用柴油机及其关键零部件、甲板机械、舱室设备、通信导航自动化设备的自主研发,加快现代造船技术、船舶和海洋工程装备基础共性技术研究。六是加强企业技术改造。制定《船舶工业技术改造项目及产品目录》,支持高技术高附加值船舶和海洋工程装备专用生产设施项目建设,支持填补国内空白、节能环保效果显著以及产能不能满足市场需求的船舶和海洋工程装备及配套产品的技术改造。七是积极发展修船业务。鼓励造船企业利用现有造船设施开展修船业务。加强修船技术研究,增强大型船舶、特种船舶、海洋工程装备修理和改装能力。规范发展拆船业,实行定点拆解。八是努力开拓国际市场。制定并完善相关措施,巩固我国船舶工业在三大主流船型国际市场的竞争优势,扩大高技术高附加值船舶、海洋工程装备的国际市场份额;鼓励船用配套设备企业建立境外营销网络和售后服务体系,带动产品出口。九是加强船舶企业管理。引导船舶企业加快建立现代企业制度,深化内部改革,推进管理信息化,全面提高科学决策和管理水平;加快建立现代造船模式,推进数字化造船;加强国际造船新规范、新公约、新标准的研究,积极做好相关准备工作;推广节能节材新技术、新工艺,提高能源使用效率和钢材利用率,降低能耗物耗;增强市场分析和预测能力,加强合同管理,提高资金使用效率,控制财务成本,增强企业参与国际竞争和防范市场风险的能力;加强创新型研发设计人才、开拓型经营管理人才、高级技能人才等专业人才培养,强化职工培训,优化人才队伍结构,满足企业可持续发展需要。

船舶工业加快结构调整促进转型升级实施方案政策的制定,其重点主要涉及以下七个领域:

一是要加快科技创新,实施创新驱动。开展船舶和海洋工程装备关键技术攻关,培育提高科技创新能力,增强创新驱动发展新动力。加大主流船型符合国际新规范、新公约、新标准的节能安全环保技术开发,做好宣传、培训和推广,积极参与国际标准制订,支持数字化智能设计系统等重点技术研究和应用。开展液化天然气存储技术研究,突破液化天然气船双燃料、纯气体动力技术;组织豪华邮轮总体布置、减振降噪、海上舒适度等技术以及工程项目组织管理和特殊建造工艺研究。开展深海浮式结构物水动力性能、疲劳强度分析等关键共性技术攻关,提升钻井船、半潜式平台、液化天然气浮式生产储卸装置、水下生产系统等核心装备的概念设计和基本设计水平,掌握大型功能模块的设计制造技术。突破磷虾捕捞加工船、大型拖网加工船等大型远洋渔船设计建造技术,提高金枪鱼延绳钓船、金枪鱼围网船、秋刀鱼捕捞船等远洋渔船设计建造能力。加快产品开发,建立标准化船型库,加强防撞击、适航性等技术集成应用和创新,提高行政执法和公务船舶设计制造水平。

二是要提高关键配套设备和材料制造水平。重点依托国内市场需求,推进关键船用配套设备、海洋工程装备专用系统和设备以及特种材料的制造,提高产业核心竞争力。培育中高速柴油机、小缸径低速柴油机、甲板机械等优势产品自有品牌,加快转叶式舵机、污水处理装置、压载水处理系统、油水分离机等产品产业化,提高通信导航和自动化系统制造水平。加快液化天然气船动力推进系统、低温冷藏系统、低温液货装卸系统等关键系统的研制。开展透平和原油发电机组、单点系泊系统、动力定位系统、电力推进系统、海洋平台吊机、水下井口装置、铺管专业设备等海洋工程装备专用系统和设备研制技术攻关。推进渔船探渔、诱渔、捕捞、加工、冷藏等专用设备制造。推进行政执法和公务船舶电子、通信、导航设备产业化。发展耐腐蚀、超低温、高强度、超宽超长超薄和异形船板,海洋工程装备、海洋油气输送管线用钢等特种钢材。

三是要调整优化船舶工业生产力布局。严把市场准入关口,严格控制新增造船、修船、海洋工程装备基础设施(船台、船坞、舾装码头),坚决遏制盲目投资加剧产能过剩矛盾。通过优化产业组织结构,推进企业兼并重组,集中资源、突出主业,整合一批大型造船、修船及海洋工程装备基础设施资源,发展具有国际竞争力的船舶企业集团。通过调整中小船厂业务结构,发展中间产品制造、修船、拆船等业务,开拓非船产品市场,淘汰一批落后产能。在不增加产能的前提下,加快实施城市老旧船厂搬迁。依托环渤海湾、长江口和珠江口地区三大造船基地发展海洋工程装备,重点发展海洋工程装备专用系统和设备,形成造船、海洋工程装备、配套设备协调发展的产业格局。

四是要改善需求结构,加快高端产品发展。鼓励老旧船舶提前报废更新。

加快淘汰更新老旧远洋、沿海运输船舶,推进内河船型标准化,发展满足国际新规范、新公约、新标准的节能安全环保船舶,优化船队结构,提高航运业竞争力。大力发展海洋工程装备。加大海洋油气资源勘探开发力度,发展钻井平台、作业平台、勘察船、工程船等海洋工程装备。鼓励骨干油气、造船企业和科研院所等成立专业化企业或联合体,培育海洋工程装备设计、系统集成和总承包能力。加强行政执法船舶配置。增加海上行政执法船舶数量,提高配置水平,开工建造一批海上行政执法船舶,改善装备条件,充实执法力量,尽快提高海上维权执法能力。加快海洋综合开发和应急保障船舶建造。建设专业化海上应急救援队伍,开工建造一批大型救助、打捞船舶,提高海上综合救援能力。加快开发建造一批资源勘察、环境监测、科学考察船舶,改善海上科研条件,提高海洋科考能力。依托重大海洋基础设施工程,建造一批水上工程船舶,形成规模化海上施工能力。开拓高技术船舶市场。大力发展大型液化天然气船,提高专业化设计制造能力和配套水平。加快培育邮轮市场,逐步掌握大中型邮轮设计建造技术。完善游艇产业链条,培育豪华游艇自有品牌。实施渔船更新改造。逐步淘汰老、旧、木质渔船,发展选择性好、高效节能的捕捞渔船。加快老旧远洋渔船更新步伐,提升远洋渔业装备水平。发挥船舶工业研发和制造优势,整合科研生产要素,提高渔船开发设计和制造水平。

五是要稳定国际市场份额,拓展对外发展新空间。加强对国际船舶市场态势、产品发展趋势以及主要造船企业发展战略的分析和研究,加大国际市场开拓力度,稳定和努力扩大国际市场份额。支持引进船舶和海洋工程装备开发、设计核心人才和团队。支持有条件的企业通过自建、并购、合资、合作等多种方式在海外设立研发中心,支持开展海外产业重组,掌握海洋工程装备、高技术船舶、配套设备等领域的先进技术。支持大型船舶和配套企业开展全球产业布局,在海外建立营销网络和维修服务基地。

六是要推进军民融合发展。促进军用与民用科研条件、资源和成果共享,促进船舶军民通用设计、制造先进技术的合作开发,加强军用与民用基础技术、产品的统筹和一体化发展,推动军用标准与民用标准的互通互用。引导造船企业发挥技术优势积极开拓民用特种、专用船舶市场。立足民用船舶工业基础,依托重大民品研制项目,突破关键产品、材料、加工制造设备等军工能力建设瓶颈。

七是要加强企业管理和行业服务。引导船舶企业深化内部改革,加强制度创新,夯实管理基础。加强成本和风险控制,增强应对市场变化和抵御市场风险能力。全面建立现代造船模式,加快信息化建设,推进精益造船,应用节能、节材技术和工艺,降低资源和能源消耗,提高发展质量和效益。加强船员人才队伍建设,建立严格的船员培养、选拔、考核、退出机制,提高船员综合素质,满足可持续发展需要。加强船舶行业管理,完善行业准入条件,加强国际新规范、新公约、新标准的宣传、培训和推广,发挥行业协会、专业机构等在行业自律、信息咨询、技术服务、检验检测、宣传培训等方面的重要作用。

船舶工业深化结构调整加快转型升级行动计划政策制定重点体现在:

一是要提高科技创新引领力。加强基础及前沿技术研究。面向绿色环保主流船舶、高技术船舶、海洋工程装备及核心配套设备等重点领域,加强水动力技术、结构轻量化设计技术、船用发动机概念/工程设计技术等基础共性技术研发,以及相关国际标准规范研究和制修订;加大对智能船舶、深远海装备、极地技术及装备等领域攻关力度,强化前瞻布局,增强源头供给,推动科技创新向"并行""领跑"转变;建设高水平创新中心。围绕重大科技创新需求,加快深远海海洋工程装备制造业创新中心建设,在智能船舶、船用动力等领域建设一批具有国际水平的实验室和工程中心。推进数值水池、数据资源、大型共用实验装置等平台建设。鼓励平台开放聚集的各类资源,为社会提供专业化服务,建立资源富集、创新活跃、高效协同的"双创"新生态;实施重大专项工程。加快启动深海空间站重大科技项目,组织实施大型邮轮、智能船舶、船用低速机、第七代深水钻井平台等一批重大创新工程和专项,产学研用协同攻关,系统地开展重点领域基础共性技术、产品设计制造关键技术研究,关键系统和设备研制,以及标准规范制定等。

二是要调整优化产业结构。努力化解过剩产能。加强对符合行业规范条件企业的监督管理,动态调整船舶行业"白名单",择优扶强,引导社会资源向优势骨干企业集聚,促进落后企业转产转业和破产重组。利用国内外市场倒逼机制,促进跨行业、跨区域、跨所有制的兼并重组,引导骨干企业主动适应需求变化,通过产能置换、退城进郊、改造升级等方式主动压减过剩产能。大力扶植优强企业。加强企业内部管理,对标国内外先进企业,提高劳动生产率,不断降本增效。在大型主流船舶、高技术船舶、海洋工程装备以及船用动力等核心配套领域扶植培育一批创新能力强、专业化制造及管理水平高的世界级先进企业和系统集成总包商。在特种船舶、大型渔船及深海养殖装备、内河船舶建造、高技术船舶修理改装、中间产品制造等领域壮大一批专业化、特色化的中小船舶企业。积极培育新的经济增长点。适应国内邮轮游艇等传统高端消费潜力加速释放的趋势,加快实现邮轮自主设计和建造,大力发展中小型游艇和新型游艇设计制造。积极开展深海渔业养殖装备、可再生能源开发装备、深海矿产资源开发装备、海洋空间开发利用装备、极地技术与装备等研制和应用。

三是要发展先进高效制造模式。大力推进智能制造。将智能制造作为船舶工业强化管理、降本增效的主攻方向,大力推进数字化、网络化和智能化技术在船舶以及配套设备设计制造过程中的应用。夯实船舶精益制造基础,普及数字化、自动化制造。重点实施船舶中间产品智能制造,加快建设船体分段、智能涂装、智能管子加工等示范智能车间和智能生产线。大力推广船舶配套设备智能制造新模式,开展智能车间/工厂示范,全面推进船舶及配套设备设计、制造、管理、维护、检验等全流程的智能化;积极发展"互联网+"与服务型制造。加快构筑自动控制和感知、工业核心软件、工业互联网、工业云和面向制造业的信息技术服务等船舶制造业新基础。充分利用"互联网+"等手段创新服务模式,发展网络精准营销、个性化定制服务、智能监测、检验、远程诊断管理、全寿命周期管理等服务,实现从制造向"制造+服务"转型升级。支持有条件的海洋工程装备、船舶及配套企业由提供设备向提供系统集成总承包服务转变,由提供产品向提供整体解决方案和服务转变,推动解决方案服务专业化、规模化和市场化。加快发展第三方物流、检验检测认证等生产性服务企业;全面推行绿色制造。将绿色理念贯穿船舶制造全产业链和产品全生命周期。以推动产品设计生态化、生产过程清洁化、能源利用高效化、回收再生资源化为重点方向,强化设计的节约意识,积极推广应用新型节能环保材料和工艺工装,支持企业进行节能、环保、绿色、安全生产等方面技术改造,加快开展绿色制造体系建设,建立绿色、安全造船技术规范与标准体系。

四是要构筑中国船舶制造知名品牌。提升产品质量。加强关键技术与产品试验验证能力建设,推广采用先进成型和加工方法等,大幅提高船用中高速机、电力推进系统、甲板机械、智能航行系统,以及海工平台钻井包、电站、系泊定位系统等配套设备的性能稳定性、质量可靠性和环境适应性,达到国际先进水平。培育和弘扬精益求精的工匠精神,引导企业树立质量为先、信誉至上的经营理念,组织攻克一批制约产品质量提升的关键共性技术,推进中国船舶制造"品质升级";推进品牌建设。紧跟市场需求,在散货船、油船、集装箱船主流船型、自升式平台、半潜式钻井/支持平台、海洋工程作业船和辅助船等领域打造一批技术先进、成本经济、建造高效、质量优良、有较高信誉度的国际知名品牌,并推动品牌产品向高技术船舶、深海海洋工程装备全面拓展。扩大船舶动力、甲板机械等核心配套领域的品牌影响力。建设品牌文化,加大中国品牌宣传推广力度,树立中国船舶制造品牌良好形象,提升品牌附加值和软实力;强化制造体系管理。制定和实施中国造船质量标准和中国修船质量标准。加强供应链质量管理,提高配套设备全寿命周期质量追溯能力,建立覆盖产品全寿命周期的技术标准规范体系。利用信息技术,推广建立船厂现场质量管理体系、精度控制体系、外包管理体系和成本管理体系。加强先进检测工具、设备研发应用,提高生产过程质量监督检验的效率和准确性。

五是要推动军民深度融合发展。促进军民协同创新。推动建设军民融合的科技协同创新平台。进一步加强船舶军转民、军民两用技术科研工作,支持军民技术双向转移转化。完善国家军民融合公共服务平台,推进军民融合信息共享和技术交流。推进军民资源共享。进一步加强船舶领域研发设计、试验验证设施、生产及配套资源的共享共用。支持统筹开展军民通用的水池、海洋环境、通信导航等综合性试验设施和重大军民结合型产业化项目建设,推进北斗导航应用,提高资源配置效率。建立军民品协作配套体系。加快推进船舶工业军民通用标准建设,推动若干领域军用标准、规范与民用相统一。

六是要促进全方位开放合作。加快"走出去"步伐。结合"一带一路"建设,积极推进船舶和海洋工程装备国际产能和装备制造合作。支持油气开发企业、船舶和海洋工程装备制造企业、金融机构加强战略合作,联合开展全球油气资源开发和运营。鼓励骨干船舶企业积极开展海外并购,在海外投资建厂、建立海外研发中心、实验基地和全球营销及售后服务体系。积极参与国际造船规则修订,提高国际造船规范标准制定的参与深度和广度;积极引入全球创新资源。利用国外优势资源,开展豪华邮轮、船用低速机协同攻关,鼓励境外企业和科研机构在我国设立全球研发机构。鼓励船舶企业、科研院所与国外相关机构开展联合设计、技术交流合作和人才培养。鼓励船舶企业采取团队引进、核心人才引进、项目引进等方式吸引海外高端人才。

高端船舶和海洋工程装备关键技术业化实施方案政策制定和实施重点有五点:一是发展高技术船舶与特种船舶。通过联合开发、技术引进、合资经营等方式,开展邮轮设计、制造和示范应用,逐步掌握邮轮总包建造技术,提升工程组织和供应链管理能力,带动邮轮专用配套设备的发展,形成比较完整的邮轮制造产业链。开展超大型集装箱船、大洋钻探船、超大型气体船、深海采矿船、浮标作业船、大洋综合资源调查船、海底管线巡检船、多功能物探船、超大型矿砂船等高技术、绿色智能船舶的设计和制造,提升自主设计、系统集成和总承包能力,推动关键配套设备和系统实船应用。发展深远海多功能救助船、大型远洋打捞工程船、高性能公务执法船、多功能应急保障船等特种船舶,救助打捞专用设备、水下特种作业设备、海上应急通信系统、安全监测系统、水下探测监测系统、溢油监测系统等设备系统,增强海上综合保障装备能力。开展极地多用途船、极地物探船、重型破冰船、极地科考破冰船等极地船舶与装备的设计与建造,加强物探拖缆收放系统、大功率全回转推进装置等极地用关键配套设备的研制和实船应用。二是发展海洋资源开发先进装备。推动大型浮式生产储卸油装置(FPSO)、水下生产系统、固定式海上液化天然气存储气化平台(PSRU)、海上平台拆解装备、张力腿平台(TLP)、第七代半潜式钻井平台等油气开采装备的研发、示范应用,提升海洋油气装备的自主设计、系统集成和总承包能力,完善海洋油气装备体系。加快海上卫星发射平台、海上城市结构物、装配式工厂、深海空间站、深潜水工作母船、深海载人潜水器、深海探测机器人等装备开发,加强海上风能、波浪能、潮汐能、温差能等开发装备的研制,积极推动示范应用,建立海洋空间资源开发装备体系。开展深远海养殖平台、磷虾捕捞船、冷链运输和加工等深远海渔业装备的研发、示范应用与产业化,提升海上养殖智能化水平,拓展海洋经济发展新空间。三是提升关键系统和核心部件配套能力。通过自主创新、技术引进、海外并购、国际合作等方式,开展中高速柴油机、双燃料发动机、气体发动机等船用动力系统与关键配套设备的攻关,掌握关键核心技术,培育自主品牌。开发大型远洋船配套的尾气处理装置、挥发性有机物回收再利用装置、超大型油轮凝析油脱臭装置等环保装备,提升产业化能力,加强推广应用,满足国际海事组织最新排放要求。推动甲板设备、舱室设备、推进设备、辅助自动驾驶系统、辅机设备智能综合管控系统、无人装卸作业系统、钻井系统、大功率激光器、液货装卸及外输系统等集成化、智能化、模块化。开发通信导航、深水多点锚泊系统、动力定位系统、物探系统、地震拖缆系统、锚拖带作业系统等关键设备和系统,提升产业化能力,推动实船应用。四是提升研发制造服务能力。建设虚拟现实设计与试验平台。建立信息采集技术标准,利用设计仿真、专家诊断和虚拟现实技术,构建远程运维体系架构。开展定制化产品设计、设备操作与运维、数据交互与状态预警等虚拟试验,提升试验的安全性、可靠性和有效性,降低研发成本,缩短设计建造周期,满足未来船舶和海洋工程装备产品开发需要。建设公共技术服务平台。整合现有资源,推动核心机电设备、深远海养殖系统、低速柴油机数字化、海上风电装备、海洋工程装备等试验检测,提升试验检测认证能力。建立在役船舶和海洋工程装备实时运维数据系统,形成远程监测、数据分析、智能诊断、状态评估和风险预警技术能力,提供信息、技术、人才、管理、咨询等服务。建设智能示范生产线、智能示范车间、智能船厂。加快虚拟制造、数据库管理、信息化等新型技术的开发与应用,优化生产流程工艺,推动工业机器人、自动化生产线等技术的应用,加强研发、制造、服务深度融合,降低生产成本,提高产品质量和生产效率。五是全面推进落实四项重点工程:第一项是大中型邮轮工程。大型邮轮工程由行业骨干企业牵头,联合有关单位组织实施。通过国际合作、技术攻关,突破全船振动及噪音控制、薄板分段加工制造、典型舱室制造和公共区域建造、复杂项目工程管理等关键技术,建立专业加工流水线,形成加工制造、舾装调试、仓储物流等能力,构建大型邮轮设计建造体系,建成10万总吨以上和客位4000人以上的大型邮轮首制船。中型邮轮,由行业骨干企业牵头,联合有关单位组织实施。突破全三维设计、减震降噪、舱室建造、复杂项目管理等关键技术,自主设计建造5万—7万总吨和客位1000—2000人的中型经济邮轮首制船。第二项是大型集装箱船工程。大型集装箱船工程由行业骨干企业牵头组织实施。采用先进的船型经济性、水动力综合性能、结构设计、船舶系统等技术,优化船型结构和布局,提升综合功率、均箱、油耗、载货等指标,满足全球最严格排放限制区域的标准和船舶能效设计指数第三阶段标准,建成22000标箱、航速22节、续航力25000海里、配备双燃料动力系统的大型集装箱首制船。第三项是特种船舶工程。大洋钻探船,由中国地质调查局牵头,联合设计、建造等单位组织建造。通过联合攻关,突破船体结构分析、集成型钻井系统优化设计、钻探及岩芯采集系统集成设计等关键技术,研制并应用中压直流综合电力系统、中央集成控制系统和钻井设备,建成钻探深度 11000 米的大洋钻探首制船。超大型乙烷运输船,由行业骨干企业组织建造。采用清洁能源或双燃料推进系统,建成达到国际海事最新环保要求、舱容达到万吨以上、综合技术达到世界领先水平的乙烷运输船。大洋综合资源调查船,由行业骨干企业组织建造。具有海底、水体、大气以及深海极端环境探测能力,能够开展综合海洋观测、探测以及保真取样,满足各大洋高海况海区的耐波性以及远海航行的抗风浪稳性要求,最大航速 12 节,续航力 12000 海里以上,自持力 60 天以上。高速公务执法船,由行业骨干企业组织建造。采用新一代中高速柴油机、喷射推进装置、零航速减摇鳍、工作艇单点高速降放装置等设备,建成排水量 2000 吨左右、最大航速 32 节以上、舷侧排气、极限抗风能力 12 级的公务执法船。海底管线巡检船,由行业骨干企业组织建造。航速 13 节以上,载重量 1200 吨以上,具有 300 米水深海底管道检测与维修能力、60 米水深海底电缆敷设作业能力,适应于我国近海海况和地层特点。第四项是海洋资源开发装备工程。大型浮式生产储卸油装置,由行业骨干企业组织建造。突破设计建造关键技术,建成作业水深 500—3000 米、储存量 30 万吨、油气日处理能力 2.7 万吨的装置。海上风电安装及运维装备,由行业骨干企业组织建造。采用具有自主知识产权的技术,建成最大起重能力 1200 吨,最大作业水深 60 米,采用二级动力定位系统的海上风电安装及运维装备;建成最大起重能力 2000 吨的海上风电安装平台。海上平台拆解装备,由行业骨干企业组织建造。开发多类型平台灵活组合拆解、实时精确定位等技术,采用具有自主知识产权的吊机、北斗导航、SCR 脱硝、全自动升降式栈桥等设备和系统,建成最大起重能力 3 万吨以上、最大运输能力 5 万吨以上、适用所有类型海洋平台的拆解装备。深远海渔业养殖平台,由行业骨干企业组织建造。开发养殖舱室换水技术及系泊锚固、抗风浪稳定性技术,建成具有鱼饲料处理、活鱼聚集与输送、死鱼处理、养殖空间立体感知、渔网防污、渔网清洁等功能,作业水深 40—300 米,养殖水体 5 万—25 万立方米的平台。磷虾捕捞船,由行业骨干企业组织建造。突破船舶总体设计技术、渔获系统集成技术,研制电力推进、磷虾捕捞、加工、冷藏等装备,建成适用于南极磷虾捕捞作业的首制船。

智能无人船舶发展行动计划及政策重点主要解决九大问题:一是无人船舶发展的全面强化顶层设计。研究制定我国智能无人船舶中长期发展规划。深入分析智能无人船舶发展趋势,明确智能无人船舶概念与分级分类,研究提出智能无人船舶技术体系框架,制定技术发展路线图。研究制定智能无人船舶规范和标准体系建设指南。加强智能无人船舶配套基础设施研究,提出总体布局规划方案。开展智能无人船舶相关法律法规梳理,提出需求框架,启动急需法律、法规和相关政策性文件的制修订。二是突破无人船发展关键智能技术。加强船舶智能系统总体设计,整合行业内外创新资源,突破智能无人船舶基础共性技术和关键核心技术。重点围绕智能感知、智能航行系统等研制需求,着重提升船舶总体、动力、感知、通信、控制、人工智能等多学科交叉的集成创新能力。三是推动船用设备智能化升级。围绕智能无人船舶辅助决策、自主控制等功能需求,系统梳理感知与控制基础元器件技术要求,着重补齐短板,强化综合集成。推动船舶航行、作业、动力等相关设备的智能化升级,研制信息和控制高度集成的新型船用设备,全面提升船舶智能化水平。四是提升网络和信息安全防护能力。充分利用相关行业科研基础和科技成果,加强网络与链路安全、系统硬件与软件安全、数据安全等方面应用研究,全面提升智能无人船舶网络和信息安全防护能力,确保安全、可靠、可控。五是加强测试与验证能力建设。充分利用现有条件与基础,突破半物理环境测试、跨域协同测试等技术,建立涵盖智能器件、智能设备、智能系统以及整船的多层级综合测试验证平台,建设满足多场景实船测试要求的水上综合试验场,构建虚实结合、岸海一体的综合测试与验证能力,打造智能无人船舶试验、验证、评估、检验的服务体系。六是构建无人船舶发展规范标准体系。开展智能无人船舶规范标准制修订工作,规范相关术语和智能化分级,推动建立统一协调的信息交互、数据传输、网络和信息安全标准,逐步构建覆盖设计、建造、测试与验证、运营等方面的智能无人船舶规范标准体系。积极参与和推动智能无人船舶相关国际海事公约规范标准的制修订。七是推动无人船舶工程应用试点示范。积极推进智能技术工程化应用,以新建智能无人船舶的试点示范,带动营运船舶的智能化改造升级,不断拓展各类智能无人船舶及智能系统设备的应用范围。以技术发展为牵引,以市场需求为导向,统筹推进内河、沿海、远洋各类智能无人船舶的试点示范。八是打造协同发展生态体系。促进船岸协同,推动岸基共享云服务平台建设,实现船船、船岸、船港的信息互联互通;围绕航运、港口、物流等相关需求,推动船舶航行、靠离泊、营运管理、货物装卸等方面的智能应用。推进船舶设计、建造、配套、营运、检验等相关环节协同发展,逐步构建和完善智能无人船舶发展生态体系。九是促进军民深度融合。加强智能无人船舶军民通用规范标准体系建设,统筹智能无人船舶研发、设计、制造、配套及关键元器件资源,推进创新平台、综合测试与验证平台及综合测试场的规划布局和共建共享。加强军民科技成果双向转化,推动北斗定位导航系统等在智能无人船舶领域的广泛应用,促进雷达、夜视装备、微机电系统、天基通信系统、目标探测等技术在民用领域的转化应用。

推进船舶产业互联网行动计划及政策重点主要有五点:一是要攻克智能制造关键共性技术和短板装备。突破船舶智能制造关键共性技术。面向智能制造单元、智能生产线、智能车间建设,加快物联网、大数据、虚拟仿真、系统协同、人工智能等技术应用,突破船舶智能制造总体技术、工艺设计、智能管控、智能决策等一批关键共性技术;研发船舶智能制造核心支撑软件,构建船舶行业工业软件体系。研制关键环节智能短板装备。针对船舶分段制造过程中的船体零件切割、成形、焊接、涂装等脏险难与简单重复的作业过程,以及检测与装配、物流与仓储等关键环节,以船舶智能制造单元、智能生产线建设需求为牵引,研制一批造船专用智能制造装备,实现工程应用和产业化,支撑造船关键工序的自动化、数字化、智能化作业。二是要夯实船舶智能制造基础。进基础管控精细化、数字化。系统构建涵盖船舶制造全过程的中间产品体系和中间产品壳舾涂完整性标准;实行拉动式工程计划管理,制定中间产品生产期量标准,建立适应智能化造船新模式的工时管理系统,实现量化的精益管理;构建企业造船精度补偿模型及数据库,推进以补偿量替代余量,将造船精度控制从船体搭载工序向切割加工工序、从船体工程向舾装工程延伸扩展,推进全工艺过程的无余量制造。构建船厂信息基础设施。改造船厂企业内网络,实现船舶设计、制造、管理和服务等各类系统的互联互通;加快工业互联网标识解析集成创新应用,推进(设计)数字流、(人员)工时流、物流、资金流、能耗、设备、人员等船舶制造过程中海量多源异构数据信息的实时采集与传输,形成高效可靠的船厂工业互联网网络基础设施,加强企业网络与数据安全能力建设;全力推动船舶设计、制造、管理和服务等云服务平台建设,推动企业信息集成与产业链协同运营;建立船舶智能制造标准体系。对接国家智能制造标准体系,针对船舶工业特点,构建船舶智能制造标准体系。按照急用先行原则,着重围绕船舶智能车间,从总体规划、智能设计、智能工艺、智能装备、智能管理和互联互通六个方面推进智能制造标准研究,构建标准试验验证平台(系统),开展技术规范、标准全过程试验验证,形成有力标准支撑。三是要推进全三维数字化设计。推进基于模型的数字化设计体系建设。研究并建立统一的设计标准、工具集、基础资源库和管理流程,形成三维数字化设计与工艺设计的软件系统,打通从三维设计到生产现场的交互数据流,推进面向现场作业的三维工艺可视化仿真,促进基于模型的设计/工艺/制造协同。推进船舶产品数据管理信息化。研究并掌握面向智能制造的船舶产品数据组织、船舶生产设计系统数据集成、精细化工时物量管理、设计工艺信息管理、设计及物资编码映射、工时物量与任务包/工作指令(WP/WO)的关联等关键技术,形成面向智能制造应用的船舶产品数据管理系统(PDM),提升船舶设计数据管理水平,加快生产设计数据的统一管理和集成应用。推进三维数字化交付。基于船舶单一数据源,应用三维可视化技术,建立包含设计信息、图纸审查信息、工艺信息、运维信息等要素的一体化三维数字化模型,打通船舶全生命周期数据链,推进基于一体化数据源的全要素、全生命周期设计、送审、建造、检验、管理、运维,适应船东运营数据要求,推动完工产品数字化交付。四是要加快智能车间建设。持续优化造船工艺流程。以船舶制造的加工、配送、装配、焊接、涂装等关键工艺环节为重点,推进车间总体设计、工艺流程及布局的数字化建模,分析优化适应智能制造需求的各工序、生产线、车间的工艺流程与端到端数据流,实现物流与信息流的有机统一;结合与生产工位功能相匹配的专用工装和自动化、智能化装备,构建人员、设备与信息相协调的生产工位;运用大数据技术对生产过程中不断产生的海量数据进行分析挖掘,实现造船工艺流程的持续优化和改进;加快中间产品智能生产线建设。以船舶分段制造为重点,强化底层设备数字化、网络化改造,全面推进船舶中间产品流水线的数字化、智能化升级改造与建设,逐步实现零件、小组立、中组立、平面分段、管子等各类中间产品数字化、智能化流水式批量生产;建设车间制造执行系统。以企业资源计划(ERP)平台为基础,加快推进智能车间制造执行系统(MES)建设,实现船舶车间计划、调度、设备、生产、效能的全过程闭环管理,并与企业资源计划平台实现高效的协同与集成;推动数字化车间应用示范。推进车间互联互通平台、车间智能管控系统建设,形成集计划管理、过程协同、设备管控、资源优化、质量控制、决策支持等功能于一体的智能化车间,并在船体分段、管子加工、分段涂装等关键环节加快应用示范,树立行业标杆。五是要推动造船数字化集成与服务。推进设计生产管理一体化信息集成。基于一体化数据源,全面集成产品数据管理系统(PDM)、企业资源规划系统(ERP)和制造执行系统(MES),打通设计、制造、管理与服务的信息通道,实现设计、生产和管理等关键环节的信息集成和持续优化;加强造船产业链信息集成。推进船舶行业工业互联网建设,加快客户关系管理、供应链管理、远程运维服务等系统的推广应用,逐步打通与船东、设计公司、船检、供应商间的信息链条,为实现企业间无缝合作以及有效的信息集成与管控,发展服务型制造打下坚实的基础。

探索造船大数据分析与决策。搭建船舶建造过程大数据平台,推动船舶制造过程大数据的存储、分析、可视化、模式识别、人工智能决策等技术的研发与创新应用,为智能装备运行、车间智能管控和企业智能决策等提供技术支撑,显著提升船厂生产过程决策水平和管理效率。

核心配套设备创新研制政策重点有五点:一是加强关键核心技术研发。充分利用现有科技资源,针对目前基本依靠引进技术或技术水平低、创新能力弱的船用低速机、燃气轮机、喷水推进装置及油船货油区域相关设备,通过产学研用协同创新,开展重点产品典型样机研制,攻克一批对产品技术水平具有重大影响的关键共性技术,掌握以绿色、智能、协同为特征的先进设计制造技术,形成一批具有全局性影响、带动性强、满足市场需求的重大产品,大幅提升我国船舶配套产业的创新能力。二是开展质量品牌建设。针对具有较好发展基础,已实现研发制造,部分产品已实现批量装船的船用中高速机、电力推进系统、甲板机械等产品,重点提升质量品牌竞争力,扩大品牌产品市场占有率。提升数字化集成化设计水平,开展设备轻量化、模块化、节能环保、智能化开发,完善产品系列;提高产品性能稳定性、质量可靠性、环境适应性和使用寿命,各项指标达到国际同类产品先进水平;加强关键技术与产品试验验证能力建设;提高产品全寿命周期质量追溯能力,建立覆盖产品全寿命周期的技术标准规范体系;增强以质量和信誉为核心的品牌意识,树立品牌理念,提升品牌附加值和软实力。三是大力推动示范应用。瞄准已经突破关键技术和实现工程样机研制,但装船率低的舱室设备、通导与智能系统及设备领域的产品,通过产学研用相结合的方式,集中力量重点围绕大功率吊舱式推进器、液货装卸产品及系统、安全环保舱室设备、主要基础通导设备、智能化航行管理相关设备等核心产品,开展关键技术攻关、首台(套)推广和产业化示范应用,从满足内河、公务、沿海船舶需求入手,实现批量装配,形成一定示范效应后,逐步实现远洋船装船突破。四是强化关键零部件基础能力。全面推进船舶动力、甲板机械、舱室设备、通导与智能系统及设备等产品关键零部件配套体系建设,培育稳定的配套关键零部件合作企业,推动总装产品与关键零部件协同研发,形成产品研发、市场开拓、售后服务等全寿命支持服务共同体;全面开展关键零部件基础材料、基础工艺和基础技术的研究,提升关键零部件的研发、制造能力和水平。五是培育具有国际竞争力的优强企业。重点支持一批实力领先的专业化船舶配套企业,逐步发展成为主营业务突出、竞争力强、成长性好的"小巨人"企业,支持创建绿色设计示范企业,推动优势企业全面建设高效、规模化、绿色、智能制造体系,支持企业由生产型制造向服务型制造转变,由提供设备向提供系统集成总承包服务转变,由提供产品向提供整体解决方案转变。

第七章　中国船舶工业战略转型的方向和路径研究

第一节　中国船舶工业的国际竞争力短板研究

一、产能效率短板分析

1.低端产能过剩

我国船舶工业的产能过剩主要表现为产能结构性过剩,造船规模产能的快速提升并没有使产业竞争力实现同步提高。具体表现在:一是低端船舶和配套比较集中,高端船舶和核心配套供给较为缺乏。二是社会资本在低端的散货船等船型的建造上投入大,在中高端产品领域如大型集装箱船、大型海工装备、液化气船和豪华旅游船的投入非常欠缺。三是订单质量差,比如我国船厂的海工装备手持订单数是韩国的 3 倍,而订单金额不到韩国的一半(见图 7-1)。从更形象的中低端船型散货船的完工量看,1995—2018 年特别是 2008 年全球金融危机以来,我国散货船完工量占我国船舶完工量的比例多数保持在 40%以上,特别是 2010—2016 年这一比例更是高达 60%。

2.产业集中度不够

中国造船业的产能过剩问题已成为痛点之一,船厂的主要经济效益指标

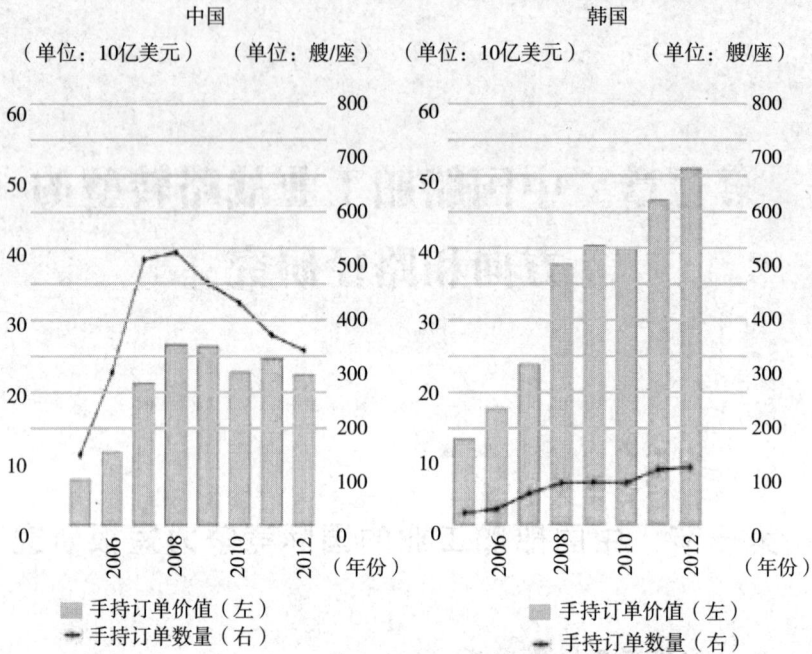

| | 中国 | |
| 中国
（单位：10亿美元） | | （单位：艘/座） |

图 7-1　2006—2012 年中、韩两国海工装备的价值和数量对比

资料来源：秦琦：《"黑马"驯养经》，《中国船舶报》2014 年 6 月 13 日。

仍在恶化，行业的资源整合、市场整合是改革的必修课，更多船厂停产、破产或被并购是未来我国船舶行业的常态，集中度走向高度垄断是必然的。

产业集中度与经济绩效、利润成正相关性。产业投资平均回报率在高壁全条件下明显高于低壁垒的情况。对于船舶行业，韩国和德国都是行业高垄断和高利润的国家，中国是行业集中度相对较低和利润较低的国家。

二、　产业组织效率短板分析

1. 生产效率低下

国内骨干船厂平均每修正总吨消耗 30 个工时，领先企业为 20 个工时，但韩国和日本为 15 个工时和 10 个工时，与之相比，我国仍有较大差距。中国的船厂仍处于 2.0 阶段，已跟不上国际先进水平。国内由于数据支撑不足，缺少工艺信息,在制造技术与信息技术的融合程度上也较低。

液化天然气船国际上建造周期一般为 500 天左右,而韩国造船厂不超过 480 天,沪东中华约需 900 天。

2.利润低

虽然截至 2018 年年底,中国以 2970 万修正总吨的手持订单量排名世界第一,市场份额为 36.5%。但从近几年全球主要造船巨头和设备制造巨头的营业收入和净利润看,国内主要造船巨头的营业收入都不是很高,中船重工和中船工业的利润甚至都达到了负数,经营业绩都不甚理想。

三、 体制机制短板分析

1.造船立法机制

造船立法方面,我国关于船舶工业的法律相比于国外有所偏少,需加强相关方面立法。

2.激励机制

从激励机制看,我国船舶工业科研创新主要面向大型企业,科研创新主体不够广泛,中小企业创新壁垒较高,科研向生产的转化也不够顺畅,创新产业链不够完善。相比于众多的科研院所和国有造船企业,部分民营企业和合资企业在激励约束机制上更显优势。

3.产业布局协调机制

产业体系和产业布局方面,我国船舶工业组织结构较为分散,缺乏国际知名品牌,内部竞争较大,产业集中度较日、韩明显偏低。根据 2017 年对中、日、韩三国国内前 10 家企业造船完工量占所在国市场比重来看,中国所占比例为 58%,日本所占比例为 70%,韩国所占比例高达 95%。我国两大主要造船集团旗下船厂众多,国际接单时各自为战,没有统一的品牌识别,在国际上缺乏品牌竞争力。配套业发展滞后也严重影响造船业的竞争力,据统计,船用配套设备价值量占全船总成本的 30%—60%,目前日本的装船设备国产化率达到 95%,韩国也达到90%,而我国船用设备平均国产化率约为60%,部分船型甚至不足30%。

4.金融协调机制

金融协调领域,当前我国船舶企业的现金流大幅萎缩,多数造船和配套企业存在资金较为紧张的风险。融资资本结构不够合理,企业运营风险加大。特别是我国船厂为了抢订单承接了大量低价低首付的船舶订单,企业大量贷款垫资,融资成本剧增。未来船厂亟须扩展融资渠道,如上市融资、债券融资、众筹造船等。

5.去产能的退出机制

去产能方面,日、韩应对产能过剩的方式是转移、抛售非核心资产;企业直接通过降薪裁员、关厂停坞等方式直接降低企业运营成本;通过强强联合的方式发挥技术和管理多方面协同推进去除过剩产能,做大做强核心造船企业和科研机构;积极开发新船型和新技术,通过不断创新以增强本国船舶企业在全球的竞争力。同时,企业通过行业协会等力量共同寻求政府部门以及金融机构的支持支援,包括财政资金支持、出台新的产业针对政策、依靠专项基金和银行融资、增加预算资金确保就业转移和培训、政府直接或间接采购船舶支持中小企业。例如韩国在应对造船产能过剩时,政府主管部门、造船企业和金融机构同时推动船舶企业进行产业结构重组工作。在整个产业重组工作的推动进程中,由造船企业拟订产业结构重组计划,国家金融机构提供金融支持,政府主管部门和金融机构对企业重组的每一个环节进行监管。

在中国现有的造船产能中,2005 年如此,2010 年如此,2015 年仍如此,那就是低端产能例如散货船占据过多资源,而高端船舶液化天然气船舶、环保型油船、邮轮、钻井船、海底装备等高端产能极度缺乏或者资源过于集中在一两家企业。在参考日、韩等国家的船舶工业自救措施的基础上,结合本国特点,我国船舶工业应按照环保法律和国家投资导向,有序淘汰一批落后产能。国家应该成立船舶工业结构调整专项资金用于解决职工再培训再就业安置等问题。同时通过引导企业有计划有步骤地"走出去",有效实现国内低端产业的海外转移。再者,强化造船企业和配套企业做成各个船型的冠军。同时,为企业和科研院所进入高端船型和扩大相关产能提供支持措施。

6.政府支持不足

虽然近几年来,我国政府关于降低产能、调整产业结构、提升质量效率、关键技术产业化等领域都制定了一些中长期的发展规划,对于企业研发和企业破产重组都给予了一定的支持,但是对船舶行业的地位还尚未明确,对转型升级、高端船型研发和改善生产效率的支持还略显不足。

四、 主要要素对国际竞争力短板的影响分析

制约我国船舶工业竞争力的因素主要包括:技术创新水平仍有差距、管理创新水平仍有差距、体制机制束缚要素配置效率、产业结构有待进一步优化。

从人力资源、土地、资本、管理、技术创新等全要素看,土地、资本不是我国船舶工业国际核心竞争力的劣势,反而是目前的优势。相反,我国在人力资源的培训、高端人才的激励、管理体系的构建提升、管理流程的创新、高端船型技术创新、高端配套技术能力及服务体系、新技术对管理的正向激励和新技术改造船厂生产设施等方面存在明显的短板,与世界造船强国存在明显的差距。基于技术创新和知识智能创新的国际造船新一代核心竞争力,对高质量的要素供给要求明显,我国在全要素生产效率提升方面任务重但空间巨大。特别是在我国人工成本仅为日、韩的 $1/4$—$1/3$ 的有利条件下,我国船舶工业的国际竞争力优势不明显。

第二节　船舶工业的技术特征与产业发展趋势

一、 船舶工业的技术特征

船舶工业因其作业环境特殊、产品吨位量大、产品类型众多、生产流程较

长、从业人员种类和数量较多而呈现出大型复杂产品制造产业的特点,表现为产业涉及技术多,产业技术之间需要全方位和多工序的协调,产业技术具有差异性等,具体包括技术密集型、技术协调性、技术差异性和主导性等多种特点。

（一）技术密集型

第一,运行环境的特性决定了技术密集型。由于船舶的主要工作环境是海洋(包括内河),水深、风浪、潮汐、气候等的变化存在一定的变化性和不确定性,这会对船舶的安全运营与操作提出较高的技术要求,涉及船舶的结构安全性、破舱稳性以及阻力特性,涉及船体线型、推进主机、安全救生设备等多种技术;同时,国际海事组织对船舶环境保护的要求越来越严格,从污水到气体到有毒物质等多种物质的排放受到了海洋环境越来越多的制约,涉及线型、主机、节能设备等多种技术。由此可见,船舶的安全和环保要求源于工作环境的特性,这种环境特性决定了船舶工业的高技术特性。

第二,高价值(价格)特性反映了技术密集型特点。由于船舶涉及钢铁、机械设备、电子、船型技术等多种技术,涉及包括船体加工、管件加工、舾装装配、涂装等在内的多种工艺过程,设计技术和工艺过程需要大量不同专业类型的人才,而且由于船舶吨位多在几千上万吨(部分船型达到几十万吨),需要耗费大量工时[1],这种高密度的作业强度和多技术工种的配合决定了单艘船舶的高价值。船舶这种大型工业产品的高价值属于重工业产品的典型特征之一,产品的高价值特点是多种技术集成的主要外在表现之一。

（二）产业技术的协调性

第一,表现为船体技术与支持技术之间的协调性。船舶产品的制造包括原材料的供应、配套设备的生产、船体的设计建造和总装等几个方面。一般而

---

[1] 索哲、滕勇等:《船舶生产设计工时管理分析及其信息化》,《江苏船舶》2011年第6期。

言,船体技术主要指船体(壳)的设计建造技术,船舶原材料由钢材、木材、涂料、焊接材料、有色金属、隔热绝缘材料、电缆、铸铁、塑料、橡胶等数十种材料组成①,涉及钢铁、有色金属、橡胶等多个产业,切割、吊装、焊接等多种专用作业设备,机械、电子电力、化工、通信等多种专业技术。船体技术与钢铁产业技术、机械技术、电子技术等多种技术之间的协调程度将决定船舶工业持续和健康的发展程度。如果缺乏配套设备制造业的支持,无法实现设备和船体之间整合与匹配的优化,造船业可能会失去大部分的利润,造船业就只能成为空壳业。② 船体技术和支持技术的协调程度在一定程度上可以通过船舶体系的合理化程度予以判断,例如,合理的船舶建造体系的船厂、一级供应商和二级供应商之间应形成金字塔体系(见图7-2)。

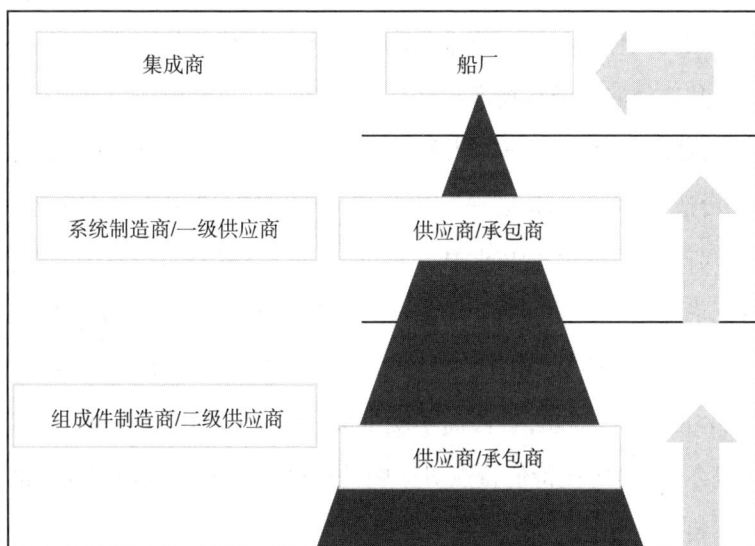

图7-2　船舶制造体系图

资料来源:Douwe Cunningham," Marine Equipment Manufacturers'Adaptation to the Current Situation and Their Future Prospects",*OECD*,Vol. 37,2013。

---

① 王传根:《造船企业原材料的系统管理》,《造船技术》1993 年第 11 期。
② 孟宪海:《聚焦国内外船舶配套业》,《船舶物资与市场》2004 年第 6 期。

第二,表现为设计技术、建造技术和管理技术之间的协调性。船舶从竞标接单到设计再到建造交付存在一个完整的销售生产过程,整个过程会涉及船舶产品的设计技术、建造技术和管理技术,一家优秀的企业应具备这三种技术的协调配合能力,只有具备这种协调能力才能制造和提供优质产品与服务。目前从全球范围来看,部分优秀的造船厂同时具备设计、建造和管理三种技术,例如韩国大型造船厂现代重工、三星重工和大宇重工等,部分优秀的设计企业或造船厂只具备一部分技术,但是它们具备与其他企业协调这三种技术的能力,例如欧美国家的海洋工程装备设计公司。

(三)产业技术的差异性、主导性

产业技术的差异性主要是指不同类型产品的技术差异性,这一特征主要体现在产品的价值方面,技术要求的高低决定产品价值的大小。以主流钻井装备为例,其造价的高低与技术特性(工作水深、可变甲板载荷、排水量等)具有较大的关联度,例如自升式钻井平台造价约为 1. 59 亿—5. 30 亿美元,半潜式钻井平台造价约为 4. 60 亿—7. 71 亿美元,钻井船造价约为 5. 5 亿—12 亿美元。韩国首尔国家大学 Duck-Hee Won(达基元)将船舶产品按复杂度进行了排序:豪华邮轮>液化天然气船>渡船>集装箱船>油船>散货船,波特教授也对不同船型的复杂度进行了排序:舰艇>钻井平台>客船>气体运输船>集装箱船>杂货船>散货船>油船,哈佛商学院 John Chen(陈约翰)和 Martin Galstyan(马丁·高尔斯顿)等按价值特点对船舶类型进行了分类:将散货船、油船、集装箱船、滚装船、渡船等归为标准价值船舶,将液化天然气船、液化石油气船、豪华邮轮、钻井船等归为高价值船舶。[①]

产业技术的主导性是指船舶产品在制造过程中涉及的技术存在核心技术和一般技术之分。根据微笑曲线可知,船型开发、概念设计和基本设计、

---

① John Chen, Martin Galstyan, Du Huynh, "Shipbuilding Cluster in the Republic of Korea", Vol. 2, 2010, pp. 56-63.

核心设备的研发和制造、核心系统的集成、专利和标准等高附加值环节主导了产品技术的发展,例如研发和设计在整个船舶工业链中的技术发展和项目开展中具有决定性和基础性作用,基本可以决定大部分核心设备的布置和选型,而船体组装技术、一般零部件制造技术等则在产业技术发展过程中起辅助性作用。

二、 未来产业发展趋势分析

(一)适应国际环保规则是海洋装备研制的硬要求

绿色节能是航运和造船市场发展的主要特征之一,氮氧化物、硫氧化物、二氧化碳、新船能效设计指数等环保相关的规则规范的未来生效与修订,适应日趋严格的国际环保规则要求不仅是船舶企业生存发展的必然举措,同时也是中国为世界海洋环境保护作出贡献的重要方式。液化天然气动力推进、锂电池和氢燃料电池推进的新能源船舶未来也将成为全球船舶市场的主流船型。

(二)打造顺应能源变革的海洋装备研制是大势所趋

能源影响着世界航运市场、造船市场的发展,油价的变化与节能设计、海工装备的兴衰密切关联。适应能源变革发展将是我国船舶行业推动海洋强国建设和供给侧结构性改革必须思考的重要问题之一。美国从油气进口国逐步转变为油气出口国,并且将与 OPEC 呈现重大斗争和合作,页岩气、海洋新能源、氢燃料、海上风电、海上天然气水化合物等都将成为海洋环保装备动力和海洋开发生产装备变革的动力清洁能源和能源消费升级的重要方向,能源变革下的液化天然气船、液化天然气浮式生产储卸装置、液化天然气 FSRU、环保船型、液化天然气动力船舶等船舶和装备将掀起发展高潮,只有遵循能源变革,才能成为具有国际竞争力的世界一流造船企业。

（三）智能无人海洋装备是未来重要的发展方向

数字化和智能化已成为航运企业和造船企业发展的核心方向。世界海洋大国制定智能船和智能无人船发展战略规划,加强无人装备及核心技术的生态式发展,自主技术、新一代通信技术、数据采集技术等正成为关键技术,网络安全防护和标准规范也是重要技术。

智能技术发展可能会缩短造船市场周期。2017 年,麦肯锡发布的咨询报告认为,未来 50 年航运业受到数字技术、大数据、物联网的影响,完整的自动化运输链将贯穿物流运输的每个环节,由此带来的智能船舶需求、商业模式创新等将推动航运和造船的智能制造、文化理念变革。

（四）巨头并购重组是未来行业格局重塑的推动力

从历史与现状同步看,巨头的成长始终离不开并购重组而做强做大。以韩国船厂为例,收购和兼并是现代重工销售额大幅度增长、实现快速扩张的重要途径(见图 7-3);三星重工和大宇造船更是如此,例如大宇造船从大韩造船公司收购尚未建成的玉浦船厂时,收购费用仅 1 亿美元,收购 2 年后即造出新船。时代在变,当前全球造船市场的并购重组的主流型式不再是并强购弱,而是强强联合。但不变的是,成功的并购是提升产业竞争力的重要手段。

1. 世界第一造船公司

2019 年,韩国现代重工收购大宇造船,船厂"巨无霸"诞生,据克拉克松统计,现代重工与大宇造船在未来合并后将成为世界第一造船公司。新公司规模将是排名第三的日本今治造船订单余量的 3 倍以上,是排名第五的三星重工的 4 倍。现代重工收购大宇造船,将产生协同研发、避免重复投资、通过实现规模经济节约材料费等效应,提高生产效率,最终降低成本,提高订单竞争力。

（单位：亿韩元）

120000 亿韩元

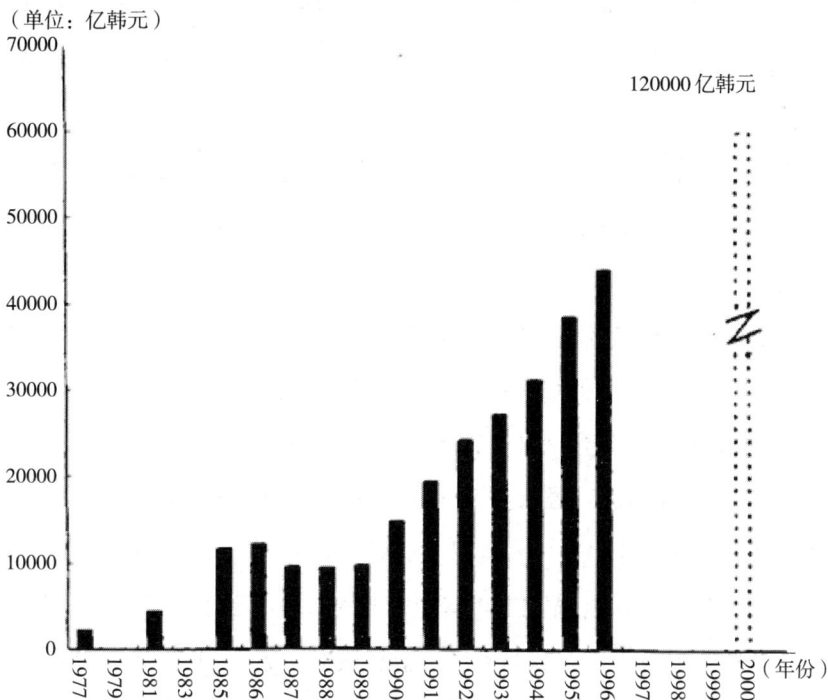

图 7-3　20 世纪八九十年代现代重工的主要并购重组行为统计图

注:销售额(亿韩元)

1979 年收购昌原厂。

1983 年收购现代尾船厂的三个大坞。

1985 年兼并现代柴油机公司。

1989 年兼并现代海洋开发公司。

1993 年兼并四家子公司。

1994—1995 年投资 4160 亿韩元,扩大造船能力 90 万总吨。

1995—1996 年投资 3000 亿韩元,扩大大型发电设备制造。

资料来源:朱汝敬:《韩国大型造船企业集团的形成与发展及对我们的启示》,《船舶工业技术经济信息》1997 年第 7 期。

2.世界邮轮第一建造企业

2018 年,意大利芬坎蒂尼集团完成了对 STX 法国的收购。STX 法国的加入不仅进一步巩固了芬坎蒂尼全球邮轮建设领导者的地位,而且 STX 法国的 11 项豪华邮轮订单也使得芬坎蒂尼持有价值超过 2500 亿元的订单,继续稳坐全球造船业最富有的冠军宝座。芬坎蒂尼认为,与 STX 法国的业务合并将有助于加速巩固欧洲造船业领先地位的进程,并打造一个具有公认的技术优势、拥有独特客户和产品组合的欧洲造船集团,也能够更好地应对市场波动和国际竞争。

此外,目前法国和意大利计划共同组成联合海军的防守组,将推动海军造船厂集团(原 DCNS)和芬坎蒂尼集团打造世界一流的舰船制造企业,该合作交易预计将于 2019 年完成。

3. 智能无人船航运时代的巨无霸

2019 年,挪威康士伯集团宣布完成了对罗尔斯·罗伊斯民用船舶业务的收购,后者正式成为康士伯的一部分。康士伯的收购对象包括罗·罗子公司的船用产品、系统和售后服务业务,但不包括 Bergen Engines(卑尔根发动机)和罗·罗的海军业务。通过收购罗·罗商用船舶,康士伯目前的业务遍及 40 个国家,拥有近 11000 名员工,年营业额超过 220 亿挪威克朗(约合 26 亿美元),在全球范围内为 3 万艘船提供设备和服务。康士伯称,凭借更广泛的产品组合、完整的解决方案和更多的服务分配,康士伯巩固了其作为海事行业全球领先技术供应商的地位。康士伯和罗·罗的合作,标志着一个"智能无人船"航运时代巨头的诞生。这两家公司都看好未来智能船舶的前景,同时也都是目前全球智能船舶的领导者,在数字化、智能船舶和自主概念方面均处于领先地位。合并之后,将定位为未来海事行业完整解决方案的重要战略供应商。

(五)成本竞争、技术竞争与寡头竞争是未来竞争形态

1. 成本竞争

成本控制是企业发展永恒的主题,成本是企业竞争的重要基础之一,也是利润产生的关键点。船舶企业需要提升"有效控制经营报价、提升工艺设计水平、降低采购成本、控制生产过程成本"等降成本和促进供给侧结构性改革的能力,抢占世界造船市场能力的制高点。随着中、日、韩三国造船劳动力成本的提高,造船从业人员的持续减少,必然会面临中低收入国家的新进入者的激烈竞争,特别是中国,越来越明显的迹象表明中国造船行业的吸引力在不断下降,造船劳动力成本上升将是一个加速带来的过程。

2. 技术竞争

技术竞争将是造船大国未来竞技的主流方向。成本竞争压力不断增大,加之高附加值船舶和核心配套设备研制国家的高壁垒,使得处于中间层的中国面临夹心层的双重压力。特别是在高技术高附加值船舶和新兴技术方面,未来韩国、欧洲在高附加值船舶领域,日、韩、欧美在核心配套设备领域都以高端产品内在的高技术高壁垒特性作为护城河,特别是以知识产权保护、阻碍中国并购、收购中国中小型高技术企业等手段抑制中国进入高端装备制造市场。另外,国外巨头将利用先进的大数据技术、自动化技术、智能监测技术等,推动造船效率和产品研制性能大幅领先于对手,形成产品和技术代际差,实现降维打击能力。

3. 寡头竞争

寡头主导行业发展将逐步实现。随着数字化技术的深入应用、智能系统设备和智能无人船舶的研制,特别是这些新型船舶的大型化呈现,未来航运竞争和造船竞争都将逐步向着寡头垄断的格局演变:航运巨头越来越集中运营,造船巨头由于算法深度化、探测设备精细化、通信技术 5G/6G 化、软件平台化、系统体系化等而最终出现核心技术垄断,预计大部分利润的垄断和附加值的集中必然掌控在全球部分造船巨头中。

第三节 中国船舶工业战略转型的方向和目标

一、 船舶工业战略转型的方向

2015 年,党中央和国务院提出供给侧结构性改革。供给侧结构性改革,重点是解放和发展社会生产力,用改革的办法推进结构调整,减少无效和低端供给,扩大有效和中高端供给,增强供给侧结构对需求变化的适应性和灵活性,提高全要素生产率。主要措施包括"三去一降一补"和"巩固、增强、提升、畅通"。从我国船舶工业的发展看,目前正面临效益弱、研发能力有限、建造效率低,全要素效率落后于国际先进水平,因此加快船舶工业供给侧结构性改革,势在必行。

进入高质量发展阶段是新时代我国经济发展的基本特征。习近平总书记指出"无论外部风云如何变幻,对中国来说,最重要的就是做好自己的事情,不断深化改革,扩大开放,实现经济高质量发展"。从船舶工业的高质量发展看,党的十九大作出了建设世界一流军队、加快建设海洋强国、推动经济实现高质量发展等一系列重要战略部署,对造船集团改革发展提出了新要求,也带来了新机遇。全球海洋事业的发展正在发生深刻变革。从供给来看,船舶工业正加快由制造向"制造+服务"、由提供产品向提供完整系统解决方案转变,对企业资源整合和系统集成能力要求更高;同时,在新一轮科技产业革命推动下,船舶工业竞争的焦点越来越集中到效率、质量、品牌上。从技术趋势来看,国际海事新规则/规范深化,全球船东需求升级,绿色环保、信息化和智能化日益成为未来需求的主流,推进我国船舶工业高质量发展已成建设世界造船强国的重要目标要求。①

因此,以习近平新时代中国特色社会主义思想为指导,坚持供给侧结构性改革、高质量发展、世界一流企业建设为提升国际竞争力的改革发展方向,是我国船舶工业核心竞争力对标,以及未来内外部环境和技术发展趋势的综合必然要求。

二、 船舶工业战略转型的目标

为了从宏观层面推动船舶工业的供给侧结构性改革,本书结合我国供给侧结构性改革的目标任务要求,并结合船舶工业的自身特征,重点提出从船舶

---

① 雷凡培:《全面解读中船集团高质量发展战略纲要》,《中国船舶报》2018 年 9 月 26 日。

产品供给结构、船舶制度供给结构、船舶创新研发供给结构等三个结构变革路径出发,推进中国船舶工业的高质量发展和国际一流竞争力的构建。

2013 年秋,中国国家主席习近平西行哈萨克斯坦、南下印度尼西亚,先后提出建设"丝绸之路经济带"和"21 世纪海上丝绸之路"重大倡议。自此,这个根植于历史厚土、被誉为 21 世纪伟大新故事的"一带一路"倡议就迎风生长,成为推动构建人类命运共同体的重要实践平台。中国对外开放也开启了两大新转变:以"引进为主"向高水平"引进来"和大规模"走出去"并重转变。船舶工业作为我国海洋装备研制的核心参与者,"一带一路"倡议为航运业、能源勘探开发、海洋渔业资源开发、海洋港口和船舶运输等船舶工业上下游产业带来了重要的战略发展机遇。以产能合作推进双方技术协作、资源协作,推动我国在高端海洋油气装备、高端渔业装备、极地装备等领域的合作,将有利于提高我国船舶工业的国际化布局和国际竞争力的提升。主要发展目标:建议以试点开展造船集团与国外大型航运巨头/港口运营商/大型船厂在"一带一路"沿线国家的造船产能合作,为我国未来船舶工业国际化布局夯实基础;再逐步推广合作模式,开展重要核心系统技术合资建设和股权投资(欧洲方向),最终形成合理高效的国际化产业布局。

制度创新近年来对市场发展和宏观调控产生了重要影响,制度创新理论认为,科学技术的进步对经济发展固然起重要作用,但是真正起关键作用的是制度,包括所有制、分配、机构、管理、法律政策等。诺思的《1600—1850 年海洋运输生产率变化的根源》研究表明:1600—1850 年世界海洋运输业并没有发生用轮船代替帆船之类的技术创新,但这期间海洋运输生产率却有了很大提高,主要原因是尽管这期间没有重大技术创新,但由于海盗对商船的私掠活动的减少,以及经济组织和市场制度的完善,海洋运输成本降低了,因而生产率大幅提高,因此制度创新的重要性巨大。[1] 从全球船舶工业的体制机制分

---

① ［美］道格拉斯·C. 诺思:《经济史中的结构与变迁》,陈郁、罗华平等译,上海三联书店 1991 年版,第 128—132 页。

析看,政府机构进行的制度创新越来越频繁和重要,从而整个行业经济越来越走向混合经济。从制度创新的需求看,根据上述产业技术特征与产业发展趋势分析可知,随着智能技术和环保需求的快速发展,人口老龄化的加快,以及世界造船行业越来越走向集中化和垄断化,制度创新的供给改革需求越来越凸显,以下将从发展理念、产权和经营权、产业组织、发展激励、集群发展、人才、金融、国际化、扶持政策等多个方面系统化地优化我国未来船舶工业制度改革体系。根据诺思和戴维斯的制度创新过程,分步骤对我国船舶工业管理制度优化和造船集团的制度改革进行制度创新,特别需要注重"技术创新骨干、企业家的激励机制创新",因为"劳动工资是对勤劳的奖励,勤劳就像人类的一切其他品质一样,得到的鼓励越多,提高的就越多"①。因此有必要通过激励机制改革,将劳动的理论、应用和执行水平三方面都提高到卓越水平,实现国家船舶工业多个领域的劳动水平接近完美,那么将协同生产出引领世界发展和带动原始创新的产品。

产品的供给结构和制度供给的创新必须有承载土壤才能生根发芽,我国船舶产能的国际化合作和体制机制的优化必须依靠工程实体才能落实。鉴于此,在我国主要造船集团内推行竞争力提升重大创新研发专项,将为我国船舶工业供给侧结构性改革提供实践空间,通过一流的创新专项实践带动一流船舶企业集团的国际竞争力提升,进而推升我国船舶工业整体的国际竞争力,迈入世界造船强国。主要发展目标:建议同步推行能力建设、重大产品研发等创新专项,改革评审验收机制推动创新专项高质量实施。

① [法]让·巴蒂斯特·萨伊:《供给的逻辑:政治经济学概论》,黄文钰、沈潇笑译,浙江人民出版社 2017 年版,第 38—41 页。

第八章　中国船舶工业战略转型的机遇与挑战研究

　　产业的国际化包括行业进出口贸易、OEM 贴牌生产、许可证授权、国际劳务合作、国际技术和股权合作、对外投资和并购等模式,目前出口起步—海外建厂—海外并购是企业国际化进程的"三步曲"。从我国船舶工业的发展现状看,我国已经经历了几十年的出口起步阶段,随着我国产能达到世界前列水平,海外建厂和海外并购将有望成为未来造船产能国际化合作的重要选择。从国家当前发展的重大战略方向和"一带一路"倡议看,推进"一带一路"造船产能合作,将推动我国船舶工业国际化步伐以及我国与"21 世纪海上丝绸之路"沿线国家的经济深度合作,实现双赢局面。

第一节　"一带一路"背景下船舶产能
外移动因与机遇

一、　我国船舶工业产能外移的动因研究

(一)劳动力成本不断上升

　　中国制造业的人口红利效应正在不断地下降,尤其在低端产品中,工人薪资在产品成本中所占比重越来越大,因此必须考虑在生产线中引入更加廉价

的劳动力。尽管自动化的生产线和产业机器人能够有效地提高生产效率,但在目前的情况下,很难在中国大规模铺开,尤其是在船舶这种规格独特、一船一型的产业中。①

法德等发达国家在这方面的做法通常都是引入国外劳务工,比如德国就在 1973 年通过《德国劳工市场向土耳其招聘劳动力协议》引入外籍劳工 260 万人,占当年德国总人口的 4%;人口稠密的东亚,传统上并不是缺乏劳动力的地区,但随着经济的飞速发展,国内或地区内劳动力高昂,低端服务业和制造业难以为继,不得不开始聘用"外部劳务工",比如中国香港的深圳劳工、新加坡的泰国劳工和中国台湾的菲律宾劳工;日本在引入外部劳工方面,比中国香港、中国台湾表现得更加保守,但在劳动力短缺的现实面前也不得不向外求工,从 20 世纪上半期引入拉美日本后裔到 20 世纪末推出"外国人研修制度",扩大日本的外籍劳工范围和数量。在本书中,船舶工业中很明显地能体现出引入国外劳务工性质的国家有卡塔尔和阿联酋,这两个国家依靠石油起家,国内人均 GDP 很高(卡塔尔在 2017 年达到 60812 美元,为亚洲第一),在船舶制造业中使用国内劳动力成本不菲,因此两国不得不从周边贫困国家引入国外劳务工,尽管如此,其外籍技工的月薪也达到了人均 6400 元人民币。

但是这些外籍劳工不仅为当地创造了一个又一个经济奇迹,同时也为日后的"身份认同"留下了巨大的隐患。这种问题不仅暴露在德国,日本、新加坡、中国香港和中国台湾等国家和地区同样也爆发过外籍劳工与当地居民的矛盾危机。

同时,即使是招聘外籍劳工,在面对新兴造船或发展中国家的极低劳动力成本时,造船大国也无法抵挡造船转移的大趋势。同时由于全球部分国家也出台了一些本土化政策,要求必须在当地建厂,例如巴西国家石油公司在其船队现代化项目中规定"船舶须在巴西境内建造;第一个阶段本土化率至少达

---

① 吴秀霞:《招工难 用工贵 劳动力"痛点"困扰船舶工业》,《中国船舶报》2019 年 8 月 16 日。

到 65%,第二个阶段达到 70%"等要求,因此 2013 年前后韩国、日本和新加坡纷纷在巴西设厂造船。同时,造船大国在海外建厂还存在一些战略考虑,特别是外交和军事、竞争等方面。

除了上述的劳动力引起的经济利益变化之外,战略利益和政策外交也是全球造船大国产能转移的重要考量。

(二)赢得政策性支持订单

能源资源及相关的造船订单也是海外建厂的重要考虑因素。2018 年 9 月,韩国和俄罗斯正通过推动包括造船、北极航运、港口和天然气等在内的"九桥战略规划",建立韩俄合作平台。俄罗斯正在加强造船业,计划将红星造船厂打造成为远东地区最大的造船基地,俄罗斯红星造船厂与韩国三星重工签署协议成立一家合资企业,以建立一个有效的项目管理系统,用于建造穿梭油船。[1] 韩国在穿梭油船建造方面有着突出的成就,目前全世界仅有的 12 艘穿梭油船中的 10 艘都是韩国建造的,因此海外合资建厂也成为韩国获取未来俄罗斯油船订单的优先考虑。

2019 年年初,韩国三星重工已将其尼日利亚拉各斯造船基地正式确立为非洲浮式生产储卸装置(FPSO)的制造和整合中心。尼日利亚是非洲最大的油气出口国,目前原油产量约 230 万桶/天。韩国打造尼日利亚的 FPSO 建造中心,其意不在尼日利亚利益,而是深耕背后的油气资源。[2]

(三)海外港口的战略占位

斯里兰卡唯一的大型造船厂由日本尾道造船控股(持股 51%),双方合

---

[1] 李婷婷:《韩北方经合委召开首次会议确定韩俄九大领域合作规划》,环球网,2017 年 12 月 7 日。

[2] 敖阳利:《三星重工正式确立尼日利亚 FPSO 海外建造基地》,《中国船舶报》2019 年 3 月 29 日。

作已有 25 年历史,这一船厂的主要工作是船舶制造和大型船舶的维修和翻新。斯里兰卡地处印度洋腹地,最南端距离印度洋主要航线不超过 20 海里,未来将会成为重要的海上货运集散地。从这方面来讲,考虑到日本在吉布提的海军基地、在斯里兰卡的修造船厂和在菲律宾的造船厂,可以说,日本自卫队拥有发端于日本本土,最远辐射到红海和非洲东部的海上补给保障能力。①

(四)造船巨头的战略布局

利用廉价劳动力打击竞争对手,同时借力海外创新能力,都成为跨国造船巨头的全球布局目标之一。例如意大利芬坎蒂尼公司在南美洲、北美洲、欧洲、东亚、南亚、澳大利亚等地区进行了全球布局;韩国现代重工拥有大量海外分公司和办事处:海外办事处方面,欧洲的英国、挪威、希腊和俄罗斯,亚洲的日本(2 个)和新加坡,北美洲的美国(3 个)和墨西哥,中东的阿联酋(2 个)和沙特阿拉伯(2 个),非洲的安哥拉都设有分支办公室;海外分公司方面,在欧洲的比利时、保加利亚、德国、法国、匈牙利、荷兰、俄罗斯(3 个),中东(2 个),非洲的尼日利亚,北美洲的美国(3 个),南美洲的巴西,亚洲的印度、印度尼西亚、中国(10 个)等都设有分公司。现代重工在韩国海外设置有两个研究中心,这两个研究中心主要负责收集和研究全球在船舶与海工技术方面的研究情况和技术趋势,并与海外研究机构进行合作研究。

(五)韩日船企的布局实例

韩国和日本近年来在东南亚大力发展造船业务。目前菲律宾正逐渐崛起为仅次于中国、韩国与日本的全球造船重镇,它的崛起一方面受惠于政府积极招商,更重要的是外资企业的技术与资源加持。通过对菲律宾国内船厂从

---

① 《斯里兰卡合资船厂接获 2 艘港航船订单》,国际船舶网,2018 年 5 月 25 日。

2009年到2018年这十年的产量数据统计发现,可以看到韩进重工菲律宾苏比克船厂、常石重工宿雾船厂在菲律宾40多个船厂中一枝独秀。在这十年中,韩进重工菲律宾苏比克船厂累计造船180多艘,合计900多万修正总吨;常石重工宿雾船厂在十年中累计造船140多艘,合计700多万修正总吨,而菲律宾国内其他近40个船厂十年中累计造船不到20艘,合计不到100万修正总吨,韩进重工菲律宾苏比克船厂和常石重工宿雾船厂两者产量之和达到菲律宾船舶总吨位量的99.5%。

通过对掌握的数据资料分析研究发现,"一厂胜一国"的案例在东南亚国家有很多,例如,越南的现代尾浦造船厂、斯里兰卡的科伦坡船厂(日本尾道)、泰国的Italthai Marine(意大利海洋集团公司)(意—泰合资)、南非的南非造船厂(荷兰达门)等。

为了控制成本,日、韩向东南亚转移低端产能。造船业的"产能外移"一方面源于对人力成本的控制,第三世界国家人力成本普遍较低,产能转移向这些区域转移;另一方面主导中高管理层,借助本国技术和管理能力,实现降低成本的目的。从船型可以看出,转向这些国家的产能一般都是对技术水平要求较低的低端产能,韩进重工和常石重工在菲律宾的产出主要为传统三大船型即散货船、集装箱船和油船,总吨位量占到98.3%[1]。

二、"一带一路"倡议对国内船企的机遇

2013年9月和10月由中国国家主席习近平分别提出建设"新丝绸之路经济带"和"21世纪海上丝绸之路"的合作倡议。依靠中国与有关国家既有的双多边机制,借助既有的、行之有效的区域合作平台,"一带一路"倡议旨在借用古代丝绸之路的历史符号,高举和平发展的旗帜,积极发展与沿线国家的经济合作伙伴关系,共同打造政治互信、经济融合、文化包容的利益共同体、命

---

[1] 屠佳樱:《日本船舶工业:手持订单持续下滑,调整产能谋求突围》,《中国船舶报》2019年2月2日。

运共同体和责任共同体。①

"一带一路"倡议是和现有机制的对接与互补,而非替代。"一带一路"倡议的相关国家要素禀赋各异,比较优势差异明显,互补性很强。有的国家能源资源富集但开发力度不够,向这些国家转移产能,不仅有利于我国的资源安全,还大幅度地缓解了当地资源富足、出口有余的困境,如肯尼亚、赞比亚;有的国家劳动力充裕但就业岗位不足,对于劳动密集型的低端船舶制造业,产能的转移意味着成本和就业的双赢,如巴基斯坦;有的国家市场空间广阔但产业基础薄弱,东南亚地区很多国家都正面临制造业的崛起,却受到资源、能源等因素的限制,如印度尼西亚;这些都是我国船舶过剩产能走出国门,向外转移的重要方向。

我国船舶工业规模巨大,具备资金、技术、人才、管理等综合优势。造船完工量、新接订单量、手持订单量长期居于世界首位,拥有庞大的人才团队和资金优势,基础设施建设经验丰富,装备制造能力强、质量好、性价比高。这就为中国船舶工业与其他"一带一路"船海产品需求方实现产业对接与优势互补提供了现实条件。因而,借助"一带一路"东风的船舶产能转移的核心内容就是要借助政策红利促进当地基础设施建设,实现建厂接单;互联互通,对接各国政策和发展战略,以便深化务实合作,促进协调联动发展,实现共同繁荣。

三、"一带一路"方向产能外移研究目标

推动我国船舶工业在"一带一路"沿线国家的技术、产能、人才、经济和人文交流,开展相关合作,特别是我国船舶产能领域的合作,很有必要。本章从沿线国家概况、相关国家的船舶供给市场出发,分析这些国家船舶工业的成熟度。

---

① 李晓、李俊久:《"一带一路"与中国地缘政治经济战略的重构》,《世界经济与政治》2015年第10期。

船舶工业成熟度主要关注该国的船舶建造能力,包括产能、产品类型分布、船东和吨位分布,根据这些指标,可以大致评定该国的船舶建造能力。本章第二节简要讨论了这些重要因素,具体数据分析见附录。

船舶工业互补性主要关注该国的船舶需求、船舶工业发展潜力和对于我国的利好,包括地理优势、基础设施、人力资源情况、社会稳定性、船舶工业成熟度,同时考虑资源分布,国内国际市场等情况。本章第三节以若干国家为代表,分析了该国国家各类资源优势与我国的船舶工业的互补性,并针对各个国家的船舶建造能力给出了综合评价。

国家选择主要参考"21世纪海上丝绸之路"的三条路线:第一条路线是从中国沿海港口经印度洋到达欧洲;第二条路线是从中国沿海港口经东南亚半岛到达南太平洋国家;第三条路线是穿越北极圈,连接北美、东亚和西欧三大经济中心的海运航道即"冰上丝绸之路"。考虑到沿海国家和港口的限制条件以及目前可行性,本书将"21世纪海上丝绸之路"沿线国家分为"中东""非洲""东南亚""南美洲""俄罗斯及朝鲜"五个部分。

第二节　"一带一路"沿线国家船舶
工业成熟度分析

本节主要通过分析"一带一路"沿线主要国家船舶工业的几个重点指标来分析该国船舶工业成熟度,具体包括产量、船型和吨位分布、船东来源等。船舶工业成熟度是衡量船舶产能转移可行性的重要依据,对于船舶工业发展成熟或十分落后的国家,产能转移会因面临不同问题而成本激增,因此合理地判断入场时机是十分必要的。限于篇幅,本节只给出了部分文字描述。

一、 东南亚地区主要国家的船舶工业成熟度

根据东南亚地区主要造船国家2018年造船完工量显示(见表8-1),东南

亚最近几年成长为世界造船的一极,凭借低廉的人力成本,菲律宾、越南等国在日、韩企业支持下,占领了部分船舶市场,但主要集中在集装箱船、散货船、油船三大主力船型。

表 8-1　东南亚地区主要造船国家 2018 年造船完工量(总吨)

国家	总吨	百分比(%)
菲律宾	1490174	67.0
越南	398527	17.9
印度尼西亚	150476	6.8
新加坡	100831	4.5
印度	26826	1.2
马来西亚	24916	1.1
孟加拉国	24832	1.1
斯里兰卡	3903	0.2
泰国	3201	0.1

资料来源:作者根据 IHS 数据库(IHS sea-web)数据资料收集整理自制。

菲律宾凭借日、韩投资,拥有充足的产能,正逐渐步入造船大国行列,近五年船舶产量保持稳定,维持在 200 万吨的水平,其主要订单来自日本、新加坡、英国和德国,尽管本国订单很多,但主要是渔船等小船。就船厂而言,两个最大的船厂分别为韩国韩进重工菲律宾苏比克船厂、日本常石重工宿雾船厂,两者分别由韩国和日本的造船厂业控股,两者产量之和达到菲律宾总吨位量的 99.5%,余下的三十多个船厂产量仅为 0.5%,其主要产品有散货船、集装箱船、油船和液化天然气运输船。在两个国外船厂的扶持下,菲律宾能够建造超 2 万箱超大型集装箱船这样的世界先进船型。

越南造船的产量变化不大,2009 年之后其平均船舶吨位有所上升。越南船厂多、船型多,船舶工业处于待整合的发展阶段。其大部分订单来自本国,还有新加坡、爱尔兰、韩国、丹麦、德国等。韩国现代尾浦船厂的产量占越南船舶产量的 54%,余下超过 130 个船厂产量占 46%。生产船舶种类达 31 种,最大生产过一艘 7700 总吨的 FPSO。和其他国家不同,越南船舶工业无论在船东、船型、船厂等方面都存在明显的"长尾"。即越南的船厂多且小,产品杂而不精。

印度尼西亚船厂多、船型多、船舶吨位小、船舶工业有待整合。近五年船舶产量稍有下降,但最近两年有所缓和,维持在 15 万吨的水平,其主要的订单来自本国,然后是新加坡,两者占全部订单的 80%(总吨)。IHS 有记录的印度尼西亚船厂超过 300 个,最大的船厂占全部订单的百分比也只有 6.7%,这种现象和其他国家的船舶制造业区别很大,与越南类似,但比越南更加明显。生产的船型多达 60 余种,其中最多的是拖轮,最大的是一艘 3000 吨(总吨)的散货船。

新加坡船舶工业主要服务于海工产业,结构较为单一。从 2013 年起开始下滑,2017 年跌入谷底,订单(总吨)只有 2013 年的 7.3%,这是因为新加坡主要在海洋工程领域见长,而在 2017 年基本没有海工产品交货。其主要客户来自挪威,然后是本国、美国、墨西哥、瑞典等,都是海洋石油大国。前几位的船厂主要产品均为自升式钻井平台,其服务海工的性质从其船型分布也能看得出来,除了自升式钻井平台外,还有半潜平台、铺管船等。

印度客户多、船型多、低端船型为主、船舶行业有待整合。船舶产量在近几年大幅度下降,从 2013 年的 26 万吨下降到 2018 年的 2.85 万吨,产量下滑接近 90%,其订单主要来自本国、百慕大、泰国和荷兰四个国家和地区,其本国订单多为小船。印度生产的船舶多为大型散货船和小型杂货船。IHS 有记录船厂近 70 个,船型 44 种,主要集中在 1000—5000 吨和 500 吨以下两个范围内。

斯里兰卡的船舶制造业完全集中在科伦坡船厂,该船厂所有者为日本尾道造船(持股 51%),从 1993 年至今,科伦坡船厂与尾道船厂的合作已经有 25 年历史,主要业务为修船。其订单主要来自马来西亚、新加坡和印度,主要船型为平台/近海的支持类船舶和客货船,集中在 1000—5000 吨的范围内。

泰国的船舶产量吨位小、产量低,自 2012 年开始下滑,至 2018 年不到最高峰的 30%。国内的订单主要是 500 吨左右的小船,其他的订单来源主要有德国、新加坡、卡塔尔、印度尼西亚和中国。最大的船厂 Italthai Marine(意大利海洋集团)是一家意大利—泰国合资企业。泰国船厂的主要产品有平台供应船、成品油船、渔船、拖船和集装箱船,船舶吨位主要集中在 500 吨以下。

二、 中东地区主要国家的船舶工业成熟度

中东地区船舶工业整体而言发展不足,根据美国信息服务管理公司 IHS 数据库关于中东地区主要造船国家 2018 年造船完工量显示(见表 8-2),具有一定造船能力的国家有土耳其、阿联酋、卡塔尔、伊朗、巴基斯坦等国家,主要生产石油相关产品,如钻井平台、海工辅助船等,船舶类产品吨位较小,阿联酋、卡塔尔等国具有制造豪华游艇的能力。

表 8-2 中东地区主要造船国家 2018 年造船完工量(总吨)

国家	总吨	百分比(%)
土耳其	105265	88.4
阿联酋	8447	7.1
卡塔尔	2612	2.2
伊朗	2547	2.1
巴基斯坦	145	0.1
叙利亚	106	0.1

资料来源:作者根据 IHS 数据库(IHS sea-web)数据资料收集整理自制。

土耳其的船舶工业以生产中小型船舶为主,但订单数量少,船型多,船厂多,产量自 2009 年开始持续下滑,至今维持在 15 万吨(总吨)左右的水平。其船舶销往全区 80 多个国家,除本国的订单外,其船东主要来自欧洲,包括挪威、意大利、瑞士、荷兰、德国和马耳他。IHS 有记录船厂 142 个,船型 51 种,化学品船产量最高,其次是渔业和海工辅助类船舶,就船舶大小而言,其产品主要在 500 吨以下和 1000—5000 吨两个区间,以小型船舶为主。

阿联酋主要服务海工市场,船舶产量自 2009 年开始持续下滑,至 2018 年产量(总吨)只有 2009 年的 7%。除本国订单外,其主要订单来自巴西、印度等第三世界国家。就船厂和船型而言,IHS 记录阿联酋共有 31 个船厂,能够生产 30 多种船型,前六位船厂几乎垄断全部订单,它们主要生产钻井平台等海工产品,订单少而吨位大,Grandweld(格兰菲尔德)主要生产拖船、调查船等相对吨位较小的船舶,因而订单较多。整体而言,阿联酋船舶工业多面向海工领域,受石油市场影响强烈。

卡塔尔船舶吨位小,船厂数量少,产品类型单一,主要产品为 500 吨以下的拖船或游艇。订单全部来自本国,其年产量较小,由于市场太过单一,受某些大订单的影响,订单就会出现大的波动,如 2012 年的一艘 10966 吨的浮船坞和 2016 年的一艘 7235 吨的近海工程处船,卡塔尔实际年产量约为 2000 吨左右。其船舶工业诞生较晚,目前仍处在起步阶段。

伊朗船舶主要订单来自本国,订单来源单一,具有建造大型船舶的能力。产业波动较大,2015 年其船舶总吨位接近 7 万吨,但 2018 年尚不足 5000 吨。塞浦路斯承包了几乎全部国外订单。伊朗船厂能够建造集装箱船、半潜式钻井平台、油船、近海支持类船舶等。除了两家大船厂外其他船厂的生产能力都相对较小。

叙利亚的船舶吨位小、产品单一、船厂少。船舶工业产量波动较大,其产能大概在 1000 吨左右,订单主要来自本国、美国以及周边国家。国内船厂较少,船型单一,主要有货船、平台支持船、拖船等小吨位船舶。它也能建造小型的登陆艇。

巴基斯坦船舶工业基础薄弱,50 年来 IHS 有记录船舶仅 32 艘,唯一大型船舶为一艘为中国建造的万吨散货轮——"友谊 20"号。最近五年,它仅为阿联酋建造过两艘运水船,2019 年将建造一艘 7900 吨的机械提升式船坞。

三、 非洲地区主要国家的船舶工业成熟度

根据非洲地区主要造船国家 2018 年造船完工量数据显示(见表 8-3),非洲船舶工业发展严重不足,仅南非在荷兰达门船厂的帮助下具有一定的实力,其次还有埃及、突尼斯有很少的一些造船工业,但近年产量也出现断崖式下滑。

表 8-3 非洲地区主要造船国家 2018 年造船完工量(总吨)

国家	总吨	百分比(%)
南非	737	43.6
埃及	613	36.3
突尼斯	339	20.1

资料来源:作者根据 IHS 数据库(IHS sea-web)数据资料收集整理自制。

南非船厂的吨位小、市场小、船型单一、外资船厂能力较强。客户主要来自本国,其与来自尼日利亚的订单之和超过全部订单吨位的 90%。南非近五年船舶产量呈现出一个先稳步上升后断崖式下跌的局面,2018 年的产量仅有 2017 年的 1/4。就船厂而言,尽管南非产能较大,但其只生产拖船。达门船厂开普敦是荷兰达门造船的子公司,其生产的产品种类更多,也更为先进,如渔业调查船、领航船、多用途船。总体而言,南非生产的船舶多为 500 吨以下的拖船、渔船、人员补给船和供油船。

埃及船舶工业客户单一、船型单一、吨位较小。主要的订单来源有本国、马耳他和土耳其,从 2015 年起,埃及船舶产量持续下滑,目前基本维持在 1500 吨左右的水平,IHS 记录船厂有 30 个,主要生产拖船、滚装船、游艇、人员/供应船和散货船,其最大的船型是 1500 吨的豪华游艇。

突尼斯船舶工业船型单一、吨位小、产量小。订单全部来自本国,船舶产量变化不大,2010 年由于建造了一艘 2000 吨级的客滚船而显得产量激增,其年均产量约在 500 吨左右,数量约为 3—4 艘,主要以 100 吨左右的渔船为主,

船型单一。

四、　南美洲地区主要国家的船舶工业成熟度

南美洲的船舶工业主要服务渔业和石油两大产业,根据2018年南美洲地区主要造船国家的造船完工量显示(见表8-4),巴西占领绝对的市场,其他国家的船舶工业能力薄弱。

表8-4　南美洲地区主要造船国家2018年造船完工量(总吨)

国家	总吨	百分比(%)
巴西	379686	95.42
秘鲁	11220	2.82
智利	3147	0.79
厄瓜多尔	2191	0.55
巴拉圭	1343	0.34
阿根廷	159	0.04
哥伦比亚	151	0.04

资料来源:作者根据IHS数据库(IHS sea-web)数据资料收集整理自制。

巴西船舶服务石油产业、订单来源单一。尽管最近两年产量有所下降,但船舶吨位上升。订单几乎完全来自本国,作为一个石油大国,其船舶工业也主要围绕石油展开,主要船型有原油运输船、FPSO、平台供应船、成品油船、半潜式生产平台等。其船舶吨位主要集中在500吨以下和1000—5000吨两个区间内,其生产的最大的船型为15.6万吨的FPSO。

秘鲁船舶工业薄弱,产量不高,2018年产量明显增加主要是因为生产了一艘11000吨的登陆舰。除本国外,船舶主要销往哥伦比亚、巴拿马等周边国家。IHS记录秘鲁的四个船厂能够生产5种船型,分别为登陆舰、渔船、拖船、客滚船和巡逻艇。

智利的船舶产量低、没有主力船型。产量从2009年起逐渐下降,除本国

外,订单主要来自丹麦、冰岛、法罗群岛等北欧国家和地区。船型有锚作拖轮、渔船、客滚船、近岸支持船和巡逻艇。

厄瓜多尔的船舶产量小、吨位小。产量整体呈上升趋势,绝大部分订单来自本国。生产的船型都在 1000 吨以下,主要有客船、渔船、巡逻艇和游艇。

表面上看,阿根廷船舶工业薄弱。船舶工业衰退严重,2018 年产量(总吨)仅为十年前的 3.8%,但实际上,2009 年阿根廷生产的仅仅是两艘没有动力的储油驳船,但到 2018 年阿根廷能够生产拖船、渔船、客滚船和成品油船,但都集中在 500 吨以下。

哥伦比亚船舶工业薄弱。订单计划完全来自本国,由于订单太少(每年 0—3 艘),所以产量变化严重,生产过的最大吨位的船舶是一艘 2050 吨的巡逻舰。

第三节 "一带一路"沿线国家船舶工业与我国的互补性分析

一、"一带一路"船舶工业互补性概述

在中国制造业劳动力成本持续走高的今天,通过引入国外劳务工的方式来降低人力成本不仅需要社会的认同、政策的支持,同时还要面临今后文化冲突带来的隐患,所以在"一带一路"这个世界级倡议的大环境下,中国船舶工业可以尝试"走出去",学习日本和韩国的经验,在人力成本较低的第三世界国家建设船厂,承接技术含量较低的船型和修造订单,这能够带来四方面的利益:协调全球劳动力成本优势;推动船舶工业优化产能;有效支援"一带一路"倡议;服务我国船舶的海上维护保障。

在产业互补性方面,"一带一路"沿线国家所能为我国提供的"互补"包括:低廉的人力、独特的地理优势和内需市场。而中国船舶工业方面则具有成熟的技术和经验、大量优秀的工程师、长期稳定的客户资源。由于船舶产品的独特

性,地理优势和人力成本成为重要的考虑因素,但是船舶工业会深度嵌入这些国家的政治、经济、文化,因此必须对该国的政治、经济和社会稳定性进行分析。

在不考虑其他条件下,仅考虑中国海外造船产能布局的话,本书对东南亚、中东、非洲的一些国家从地理优势、基础设施、人力资源情况、社会稳定性、船舶工业成熟度五大要素,对"一带一路"沿线国家与中国造船业发展的互补性进行分析并建立指标体系如表 8-5 所示。

表 8-5　五大要素及打分指标

分数	指标
船舶工业成熟度	
5	产能充足、吨位大且有高端船型
4	具有一定产能,能够建造中型吨位的船舶
3	船舶工业初具一定规模,待整合
2	仅能够生产供自己使用的小型船舶
1	几乎没有船舶基础
基础设施	
5	基础设施完善
4	基本满足工业生产的需要,但存在一定的风险
3	基础设施能够保障居民生活,新建工业还需要改造或建设
2	基础设施老旧、能力不足,难以维持国民生活
1	几乎没有现代化的基础设施
人力资源情况	
5	拥有大量廉价的技术工人或有一定知识的劳动力,技术工人的工资为 2500 元/月及以下
4	拥有大量廉价的技术工人或有一定知识的劳动力,技术工人的工资为 2500—3500 元/月
3	拥有一定数量的技术工人或有一定知识的劳动力,技术工人的工资为 3500—5000 元/月
2	技术工人数量不足,工资超过 5000 元/月
1	技术工人数量不足,工资超过 8000 元/月
社会稳定性	
5	经济、政治、社会稳定,人民安居乐业
4	经济、政治、社会存在不稳定因素,但总体良好

续表

分数	指标
社会稳定性	
3	经济、政治、社会存在不稳定因素,总体不利于工业生产
2	经济不稳定、政权快速更迭、恐怖袭击频发、社会治安差
1	国家处于战争或灾难状态
地理优势	
5	拥有天然良港、国际交通中处于枢纽地位、气候条件良好
4	拥有天然良港、处于交通要冲、气候条件一般
3	拥有较大的港口、气候条件一般
2	拥有可以开发的港口、地理位置适中、气候条件差
1	缺乏良好的港口、地理位置偏僻、气候条件差

资料来源:作者自制。

二、"一带一路"船舶工业互补性分析

(一)中东国家与我国船舶工业的互补性

1. 土耳其

关于中国与土耳其两国船舶工业发展的互补性及合作基础分析,本书从两国关系、经济、政治、社会稳定性和两国船舶工业合作条件等几个方面进行评价分析,概况见表8-6。

表8-6 中、土两国船舶工业互补情况

与我国关系	经济、政治、社会稳定性		有利造船条件	
	经济情况	一般	资源	矿石资源丰富
	政治情况	一般	人力	优质、廉价、最低月薪3000元/月
战略合作伙伴关系	社会治安	一般	贸易	市场化程度高
	—	—	基础设施	基础设施完善
	—	—	地理	亚欧非交界

资料来源:作者自制。

（1）与我国关系评估

中、土两国于1971年建交。在20世纪80年代,中、土两国双边关系发展较快。2012—2013年,中、土分别在两国举办了土耳其文化年和中国文化年,以及2018年在中国举办土耳其旅游年,加深了两国文化和人民的交流。近年来,中、土两国经贸关系发展迅速,中国对土耳其投资意愿显著上升,投资领域也逐渐从传统的矿业向农业、制造业、交通、能源、电信、金融等行业扩展。土耳其对中国发起的"一带一路"倡议非常支持。与中国"一带一路"倡议相呼应,土耳其发起了"中间走廊"倡议,倡议促进亚欧区域经济合作。土耳其与中国发展阶段相同,技术水平相近,商业文化相通,是中国船舶工业"走出去"的理想目的地。

（2）经济、政治、社会稳定性评估

经济情况:土耳其在20世纪80年代也推行了对外开放政策,改革开放政策实施以来,土耳其经济实现了从较为落后的传统农业国向现代化工业国快速转变。自2002年正发党（正义与发展党简称）执政以来,土耳其不断改善投资环境以吸引外资,大力加强基础设施建设,发展对外贸易。在2003—2015年12年间,人均国民收入从4559美元增加到9261美元;国家经济总量从3049亿美元增加到7200亿美元,国家经济实现了跨越式发展。

政治情况:土耳其正发党连续多年单独执政,政绩较为突出,执政基础相对稳固。

社会稳定性情况:土耳其总体上社会稳定,治安较好。近年来,由于邻国叙利亚、伊拉克发生战乱,大量难民涌入土耳其,主要城市流动人口激增、成分复杂,治安风险增大。土耳其境内主要有三股恐怖势力:一是库尔德分裂组织,长期在东南部地区从事反政府武装活动;二是"伊斯兰国"等宗教极端组织;三是"居兰运动"组织。近几年,受"东突"势力煽动以及当地媒体炒作等因素影响,土耳其多次发生反华活动,威胁到华人华侨的安全,这在一定程度上增加了中国造船企业投资合作的风险。

（3）有利造船条件

在 2016 年以前，土耳其政局相对稳定，投资环境也相对较好，得到海外投资者尤其是欧洲投资者的青睐。正发党执政近十年来，国家经济得到了快速发展。2016—2017 年，由于中央政府更迭、经济增速放缓、未遂军事政变、修宪法案公投、安全形势恶化等因素叠加，土耳其吸引的外国投资大幅减少。但总体看，土耳其投资合作环境仍然具有多方面比较优势：

一是经济总量规模上升迅速。目前土耳其是全球第 17 大经济体，欧洲第 6 大经济体。

二是经济发展总体向好。在 2017 年世界经合组织和二十国集团成员中，土耳其经济是发展最迅速的国家之一。

三是国际战略地理区位优势明显。土耳其是亚、非、欧三大洲的节点，是经济发展要素的结合地和集散地。

四是海外市场日渐广阔。土耳其为欧盟关税同盟成员，并与 27 个国家/地区签订了自由贸易协定，目前仍有多个自由贸易协定在谈。

五是高素质的人力资源供应充足。据世界经济论坛《2017—2018 年全球竞争力报告》评估显示，土耳其在全球 137 个最具有竞争力的国家当中名列第 53 位；在世界银行《2018 年营商环境报告》的 190 个经济体中排名第 60 位；在联合国《2018 年人类发展报告》评估中，土耳其在 189 个经济体中位列第 64 位，其发展指数（HDI）为 0.791。

六是土耳其为全球第五大船舶制造国，拥有 77 座造船厂，造船产能 440 万载重吨，修船 1900 万载重吨，具备建造 8 万吨级船舶的能力。船舶制造和维修产业每年可为土耳其经济带来 25 亿美元收入，创造 2 万余个就业岗位。主要产品包括：石油运输船、化学品运输船、货柜船、散货船、普通货船、拖船、驳船、游艇、渔船、快艇和军用船舶。2017 年土耳其各类船舶出口额为 9.5 亿美元。

七是土耳其北、西、南三面环海，即黑海、马尔马拉海、爱琴海和地中海，还有达达尼尔海峡和博斯普鲁斯海峡,海岸线长达 7200 公里,这使其海上运输颇具竞争优势。

2. 阿联酋

关于中国与阿联酋两国船舶工业发展的互补性及合作基础分析,本书从两国关系、经济、政治、社会稳定性和两国船舶工业合作条件等几个方面进行评价分析,概况见表8-7。

表8-7　中、阿两国船舶工业互补情况

与我国关系	经济、政治、社会稳定性		有利造船条件	
战略伙伴关系	经济情况	稳定	资源	油气资源丰富
	政治情况	稳定	人力	外籍工人平均工资 4000—1 万元
	社会治安	稳定	贸易	市场化程度高
	—	—	基础设施	基础设施完备
	—	—	地理	较为重要

资料来源:作者自制。

(1)与我国关系评估

阿联酋于 1984 年与中国建交,关系友好,高层互访频繁。特别是近年来,中、阿关系呈现全面、快速发展势头。两国高层互访往来不断,在国际和地区事务中相互支持与配合度越来越高。目前,有四千多家中国企业落户阿联酋,超过 30 万中国人在阿联酋生活和工作,阿联酋也是中国在阿拉伯地区第一大出口目的国和第二大贸易伙伴。两国关系政治大环境有利于我国造船企业投资合作。

(2)经济、政治、社会稳定性评估

经济情况:阿联酋国内石油天然气资源丰富,已探明石油储量和天然气储量均位居世界第七位。石油成产和与之相应的石油化工业是阿联酋的主要经济产业。最近几年,阿联酋政府提出了多元化经济发展计划,增加非石油经济产业收入在国内生产总值中的比重,除了发展包括水泥、炼铝、建筑材料等基建领域以外,还重点加强轻工业和农、牧、渔业产业的发展。与此同时,阿联酋还以信息技术为核心,大力发展知识经济,提高经济的高技术要素。国家十分注重可再生能源研发,阿联酋首都阿布扎比获选 2009 年国际可再生能源署总部所在地。国内生产总值(GDP)为 4300 亿美元、人均 GDP 4.3 万美元、外汇储备 929 亿美元。

政治情况:国家联邦最高委员会是阿联酋的最高权力机构,决定国家重大内外政策如国家财政预算、司法等问题。总统从联邦最高委员会的委员会成员中选出,兼任武装部队总司令,权力巨大,任期 5 年。除外交和国防外,各酋长国拥有相当的独立性和自主权。1972 年成立的联邦国民议会是咨询机构,负责讨论内阁会议提出的法案并提出修改建议,议长和两名副议长均由议会选举产生,每届任期 4 年。这被视为阿联酋在民主的道路上迈出的关键一步。

社会稳定性情况:根据世界经济论坛 2017 年报告显示,阿联酋在全球最安全国家排名中位列第二,社会安全稳定。但近年来由于外来人口增多,人员流动性增大。2015 年以来,在阿联酋已发生数起针对中国公民的恶性刑事案件,因此中国造船企业在合作投资时,中方人员应做好适当的安全风险管控。

(3)有利造船条件

地理优势:阿联酋位于阿拉伯半岛东南端,东毗邻阿曼,西北接壤卡塔尔,南、西南与沙特阿拉伯王国交界,北临波斯湾(又名"阿拉伯湾"),与伊朗隔海相望,是扼波斯湾进入印度洋的海上交通要冲。其中沙迦是阿联酋的第三大酋长国,面积有 2600 多平方公里,是阿联酋一个在东西海岸均有港口的酋长国,是去往阿拉伯海湾、红海、印度次大陆或东非的理想运输港口。沙迦的工业产值占整个国家的 45%,年增长率达到 11%。沙迦已成为中东地区一个现代化的国际商业都市和集散中心。迪拜港即将成为继新加坡与中国香港之后,全球第三大转口贸易中心。2016 年,迪拜非石油货物出口和转口总额达

1289 亿美元。

基础设施与关联产业:阿联酋共有 16 个现代化的港口,其中 9 个港口具有集装箱货运码头、仓储及其他十分先进的设施。全国港口泊位超过 200 个,其中 80%的泊位在阿布扎比酋长国和迪拜酋长国港口。1971 年阿联酋建国初期港口装卸能力为 200 万吨,现已增加到 4000 万吨左右。沿阿拉伯湾的主要港口有:阿布扎比酋长国的哈里发港、扎耶德港,迪拜酋长国的拉希德港和杰布阿里港,沙迦酋长国的哈里德港,哈伊马角酋长国的萨格尔港。阿曼湾沿岸有沙迦酋长国的科尔·富坎港、富查伊拉酋长国的富查伊拉港。其中拉希德港和科尔·富坎港均属世界前 50 个大型集装箱货运码头。杰布阿里港位于杰布阿里自由区内,系世界最大的人工港,码头长 15 公里,有 67 个泊位,拥有世界一流的配套设施和服务。2013 年,杰布阿里港 2 号码头完工,年吞吐能力增至 1500 万标箱。2015 年,3 号码头投入使用,年吞吐能力增至 1900 万标箱。目前杰布阿里港集装箱吞吐量居世界前 10 位,是中东北非第一大港。迪拜的港口连续 9 年荣获中东最佳港口奖。哈里发港,为阿布扎比最大的商业港口,目前一期已完工。项目第一阶段包括具有年处理 200 万 20 英尺标箱能力的港口和面积 51 平方公里的工业区 A 区。哈里发港已取代扎耶德港成为阿布扎比的主要货运港。目前,哈里发港口吞吐量为 250 万标箱和 1200 万吨一般货物。中远海运码头公司于 2016 年 9 月获得二期码头 35 年特许经营权,目前该项目正在施工中,预计 2019 年年底可竣工投入使用。

国家政策:据阿联酋《联邦报》2018 年 7 月 18 日阿布扎比报道,阿联酋工业协调委员会在经济部总办公室召开第一次全会,提出到 2021 年,机械制造业在阿联酋国内生产总值中的比重将提高到 20%。会议确定以下 4 个原则,一是不断提升制造业对经济贡献率,二是鼓励支持有助于实现"2021 阿联酋愿景"的工业行业,三是着力发展吸纳当地就业的行业领域,四是优先发展低能耗、低污染的工业部门。迪拜工商会发布最新报告称阿联酋将通过大规模投资包括造船、基础制药、炼化、汽车零部件生产、发电、输电、配电在内的制造业,实现其经济多元化。

社会稳定:根据世界经济论坛 2017 年报告显示,阿联酋在全球最安全国家排名中位列第二,刑事暴力类案件较少。为造船等制造业营造了一个良好的生产环境。

3.卡塔尔

关于中国与卡塔尔两国船舶工业发展的互补性及合作基础分析,本书从两国关系、经济、政治、社会稳定性和两国船舶工业合作条件等几个方面进行评价分析,概况见表8-8。

表8-8　中、卡两国船舶工业互补情况

与我国关系	经济、政治、社会稳定性		有利造船条件	
战略伙伴关系	经济情况	稳定	资源	油气资源丰富
	政治情况	稳定(世袭制)	人力	外籍技术工人6400元/月
	社会治安	稳定,犯罪指数倒数第二	贸易	市场化程度高
	—	—	基础设施	基础设施完备

资料来源:作者自制。

(1)与我国关系评估

中国与卡塔尔于 1988 年建交。建交后两国关系不断发展。近年来两国高层交往与合作密切,在国际和地区事务中保持了良好的沟通与协调。2014 年,两国元首共同宣布将中、卡关系确定为战略伙伴关系,双方签署本币互换协议;2017 年 5 月 14 日,卡塔尔代表团参加了在北京举行的"'一带一路'国际合作高峰论坛"相关会议活动。中国已成为卡塔尔主要贸易伙伴和第二大进口来源国,中国企业积极参与了卡塔尔港口、机场和世界杯足球赛场馆等重大基础设施建设,同时在能源、金融、航空和旅游等领域的合作也不断拓展深化,良好的两国关系为中、卡两国在造船产业上的合作提供了坚实的基础。

(2)经济、政治、社会稳定性评估

经济情况:卡塔尔投资合作环境较好,但总体空间较为有限。卡塔尔政府规划在未来 10 年重点开发与 2022 年世界杯足球赛相关的基础设施项目、石化工业、水电及除能源外的其他产业,以实现卡塔尔经济兼具竞争性和多样化的目标。同时也应看到,卡塔尔拥有丰富的原油及天然气资源,能源出口收入高,对外资虽有需求,但并不过分依赖。2018 年,世界经济论坛全球竞争力报告显示,卡塔尔经济竞争力在全球 137 个国家和地区中,排第 25 位。世界银行《2018 年营商环境报告》中,卡塔尔经商环境在 190 个国家(地区)中排名第 83 位,得分 64.86。卡塔尔发展规划和统计部相关数据显示,2017 年卡塔尔的实际 GDP 增长率估计为 1.6%,比 2016 年的增幅下降 0.6 个百分点。2017 年卡塔尔居民(含居住期 1 年以上的外国人)人均 GDP 超过 6 万美元,名列全球前茅。

政治情况:卡塔尔系君主立宪制酋长国。国家元首兼武装部队最高统帅埃米尔由阿勒萨尼家族世袭。塔米姆·本·哈马德·阿勒萨尼是卡塔尔国第十代埃米尔。卡塔尔协商会议是一个咨询机构,主要是协助国家元首行使统治权力,协商会议有权审议立法和向内阁提出政策建议。卡塔尔宪法规定司法权独立,由不同类型的各级法院及伊斯兰教法法院执掌。卡塔尔不允许任何政党存在。总的来说,卡塔尔国家政局稳定,我国造船企业合作投资政治风险较低。

社会稳定性情况:卡塔尔目前不存在反政府武装组织,当地居民不允许持有枪支,社会治安状况良好,刑事犯罪率低。但近年来随着重大项目的开发,呈外来人口迅速增长,且外来人口性别比例严重失衡的趋势。全球城市数据库 NUMBEO《2018 年犯罪指数排行》显示,卡塔尔的犯罪指数为 15.70,安全指数为84.30,在125个国家(地区)中排名第124位,较之前期的排名后退一位,仅排在日本之后。卡塔尔无针对华人、华侨的暴力犯罪活动。近年来未发生恐怖袭击事件,中资造船企业合作投资的社会安全风险较小。

(3)有利造船条件

卡塔尔作为一个以出口能源为GDP主要来源的高收入国家,其制造业能力有限。没有发展传统船舶制造业的意义,但是由于该国存在大量的高收入群体,在豪华游艇的制造方面具有相当庞大的市场。

卡塔尔拥有丰富的原油及天然气资源,能源出口收入高,对外资虽有需求,但并不过分依赖。近年来国际油气价格低迷,卡塔尔财政收入受到一定影响,除现汇项目外,卡塔尔政府部门开始考虑通过PPP等方式引入更多资金实施项目。此外,卡塔尔国土面积小、人口少,市场容量、人力资源相对有限。卡塔尔投资环境吸引力主要体现在政治稳定、支付能力较强、社会治安状况良好和市场化程度较高等几方面。

2017年9月5日上午,卡塔尔埃米尔塔米姆出席了哈马德港正式启用仪式。哈马德港是卡塔尔2030年远景规划重要内容,港口的启用对于保障卡塔尔商品物资供应、促进经济多元化发展具有重大意义,将直接或间接带动7亿美元投资。建成后的哈马德港是中东第一大港,港口占地面积超过28.5平方公里,港池长4公里,宽700米,平均水深17米,设计年吞吐750万个标准集装箱。港口拥有年吞吐170万吨散货,100万吨谷物、50万辆车辆的专用码头以及活禽专用码头。卡塔尔哈马德港总投资20亿美元,该港主体工程——港池及内防波堤工程由中国港湾工程公司承建。卡塔尔天然气运输公司(NAKILAT)拥有世界上最大的液化天然气运输船队,承担卡塔尔液化天然气出口的运输任务,目前拥有大型液化天然气运输船69艘。

4.伊朗

关于中国与伊朗两国船舶工业发展的互补性及合作基础分析,本书从两国关系、经济、政治、社会稳定性和两国船舶工业合作条件等几个方面进行评价分析,概况见表8-9。

表8-9 中、伊两国船舶工业互补情况

与我国关系	经济、政治、社会稳定性		有利造船条件	
全面战略伙伴关系	经济情况	一般	资源	油气资源丰富
	政治情况	较稳定	人力	首府平均工资2400元/月 最低工资1600元/月
	社会治安	一般	贸易	市场化程度高
	—		基础设施	基础设施相对滞后

资料来源:作者自制。

（1）与我国关系评估

中、伊两国建交于1971年,伊朗伊斯兰共和国建立后,中、伊两国双边关系保持良好发展势头,两国贸易额不断上升。中国连续8年是伊朗第一大贸易伙伴国,也是伊朗最大的非石油产品出口市场。中伊双方在能源、交通、电力建材、工程承包等领域的合作已有一定规模。近两年两国高层保持密切交往,政治经济交流进一步加强。伊朗是我国在中东地区第三大贸易伙伴、全球第五大原油进口来源地、重要的工程承包市场以及投资目的地;我国是伊朗最大的贸易伙伴,同时也是伊朗最大的石油及非石油产品出口市场和重要的外资来源地。2017年,中伊双边贸易额实现371.8亿美元;中资企业对伊朗直接投资存量36.24亿美元;新签承包合同49.71亿美元。良好的两国关系为中资造船企业投资合作提供了良好的保障。

（2）经济、政治、社会稳定性评估

经济情况:2004—2007年,伊朗经济一度保持较快增势,但自2008年世界经济危机及2012年西方国家对伊朗实施石油禁运和金融制裁以来,对外贸易增长乏力后劲,外国投资大幅减少,国家经济总产值增速明显放缓,失业率、通胀率长期在高位徘徊。西方制裁给伊朗国家和人民造成了巨大的伤害。2016 年 1 月制裁解除后,伊朗利用有限的伊核协议红利,大力提升原油生产量,实现经济较快增长。2017 年原油峰值产量接近 400 万桶/天,日均产量维持在 380 万桶/天。2017 年伊朗共计出口原油 7.77 亿桶,日均出口 220 万桶。2016 年伊朗商业银行贷款利率为 18%,2017 年为 13%。2016 年狭义货币储量为 475.9 亿美元,2017 年为 561.1 亿美元。2016 年广义货币储量为 3660 亿美元,2017 年为 4363 亿美元。2016 年经常账户余额为 163.9 亿美元,2017 年为 216 亿美元。2016 年进出口总额为 1471.2 亿美元,其中进口为 631.4 亿美元、出口为 839.8 亿美元。根据伊朗贸易促进组织公布数据,2017 年伊朗对外贸易总额为 2000 亿美元。伊朗是海湾和西亚地区的工业强国、能源大国,工业门类比较齐全。

政治情况:伊朗实行政教合一的政体,神权统治高于一切,国家一切行为必须符合伊斯兰教法。宗教领袖拥有至高无上的权力,凌驾于所有权力机构之上。1989 年 4 月的宪法改革虽然强调政教合一体制、共和制,但从一定程度上也平衡了领袖和总统的权力。在宗教领袖领导下,实行行政、立法、司法三权分立制度,即国家权力机构由彼此独立的政府、议会、司法部门组成。

社会稳定性情况:伊朗是政教合一的国家,犯罪率相对较低,社会治安状况总体较好。近年,极端恐怖袭击时有发生,中资公司遇到抢劫或被盗事件时有发生。伊朗是我国企业贸易纠纷高发的国家之一。发生贸易纠纷后,由于维权成本极高,我国企业多选择息事宁人的方式,或仅采取一般手段催促伊方履行约定,迁延日久,基本对伊朗企业没有约束力。因此,中资造船企业在投资合作过程中,社会安全风险较高,应做好充分的评估管控。

(3)有利造船条件

伊朗北接里海,南临波斯湾、印度洋,主要海港集中在波斯湾,如阿巴斯港、霍梅尼港、布什尔港和阿赛卢耶港等,伊朗在里海的主要港口为安扎里港,伊朗已在波斯湾外新建了恰巴哈尔港。2016 年伊朗港口吞吐量为 1.41 亿吨,其中原油及其制成品占比 33.6%,集装箱占比 17.3%;进港 6118 万吨,占比 43.4%;出港 7987 万吨,占比 56.6%。主要进口产品为农副产品、汽车及配件;主要出口产品为建筑材料、矿产、化肥农药。

阿巴斯港和霍梅尼港吞吐能力分别位列伊朗第一和第二位,吞吐量分别为 7624 万吨和 4293 万吨,两个港口约占伊朗港口吞吐总量的 85%。2014/2015 财年,伊朗海运乘客达 1710 万人。据了解,目前集装箱母船主要挂靠阿巴斯港,通过驳船把货物从迪拜、阿巴斯运往霍梅尼港、阿赛卢耶港、布什尔港。远东地区到伊朗的集装箱船公司主要有长荣、万海、太平船务、现代、HDS,所用船型为 5000 标箱、8000—10000 标箱;杂货船运营公司主要有中远、长航国际、金希普、南远、鸿优,船舶一般在 3 万—5 万吨。2018 年 5 月 8 日,美国退出伊核协议宣布重启对伊朗制裁,丹麦马士基、托姆等企业将不停靠伊朗港口,韩国高丽海运、法国达飞等航运公司已停止接伊朗业务新订单。

伊朗是波斯湾沿岸国家,又是里海沿岸国家。拥有 1700 公里海岸线。发展船舶工业具有得天独厚的条件,尤其是波斯湾沿岸,地质条件相当优越,海水深度大,沿岸没有耕地,地广人稀,无需征地,所需投资少。位处波斯湾的 ISOICO 船厂,其沿岸水深十几米,占地面积相当于国内多个大型船厂占地面积的总和,发展潜力很大。最近,伊朗把船舶制造业及海洋工程制造业列为重点发展领域,从政策到资金都加大了扶持力度,所以近几年来伊朗造船工业得到了迅速的发展。

5. 叙利亚

关于中国与叙利亚两国船舶工业发展的互补性及合作基础分析,本书从两国关系、经济、政治、社会稳定性和两国船舶工业合作条件等几个方面进行评价分析,概况见表 8-10。

表 8-10　中、叙两国船舶工业互补情况

与我国关系	经济、政治、社会稳定性		有利造船条件	
建交关系	经济情况	不稳定	资源	油气、矿石资源丰富
	政治情况	不稳定	人力	最低工资 400 元/月
	社会治安	不稳定	贸易	市场化程度高
	—	—	基础设施	基础设施受损

资料来源:作者自制。

（1）与我国关系评估

中、叙两国 1956 年建交以来,双边关系稳步发展。自从叙利亚发生动荡,中、叙经贸合作受到很大影响。为保证中国企业人员财产安全,中方目前暂不鼓励国内企业和人员进入叙利亚从事商业活动。

（2）经济、政治、社会稳定性评估

经济情况:叙利亚实行有计划的社会主义经济,战前的叙利亚拥有较好的投资吸引力:优越地理位置;经济改革开放政策;与阿拉伯国家和外国公司的良好关系基础;丰富的自然资源和劳动力资源;较完善的基础设施;设施完善的工业区;优惠的税收政策;各种互利协议和投资项目的鼓励和保护措施;2007 年颁布了新的投资法,为扩大吸引内外投资提供了较宽松的优惠保障政策。然而,受国内动荡局势和外部经济制裁的影响,叙利亚的投资吸引力无疑受到重创。目前,外国投资者对叙利亚是望而却步。世界银行《2018 年营商环境报告》显示,在报告统计的全球 190 个经济体中,叙利亚排名第 174 位。其中,开业便利度排名第 133 位,建筑许可办理便利度排名第 186 位,用电便利度排名第 153 位,财产登记便利度排名第 155 位。

政治情况:叙利亚是人民民主社会主义国家,复兴党是国家的领导核心。2012 年公投通过新宪法,新宪法规定:国家政治制度实行多元化,一党制改为多党制;国家元首由人民直接投票选举产生。近年政治的易帜为叙利亚国家

动荡混乱埋下了祸根。

社会稳定性情况：叙利亚内战从 2011 年年初持续至今，社会动荡，各种安全风险不可控，为保证中国企业人员财产安全，目前暂不建议国内造船企业到该国投资合作。

（3）有利造船条件

由于叙利亚和土耳其地理位置类似，均处于内海，同时考虑到中国在高附加值船舶领域并不具备较强优势，造船可能比较适合中小吨位船舶和特种船建造。

叙利亚有三个主要港口——塔尔图斯、拉塔基亚和巴尼亚斯，分别位于叙利亚地中海沿岸的北部、西部和中部。2009 年，塔尔图斯港货物年吞吐量为1444.7 万吨，往来船只 5251 艘；拉塔基亚港吞吐量为 958.2 万吨，往来船只2713 艘；巴尼亚斯港石油及天然气进出口量为 535 万吨。此外，2009 年拉塔基亚港还接送乘客 12745 人次。由于内战，其后统计数据缺失。

6. 巴基斯坦

关于中国与巴基斯坦两国船舶工业发展的互补性及合作基础分析，本书从两国关系、经济、政治、社会稳定性和两国船舶工业合作条件等几个方面进行评价分析，概况见表 8-11。

表 8-11　中、巴两国船舶工业互补情况

与我国关系	经济、政治、社会稳定性		有利造船条件	
全天候战略合作伙伴关系	经济情况	较稳定	资源	煤炭、矿石资源丰富
	政治情况	较稳定	人力	最低工资 600 元/月技工约 2000 元/月
	社会治安	较不稳定	地理	联系南亚、中亚、西亚
	—	—	政策	鼓励投资
	—	—	基础设施	基础设施相对落后

资料来源：作者自制。

（1）与我国关系评估

中国和巴基斯坦山水相依,是传统的友好邻邦,我国唯一的"全天候战略伙伴",也是中国"一带一路"倡议实施的重要支撑点。中、巴建交近70年,两国关系经受了国际和国内的风云变幻,双方自始至终互相支持,积极配合,是维护南亚洲地区和平与稳定的中坚力量。2013—2015年,中国国家总理李克强和国家主席习近平先后访问了巴基斯坦,将中、巴关系提升为"全天候战略合作伙伴关系"。中、巴两国领导人一致同意以"中巴经济走廊"建设为中心,构建"1+4"经济合作布局,该布局将以能源、交通基础设施、产业合作为重点。目前,中国已是巴基斯坦第一大贸易伙伴,南亚第一大直接投资目的地,第一大进口国和第二大出口国。稳定牢固的两国关系,是中资造船企业海外投资合作的战略首选地。

（2）经济、政治、社会稳定性评估

经济情况:巴基斯坦本届政府自执政以来,制定了经济振兴计划,努力改善巴基斯坦营商环境,以吸引更多的投资流入。2016年制定的《国家营商改革战略》大大优化了投资环境。巴基斯坦位于南亚次大陆,与中国接壤,近年来积极开展吸收外资和对外合作,其投资合作环境呈现以下特点:（a）中巴两国关系特殊友好。（b）市场潜力较大。（c）经济尚不发达。（d）地理位置优越。（e）政府和民间大力欢迎投资。世界经济论坛发布的《2017—2018年全球竞争力报告》中,巴基斯坦在137个国家和地区中排名倒数第23位。在世界银行发布的《2018年营商环境报告》中,报告所涉及的190个经济体内,巴基斯坦排在倒数第44位。

根据巴基斯坦财政部的分析,由于长期存在结构性问题,之前的十几年巴基斯坦经济一直面对巨大的挑战,能源、安全、投资环境和持续的财政不平衡等问题严重制约着巴基斯坦经济社会的发展,国家经济增长率多年徘徊在3%以下。2013年,新政府上台之时,巴基斯坦处于债务违约边缘,必须接受国际货币基金组织提供的救助贷款,同时调整国内货币政策（按国际货币基金组织要求),提高财政收入。通过近 4 年结构性改革,巴基斯坦经济正逐渐走上经济振兴之路,2015/2016 财年国内经济同比增长达到 4.7% 以上,增速创近年新高,2016/2017 财年增长率为 5.28%,增速创 2006/2007 财年以来新高,2017/2018 财年增长率预计为 5.79%,创下 13 年来新高。2016/2017 财年,巴基斯坦赤字扩大至 1.86 万亿美元,占 GDP 的比重为 5.8%。

政治情况:巴基斯坦实行联邦制,联邦与省之间的关系十分复杂。

社会稳定性情况:巴基斯坦大城市的社会治安状况总体尚可。具体而言,治安较好的城市有伊斯兰堡和拉合尔,相比而言卡拉奇治安则时常出现宗教派别仇杀和恐怖袭击事件,形势较为复杂,近年,巴基斯坦政府在卡拉奇进行大规模治安整治,取得一定成效。巴基斯坦国家的社会治安主要由部落头领负责,中央政府缺乏控制力。国家虽然严禁非法持枪,但民间非法持枪问题非常严重。巴基斯坦处于国际反恐前沿,是世界上受恐怖袭击最严重的国家之一,承受巨大的牺牲。国内各种大大小小的恐怖袭击不断,给民众的生命财产带来巨大的危害。近年来,巴基斯坦境内也出现了对中国进行袭击的情况,因此中资造船企业在投资合作时要做好安全风险管控。

(3)有利造船条件

巴基斯坦本届政府自执政以来,制定了经济振兴计划,努力改善巴基斯坦营商环境,以吸引更多的投资流入。2016 年,巴基斯坦政府制定的《国家营商改革战略》使国家投资环境大为改善。巴基斯坦位于南亚次大陆,与中国接壤,近年来积极开展吸收外资和对外合作,其投资合作环境优势如下:

一是中、巴两国特殊的友好的政治关系为两国经济全面战略合作打下了坚实的基础,对华友好是巴基斯坦外交政策的基石,中巴友好深入人心。二是市场潜力较大。巴基斯坦拥有 2 亿 780 万人,是世界第六人口大国,2016 财年人均国内生产总值为 1545.1 美元,市场潜力较大。三是地理位置优越。巴基斯坦地处中亚、中东、南亚和中国相连枢纽位置。四是政府和民间对大力发展经济的愿望强烈。巴基斯坦政府近年在推动经济发展问题上推行了系列改革措施。国内经济投资发展环境得到了很大的改善。目前已经与46个国家（包括中国）签订了投资保护协定，与52个国家（包括中国）签订了避免双重征税协定。

在发展海运方面，目前巴基斯坦共有三大海港，分别是卡拉奇港、卡西姆港和瓜达尔港。其中，2016/2017财年，卡拉奇港货物年吞吐量为5249万吨，卡西姆港则为3736万吨，两者共承担了巴基斯坦99%的国际货物贸易量，其中58.4%的货物贸易在卡拉奇港进出。卡拉奇港是巴基斯坦主要的集装箱港，年吞吐量为545434标箱。卡西姆港是巴基斯坦液化天然气进口港口。中国援建的瓜达尔港是一个温水、深海港。2013年，中国港控、瓜达尔港务局、新加坡港务局三方签署《特许经营权协议》，中国港控接管了923公顷自由区的开发、经营权。目前，瓜达尔港重建工作已基本完成，港区恢复作业能力，2018年3月开通"巴基斯坦瓜达尔中东快航"集装箱班轮航线。自由区起步区基础设施建设完毕，商务中心已投入使用，并于2018年1月29日举行了开园仪式。预计到2055年，瓜达尔港将成为巴基斯坦最大的港口。

巴基斯坦进出口货物多依赖外轮，本国远洋货轮仅有15艘，且载重总量不到100万吨，海上运输能力极差。巴基斯坦国内内河水运很不发达，在印度河下游的河道中，通行的只有很少的一些小船舶。航运能力的极度欠缺为巴基斯坦发展海运和造船业提供了广阔的市场前景。

近年来，拆船业在巴基斯坦发展迅速，根据联合国贸发组织近期发布的《2016年海运报告》，巴基斯坦的全球油轮拆除份额接近50%，全年拆除量为54万吨，已成为全球拆船业的主要国家。

（二）非洲国家与我国船舶工业的互补性

1. 南非

关于中国与南非两国船舶工业发展的互补性及合作基础分析，本书从两国关系、经济、政治、社会稳定性和两国船舶工业合作条件等几个方面进行评价分析,概况见表 8-12。

表 8-12　中、南两国船舶工业互补情况

与我国关系	经济、政治、社会稳定性		有利造船条件	
全面战略伙伴关系	经济	中等	地理	印度洋、大西洋要冲
	政治	稳定	资源	石油、矿产资源丰富
	社会治安	犯罪率最高国之一	人力	制造业月均 7888 元
	—	—	基础设施	基础设施优良

资料来源:作者自制。

（1）与我国关系评估

中国与南非于 1998 年建立外交关系,自建交以来两国双边关系平稳发展。目前我国连续九年是南非最大贸易伙伴,是中国主要进出口市场、投资目的地和游客来源国。2015 年,在南非进行国事访问的习近平主席和时任南非总统祖马共同主持中非合作论坛约翰内斯堡峰会,其间提出包括"中非贸易和投资便利化合作计划"在内的"十大合作计划"。南非是非洲的领头雁,是"一带一路"对接非洲的桥头堡。中、南两国政治互信不断增强,各领域务实合作快速发展、前景广阔,其营商环境总体而言有利于我国在南非开展经贸合作。截至 2017 年年底,在我国驻南非使馆经商参处登记备案的大中型中资企业 180 家,其中大部分以投资并购的方式进入南非,在南非投资金额超过 150 亿美元,涵盖矿业、金融业、制造业和房地产业等领域,近年来在传媒、农业和新能源等领域也有新的发展。中国企业对南非投资在不断取得新突破、新成绩的同时,也面临着一定的挑战。近年来南非内政部收紧多项签证政策,一些企业反映获取工作签证比以往更加困难。

（2）经济、政治、社会稳定性评估

经济情况:南非总人口 5652 万人,属中等收入发展中国家,是非洲综合实

力最强的国家,非洲第二大经济体,国内生产总值(GDP)约占非洲的1/5。2017年,南非经济触底反弹,呈现出向好的迹象,GDP约3493亿美元(人均GDP约6182美元),同比增长1.3%。南非失业率达26.7%,青年失业率高达51.5%。据国际货币基金组织预测,南非经济2018年将增长1.5%,2019年增长1.7%。南非经常账户赤字、财政赤字和国债规模分别占GDP的2.3%、4.5%和47.9%。南非国内储蓄和投资率不足GDP的20%。

政治情况:当前,在国际政治经济环境复杂多变的背景下,南非国内政局总体平稳。拉马福萨新政高举"变革、复兴与希望"旗帜,提出"千亿美元引资计划",希望在未来五年内吸引1000亿美元外资带动本国经济发展。此外,南非仍将坚定实施《2030年国家发展计划》(NDP),力争2010—2030年年均经济增长5.4%,创造500万个就业岗位,将失业率降至6%。主要包括加快工业化、新增3000万千瓦发电能力(其中核电960万千瓦),设立经济特区10个、建设重大基础设施项目18个,积极建设大型基础设施,例如大英加水电站、南北交通走廊等。2014年,南非政府提出了《帕基萨计划》,希望开发海洋资源,创造新增长点。南非工会组织影响较大,罢工频繁,安全风险也有所上升,暴力排外骚乱事件、小范围骚乱和治安事件时有发生,因此中资造船企业在南非的投资合作政治风险与机会并存,应做好相应的管控。

社会稳定性情况:南非是全球暴力犯罪率较高的国家之一,从南非警察总局公布的数据分析发现,南非国内虽然重大恐怖袭击案件不多,但是各种刑事犯罪是该国最突出的社会问题。近年南非的暴力犯罪还呈上升趋势,特别是谋杀和抢劫案明显增加。南非是居民可以合法持有枪支的国家。南非也是无死刑国家,犯罪分子无所顾忌。此外,近几年来南非连续成为遭遇网络攻击数量最多的非洲国家。近年,在南非国内针对中国企业和公民的暴力犯罪和人身伤害事件逐年增多,每年发生的打砸、哄抢、谋杀等涉华案件几百余起且大多数案件未获得侦破,大量的华人人身财产受到严重的伤害。因此,中资造船企业在南非的投资合作过程中要充分做好社会安全风险评估和管控。

（3）有利造船条件

一是南非地处大西洋、印度洋两大洋交汇处。海岸线空间资源、海洋生物资源和海洋油气资源极其丰富,经济尤其是海洋经济发展有利条件,增长有潜力亟待挖掘。

二是南非境内各种金属、有色金属、贵金属矿,能源矿等矿产资源种类多、储量大、品位好。

三是南非经济发展基础较好:南非工业门类齐全,技术先进;商业配套设施较为完备;金融、法律、电信等现代服务业较发达;某些领域的研发与创新能力较强。南非海洋运输业发达,排名在世界前列,海运网络非洲第一,港口年吞吐量约 12 亿吨。国内商品进出口 96% 以上通过海运。南非国家运输集团国家港务局负责管理港口。主要港口分别是理查德湾、德班、东伦敦、伊丽莎白港、Nqqura、莫塞尔湾、开普敦和萨尔达尼亚湾。德班港是非洲最繁忙、集装箱吞吐量最大的港口,年处理集装箱 120 万个,年货物吞吐量 4500 万吨。理查德湾港则是世界上最大的煤炭出口港。

四是南非劳动力资源充足,是非洲制造业和服务外包基地;国内消费力较强且逐年增强,2017 年制造业月收入为 16886 兰特,约合人民币 7888 元。

2. 埃及

关于中国与埃及两国船舶工业发展的互补性及合作基础分析,本书从两国关系、经济、政治、社会稳定性和两国船舶工业合作条件等几个方面进行评价分析,概况见表 8-13。

表 8-13　中、埃两国船舶工业互补情况

与我国关系	经济、政治、社会稳定性		有利造船条件	
全面战略伙伴关系	经济情况	中等	地理	亚非交接、毗邻运河
	政治情况	中等	资源	油气、矿石资源
	社会治安	犯罪恐怖袭击频发	人力	技工月均 1941 元

与我国关系	经济、政治、社会稳定性		有利造船条件	
全面战略伙伴关系	—	—	贸易	国际贸易条件优越
	—	—	基础设施	相对完善

资料来源:作者自制。

（1）与我国关系评估

中、埃两国友谊源远流长。自新中国成立以来,埃及第一个与新中国建交,在非洲和阿拉伯国家中,也是首个与中国建立战略合作关系。2014 年,中埃关系提升为全面战略伙伴关系,打开双边合作新格局。目前,中国是埃及最大的贸易伙伴,双方的合作涉及多个领域,包括工业、能源、电信、基础设施建设。据埃方统计,2017 年,中国首次进入埃及外国直接投资来源国前十名和旅游客源国前十名。中国企业接连签署埃及新行政首都 CBD 建设和斋月十日城轻轨建设等国家级大项目,见证两国经贸关系步入新的历史阶段。良好的两国关系成为吸引两国投资合作的基础,也为中资造船企业在埃及的投资合作提供了基本保障。

（2）经济、政治、社会稳定性评估

经济情况:2017 年以来,埃及经济虽然经历改革阵痛期,但改革措施的"组合拳"收获丰硕成果:国际货币基金组织、欧洲复兴开发银行等国际金融机构上调埃及经济增长预期至 5%以上;标准普尔等国际评级组织纷纷上调埃及主权信用评级;PPI 指数连创 2011 年以来新高;外汇储备连续 13 个月创历史新高;旅游业收入同比增长 123%;月度通货膨胀率已从最高 35.3%（2017 年 7 月）快速回落至 11.6%（2018 年 3 月）;南非兰德商业银行发布报告称,埃及首次超越南非,成为非洲最佳投资目的国。种种迹象表明,埃及已基本摆脱浮动汇率改革带来的后遗症,顺利步入经济复苏的轨道。新投资法颁布实施,更显著改善了投资环境,各类投资机会涌现,发展潜力巨大。

政治情况：埃及国内政治局势相对稳定，近年国家推行了全方位的经济改革措施，经济发展的元气日渐恢复。

社会稳定性情况：埃及社会比较稳定。近年各地恐怖袭击和爆炸频繁发生，因此中资造船企业在埃及投资合作过程中对社会安全风险要做好充分的评估和管控。

（3）有利造船条件

一是独一无二的区位优势。埃及是连接亚、非、欧三大洲的咽喉节点，北面与欧洲隔地中海相望，东邻中东，西南与非洲大陆腹地接壤。苏伊士运河是联通欧亚的航运生命线，战略地位极其重要。埃及海运、空运航线连接欧、亚、非多个国家，交通便利，地理位置优越，运输成本优势明显。

二是优越的国际贸易条件。埃及是大阿拉伯自由贸易区，东南非共同体，埃及—欧盟、埃及—土耳其自由贸易区等各种多边和双边贸易协定签订国家，也是世贸组织成员国之一。

三是充足的人力资源。截至 2017 年年底，埃及人口超过 9600 万人，是中东地区人口最多的国家，是非洲第三大人口大国，劳动力资源十分充裕，25 岁以下人口数量占总人口的 41%。埃及的低端劳动力和高端劳动力并存，整体工资水平在中东和地中海沿岸地区很有竞争力。埃及年轻人的英语普及率较高，拥有相当数量受过高等教育的技术和管理人才，每年新增大学毕业生超过 30 万人。

四是较丰富的自然资源。埃及拥有大量未开发荒地，价格低廉，上埃及等欠发达地区甚至免费提供工业用地。石油天然气资源不断有新发现，地中海最大的祖哈尔气田有望帮助埃及重新实现天然气出口。此外，还拥有较为丰富的金矿、磷酸盐、铁矿、石英矿、大理石、石灰石等矿产资源。

埃及是非洲地区重要的石油和天然气生产国，石油和天然气的探明储量分别位居非洲国家第五位和第四位。埃及石油日产量约为 60 多万桶，年产值大约 180 亿美元，人均约 212 美元。埃及不是个贫油国，但年原油出口额大约 26 亿美元,人均仅 31 美元,只相当于中东地区石油出口额人均 1605 美元的约五十分之一,北非地区国家石油人均出口额 550 美元的十七分之一。截至 2015 年年底,埃及已探明石油储量 35 亿桶,天然气 1.8 万亿立方米。2009 年起,埃及成为石油净进口国。2015 年,意大利埃尼公司在地中海发展祖尔(Zohr)气田,天然气蕴藏量高达 30 万亿立方英尺(8.5 万亿立方米),有可能成为地中海最大天然气田。此外,又陆续发现 3 个较大气田。

埃及炼油能力居非洲大陆首位,现有 10 座炼油厂,原油日处理能力为 97.5 万桶,现有 4 套液化天然气装置,年生产能力为 1870 万吨。

五是充满潜力的国内市场。埃及是非洲第二大经济体、第三大人口大国,国民消费意识较强,国内市场规模大。同时,消费结构两极分化严重,不仅存在大量处于基本生活消费阶段的低收入人群,还拥有可观的已进入享受消费阶段的高收入人群。根据世界经济论坛发布的《2017—2018 年全球竞争力报告》,埃及市场规模居全球第 25 位,是整个非洲和中东地区最大的单一市场。

六是相对完善的基础设施。2017 年,埃及在基础设施领域投资达到 150 亿美元。埃及拥有超过 7.6 万公里公路网、10 个国际机场、15 个商业港口。开罗机场是非洲第二大空港。此外,埃及拥有超过 4.5 万兆瓦的发电装机容量,发电能力在非洲及中东地区居首位,并实现电力盈余和出口。整体上,埃及基础设施虽面临老旧的问题,但就整个非洲而言,仍属较为完善。

沟通地中海和红海的苏伊士运河,长 190.25 公里,宽 280—345 米,水深 22.5 米,是世界上最重要和最繁忙的运河之一,全球 10% 的海运贸易需要经过苏伊士运河。2015 年,新运河扩建完成,工程耗资 82 亿美元。

埃及海岸线长 2900 公里,海洋岸线资源和空间资源丰富,为造船业发展提供了发展空间;航运基础条件好,为造船业发展提供了较好的市场资源,埃及沿海各种商业港口 15 个,泊位 179 个,总仓储面积 401.3 万平方米。货物处理能力 2.34 亿吨/年,约 1000 万标箱/年。埃及主要港口有位于地中海的亚历山大港、塞得港、杜姆亚特港和位于红海的苏伊士港、埃因苏赫纳港、塞法杰港,亚历山大港是埃及最大港口,塞得港正成为埃及最大的集装箱转运枢纽。埃及拟加大港口建设,将港口的货物吞吐能力从目前的 2.3 亿吨增至 3.7 亿吨(2030 年),2017 年埃及政府宣布投资 11 亿美元在红海、杜姆亚特、亚历山大等地方建设 4 个港口项目。

3. 突尼斯

关于中国与突尼斯两国船舶工业发展的互补性及合作基础分析,本书从两国关系、经济、政治、社会稳定性和两国船舶工业合作条件等几个方面进行评价分析,概况见表 8-14。

表 8-14　中、突两国船舶工业互补情况

与我国关系	经济、政治、社会稳定性		有利造船条件	
建交关系	经济情况	中等	地理	东、北临地中海
	政治情况	中等	人力	工程师 4500 元
	社会治安	恐怖袭击频发	基础设施	交通发达、电力充足
	—	—	政策	投资政策优惠

资料来源:作者自制。

(1)与我国关系评估

中国和突尼斯于 1964 年正式建立外交关系,建交至今两国交流合作全面发展,取得了令人瞩目的成就。20 世纪 70 年代以来,中国援建了多个成套项目并提供物资援助;派遣了几十批医疗队;为突尼斯提供了近千名政府官员和技术人员来华参加各类培训。近几年来,中突双边经贸合作呈现出加速发展趋势。中国是突尼斯重要的经贸伙伴,突尼斯也是中国在北非地区重要的经济合作伙伴之一。中资企业在当地的投资也颇受欢迎,目前中国在突尼斯设立分支机构的企业大约有三十家。

（2）经济、政治、社会稳定性评估

经济情况：经济尚处复苏阶段。自 2011 年以来，突尼斯高赤字、高通胀症状明显，外汇储备短缺。2017 年 GDP 为 496.34 亿美元，政府债务占 GDP 的69.2%。通货膨胀率为 7.8%。截至 2018 年 3 月 5 日，外汇储备为 45 亿美元左右。经济中农业、工业、服务业并重，分别占 GDP 的 9.9%、25.6% 和 64%。橄榄油是出口创汇主要农产品。工业以磷酸盐开采、加工及纺织业为主。旅游业在国民经济中占据重要地位，是第一大外汇来源。突尼斯鼓励外国投资，2017 年出台了新投资法，对外资进入突尼斯给予更多的优惠和便利，并专门设立了外商投资促进局等机构，为外资进入突尼斯提供一条龙服务。

政治情况：突尼斯政局总体稳定。2014 年，突尼斯颁布了新宪法，规定突尼斯是自由、独立的主权国家，实行共和国制。2015 年 2 月，突尼斯新政府成立。2016 年 8 月，政府改组，沙海德任总理。2018 年 5 月，举行 2011 年政治变革以来首次市政选举，民主过渡进程得到进一步巩固。突尼斯政局相对稳定，中资造船企业投资合作的政治风险较小。

社会稳定性情况：尽管突尼斯新政府加强了反恐措施，但依然未能完全防止类似事件的发生，边境及山区依然藏匿有恐怖分子。突尼斯恐怖威胁今后仍会长期存在，对国家安全和社会稳定产生深刻影响，并给民众生活带来挥之不去的恐慌。近年国家将反恐维稳作为政府重要执政目标及国家发展的根基，投入大量人力物力，目前局势初现改观，但突尼斯政府仍继续维持国家紧急状态。因此，中资造船企业在此投资合作对社会安全风险应做好充分的评估和管控。

（3）有利造船条件

突尼斯地理位置优越，投资兴业的总体环境、基础设施条件和国家各项政策优惠等领域都很不错。在突尼斯，企业录用大学毕业生可以得到优惠政策，初级工程师的工资是 600 欧元，初级高端技术员的工资是 350 欧元，行业间最低工资标准是 130 欧元。

突尼斯有 30 个港口,其中 8 个为大型商业港口(含 1 个石油转运港):比塞大、哈代斯、古莱特、苏斯、斯法克斯、加贝斯、扎尔齐斯和斯黑哈输油港,挂港各种船只 11132 艘,主要客运港与地中海周边各个国家均可联通。

(三)东南亚国家与我国船舶工业的互补性

1.菲律宾

关于中国与菲律宾两国船舶工业发展的互补性及合作基础分析,本书从两国关系、政治、经济、社会稳定性和两国船舶工业合作条件等几个方面进行评价分析,概况见表 8-15。

表 8-15　中、菲两国船舶工业互补情况

与我国关系	经济、政治、社会稳定性		有利造船条件	
全面战略合作关系	经济情况	发展较好	地理	东南亚腹地
	政治情况	较为稳定	资源	资源能源丰富
	社会治安	治安状况不佳	人力	优势明显
	—	—	贸易	辐射欧美
	—	—	国内市场	内需市场广阔
	—	—	基础设施	有待改善、电力为甚
	—	—	政策	限制较多

资料来源:作者自制。

(1)与我国关系评估

中国和菲律宾于 1975 年 6 月 9 日建交。阿基诺总统执政期间,中菲关系跌入低谷。2016 年,菲律宾总统杜特尔特对中国进行国事访问,中菲双方签署了《中华人民共和国与菲律宾共和国联合声明》,标志着中菲关系实现全面转圜,两国关系和各领域合作都进入一个全新的发展阶段。中菲经济互补性

强,都有发展经济、削减贫困的共同愿望,双方在旅游、能源、制造业和基础设施建设等多个领域有广阔的合作空间。但菲律宾为美国传统盟友,中资造船企业在投资合作中应做好充分的风险评估。

(2)经济、政治、社会稳定性评估

经济情况:2003—2017 年,菲律宾经济起起落落,但年均增长率达 5%以上。其中,2007 年高速增长,GDP 同比增长一度达到 7.1%。2008 年,受全球金融危机影响,GDP 仅增长 1.1%。2017 年增长 6.7%,在东亚地区位列第三,仅次于中国和越南。

政治情况:杜特尔特就任总统以来,强力打击毒品和基地犯罪活动,惩治腐败,推动全国和解的和平进程,大力发展经济,推行独立自主的外交政策。2017 年,成功主办了东亚合作系列会议,为东盟和其他国家领导人搭建了重要的国际交流平台,推动了各方在区域经济一体化、地区反恐合作、南海问题等重要议题上取得共识。但考虑到美国的因素,其政策的延续性、稳定性不可控,因此中资造船企业在投资合作过程中要做好充分的政治风险评估和管控。

社会稳定性情况:近年来,菲律宾政局总体稳定,但治安状况不佳。菲律宾存有数个武装力量较大的反政府武装组织(恐怖组织),绑架、凶杀、爆炸、盗抢案件时有发生。在马尼拉和一些城市,绑架事件时有发生,主要目标群体为富商、华人、日本人和韩国人。因此,中资造船企业在投资合作过程中对社会安全风险应做好充分的评估和管控。

(3)有利造船条件

菲律宾投资环境具有以下积极因素:

第一,人力资源成本低,优势明显。全国 80%的国民熟练使用英语,识字率达到 94.6%,在亚洲地区名列前茅。

第二,内需市场前景广阔。菲律宾有 1 亿多人口,居民消费意愿强烈,私人消费占 GDP 的近 70%。

第三,资源能源蕴藏丰富。金、银、铜、铁、铬、镍、地热等多种资源能源蕴藏量在亚洲乃至世界名列前茅,森林覆盖率较高,水产资源丰富。

第四,具有向西方市场的辐射优势。2015 年起,欧盟给予菲律宾"普惠制+"(GSP+)待遇,菲律宾几千种产品可以零关税出口欧盟。美国也对自菲律宾出口产品有相应优惠关税待遇。

第五,地理位置、基础设施和相关产业发展。地处亚洲东南部,菲律宾北望中国台湾,南望印度尼西亚、马来西亚,西濒南中国海,东临太平洋。总面积29.97 万平方公里,岛屿众多,约 7000 多个,主要大岛有吕宋岛、棉兰老岛、萨马岛等,占全国总面积的 96%。菲律宾水运总长 3219 公里,港口超过 400 个。为了容纳更大吨位的轮船和货物,大多数港口需要扩建升级。其集装箱码头设施完善,能高速有效地处理货运。

2. 越南

关于中国与越南两国船舶工业发展的互补性及合作基础分析,本书从两国关系、经济、政治、社会稳定性和两国船舶工业合作条件等几个方面进行评价分析,概况见表 8-16。

表 8-16　中、越两国船舶工业互补情况

与我国关系	经济、政治、社会稳定性		有利造船条件	
全面战略合作伙伴关系	经济情况	发展较好	资源	资源能源丰富
	政治情况	较为稳定	人力	充足、工资低
	社会治安	总体良好	基础设施	相对落后
	—	—	政策	优惠力度大

资料来源:作者自制。

(1)与我国关系评估

中、越两国于 1950 年 1 月 18 日建交。20 世纪 70 年代后期,中越关系恶化。1991 年两国关系实现正常化。2009 年两国完成陆地边界勘定工作。两国在经贸合作不断加强的同时,在越南的反华、排华、仇华事件时有发生。近年因南海

问题两国争端不断,两国关系在总体平稳下,潜在风险不可低估,因此中资造船企业如在越南投资,合作过程中应做好充分的战略性风险评估和管控。

(2)经济、政治、社会稳定性评估

经济情况:越南自1986年坚持革新开放以来,特别是2007年1月加入世界贸易组织后,大力修订了国内法律法规,力求与国际市场接轨。2015年7月投资法第五次修订正式生效,2016年国会通过了《关于附条件投资经营行业4号目录的修订草案》,决定自2017年1月1日起正式取消20项业务的投资经营限制条件,国内市场进一步开放,营商环境不断改善。2017年越南GDP同比增长6.81%,高于国会提出的6.7%计划指标,创10年来最高年增幅。

政治情况:越南是坚持共产党领导下的社会主义国家,国内政局保持相对稳定。随着2016年1月越共十二大的成功召开,越南党、政高层领导成功实现了权力平稳交接,各部门主要工作承接总体稳定。

社会稳定性情况:越南社会治安总体状况良好,军队、警察等强力部门对社会秩序具有绝对控制力。近年来,中资企业部分在建项目工地受到当地不法分子侵扰、偷盗和抢劫案件,境内各种反华事件时有发生,因此中资造船企业如在越南投资,合作过程中应做好充分的安全风险评估和管控。

(3)造船业发展综合条件评价

有利条件:一是政局稳定,经济发展较快,越南共产党和政府执政能力较强,政策具有持续性,注重经济建设,近年来越南GDP增长基本在5%—7%。二是劳动力成本相对较低,越南15岁以上劳动力有5480万人,根据越南政府规定,2018年起,越南劳动力最低月薪为267万—398万越南盾(约合800—1200元人民币)。三是地理资源和区位优越。海岸线长达3260公里,港口众多,现有海港49个,运输便利。内地水路总长1.9万公里,内地水路港口共有131个,其中13个能停靠外国船舶。内河运输在越南较为发达;越南近年来海洋运输发展较快,目前拥有各种海洋运输商船1600艘,总吨位620万吨,自北向南依次形成了:广—宁北部港口群、清—河北中部港口群、广—广中部港口群、平—平南中部港口群、南部港口群和九龙江平原港口群共六大港口群。优越的岸线资源、港口资源和活跃的水运市场为造船业的发展提供了良好的基础和条件。四是越南对海外投资的法律法规较为开放、完善,为外国投资者提供的优惠力度大,法律保障强。五是对外开放程度较高,目前越南已签署或正在推进16项自贸协定,投资者可利用多个自由贸易平台接近更广阔的国际市场。

不利因素:一是宏观经济稳定性不足,越南经济很大程度上依赖出口,易受国际经济环境的影响;公债、坏账高企,政府迄今未提出有效解决方案。二是有效劳动力资源相对不足,质量不高,越南劳动力充裕,但受过良好教育和职业技能培训的比例很低。三是配套工业较落后,各种生产性机械配套设备、原材料基本需要进口。四是外汇管制较为严格,投资者在使用美元时受到较大限制,必须面临越南盾汇率不稳定的风险。五是政府部门行政效率较低。这些因素对像船舶工业等大型装备性产业的投资发展都是很大的风险。

3. 印度尼西亚

关于中国与印度尼西亚两国船舶工业发展的互补性及合作基础分析,本书从两国关系、经济、政治、社会稳定性和两国船舶工业合作条件等几个方面进行评价分析,概况见表8-17。

表8-17　中、印尼两国船舶工业互补情况

与我国关系	经济、政治、社会稳定性		有利造船条件	
全面战略伙伴关系	经济情况	发展较好	地理	交通要道
	政治情况	总体稳定	资源	资源能源丰富
	社会治安	恐袭偶发	人力	充足、工资低
	—	—	贸易	金融市场开放
	—	—	国内市场	市场潜力大
	—	—	基础设施	严重滞后、亟须改善

资料来源:作者自制。

（1）与我国关系评估

中国与印尼于 1950 年 4 月 13 日建交。1965 年印尼发生"9·30 事件"后,两国于 1967 年 10 月 30 日中断外交关系。1990 年 8 月恢复两国外交关系。2005 年 4 月,两国共同发表《中国与印尼关于建立战略伙伴关系的联合宣言》。2013 年,两国共同发表《中印尼全面战略伙伴关系未来规划》。中国和印尼两国自 1990 年恢复外交关系以来,双边经贸合作全面发展,尤其是近年来中国和印尼贸易、投资和工程承包等领域合作发展迅猛。中国目前是印尼第三大外资投资国,第一大贸易伙伴,两国良好的经贸关系为中资造船企业在印尼投资合作奠定了广泛基础。

（2）经济、政治、社会稳定性评估

经济情况:印尼位于亚洲东南部,别号"千岛之国",实际拥有大小岛屿 15708 个,以巴厘岛最为闪耀。作为全球最大的群岛国家,印尼地跨南北两个半球、横卧两洋两洲(太平洋、印度洋;亚洲、大洋洲),扼守马六甲海峡、巽他海峡、龙目海峡等重要的国际贸易航道。印尼是东盟第一大国,人口、面积和经济总量均占其 40% 左右,印尼陆地面积 190 万平方公里,海洋面积 317 万平方公里。印尼人口约 2.6 亿人,居全球第 4 位;印尼经济增速多年来一直保持在 5% 左右,在全球主要经济体中位列前茅,2017 年印尼 GDP 约 1.01 万亿美元,居全球第 16 位。印尼是东盟最大经济体和二十国集团重要成员,因此它在地区和国际事务的作用不可忽视。

政治情况:1997 年亚洲金融危机直接引发印尼政局动荡。1998 年苏哈托总统辞职。2005 年印尼政府与"亚齐独立运动"分离组织达成和平协议。2006 年印尼国会通过亚齐管理法。印尼政局逐渐走向稳定,这对中资造船企业在印尼投资合作来说,降低了投资的政治风险。

社会稳定性情况:近年来印尼政府积极廉政建设和稳步的民主体制改革,国家经济稳定快速增长,社会矛盾得到缓解,社会秩序总体稳定。打击恐怖主义力度加大,并与美国、澳大利亚等国家加强反恐合作,目前印尼恐怖主义活动受到了较大程度的压制。但随着"伊斯兰国"势力发展,印尼一些恐怖组织宣布效忠,数百激进分子前往中东参加"圣战",不少人又回流至印尼。近年恐怖袭击事件时有发生,因此中资造船企业在投资合作中要充分评估和做好该地区的社会安全风险。

(3)有利造船条件

总的来看,印尼具有自然资源丰富;经济总体前景看好;地理位置重要;劳动力资源丰富且性价比高;金融市场较为开放等优势条件。

印尼油气资源丰富,但石油勘探开发基本上依靠国外石油公司。自2003年以来,印尼已成为石油净进口国。对海洋工程装备需求大,发展前景好。印尼岛际运输、远洋运输等海上运输较发达。全国主要港口25个。在海运方面,印尼港口的货物处理能力与市场需求之间矛盾突出,这为船舶和港口机械产业的进入投资提供了广阔的市场。

4. 斯里兰卡

关于中国与斯里兰卡两国船舶工业发展的互补性及合作基础分析,本书从两国关系、经济、政治、社会稳定性和两国船舶工业合作条件等几个方面进行评价分析,概况见表8-18。

表8-18 中、斯两国船舶工业互补情况

与我国关系	经济、政治、社会稳定性		有利造船条件	
战略伙伴关系	经济情况	缓慢发展	地理	印度洋腹地
	政治情况	总体稳定	资源	—
	社会治安	总体良好	人力	充足、工资极低
	—	—	贸易	市场辐射能力强
	—	—	国内市场	—
	—	—	基础设施	落后
	—	—	政策	鼓励投资

资料来源:作者自制。

(1)与我国关系评估

斯里兰卡与中国人文交往历史悠久。1957年两国建交后一直保持着友好关系。近年来,斯里兰卡积极响应习近平主席提出的"一带一路"倡议,明确表示愿积极参与"21世纪海上丝绸之路"建设。两国领导人就"一带一路"框架下深化和加强经贸领域务实合作达成广泛共识,双边经贸合作迅速发展,成果显著。中国已成为斯里兰卡最大的投资来源国之一,最大的发展援助国,第二大贸易伙伴,第二大游客来源国。当前,一系列公路、铁路、水利、灌溉等项目正在稳步实施。2014年9月,两国签署了人民币双边本币互换协议。多年持续友好的两国关系,为中资造船企业参与斯里兰卡投资合作提供了全方位的基本保障。

(2)经济、政治、社会稳定性评估

经济情况:斯里兰卡自2009年结束了长达26年的国内武装冲突以来,国家进入到了和平发展时期,安全形势明显好转,经济保持较快增长。近年来,政府重视对基础设施投入,一大批涵盖电力、通信、航空、交通航运和水利等领域重点工程的启动和相继完工,国内经济发展和投资环境得到显著改善。目前全国高速公路网初步形成,能源、交通情况和运输能力大幅度提升;科伦坡港的扩建和汉班托塔港新建启用,其国际航运竞争力进一步增强。2015年,斯里兰卡新政府上台后,重审前政府期间重大发展项目向外国投资者释放出消极信号,导致此后很长一段时间内外资流入停滞,整体营商环境恶化。2016年以来,斯里兰卡政府延续赤字财政政策,同时为进一步增加财政收入,积极开展税收改革,将增值税税率增至15%,推出国企私有化改革、公积金和职业信托基金改革,同时为了更好地吸引外资,积极研究探讨外汇管理法等金融政策改革。但整体改革步伐较为缓慢,对经济的推动作用成效尚不明显。总体来看,近两年受制于国际货币基金组织等国际组织向斯里兰卡提出的结构性改革要求,斯里兰卡不得不采取紧缩的货币和财政政策,其GDP增长率已回落至3%—4%的水平。斯里兰卡政府因债务负担沉重,积极鼓励外国投资者参与当地基础设施投资,但由于公路、铁路等基础设施经济效益不高,基础设施建设仍以承包工程类为主,外资真正投资当地基础设施建设尚无先例。

政治情况:斯里兰卡是一个总统制国家,国家政局相对稳定,中资造船企业投资合作的政治风险较低。

社会稳定性情况:2009年,斯里兰卡内战结束,社会趋于稳定,安全形势有所好转。目前,斯里兰卡政府积极推进战后重建,国家总体趋于平稳。在斯里兰卡,只有持证的枪支所有者可以合法获得、持有或转让枪支及弹药,且所有记录应保留在官方登记册内。总体来说,中资造船企业在此投资合作的社会安全风险较低。

(3)有利造船条件

一是国内环境逐步稳定。斯里兰卡结束国内武装冲突后,国家政府通过对落后基础设施大量投资,投资环境明显好转,同时还出台了稳定吸引外资政策,积极组织境外招商活动。

二是地理位置极佳。斯里兰卡地处印度洋中心、背靠印度次大陆、紧邻亚欧国际主航线,可覆盖南亚、中东、非洲东部等地区,拥有得天独厚的便利地理条件。斯里兰卡希望利用其战略地缘优势,倾力打造航空、航运、旅游、商业和能源五个经济中心,将斯里兰卡打造成连接东南亚、非洲、中东和欧洲的经济集散中心。在区位优势、劳动力资源、政策法规和商业投资环境等领域,与南亚诸国家相比均胜出一筹,是亚太地区最佳投资地之一。

三是吸引外资投资。斯里兰卡重视双边和多边的区域合作,发展与周边国家和新兴国家的经济合作,分别与印度、巴基斯坦、新加坡签订了自由贸易协定,几千种产品享受零关税政策。目前,中斯自由贸易协定已开展六轮谈判。斯里兰卡还积极与日本、孟加拉、泰国等国开展自贸谈判。斯里兰卡是亚太贸易协定和南亚自贸协定成员国,与全球27个国家签署了《双边投资保护协定》、38个国家签订了《避免双重征税协议》。斯里兰卡在世界经济论坛发布的《2017—2018 年全球竞争力报告》中居第 85 位。根据世界银行营商环境便利度最新排名（2018 年），斯里兰卡居全球第 111 位。

　　四是海洋运输需求大。斯里兰卡是印度洋岛国，沿海地区占国土面积的 25%，人口占 1/3，超过 2/3 的工业设施和超过 80% 的旅游设施集中位于沿海地区。斯里兰卡地处亚欧国际海运主航线上，在海洋货物转运、中转和补给等方面具有得天独厚的优势。随着斯里兰卡政府对科伦坡港扩建工程和汉班托塔港新建工程的完工，斯里兰卡国际海上航运能力得到进一步加强。目前，每年在斯里兰卡境内港口靠泊船只接近 5000 船次，其中科伦坡港 4329 船次、汉班托塔港 230 船次。科伦坡港扩建工程完成后，科伦坡港将增加 720 万标箱的吞吐量，在 2017 年，仅科伦坡南集装箱码头就停靠了船舶 1377 艘，吞吐量超过 238 万标箱，占科伦坡港的 31.8%。汉班托塔港是由中国政府向斯里兰卡提供贷款，由中国港湾工程有限责任公司建设。该项目起源于 2005 年时任斯里兰卡总统拉贾帕克萨政府提出"两翼一带"的国家发展战略，目标是把汉班托塔地区打造成斯里兰卡的工业基地。当时科伦坡港是斯里兰卡最重要的港口，其主要是针对集装箱业务，没有大型综合性码头。2007 年，中国港湾与当时政府签署了关于开发汉班托塔港项目的协议。2017 年 12 月 8 日，中国招商局港口股份有限公司与斯里兰卡政府就收购汉班托塔港达成一致意见，并签署合约。目前，汉班托塔港已经建成一期、二期，成为斯里兰卡第二大港，是一座集集装箱码头、干散货码头、滚装码头、油码头等业务于一体的综合性港口。

5. 泰国

　　关于中国与泰国两国船舶工业发展的互补性及合作基础分析，本书从两国关系、经济、政治、社会稳定性和两国船舶工业合作条件等几个方面进行评价分析，概况见表 8-19。

表 8-19　中、泰两国船舶工业互补情况

与我国关系	经济、政治、社会稳定性		有利造船条件	
全面战略 合作伙伴关系	经济情况	逐渐回暖	地理	东南亚中心
	政治情况	总体稳定	人力	国内人力短缺， 使用外籍劳工
	社会治安	总体良好	贸易	市场辐射能力强
	—	—	国内市场	市场潜力大
	—	—	政策	鼓励投资

资料来源：作者自制。

（1）与我国关系评估

中泰两国友好交流历史悠久，两国人民友谊源远流长。近年来，两国高层领导人相互往来不断，2012 年中泰建立全面战略合作伙伴关系。中国—东盟自贸区于 2010 年如期全面建成，中国—东盟各国之间实行零关税的产品超过93%，东盟—中国自由贸易协议（FTA）自 2018 年 1 月 1 日升级后，中国出口到东盟成员国的正常产品已能享受零关税待遇。2012 年 4 月，中泰签署《关于建立全面战略合作伙伴关系的联合声明》。2018 年 8 月，中泰两国在曼谷签署《关于开展泰国"东部经济走廊"建设的谅解备忘录》。截至 2017 年年末，中国对泰国直接投资存量 53.58 亿美元，泰国企业累计对华直接投资42.24 亿美元。2017 年中泰贸易总额 802.9 亿美元，同比增长 6.0%。2017 年中国企业在泰国新签承包工程额 37.26 亿美元，完成营业额 33.84 亿美元；当年派出各类劳务人员 1689 人，年末在泰国劳务人员 3405 人。2017 年新签大型工程承包项目包括中国能源建设股份有限公司承建泰国 Agro-Solar（阿格罗太阳能）5 兆瓦光伏项目群；中国铁建国际集团有限公司承建泰国曼谷第一公寓项目；中铁十局集团有限公司承建大湄公河次区域高速公路扩建项目 2

阶段等。中国企业在泰国的重要业务领域为通信工程、电力工程和城市轨道交通建设方面,包括华为、中兴、中国建筑、中国电建、中国港湾等多家企业活跃在泰国承包工程市场。中泰两国广泛、全面深入、历史悠久的经济人文交流和友好关系为中资造船企业在该国投资合作提供了全方位保障。

(2)经济、政治、社会稳定性评估

经济情况:泰国是东南亚"四小虎"国家之一,在20世纪90年代,泰国经济得到飞速的发展,1997年亚洲金融危机以后,"四小虎"国家中除了马来西亚经济有所恢复以外,其他三国一直萎靡不振,21世纪初,泰国经济刚有所起色,却在2008年由美国次贷危机引发的全球金融危机的影响下,经济一直处于波动不稳定的发展状态:2010年和2012年分别出现7.8%和6.4%的高增长率;2013年以来经济增长又出现回落;2017年经济出现了复苏向好的趋势,增长率达3.9%。在泰国的经济构成中:农业占8.2%,制造业及其他工业产业占36.2%,服务业占55.6%。

政治情况:泰国实行君主立宪制,目前,泰国政治局势总体保持平稳。政府将发展经济、改善民生作为施政重点,取得较好社会反响。泰国政府大力推进吸引外资和公共基础设施建设,不断推出新的经济政策和举措,并积极开展与中国的友好合作。与此同时,泰国的不稳定因素依然存在。随着党禁的逐步放开,政党活动逐渐进入新一轮活跃期,各种不稳定因素或将凸显,政局走势仍不明朗。因此,中资造船企业在投资合作过程中应对其中的政治风险做好评估和管控。

社会稳定性情况:泰国治安情况总体较好。虽然存在党派冲突和政局出现不稳定迹象,但党派冲突主要集中在首都曼谷,对泰国整个国家绝大多数普通百姓的正常生活影响不大;但是对中资造船企业投资合作具有一定潜在的社会安全风险。

(3)有利造船条件

泰国整体来说社会较稳定;经济发展有基础;市场发展有潜力;地理位

置有优势;劳动力资源丰富且性价比高;政策透明度较高;贸易自由化程度较高。

农业是泰国的支柱产业。泰国全国耕地面积约1500万公顷,占国土总面积的31%,农业产值占GDP比重超过10%。泰国是世界第一大橡胶生产国和出口国,以及第一大木薯和大米出口国。橡胶年产量约450万吨,占全球总产量的1/3。泰国制造业占GDP比值超过1/4。主要涉及汽车装配、电子、塑料、纺织等领域。

泰国海岸线资源丰富,发展海洋运输业和沿海制造业有优势。泰国沿海有8个国际深水港,大小港口码头122个,重要港口有清盛港、清孔港等。泰国港口吞吐量超过450万标准集装箱/年,其中曼谷港每年承担全国95%的产品出口和100%的产品进口。优良的港口资源和海岸线资源以及背靠南亚次大陆腹地,这为港口运输业和造船业的发展提供了很好的基础和条件。

泰国积极表态希望同"一带一路"倡议对接,一方面是希望能够吸引更多中国的投资者赴泰国投资;另一方面则是借由未来规划中的中泰铁路等联通泰国曼谷到北部的高铁,进而与中国这个大市场联系起来。2018年5月15日,"东部经济特区法案"经泰国十世皇御准后正式颁布实施。泰国的发展规划及战略与中国推动的"一带一路"和国际产能合作战略具有高度的契合性,中资企业在泰国发展面临新的历史机遇。

(四)俄罗斯、朝鲜与我国船舶工业的互补性

1. 俄罗斯

关于中国与俄罗斯两国船舶工业发展的互补性及合作基础分析,本书从两国关系、经济、政治、社会稳定性和两国船舶工业合作条件等几个方面进行评价分析,概况见表8-20。

表 8-20　中、俄两国船舶工业互补情况

与我国关系	经济、政治、社会稳定性		有利造船条件	
全面战略 协作伙伴关系	经济情况	稳步复苏	地理	近极地国家
	政治情况	总体稳定	资源	石油、矿产丰富
	社会治安	犯罪率较高	人力	最低工资约 1150 元/月，制造业人员紧缺
	—	—	贸易	市场辐射能力强
	—	—	国内市场	市场潜力大
	—	—	基础设施	基础设施陈旧
	—	—	政策	鼓励投资

资料来源:作者自制。

（1）与我国关系评估

近年,中俄全面战略协作伙伴关系得到不断深化。两国政治互信不断加强,合作领域不断深入、务实,合作不断取得新突破,在国际和地区事务中的战略协作更加密切。两国高层交往频繁。中俄双边关系持续在高水平运行。2019 年 6 月 5 日,中俄两国签署了《关于发展新时代全面战略协作伙伴关系的联合声明》和《关于加强当代全球战略稳定的联合声明》,两国元首将两国关系上升为"新时代全面战略协作伙伴关系"。中、俄两国在船舶工业领域互补性很强,两国建立全面战略伙伴关系,为两国在船舶工业领域全面的投资合作奠定了基础。

（2）经济、政治、社会稳定性评估

经济情况:随着国际油价回升,以及本国经济刺激措施初见成效,俄罗斯经济摆脱衰退,从微弱增长转向低速增长。2017 年,国内生产总值(按现价核

算)为 92.0819 万亿卢布(按年均汇率 1 美元＝58.33 卢布计算,约合 1.5786 万亿美元),增幅 1.5%。2016 年,人均国内生产总值为 58.66 万卢布(按年均汇率 1 美元＝66.9 卢布计算,约合 8769 美元)。

政治情况:俄罗斯政治和社会稳定。2017 年,俄罗斯经济稳步复苏为俄罗斯国内政局稳定提供了保障。尽管美欧加强对俄罗斯制裁措施,普京在上一年基础上进一步巩固政治体系,并稳步改善民生、树立良好的政府形象。在欧美制裁、俄罗斯加强中东军事实力的背景下,俄罗斯民众民族主义和爱国主义情绪上扬,对普京的执政理念和俄罗斯内政外交政策基本认同。普京顺利连任,其将继续推进既定的治国思想、方针和路线,俄罗斯国内政治、经济、外交政策将继续保持稳定。

社会稳定性情况:根据俄罗斯总检察院公布的统计数据显示,随着俄罗斯政局的稳定和国家的全面恢复。国家社会越来越安全稳定,中资造船企业与俄罗斯进行投资合作的安全风险较小。

(3)有利造船条件

当前的俄罗斯政局是苏联解体以来最为稳定的阶段;俄罗斯横跨欧亚两大洲,是世界上版图面积最大的国家,也是全球的资源大国,尤其是能源和矿产资源极其丰富;俄罗斯工业基础和基础科学研究实力较雄厚,特别是在航天、核工业技术、军事工业等尖端技术研究全球领先;加入世贸组织后,该国对海外投资领域的限制越来越宽泛;推出了跨越式发展区和符拉迪沃斯托克自由港建设政策;国民受教育程度高。中俄加强造船业的合作,尤其是船舶共性技术领域合作互补性强,前景广阔。

2. 朝鲜

关于中国与朝鲜两国船舶工业发展的互补性及合作基础分析,本书从两国关系、经济、政治、社会稳定性和两国船舶工业合作条件等几个方面进行评价分析,概况见表 8-21。

表 8-21　中、朝两国船舶工业互补情况

与我国关系	经济、政治、社会稳定性		有利造船条件	
建交关系	经济情况	不稳定	地理	中国至北极重要依托,日、韩门户
	政治情况	不稳定	人力	廉价劳动力
	社会治安	人身自由受限、诚信较差	基础设施	较差、电力不足
	—	—	政策	不稳定

资料来源:作者自制。

(1)与我国关系评估

中、朝两国 1949 年 10 月建交。1950 年朝鲜战争爆发后,中、朝两国以鲜血结成了革命友谊。中、朝两国自 1961 年 7 月 11 日签署《中朝友好合作互助条约》以来,两国在重大国际问题和两国核心利益上一直保持着传统睦邻友好合作关系。

(2)经济、政治、社会稳定性评估

经济情况:朝鲜从经济改革以来,与韩国接壤的新义州及开城两个城市经济有所发展,但总的来说也仅仅是较前几年的饥荒状态有所复苏而已。农业生产虽然有一定的起色,但化工业基础薄弱,化肥产量依然无法满足国内需求,总体实力依然很弱。核试后美国的贸易制裁对朝鲜经济更是雪上加霜。朝鲜在 1991 年开始有少量私人商业出现在罗津先锋特区,2002 年在开城设立工业区,2013 年宣布在各道设立经济开发区。

政治情况:朝鲜是一个政治集权、经济集权、社会集权的传统社会主义国家,国家政治稳定。

社会稳定性情况:朝鲜治安良好,但外国人在朝鲜的活动会受到严格的限制和监视,游客很难与当地居民进行深入的交流,由于朝鲜法制并不健全,特别是在经济领域,目前朝鲜还未建立完整的市场经济体制机制,因此,中资造

船企业如果到朝鲜投资合作存在巨大的阻碍和风险的不确定性。

（3）有利造船条件

从目前来说，朝鲜工业基础薄弱、市场经济初步发展、国际政治关系差、国内法制不健全、劳动力素质一般、基础设施落后，因此朝鲜无法承担起船舶制造这样的工业任务，受限于当地的通信和交通管制，即使想借用当地廉价的劳动力建设组装工厂也无法有效地控制成本。但朝鲜地理位置特殊，宫古海峡为中国至北极要道，同时该地也是日、韩的门户，所以对中国来说，朝鲜具有特殊的地理位置重要性，出于这方面的考量，它对于我国东北来说是一个很好的出海口，亦可以作为一个守护北极航线的重要据点。

（五）"一带一路"沿线国家与我国船舶工业市场互补性分析与评价

东南亚以菲律宾为例：在日、韩船企的带动下，该国造船业得到有效整合，资源集中在两大外资船厂中，并没有出现如印尼一样的船厂小而多、资源分散的现象，尽管高端船舶数量较少，但就吨位和订单量来说已经跻身世界造船大国行列；商务部《对外投资合作国别（地区）指南》认为菲律宾"基础设施建设落后，公路、铁路、机场和港口等都急需扩容或升级"，属于对菲投资的"消极因素"，但从两大船厂的产量来看，尚能为大型工业服务；菲律宾劳动力资源充沛且价格低廉；菲律宾政局总体稳定，但治安状况不佳，国内存在反政府武装（恐怖组织），公民可合法拥有枪支，针对富商、华人的绑架时有发生；地处赤道，亦非交通要冲，因此菲律宾并无明显的地理优势。

中东以卡塔尔为例：卡塔尔船舶工业落后，年产量不足万吨，订单数量较少，主要产品为豪华游艇；商务部《对外投资合作国别（地区）指南》认为其国内基础设施较为完善，适合用于工业生产，但作为一个产油国家，其人均 GDP 较高，本国从事制造业的技术工人较少，多依靠周边国家的劳工，但劳工成本较高；卡塔尔社会治安良好，犯罪率很低；地处波斯湾腹地，除靠近石油富集区外，并无其他地理优势。

　　非洲以南非为例：南非船舶工业相对落后，产量较低、船型较小；其基础设施能够基本满足工业需求，但有待发展；商务部《对外投资合作国别（地区）指南》认为其人力资源优势不明显；社会稳定性一般；由于地处非洲最南端，拥有好望角这一交通要冲，具有一定的地理优势。

　　俄罗斯船舶工业较为成熟，能够生产高端的极地破冰船，其工业的没落受限于多方面因素；商务部《对外投资合作国别（地区）指南》认为其基础设施虽然老旧，但能够满足工业生产需求；相较于中国，人力成本优势较低（其外籍劳工除了来自独联体国家外，主要来自中国）；最近几年，俄罗斯经济稳步发展，国内政治稳定，局势有所好转；其陆地与北极接壤较多，在北极航道和北极资源的开发方面具有得天独厚的优势。

　　据上述分析，对东南亚、中东、非洲和其他一些"一带一路"沿线重要造船国家的各项要素打分，形成五维能力（见图8-1、图8-2、图8-3、图8-4）。

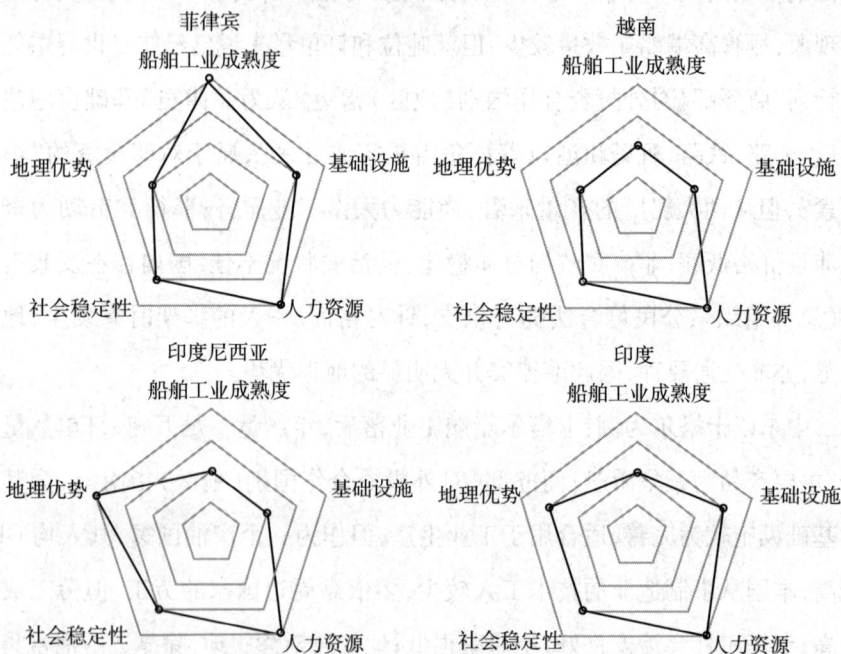

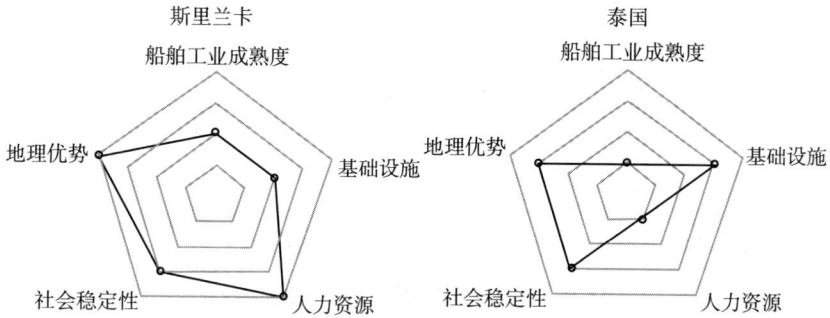

图8-1 东南亚主要造船国家五维能力图

资料来源:作者自绘。

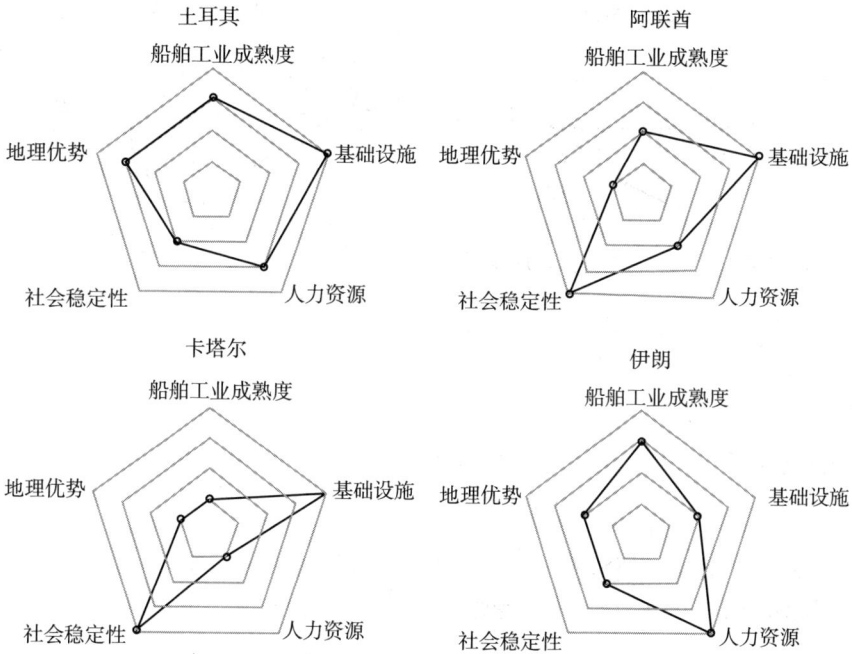

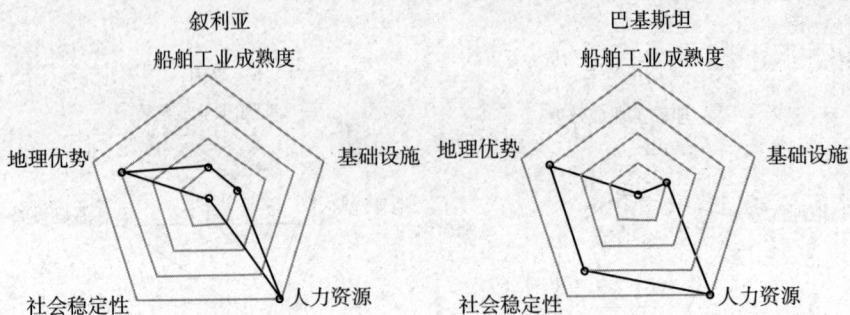

图 8-2　中东主要造船国家五维能力图

资料来源:作者自绘。

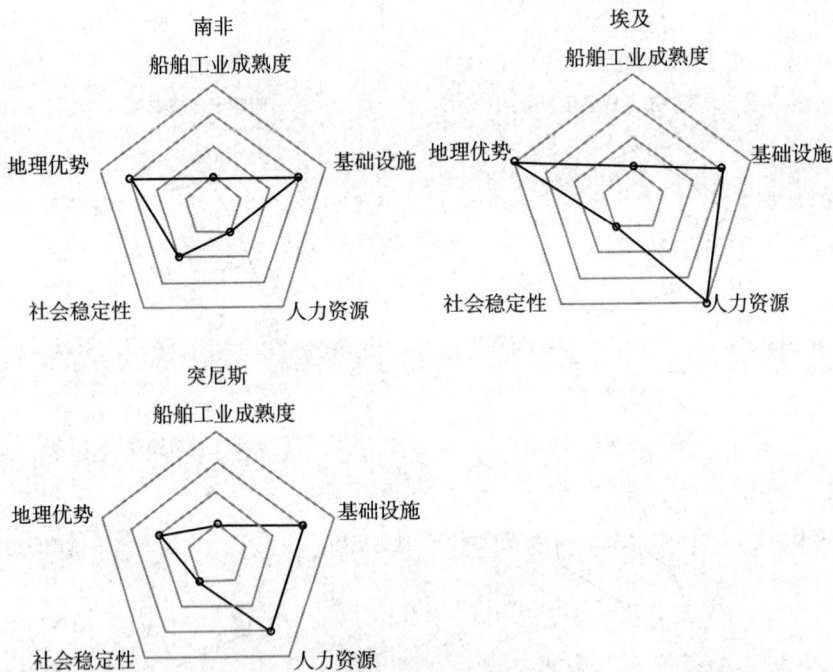

图 8-3　非洲主要造船国家五维能力图

资料来源:作者自绘。

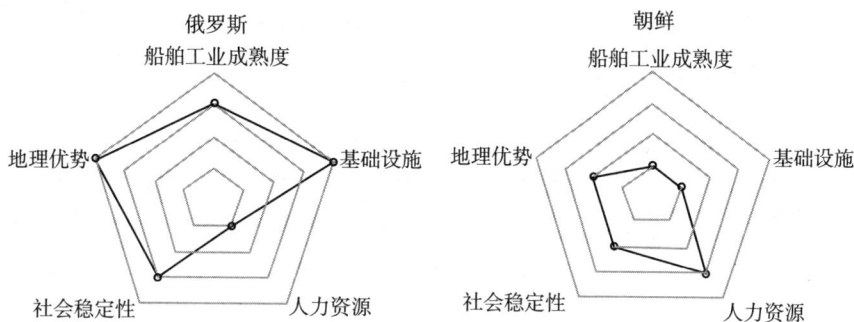

图 8-4　其他主要造船国家五维能力图

资料来源:作者自绘。

第四节　中国造船去产能与"一带一路"沿线国家合作潜力研究

一、"一带一路"中国船舶工业的潜在合作方分析

如果给上述五大要素分配不同的权重,就可以将五维的图形表现为一维的分值,尽管很难细致地描述每个国家所具有的优势,但是能够抽象地理解我国在该国实施船厂建造、加改装、为我国船舶提供补给保障的潜力。

五大要素——基础设施、人力资源、社会稳定性、地理优势和船舶工业成熟度分别取 n_1、n_2、n_3、n_4、n_5,则产能转移潜力模型 P 可通过如下公式计算:

$$P = \sum_{i=1}^{4} n_i \varphi_i - | 3 - n_5 | \varphi_5$$

其中,权重分别取为 0.1、0.3、0.2、0.4、0.3,最终结果为五分制。

需要说明的是,船舶工业成熟度指标在 P 模型中并非越高越好,也非越低越好,一方面,如果该国船舶工业基础薄弱,产能转移同时意味着船厂等基础设施建设、政策疏通、人才培养等事务成本太高;另一方面,拥有高成熟度船舶工业的国家,如菲律宾,其市场准入门槛较高,利润空间不足;而那些小船厂林立,船型多且杂,船舶工业处于成长和待整合阶段的国家,具有转移的价值。

根据 P 模型计算得到各国的产能转移潜力如表 8-22 所示。

表 8-22 "一带一路"沿线各国产能转移潜力

要素 / 国家	船舶工业成熟度	基础设施	人力资源	社会稳定性	地理优势	产能转移潜力
中东						
土耳其	4	5	4	3	4	3.9
阿联酋	3	5	3	5	2	3.7
卡塔尔	2	5	2	5	2	3.1
伊朗	4	3	5	3	3	3.6
叙利亚	2	2	5	1	4	3.3
巴基斯坦	1	2	5	4	4	3.9
非洲						
南非	2	4	2	3	4	3.2
埃及	2	4	5	2	5	4.2
突尼斯	2	4	4	2	3	3.1
东南亚						
菲律宾	5	4	5	4	3	3.7
越南	3	3	5	4	3	4.2
印度尼西亚	3	3	2	2	5	4.0
印度	3	4	5	4	4	4.7
斯里兰卡	3	3	5	4	5	5.0
泰国	2	4	4	4	4	3.5
其他						
俄罗斯	4	5	2	4	5	4.0
朝鲜	2	2	4	3	3	3.2

资料来源:作者依据商务部《对外投资合作国别(地区)指南》给出评分统计整理自制。

根据上述研究分析,可以建立"一带一路"沿线各国产能转移潜力及转移梯队路线图(见图 8-5),建议我国在进行造船产能海外转移的战略布局中,优先第一梯队,斯里兰卡、巴基斯坦;第二梯队,考虑埃及、俄罗斯、印度尼西亚;第三梯队,考虑土耳其、阿联酋等。出于国家安全战略和政治关系的考量,暂不建议将船舶产能转移向越南和印度方向。

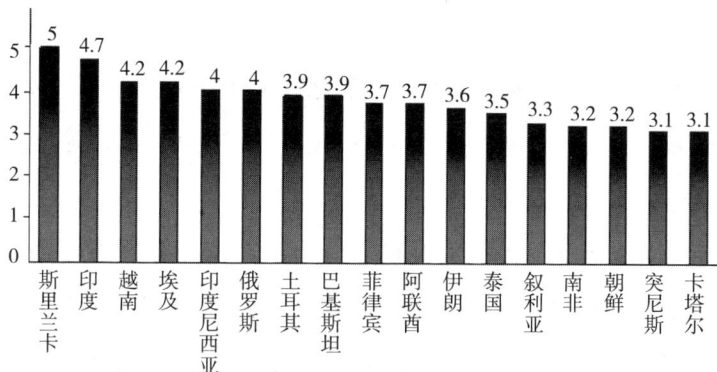

图8-5　"一带一路"沿线各国产能转移潜力

资料来源:作者自绘。

本研究仅是产能转移初步研究,而造船产业在"一带一路"上的法律规定,除意大利政府之外,任何个人持股不能超过股本的5%。

国际化发展并不是只有产能转移一种形式,还包括国际技术合作、国际劳务工招聘。在我国自身造船效率尚未达到世界一流水平时,就轻易进行海外投资建厂不仅要考虑本身投资回报率,还要考虑高效率的韩、日同样的投资带来的竞争压力。当然,中国船舶工业的"一带一路"国际化是发展趋势的迫切需要,不以人的意志为转移,需要考虑的仅是时机成熟与否,合作内容是技术转移、直接投资,还是收购建厂。

二、"一带一路"沿线典型国家未来船舶需求定量分析

(一)船舶保有量增长——船龄分布模型

本书数据来自船舶行业权威数据库 IHS sea-web,在该数据库中,无法实现对各个年份船舶保有量的查询,因此根据每个国家船舶下水和船舶报废时

间可以计算出某年船舶保有量,计算公式如下:

$$Ship_{inservice}(y_p) = Ship_{inservice-2019} + \sum_{i=y_p}^{2019} Ship_{brokenup}(i) - \sum_{i=y_p}^{2019} Ship_{launch}(i)$$

$$= Ship_{inservice-2019} + \sum_{i=y_p}^{2019} [Ship_{brokenup}(i) - Ship_{launch}(i)]$$

式中, $Ship_{inservice}(y_p)$ 为 y_p 年该国船舶保有量(吨位/数量); $Ship_{brokenup}(y_p)$ 为 y_p 年该国船舶报废量(吨位/数量); $Ship_{launch}(y_p)$ 为 y_p 年该国船舶交付数量(吨位/数量)。

在得到该国近几十年的船舶保有量后,可大致分析出未来5—10年的船舶保有量,假设根据分析得到的拟合曲线(拟合方式根据实际计算结果选择)得到的未来该国船舶保有量为 $Ship_{inservice}(y_f)$,可由上述公式变化得到:

$$Ship_{inservice}(y_f) = Ship_{inservice} - \sum_{i=2019}^{y_f} Ship_{brokenup}(i) + \sum_{i=2019}^{y_f} Ship_{launch}(i)$$

整理上式可知,2019 年到 y_f 年船舶需求量为 $\sum_{i=y_f}^{2019} Ship_{launch}(i)$ 。

式中, $Ship_{launch}(y_f)$ 可由拟合曲线外插值计算得到, $Ship_{inservice}(i)$ 为已知量,因此需要从未来船舶的报废量来预测船舶的需求。

根据国际船舶通常的寿命要求和该国已报废船舶的年龄分布可以大致得到船舶的报废年限,假设该年限即为未来该国船舶报废的基准年限 A_s,某些正服役船舶的船龄为 A,这些船的吨位(数量)为 $Ship_{inservice-age}(A)$(根据现役船舶的服役时间可以得到船龄分布函数)。到 y_f 年应报废船舶年龄需满足:

$$A + (y_f - 2019) = A_s$$

即到 y_f 年应报废船舶当下船龄为:

$$A = A_s - (y_f - 2019) = (2019 + A_s) - y_f$$

即到 y_f 年应报废船舶吨位(数量)为:

$$Ship_{brokenup}(y_f) = Ship_{inservice-age}(A) = Ship_{inservice-age}[(2019 + A_s) - y_f]$$

整理上式可知,2019 年到 y_f 年船舶需求量 $\sum_{i=y_f}^{2019} Ship_{launch}(i)$:

$$\sum_{i=2019}^{y_f} Ship_{launch}(i) = Ship_{inservice-age}(y_f) - Ship_{inservice-age} + \sum_{i=2019}^{y_f} Ship_{inservice-age}$$
$$[(2019 + A_s) - y_f]$$

那么通过 2019 年到 y_f 年的船舶需求量 $\sum_{i=y_f}^{2019} Ship_{launch}(i)$ 和 2019 年到 $y_f - 1$ 年的船舶需求量 $\sum_{i=2019}^{y_f-1} Ship_{launch}(i)$ 可以得到 y_f 年的船舶需求量 $Ship_{launch}(y_f)$：

$$Ship_{launch}(y_f) = \sum_{i=2019}^{y_f} Ship_{launch}(i) - \sum_{i=2019}^{y_f-2} Ship_{launch}(i) = Ship_{inservice}(y_f) -$$
$$Ship_{inservice}(y_f - 1) + Ship_{inservice-age}[(2019 + A_s) - y_f]$$

(二)典型国家船舶需求预测

根据"船舶保有量增长——船龄分布模型"，在"造船产能海外转移的战略布局建议"的三个梯队中各选择一个国家进行未来船舶需求预测分析。第一梯队:斯里兰卡;第二梯队:印度尼西亚;第三梯队:阿联酋。

1. 斯里兰卡船舶需求预测分析

2019 年,斯里兰卡船舶保有量为 160 艘,27 万总吨、37 万载重吨,根据 IHS sea-web 数据,从 1996 年到 2019 年,斯里兰卡船舶数量增长了 3.1 倍,总吨增长了 40%,从 1980 年到 2019 年其年船舶保有量如图 8-6 所示。

从图 8-6 明显可以看出,二十多年间,斯里兰卡船舶保有量呈线性增长,中间出现两次波动,但总体比较稳定。以此为基础,得到虚线为斯里兰卡船舶增长的线性拟合曲线(总吨)。

分析 1996 年以来,通过对斯里兰卡报废过的 31 艘船舶(不计沉船等事故)分析,其报废船舶的船龄分布如图 8-7 所示,可以认为斯里兰卡船舶明显存在超期服役的现象,故假设斯里兰卡船舶报废年限为 30 年。

通过对斯里兰卡目前正在服役的船舶船龄分析,其船舶的船龄分布如图 8-8 所示,如不计船龄超过 40 年的严重超期服役船舶,可见,新船较多,15 年

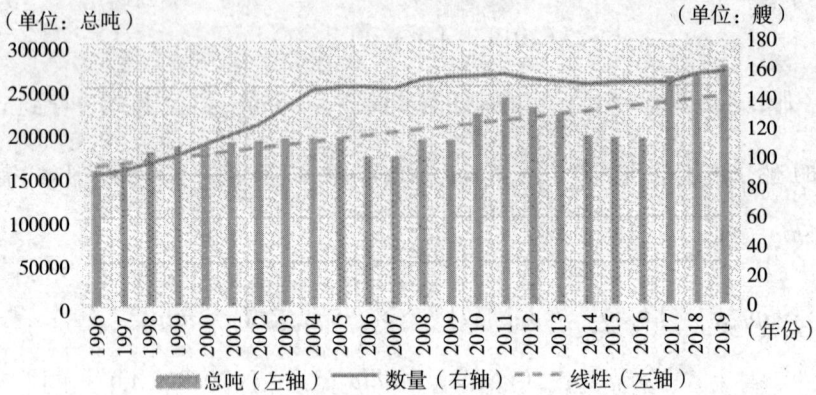

图 8-6　斯里兰卡船舶保有量（1996—2019 年）

资料来源：作者根据 IHS 数据库（IHS sea-web）数据资料收集整理自绘。

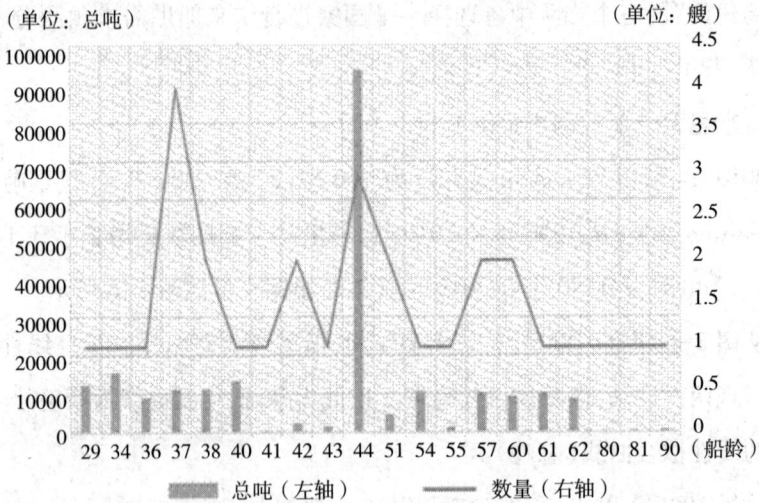

图 8-7　斯里兰卡报废船舶的船龄分布

资料来源：作者根据 IHS 数据库（IHS sea-web）数据资料收集整理自绘。

船龄以下的船舶占到 71%。

　　斯里兰卡这个国家目前正在经济发展的上升期，其航运业尚未成熟，处于

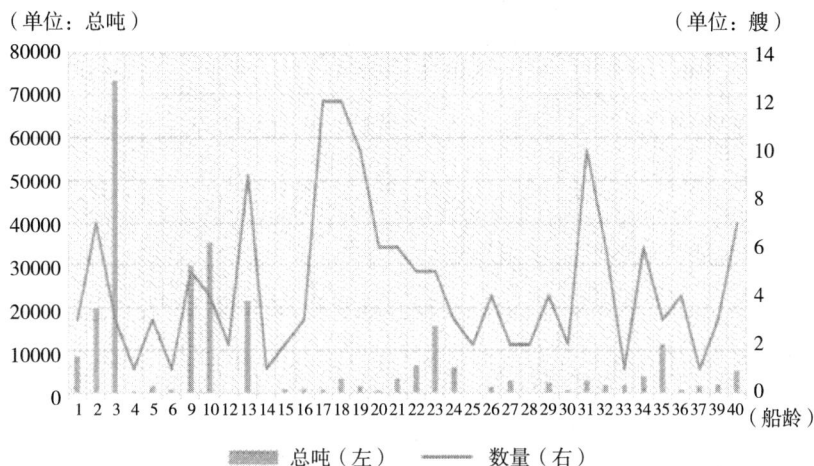

图 8-8　斯里兰卡现有船舶的船龄分布

资料来源:作者根据 IHS 数据库(IHS sea-web)数据资料收集整理自绘。

发达阶段,由于该国地处"一带一路"的重要节点、欧亚航运的重要枢纽,所以未来 5—10 年,乐观来看斯里兰卡船舶将会有大规模的增长。

根据数量模型研究,通过船舶增长的拟合曲线(总吨)和斯里兰卡现役船舶船龄分布研究分析,可以预测未来十年斯里兰卡船舶需求如表 8-23 所示。

表 8-23　斯里兰卡未来十年的船舶需求

年份	保守估计总吨	乐观估计总吨
2020	4099	4099
2021	5921	5971
2022	3686	4086
2023	6445	7795
2024	4829	8029
2025	3613	9863
2026	9441	20241
2027	19187	36337
2028	9950	35550
2029	6725	43175
未来 5 年	24980	29980

续表

年份	保守估计总吨	乐观估计总吨
未来 10 年	73986	175146

资料来源:作者自制。

2.印度尼西亚船舶需求预测分析

2019 年,印度尼西亚船舶保有量为 4639 艘,吨位为 1577 万总吨、2140 万载重吨,根据 IHS sea-web 数据库统计分析,从 1980 年到 2018 年,印度尼西亚船舶数量增长了 2.38 倍,总吨增长了 3.72 倍,从 1980 年到 2018 年,其年船舶保有量如图 8-9 所示。

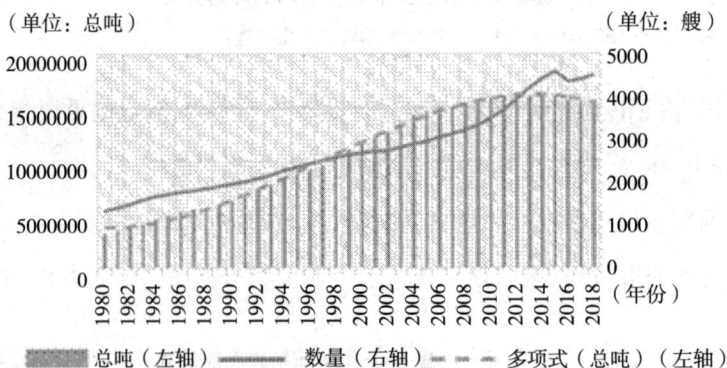

图 8-9　印度尼西亚船舶保有量(1980—2018 年)

资料来源:作者根据 IHS 数据库(IHS sea-web)数据资料收集整理自绘。

从图 8-9 中明显可以看出,近 40 年间,印度尼西亚船舶保有量呈 S 型增长,20 世纪 80 年代出现飞速增长,在 2012 年达到高峰,现呈下落趋势,可以认为,印度尼西亚的船舶保有量已经达到其经济的极限,未来提高船舶运力的需要不足。以此为基础,得到虚线为印度尼西亚船舶增长的三次多项式拟合曲线(总吨)。

分析自 1980 年以来,印度尼西亚报废过的 1416 艘船舶(不计沉船等事故)船龄分布情况(见图 8-10),主要分布在 25—50 年,在排除极少数严重超期服役和部分意外损毁数据后,得到其正常报废船舶船龄为 40.1 年,大于国际船舶正常服役年限。

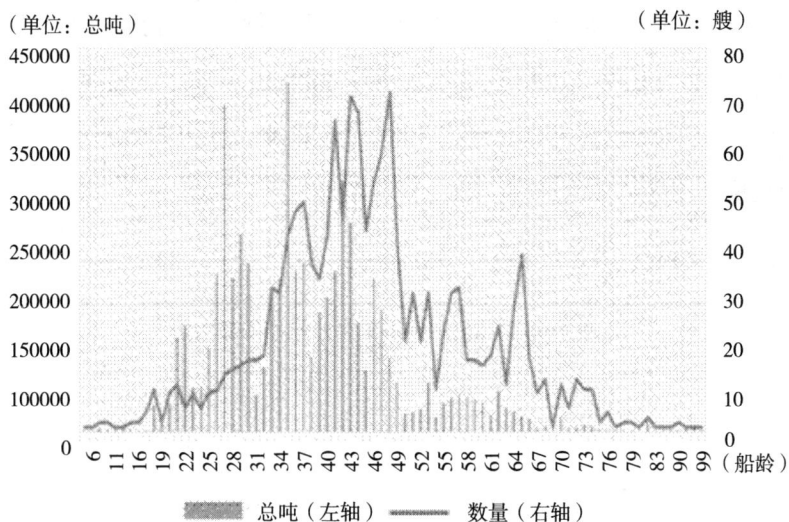

（单位：总吨）　　　　　　　　　　　　　　　　（单位：艘）

图 8-10　印度尼西亚报废船舶的船龄分布

资料来源：作者根据 IHS 数据库（IHS sea-web）数据资料收集整理自绘。

　　通过对印度尼西亚目前正在服役的船舶船龄统计分析，其现有船舶的船龄分布如图 8-11 所示，如不计船龄超过 50 年的严重超期服役船舶，可见，现役船舶的船龄主要分布在 10—30 年。

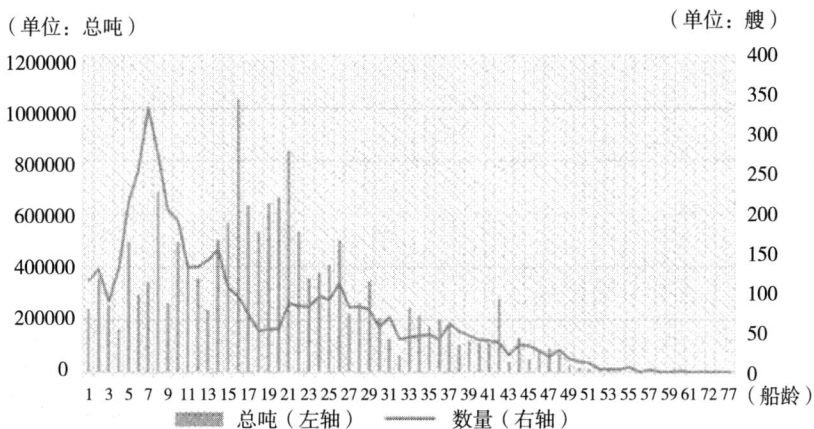

（单位：总吨）　　　　　　　　　　　　　　　　（单位：艘）

图 8-11　印度尼西亚现有船舶的船龄分布

资料来源：作者根据 IHS 数据库（IHS sea-web）数据资料收集整理自绘。

未来 5—10 年,印度尼西亚退役船舶吨位将稳步上升,至 2040 年达到高峰,开始回落。根据以上数量模型分析,以及通过船舶增长的拟合曲线(总吨)和印度尼西亚现役船舶船龄分布,可以预测出未来印度尼西亚船舶需求量,但从船舶吨位增长的拟合曲线可以看出,未来几年,印度尼西亚的船舶吨位和数量可能继续下滑,因此乐观地看,在保持现状的基础上,印度尼西亚未来十年的船舶需求如表 8-24 所示。

表 8-24 印度尼西亚未来十年的船舶需求

年份	乐观估计总吨
2020	140514
2021	87315
2022	199872
2023	189993
2024	409611
2025	179418
2026	159742
2027	75588
2028	43404
2029	198800
未来 5 年	1027305
未来 10 年	1684257

资料来源:作者自制。

3. 阿联酋船舶需求预测分析

2019 年,阿联酋船舶保有量为 1935 艘,吨位为 2102 万总吨、2820 万载重吨,根据 IHS sea-web 数据统计,从 1980 年到 2019 年,阿联酋船舶数量增长了 1.24 倍,总吨增长了 1.64 倍,从 1980 年到 2019 年其年船舶保有量如图 8-12 所示。

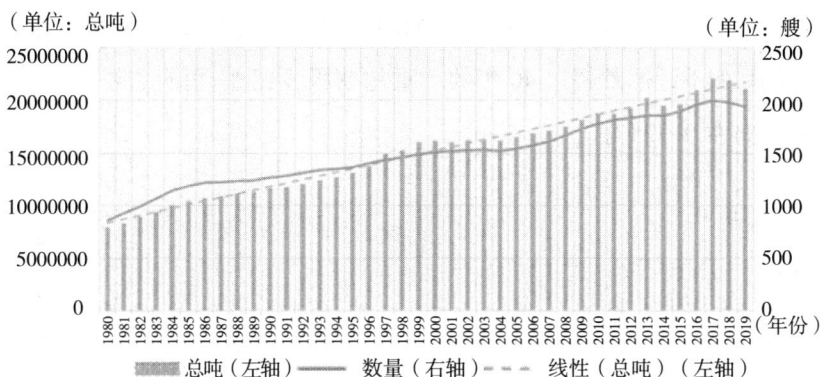

图 8-12 阿联酋船舶保有量(1980—2019 年)

资料来源:作者根据 IHS 数据库(IHS sea-web)数据资料收集整理自绘。

从图 8-12 中明显可以看出,近四十年间,阿联酋船舶保有量呈线性增长,虽偶尔出现下滑,但总体比较稳定。以此为基础,得到虚线为阿联酋船舶增长的拟合曲线(总吨)。

分析 1980 年以来,阿联酋报废过的 870 艘船舶(不计沉船等事故)的船龄分布情况,阿联酋报废船舶的船龄分布情况如图 8-13 所示,在排除极少数严重超期服役和部分意外损毁数据后,得到其正常报废船舶船龄为 30.9 年,接近国际船舶正常服役年限。

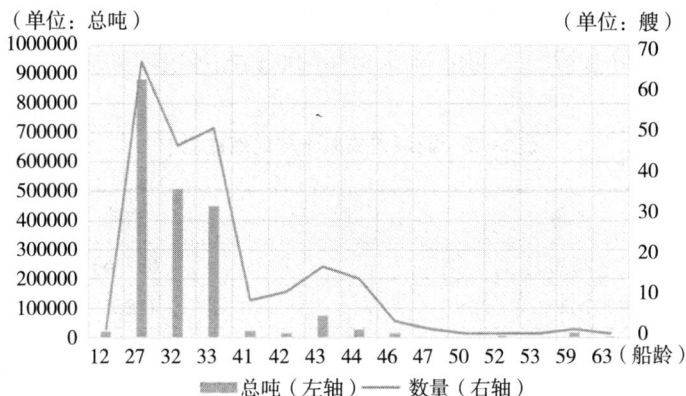

图 8-13 阿联酋报废船舶的船龄分布

资料来源:作者根据 IHS 数据库(IHS sea-web)数据资料收集整理自绘。

通过对阿联酋目前正在服役的船舶的船龄分布情况分析,船龄分布如图 8-14 所示,如不计船龄超过 40 年的严重超期服役船舶,可见,现役船舶的船龄主要分布在 0—25 年。

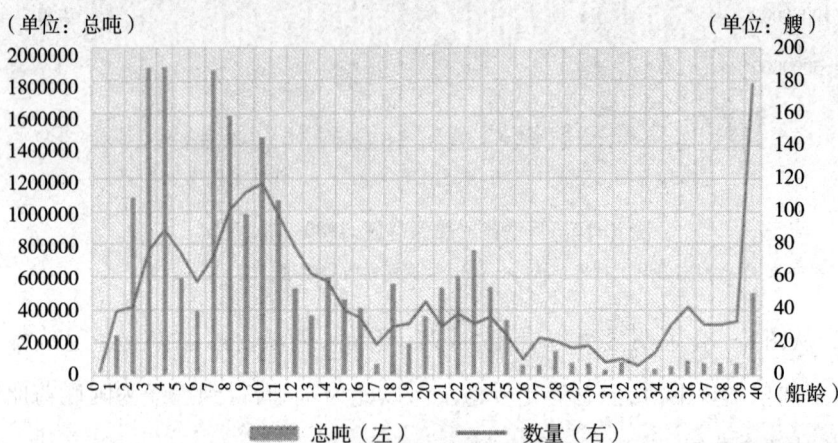

图 8-14　阿联酋现有船舶的船龄分布

资料来源:作者根据 IHS 数据库(IHS sea-web)数据资料收集整理自绘。

未来五年,船舶退役数量不大,但 5—10 年将迎来一个船舶退役的小高峰,在进入一个放缓阶段后,将会迎来大量船舶的换代更新。

根据以上数量模型分析,以及通过船舶增长的拟合曲线(总吨)和阿联酋现役船舶船龄分布情况,可预测未来十年阿联酋船舶需求如表 8-25 所示。

表 8-25　阿联酋未来十年的船舶需求

年份	总吨
2020	635363
2021	418653
2022	492892
2023	407063
2024	408949
2025	680829

年份	总吨
2026	884220
2027	1105976
2028	949757
2029	880227
未来五年	2362920
未来十年	6863929

资料来源:作者自制。

第九章　中国船舶工业战略
转型重点研究

现代海洋船舶与海洋工程装备是人类现代工业的缩影,人类进入到工业文明时代以来,现代海洋船舶与海洋装备制造业自第二次世界大战以后,由于现代技术的不断兴起并成功应用,现代海洋船舶与海洋装备制造业发展正实现新知识、新技术的革新,它已经不再是劳动与技术的结合发展,而是高新技术、信息化、知识智能的集成发展。

第一节　全球船舶工业产业市场总体发展概况

第二次世界大战以后,中国获得民族独立和民族解放,东北亚获得近百年来前所未有的相对和平。中、日、韩三国人民充分利用这个来之不易的和平,加速本国的工业化道路,从而推动了世界造船中心向东北亚的转移。

一、　世界船舶与海洋装备制造业发展的总体格局

从全球海洋船舶与工程装备产业总体运行情况来看,"十二五"期间,世界船舶与海洋装备制造业有所回落。从世界造船三大指标来看(见表9-1),2019 年,我国造船完工量 3672 万载重吨,同比增长 6.2%,其中海船为 1094

万修正总吨;新承接船舶订单量2907万载重吨,同比下降20.7%,其中海船为864万修正总吨。截至2019年12月底,手持船舶订单量8166万载重吨,比2018年年底手持订单量下降8.6%,其中海船为2632万修正总吨,出口船舶占总量的92.1%。从国际市场份额比重来看,2019年,我国造船三大指标以载重吨计国际市场份额继续保持世界领先,造船完工量、新接订单量和手持订单量分别占世界市场份额的37.2%、44.5%和43.5%。我国分别有4家、6家和4家企业进入世界造船完工量、新接订单量和手持订单量前10强。

表9-1　2019年世界造船三大指标及市场份额

指标/国家		世　界	中　国	韩　国	日　本
造船完工量	万载重吨	9882	3672	3262	2484
	占比重(%)	100	37.2	33.0	25.1
	万修正总吨	3266	1094	951	815
	占比重(%)	100	33.5	29.1	24.9
新接订单量	万载重吨	6534	2907	2357	1123
	占比重(%)	100	44.5	36.1	17.2
	万修正总吨	2574	864	943	336
	占比重(%)	100	33.6	36.6	13.0
手持订单量	万载重吨	18764	8166	5425	4156
	占比重(%)	100	43.5	28.9	22.1
	万修正总吨	7573	2632	2254	1191
	占比重(%)	100	34.8	29.8	15.8

资料来源:作者根据英国克拉克松研究公司、中国行业数据统计修订整理自制。

在海洋工程装备产业领域,全球呈现"三大阵营"的竞争格局。目前全球主要海洋工程装备建造商集中在新加坡、韩国、美国及欧洲等国家,其中新加坡和韩国以建造技术较为成熟的中、浅水域平台为主,目前也在向深水高技术平台的研发、建造发展,而美国、欧洲等国家则以研发、建造深水、超深水高技术平台装备为核心。按照业务特点和产品种类,海洋工程装备建造商可分为三大阵营。处于第一阵营的公司主要在欧美,它们垄断着海洋工程装备开发、设计、工程总包及关键配套设备供货;第二阵营是韩国和新加坡,它们在总装建造领域快速发展,占据领先地位;中国还处于制造低端产品的第三阵营。在众多的海洋资源勘探开发技术中,海洋油气资源的勘探开发技术最为成熟,其装备种类多,数量规模大,是未来5—10年海洋工程装备制造业最主要的产品方向。钻井平台、生产平台和辅助船构成了海洋油气开发装备的主要部分。

二、 全球海洋动力运输船舶重点产业及产业链市场运行情况①

(一)船舶设计产业

由于远离造船中心以及人力资源匮乏、昂贵,欧洲原本领先的船舶设计业务日渐萎缩,除了在豪华游船、客滚船设计建造等高技术、高附加值欧洲传统的垄断领域依然保持强势地位外,在造船市场近九成的干散货船、油船、集装箱船等的设计领域正在后退。目前,以欧洲为主的国外设计公司在中国主要从事为欧洲船东提供的前期咨询设计服务(概念设计、合同设计),而造船合同签订后的设计服务、详细设计和生产设计则多由船舶与海洋工程装备制造企业当地船舶设计公司承担。因此,国外船舶设计公司对日益强大的中国造船市场的影响力正在逐渐减弱。

目前代表性的船舶设计公司主要有:拥有90年设计经验的挪威 Ulstein Group(乌斯坦集团)、芬兰的 Wärtsilä Corporation(瓦锡兰集团)、位于德国汉堡的 SDC Ship Design & Consult GmbH(SCD 有限公司)、丹麦的阿尔法船舶设计公司(Alpha Ship Design)、日本的 Kitada Ship Design Company(北田船舶设计公

---

① 王丹:《船舶与海洋工程的产业链及代表企业分析》,《百度文库产业分析报告》2019年3月23日。

司）、位于佛罗里达州的 U.S.Ship Design,Inc（美国船舶设计公司）、俄罗斯的
Vympel Ship Design Company（威派船舶设计公司）、韩国的 Geo Shipbuilding &
Marine Tech Co.,Ltd（Geo 造船及海洋科技有限公司）。国内的有中船重工船舶
设计研究中心有限公司、上海船舶设计研究院、中国船舶工业第 708 研究所、
上海佳豪船舶工程设计股份有限公司、宁波东方船舶设计院有限公司、大连煌
埔船舶设计有限公司等。虽然目前上海涉及船舶设计的公司达 30 多家，但大
多规模较小，经验不足，承担特大型船舶和高附加值船舶的设计能力有限。

（二）船舶制造产业

中国已经超过了韩国和日本，成为世界最大的造船国。虽然实现了规模
最大，但尚未达到造船竞争力最强。欧洲曾是高附加值船舶的领跑者，目前仍
然垄断了豪华游艇、占领了其他高附加值船舶技术设计的制高点。日本模仿
欧洲高附加值船舶走"空心化"路线，出售高附加值船舶技术成为高附加值船
舶产业的核心。但与欧洲高附加值产业不同，日本着力发展与本国经济相关
的高附加值船舶产业。目前，汽车运输船主要在日本建造，使得汽车运输船制
造呈现垄断态势。在高附加值船舶产业上，欧洲国家属于原创，日本致力于突
破，而韩国则更重视优化。中国船企在高附加值船舶产业上还处于起步阶段，
面对韩国船企垄断高附加值市场的局面，要坚持错位竞争。目前，中国船企已
将液化天然气船的核心部件国产化作为努力的方向。对于未来 5 年高附加值
船舶的发展，中国海洋船舶与工程装备制造产业的发展目标是：高技术、高附
加值船舶国际市场占有率达到 25%，海工装备制造业销售收入达到 1000 亿元
人民币以上，国际市场占有率达到 20%。目前，LNG[1] 船舶建造几乎全部集中

---

① LNG 为一种特殊的高技术海洋运输船舶，也称"液化天然气船"，是目前国际公认的"三
高"产品，该船舶是在零下 163 摄氏度低温运输液化气的专用船舶，是一种"海上超级冷库"，被
喻为世界造船业"皇冠上的明珠"，目前全球只有美国、中国、日本、韩国和欧洲少数几个国家共
13 家造船厂能够建造。

在亚洲国家,其中绝大部分被韩国船企所垄断,日本和中国所占市场份额较少。超大型集装箱船:目前,超大型集装箱船舶的建造具有高度垄断性。韩国的建造量超过了世界总量的80%,是该船型建造市场的绝对垄断者。化学品船:近年来,化学品船船队在世界船队总数中比例一直在增加。在建造市场上,3万载重吨级以下的化学品船订单大部分由亚洲船舶与海洋工程装备制造企业承接,尤其以日本、韩国、中国、土耳其居多。豪华游船:近年来,游船旅游保持着8%—9%的增长,豪华游船则保持着10%的增长速度,并且有加速增长的势头。目前,欧洲船舶与海洋工程装备制造企业占据了全球近90%的豪华游船市场份额。汽车运输船:目前世界上汽车运输船主要建造企业集中在日本和韩国。在世界600余艘汽车运输船中,日本船舶与海洋工程装备制造企业建造了其中的379艘,韩国船舶与海洋工程装备制造企业建造了74艘,两者占全球市场份额的75.5%。由此可见,按国家分,该型船建造呈绝对的垄断态势。

(三)船舶配套产业

欧洲是现代航运业和现代船舶与海洋装备制造业的发祥地。20世纪70年代,日本取代欧洲成为世界造船大国。20世纪80年代,韩国的造船工业取得突飞猛进的发展,目前已达到甚至超过日本的造船工业水平,这与其大力发展造船配套工业是密不可分的。中国船舶配套业在20世纪80年代曾经得到较大发展,然而到20世纪90年代以后受"重造船、轻配套"思想的影响,对船舶配套产业发展关注不足,使其成为海洋工程装备制造业发展的瓶颈。根据《海洋工程装备制造业中长期发展规划》的要求,到2015年,中国本土生产的船用设备平均装船率(按价值计算)将达到80%以上。

船舶配套领域的代表性产品有德国MAN-B&W和瑞士SULZE的船用低速柴油机,法国PC,芬兰瓦锡兰,德国MWM、MAK中高速柴油机,英国DECCA雷达,德国安修斯罗经,丹麦的收、发报机,欧堡锅炉以及其他甲板机械、舱室机械等。中国的大连东方精工船舶配套有限公司以生产船舶上层建筑、烟囱、机舱棚为主,天津的中船船舶配套有限公司提供电器、船用电缆、灯具、阀门、柴油机配件,位于上海的中船重工集团公司第711研究所联合中国船舶沪东重机有限公司生产低速柴油机,上海的宝高国际贸易有限公司在船舶修造、水泵、化工、能源等工业方面扮演着积极的角色,上海中船临港船舶装备有限公司提供造船软件系统及信息集成系统、舰船机舱自动化控制系统,上海中船重工船舶科技有限公司进行配套工程设计及设备安装等。

三、　全球海洋工程装备重点产业及产业链市场运行情况①

（一）海洋工程装备设计产业

海洋工程装备设计商主要从事海洋工程平台设计和平台配套设备设计、制造业务,以及其他海洋结构物的设计与制造服务。

1.欧美垄断装备设计和高端制造领域

欧美国家企业是世界海洋油气资源开发的先行者,也是世界海洋工程装备技术发展的引领者。欧美企业也垄断着海洋工程装备运输与安装、水下生产系统安装和深水铺管作业业务,主要企业如法国Tech nip公司、意大利Saipem公司、美国MCD erm ott公司和Subsea公司等。

2.全球领先的海洋工程装备设计商

全球领先的海洋工程装备设计商主要有F&G(美国)、GustoMSC(荷兰)、Ulstein(挪威)、MODEC(日本)、AkerKvaerner(挪威)、Diamond Offshore(美国)、诺布尔钻井公司(美国)、J.Ray.McDermott(墨西哥)等。

（二）海洋工程装备制造产业

亚洲国家主导海洋工程装备制造领域。在亚洲,韩国、新加坡、中国和阿

---

①　王丹:《船舶与海洋工程的产业链及代表企业分析》,《百度文库产业分析报告》2019年3月23日。

联酋是主要的海洋工程装备制造国。韩国垄断了钻井船市场,市场占有率达94%。韩国和新加坡则占据了 FPSO 改装和新建市场,市场占有率分别高达67%和82%。在自升式钻井平台和半潜式钻井平台建造领域,新加坡、中国和阿联酋占据主导地位,截至 2009 年年底,中国、新加坡和阿联酋自升式钻井平台手持订单 54 座,市场占有率77%;半潜式钻井平台手持订单 39 座,市场占有率85%。①

1. 钻井平台

目前市场上主流的海上油气钻井设备,主要有自升式钻井平台、半潜式钻井平台、钻井船等,它们是开采海洋油气的主要装备。由于各个国家的海洋油气地质结构不同,因此各个国家海洋油气开采海域钻井设备的布局数量和形式也存在很大差异。其中自升式钻井平台主要用于浅海,而半潜式钻井平台和钻井船主要用于深海。

(1)自升式钻井平台(Jack-up Drilling Rig)

自升式钻井平台由平台、桩腿和升降机组成,平台能沿桩腿升降,一般无自航能力。工作时桩腿下放插入海底,平台被抬起到离开海面的安全高度,并对桩腿进行预压,以保证平台遇到风暴时桩腿不致下陷。完成后平台降到海面,拔出桩腿并全部提起,整个平台浮于海面,由拖轮拖到新的井位。

深水平台主要设计公司及设计型式:目前深水自升式钻井平台设计能力主要集中在美国、新加坡和欧洲,主要设计公司有美国 LeTourneau(莱图尔诺)公司、新加坡吉宝集团、美国 Baker Marine(贝克海洋)公司(1995 年该公司被新加坡 PPL 船舶与海洋工程装备制造企业收购)、美国 F&G 公司以及荷兰 GustoMSC(古斯托姆斯克)公司。

深水平台主要建造厂商:最大作业水深超过 107 米的深水自升式钻井平台目前已成为自升式钻井平台市场的主流产品,来自 2010 年 10 月 Rigzone

① 蒋日富:《世界海洋工程装备产业发展趋势》,《经济参考报》2010 年 3 月 9 日。

(钻塔区)的数据表明,目前全世界在建的 37 座自升式钻井平台中,有 24 座最大作业水深超过 107 米。深水自升式钻井平台的主要建造国为新加坡和美国,占据了该领域极大的市场份额。新加坡的主要建造厂商为吉宝集团和胜科海事技术公司(拥有 PPL① 船舶与海洋工程装备制造企业 85% 的股份),这两家公司约占据了 41% 的自升式钻井平台建造市场份额。

(2)半潜式钻井平台(Semi-submersible Drilling Unit)

半潜式钻井平台主要由浮体、立柱和工作平台三大部分组成。浮体用于提供平台巨大浮力,立柱用于连接平台和扶梯支撑工作平台,工作台上即上部结构,用于布置钻井设备、钻井器材、起吊设备、动力、通信以及人员生活等设施。钻井平台有两次建造高峰期,第一次为 1972—1977 年,第二次为 1982—1985 年。和自升式钻井平台一样,半潜式钻井平台平均服役年限超过 25 年,同样,今后的跟新需求巨大。

目前的半潜式钻井平台中,主要由美国、韩国、日本、挪威、中国等国船舶与海洋工程装备制造企业建造,如新加坡的吉宝集团(Keppel Corporation),瑞典的 Gotaverken(戈塔夫肯),日本的三菱重工、三井造船、日立造船,马来西亚的 Malaysia Marine and Heavy Engineering(MMHE)(马来西亚海事重工集团),韩国的大宇造船、现代重工、三星重工,中国的上海外高桥造船有限公司。而设计公司主要为美国的 F&G,挪威的 AkerKvaerner(阿克尔克瓦纳),瑞典的 GVA Consultants AB(全球造价评估公司)和荷兰的 GustoMSC。

(3)钻井船(Drilling Ship)

钻井船是浮船式钻井平台,由船体和上部结构两大部分组成,通常是在机动船或驳船上布置钻井设备。平台是靠锚泊或动力定位系统定位。按其推进能力,分为自航式、非自航式;按船型分,有端部钻井、舷侧钻井、船中钻井和双体船钻井;按定位分,有一般锚泊式、中央转盘锚泊式和动力定位式。目前的

---

① 新加坡胜科海事技术公司下属一造船公司。

钻井船中,船龄 10—15 年和 20—30 年的各占一半。钻井船的主要分布地区为巴西、西非和南亚等地。主要建造国家为韩国和日本,韩国主要有三星重工、现代重工、大宇造船,日本主要是三菱重工、三井造船、日立造船等,而钻井船设计公司主要有荷兰 GustoMSC 公司,Offshore Discoverer(离岸探测)公司。

总体而言,在钻井设备中,目前自升式钻井平台、半潜式钻井平台和钻井船在海洋石油勘探中最为广泛,它们均有各自的特点,比如适合于深海钻井的主要是半潜式钻井平台和钻井船,其中深海半潜式钻井第六代技术目前适用于工作水深为 3048—3810 米的极恶劣海洋环境。因此,深海半潜式钻井平台主要活跃在英国北海、美国墨西哥湾、巴西、西非、澳大利亚等海域,现有钻井船主要活跃在巴西海域、美国墨西哥湾和西非海域,而自升式钻井平台只能活跃于近海海域。

2. 生产平台

目前世界主流的海上采油设备主要有 FPSO、TLP、SPAR 等,它们与主要钻井设备(如自升式钻井平台、半潜式钻井平台、钻井船等)一样,也是当前各国开采海洋油气的主要装备,结构特点的差异决定着它们不同的工作海域。

(1)FPSO(浮式生产储油船)

FPSO(Floating Production Storage & Offloading)不同于一般意义上的油船,它集生产、储油及外输等多功能于一身,可以看作是海上大型石油加工厂。FPSO 是采油平台中最重要的装备,在采油平台总数中的比例一般在 60% 左右。全球现有的 FPSO 主要分布在巴西、中国、英国、尼日利亚、安哥拉等国家。在 FPSO 建造方面,目前主要是韩国和中国的船舶与海洋工程装备制造企业,其中韩国船舶与海洋工程装备制造企业有三星重工、现代重工、大宇造船等;中国船舶与海洋工程装备制造企业有大连船舶重工、青岛北海重工、山东烟台莱佛士、江苏韩通、上海沪东中华、外高桥造船、江南造船重工等船舶与海洋工程装备制造企业。日本也有一定的 FPSO 的建造订单,主要有石川岛播磨重工、名村造船公司、三井造船公司、三菱重工等。而在 FPSO 改造船方面，主要船舶与海洋工程装备制造企业集中在新加坡，包括有吉宝(Keepel)、裕廊(Jurong)、胜宝旺船舶与海洋工程装备制造企业(Sembawang)等。

（2）TLP（张力腿平台）

TLP(Tension Leg Platform)包括上部大型复试结构，细长的张力腿和基础结构，工作水深为 1500—6000 英尺（1 英尺 = 0.3048 米）。全球大约仅有 24 座 TLP，而 2005—2007 年也仅增加了 4 座，分布地区主要集中于美国墨西哥湾区域，占比 70% 左右。TLP 的建造主要为荷兰 Heerema(希雷玛)公司，此外还有美国的 Aker Guif(阿克尔湾)海事公司、J.Ray.McDernott(杰瑞·麦克德诺特)公司以及新加坡的远东莱温斯顿造船有限公司(FELS)等。

（3）SPAR（柱体式平台）

SPAR 主要由顶部模块、体壳、系泊系统、立管（生产、钻探、输油）4 个系统组成。SPAR 和 TLP 平台相似，具有很好的稳定性和运动性能，工作水深大约为 1700 米。和 TLP 一样，SPAR 数量也不多，2008 年仅有 18 座，也基本在美国墨西哥湾运营。SPAR 主要由美国 J.Ray.McDermott(杰瑞·麦克德诺特)公司、美国 Litton Ingalls(利顿英格尔)造船公司建造。

从总体来看，FPSO 目前是采油设备的主流平台以及未来的发展趋势。亚洲在 FPSO 建造改装上具有不可替代的地位，这和其他海洋工程设备有很大区别。

（三）海洋工程装备配套设备产业

一般而言，海洋工程总承包商旗下有多家海洋工程设备制造厂，可以为海洋平台生产提供多种设备，包括海洋工程装备关键配套装置，如平台上部模块、深水动力定位系统、自升式平台升降系统、海上油气钻探系统及装备等。而具体设备涉及的范围非常广泛，而且很多设备不仅仅用在海洋工程上，其他工业方面基本上可以通用，如绞车、泥浆泵、顶驱、转盘、大型锚机、海水淡化设备等。主要设备的生产商如下。

1. 绞车、泥浆泵

目前,国际市场上绞车、泥浆泵供货商以 National Oilwell(美国国民油井公司)公司供货较多,它成立于 1862 年,目前该公司是世界上最大的石油钻采设备供应商。在全球范围内拥有 200 多家生产工厂和区域服务中心。MISSION(控制集成包)是该公司最著名的品牌之一,主要产品有:JWS 大泵、OMEGA 大泵、各种泥浆泵、MISSION 离心泵、流体传输产品、油田钻采工具等。此外,还有 Ideco Dresser(艾迪克德莱塞)、Continental Emsco(欧洲大陆航空公司)、Gardner Denver(格南登福工业集团)等公司。

2. 顶驱、转盘

顶驱供货以 Vaco 公司产品为多,此外还有 Matime Hydraulics(马蒂姆液压系统)等公司的产品。转盘供货以 Continental Emsco(欧洲大陆航空公司)公司为多,还有 Oilwell(奥威尔)等公司的产品。

3. 动力设备、电气设备

动力设备主要由美国卡特比勒公司、瑞士 ABB(阿西布朗勃法瑞)公司、英国的帕金斯(Perkins)提供;电气设备主要是美国通用电气、德国西门子提供。

4. 海水淡化装置

国际上,海水淡化装置制造厂主要有:以色列 IDE 技术有限公司、法国威立雅环境集团、意大利费赛亚公司、新加坡凯发有限公司、日东电工集团、美国海德能公司等。此外,海水淡化装置还有韩国斗山集团在沙特承建的目前世界上最大的多级闪蒸海水淡化工程($100×10^4\ m^3/d$)。法国 Sidem(赛德姆)公司的低温多效海水淡化工程($80×10^4\ m^3/d$)。

第二节　全球船舶工业未来发展趋势

21 世纪是海洋的世纪,海洋船舶与海洋工程装备制造是世界各国实施海洋战略的主要突破口。国外海洋船舶与海洋工程装备制造大国、强国纷纷采取了诸多措施,以保证本国在该行业中具有最大的竞争优势。在技术与市场竞争双重要素的催生下,世界海洋船舶与海洋工程装备产业发展出现新的发展趋势和发展方向。

一、 世界海洋船舶产业发展主要趋势

(一)船型开发趋向"一大、二强、三新"[①]

从最近几年世界海洋船舶制造大国、强国的发展动向来看,世界主要造船大国、强国纷纷把发展一大(大吨位)、二强(高附加值、高技术含量)、三新(新技术、新工艺、新船型)船舶作为赢得市场的重要砝码。在液化天然气(LNG)船方面,从 2001 年开始,韩国三星重工投入巨资开发新一代液化天然气船。这种新型船舶将以电力为动力,承载容量将达到 14.7 万立方米。该型船舶的成功开发,将使得液化天然气船的承载量提升 10% 以上。在集装箱船方面,20 世纪 60 年代中期造的第一代集装箱船的载箱能力不过 500 标准集装箱(TEU),但到 70 年代便发展到 1000 标箱和 1500 标箱,此后很快出现了 3000标箱和 4000 标箱。80 年代末,型宽超过 32.25 米而能通过巴拿马运河的超巴拿马集装箱船也已问世。到了 90 年代中后期,5000 标箱级以上集装箱船的登场将集装箱船带进了超大型时代。进入 21 世纪初,韩国三星重工成功建造了 8800 标箱级集装箱船,并准备开发 1.4 万和 1.5 万标箱级集装箱船。法国船级社、德国劳氏船级社和英国劳氏船级社于 2004 年 6 月就共同开发 1.25万标箱级超大型集装箱船达成了合作协议,希望能重新夺回西欧在集装箱船上的优势地位。在大型油船方面,日本研究开发了新型双壳体超级油船,可载原油 55 万吨,且安全性能优于以前的大型油船。在超大型浮式储油船(FSO)方面,韩国 2002 年已研制出载重量达到 34 万吨的 FSO。在客运船方面,世界

---

① 高稷:《世界造船业的发展趋势和研发动态》,《上海工业》2004 年第 11 期。

第一代 2 万吨级旅游船在 20 世纪 60 年代已定型,现已发展到 10 万吨级,且大型化发展趋势越发明显。仅韩国现代重工就计划在 2010 年之前在豪华客船开发、设计、建造方面投入 16428 亿韩元。

(二)造船技术不断更新,造船模式日趋现代化[①]

20 世纪末到 21 世纪初,信息技术成功运用到了海洋船舶与海洋工程设计建造领域,船舶与海洋装备制造业的建造技术更新速度明显加快,特别是计算机技术在造船方面的应用不断扩大和深入,造船精度控制技术和船舶工程管理技术日趋完善,使船舶与海洋装备制造业趋向"集成化",造船流程由分段建造向"空间分道、时间有序"的壳舾涂一体化方向发展。当前,国外先进造船国家正在不断地引进新技术,促进造船产业升级换代。其中,计算机技术、机器人技术、激光和人工智能技术等成为未来造船技术的发展方向,并且与之相适应的制造方法也将发生巨大变化。以网络化为基础,异地设计与制造管理将成为可能,并行工程、敏捷制造等先进的制造模式将在未来的船舶制造业中广泛应用。未来的船舶建造,将是以知识为核心的,以知识密集、技术密集、资金密集为特征的新型产业,传统的劳动密集的特征将大大削弱。韩国为增强造船企业在世界船舶与海洋装备制造业的竞争力,加强了机器人的开发,现代重工生产的焊接机器人已经广泛应用于造船的焊接作业。

2002 年,三星公司开发并安装了基于 Internet 的 3-DCAD 系统,使公司的生产效率提高了 50% 以上。为了节省造船成本,三星重工 2004 年投资 60 亿韩元开发了一种造船使用的"虚拟模拟系统"(Virtual Siumlation System)。该系统可以显著改善船舶的加工工艺,使船舶与海洋工程装备制造企业能检查整个船舶的建造过程。这个系统每年可在劳动力方面节省 300 亿韩元的造船成本。为充分发挥在节能环保技术开发方面的优势,日本船舶与海洋装备制

---

① 孔祥昆:《现代造船模式与方法分析研究》,哈尔滨工程大学硕士学位论文,2009 年。

造业对减少能源消耗及大气污染物质的排放进行了技术研究开发,早在2010年研发出具备最强船舶生命价值的船舶。日本将此研发项目称为"MVS-2010"(Most Valuable Sliip 2010),它并不是针对某个船型或某个造船企业而开发的,它是针对所有船型,面向日本船舶与海洋装备制造业的研发项目,目的是在2010年使日本船舶与海洋装备制造业整体达到一个相当高的水平,在造船技术上拥有最高的竞争力。

二、 国外造船大国或地区为海洋船舶工程装备制造业发展所采取的措施[①]

为了应对世界海洋船舶行业市场和技术发展变化,国外海洋船舶制造大国、强国或地区,如韩国、日本、欧洲,根据本国和地区实际情况,制定了相应的发展战略。

(一)韩国船舶与海洋装备制造业未来发展新举措

韩国根据本国船舶产业发展的实际情况和世界船舶市场的发展趋势,制订了中长期规划:

加大对研发项目的投资力度,开发数字造船技术,提高造船效率,降低造船成本,开发有市场潜力的新船型。政府制定了船舶投资公司法、调整其出口船舶信贷条款、新增对国内订船提供出口船舶的同等优惠政策等。21世纪初,韩国造船工业协会和产业资源部召开了韩国造船产业前景及竞争力战略研讨会,会上提出了韩国船舶与海洋装备制造业在2010年应实现的目标。该目标的具体内容为:将韩国的世界新船市场占有率从目前的32%提高到40%,高附加值船的比重从目前的13%提高到35%,船用产品出口额从目前的3.7亿美元提高到20亿美元。韩国船舶与海洋装备制造业的发展战略还包

---

① 高稷:《世界造船业的发展趋势和研发动态》,《上海工业》2004年第11期。

括在今后 10 年内将投入 2100 亿韩元发展先进船型以提高竞争力,积极研发游船和客船,在海洋工程领域要有新的发展,提高船用设备的国产化率,重视船舶与海洋装备制造业人才及新技术的开发。韩国船舶与海洋装备制造业的发展目标在各船舶与海洋工程装备制造企业都有体现。现代重工和韩进重工都推出了一些独特的船型,如韩进重工开发了船长为 301.8 米的 8400 标箱集装箱船。

　　加大研发项目的投资力度。韩国造船企业目前正在加大研发项目的投资力度。投资的主要项目为新技术开发、造船方法研究、船型设计和测试,重点是提高自动化程度和造船技术水平。三星重工正在开发的数字造船系统是代表性的投资项目。该系统汇集了目前的造船经验和数字化信息技术,是新一代的造船技术,公司在虚拟环境下模拟整个造船过程。为同时建造不同船型的船舶,该系统与 CNN① 相结合可以选出建造过程、人力配置、建造方法及物流安排等最佳方案,并可以检查船舶的整个建造过程,使船舶在建造过程中每年仅在劳动力方面就节省了 300 亿韩元。据悉,三星重工在 2004 年前就投入 60 亿韩元开发这一项目。这一项目的开发与实施就是为了增强韩国船舶与海洋装备制造业的竞争力,巩固其在全球造船市场中的领先地位。

　　韩国现代重工新建了因特网采购系统 HIPRO②。该系统利用因特网使现代重工、现代尾浦造船公司、现代三湖重工的采购成为一个集中采购系统,在进一步满足客户多样化需求的同时,使交易更公开、更透明,以提高物资调配与采购效率。该系统投入运行一年使现代重工等 3 家造船企业减少采购费用 3600 亿韩元。与此同时,韩国政府加强对船舶与海洋装备制造业的支持,早在亚洲金融危机的时候,韩国的航运公司由于负载比率过高,一直没有采购新

---

　　①　CNN 为 Cable News Network 的缩写,意为造船信息网络。
　　②　HIPRO,韩国造船舶电子商务采购系统。该系统将现代重工、现代尾浦造船公司、现代三湖重工三大造船企业采购系统集成为一体,便于为顾客提供多样化的需求,也使得交易更公开透明,提高了企业的采购配套率。

船。为了提高韩国航运公司的地位,同时带动船舶与海洋装备制造业发展,韩国一直在讨论船舶投资公司(SIC)①系统这个问题,韩国政府自 2000 年 7 月开始就积极引入该法案。

此外,政府对造船企业提供更优惠的贷款政策。2002 年,韩国工业商业部调整其出口船舶信贷条款,韩国船舶与海洋工程装备制造企业得到了更加优惠的信贷利率。调整的条款将降低利率并将偿还期由 3 年延长到 12 年。调整之后,造船企业在商业指导利率下只要一半的成本就可以借到外汇贷款。2002 年12 月,韩国政府宣布了一项对国内造船舶的融资政策。韩国进出口银行除向出口船舶提供长期贷款外,同时按出口船舶同等条件,向韩国船东在国内造船提供长期融资。另外,韩国政府鼓励韩国船东在济州岛注册登记船舶,并准备引进有利船舶公司的船舶税制度,进一步促进韩国船舶与海洋装备制造业的发展。

(二)日本船舶与海洋装备制造业未来发展新举措

日本根据本国船舶产业发展的实际情况和世界船舶市场的发展趋势,采取了扩大造船能力和撤销造船总量限制规定等新举措。

扩大造船能力。日本船舶与海洋装备制造业认为,随着中国船舶与海洋装备制造业竞争力的提高,中、日、韩三国将在大船型方面进行更激烈的竞争,日本船舶与海洋装备制造业不能单纯依靠技术上的强大,必须同时具备技术与生产一体化的综合实力才行,日本船舶与海洋装备制造业将具备与国外造

---

① SIC 只是一个名义上的公司,公司不能购买自己的股票和申请贷款。同时,只要公司存在,股东就不能退股。SIC 的职能仅限于建造和购买船舶,筹集建造和购买船舶的资金及相关的任务。SIC 可以借用其注册资金 2 倍以内的借款,他们的船舶公司可以出租给国内的航运公司,但租期必须在两年以上,其所得利润分配给投资人。为鼓励投资者向船舶投资公司投资,政府决定对投资者给予如税收优惠、减征股权转让所得税、船舶出售收益所得税,免征用于再投资收益部分的所得税和分红收益的所得税。根据 SIC 法案内容,韩国每年将通过该法案建造 243 万总吨、价值 3.3 万亿韩元的新船。这样既缓解了国内航运公司船队船龄偏大而没钱更新船队的压力,又带动了国内船舶工业的发展。韩国造船公司、航运公司和政府对第一家船舶投资公司的成立都给予了高度关注,大宇、三星和 STX 准备各投入 20 亿韩元,此外几家政府部门和航运公司都计划投入 100 亿韩元。

船大国有竞争力的造船能力,从而巩固其在世界海运中造船高技术的领导地位。

撤销造船法中造船总量限制规定。2002年,日本造船产业竞争战略会议委员会的调查研究结果表明,造船的高成本降低了日本在国际造船市场上的竞争力,因此必须通过提高规模经济效益、缩短造船工期、加强人才培养和造船技能来提高大型船舶建造的综合竞争力。为此,日本造船产业竞争战略会议委员会向日本海事局提出了撤销造船法中造船总量限制规定的决议草案。日本造船产业竞争战略会议委员会提出应采取措施保护技术与知识产权,防止造船技术流失;提议修改法人税制度和外国人就业制度,并提出了日本造船企业间的联合协作和"产官"联合、协作,共同参与国际竞争的战略。

(三)欧洲船舶与海洋装备制造业未来发展新举措

欧洲根据本地区船舶产业发展的实际情况和世界船舶市场的发展趋势,采取了恢复对造船舶与海洋工程装备制造企业的补贴政策的举措。西班牙与法国构筑欧洲造船联合集团。恢复对造船舶与海洋工程装备制造企业的补贴政策以应对东亚造船舶与海洋工程装备制造企业的激烈竞争,欧盟为提高欧洲造船企业的竞争力,恢复了对造船舶与海洋工程装备制造企业的补贴政策。目前欧盟造船舶与海洋工程装备制造企业普遍因缺乏订单而开工不足。为了扭转这种不利局面,欧盟部长理事会已恢复对欧盟造船舶与海洋工程装备制造企业的补贴,补贴额为订单额的14%。挪威政府也参照欧盟做法,向挪威造船舶与海洋工程装备制造企业提供补贴。

构筑欧洲造船联合集团。西班牙与法国计划创建一个欧洲造船联合集团来对抗东亚造船的竞争。欧洲造船联合集团的构成形式和总体规模以著名的欧洲航宝集团为参考,具体业务领域将以民用船只制造为主。构成欧洲造船联合集团的主要候选企业为法国的 DCN(法国国有船舶制造公司)、Cliantiers(英蒂公司)、西班牙的 IZar(伊扎尔公司),意大利的 Fincantieri(芬坎蒂尼公司），德国的 HDW（霍瓦特·德意志造船公司）和北欧的一些造船公司。欧洲造船联合集团的创建将为欧洲船舶与海洋装备制造业的产品质量和科技发展创造有利条件，有效提高欧洲船舶与海洋装备制造业企业的竞争力，为恢复国际市场份额提供保障。

第三节　中国船舶工业发展存在的主要问题

中国船舶与海洋装备制造业在总装领域已经连续 4 年稳居世界第一位。但是，船舶与海洋装备制造业结构复杂，产业涉及领域广，中国虽然在造船规模上已经是世界级造船大国，但是在产业链构成、产业技术创新、质量、生产管理等领域与日、韩等造船强国相比，还存在很多问题和差距。

一、　近年中国船舶总装产业发展存在的问题[①]

（一）新船订单大幅减少，开工不足日益严重

与世界造船产能供给相比，目前国际造船市场新船订单需求严重不足，虽然中国船舶企业在常规船型订单承接上抢占了较高的国际市场份额，但由于新接订单量少于交付量，导致手持订单量加速下滑，开工不足的现象从中小船企向骨干船企蔓延。而且由于订单越来越集中到少数骨干船企，因此大多数中小型船企面临的开工不足局面将更加严重。

（二）交船难度日益增大，产成品资金占用持续增加

受航运市场低迷、船东经营持续亏损的影响，交船难的现象从中小船企向骨干船企蔓延。船东更改设计、变更合同期、严格检验、调整船价等要求越来

---

① 中国船舶工业行业协会:《2013 年船舶工业经济运行分析》,《中国水运》2014 年第 2 期。

越多,加上国际新标准、新规范陆续实施,船舶交付愈加困难。修改合同交付日期,或延期交付,甚至部分订单被撤销。

(三)船企亏损、倒闭、减员增多

船舶市场持续低迷,在中国船企占据优势的三大主流船型领域船价继续下跌,企业经营接单处于微利状态,成本费用稍有上升,船价与成本费用倒挂的矛盾就十分突出。造船企业减员、转产、倒闭现象正从中小企业向大中型企业蔓延且日益严重。

(四)融资压力持续增大,企业流动资金严重不足

近年,部分境内外融资银行把船舶行业列为高风险行业,实行信贷调控,收缩放贷额度,船舶租赁市场、证券市场融资大幅萎缩,致使船东、船企融资难问题加剧、融资成本增加,加上船东支付的新船合同预付款比例大幅下调,船企生产流动资金不足的情况日益严重。统计显示,全行业企业应收账款、利息支出、财务费用明显上升。

二、 中国海洋船舶装备配套业发展存在的问题[①]

(一)大型船用配套产品生产设施能力严重不足

中国的船用配套生产设施,特别是骨干企业,大都是军船生产企业,规模小、产能弱。中国现有的专用配套生产设施还是改革开放初期,通过引进技术生产民用船舶配套产品,当时都是按万吨级左右船舶、年产几十万吨的需求配置的资源,在生产方式上,是多品种、小批量,基本没有大型船用配套设备的生产设施。20世纪90年代以来,世界船舶需求向大型化、高速化、自动化方向发展,由于中国大型船用配套生产设施不足,一些技术取得突破的优势产品无

---

① 张志勇:《我国船舶配套业创新发展的战略思考》,《船舶物资与市场》2008年第6期。

法进行规模生产。基础设施不足的问题,在其他一些配套产品生产中也普遍存在。

(二)消化吸收和自主创新能力弱,技术更新问题严峻

长期以来,由于政府和企业在船用设备领域的科研开发、技术引进、技术改造、装备更新投入严重不足且不连续,多数企业未对改革开放初期引进的技术进行消化吸收和再创新以形成自主研发能力,或未进行新一轮的跟踪技术引进,生产企业远未成为船用设备技术创新的主体(许多企业没有研发机构和研发人员),科研院所的科研与生产脱节等诸多方面的原因,中国船用设备产品总体技术水平大大落后于国际先进水平。

(三)船舶配套产品生产组织结构不合理,开放与创新不足

中国船用配套业体系相对封闭,主要依靠船舶与海洋装备制造业集团和船舶重工集团下属国有企业,三资企业和地方企业所占比重较小,缺乏活力和动力。部分国有配套企业改革滞后,经营状况不断恶化。行业内、外专业化分工与协作体系不健全,多数企业"大而不强、小而不精",这种不合理的产业组织结构,严重制约了中国船舶配套业的发展进程。

(四)产品没有全球服务网络,缺少进入国际市场的销售渠道和平台

目前,中国还没有建立起全球服务与营销网络,国内企业能够装船的产品只能依赖于国外厂商提供的全球维修服务网提供售后服务,为此,企业不仅在经济上受到一定损失,更重要的是不能及时、正确地了解产品在使用中出现的问题,从而改进和提高生产工艺和技术。而中国一些自行设计制造的、已达到了装船要求的配套产品(如甲板机械、锚链、螺旋桨、灭火装置、平台陀螺罗经、计程仪系列等),由于缺少服务网络,无法做到全球化,较难被国内远洋公

司和国外船东接受,使国内产品无法直接进入国际市场。

三、 中国修船业、拆船业发展存在的问题

(一)中国修船业发展存在的问题

世界经济和贸易的发展,是修船业发展的前提和决定因素。修船业在经济产业链中的位置如下:世界经济发展—世界贸易发展—航运市场占贸易运量中的比重—世界商船的发展(包括拥有量、船龄及品种)—修船(量、质、周期、价格)与修船配套的材料、备件、服务商。当然,修船市场的发展状况还受有关机构对安全、环保等政策法规要求的影响。目前,世界经济由于受美、日经济滑坡的影响已放慢发展步伐,特别是 2008 年全球金融危机更使世界经济的发展受到严重影响。一般来说,世界贸易运输中海运承担了世界 70% 的货物运输。日前世界商船保有量在 7 亿载重吨以上。近年来,世界船舶总运力的年增长率一直在 2% 左右,2008 年全球金融危机所造成的冲击,已使不少航运业主根据对世界经济未来发展势头的估计调整了船舶拥有量(运力),从而制约了世界修船市场业务量的增加。与此同时,各船级社和港口监督当局对运营船舶提出了越来越高的要求,新造船订单的减少也会导致船舶役龄增加,从而增加修理量,改船舶与海洋装备制造业务也会成为修船业的一个巨大的潜在市场。

(二)中国拆船业发展存在的问题①

当今中国成为世界三大拆船强国之一,但行业运行中依然存在诸多的问题,一定程度上制约着中国拆船业的健康发展,主要表现在以下几个方面。

1. 非法拆船点猖狂

除了正规拆船企业外,中国还存在大量的非法拆船点,它们主要采用民间

---

① 谢德华:《国内拆船业亟待解决问题分析》,《资源再生》2008 年第 5 期。

分散集资,多为滩涂作业,工艺简单,环保安全设备投入极少,拆解成本低,废船买卖及拆解材料销售行为不规范,利用价格优势抢占国内拆船市场,扰乱正常的市场秩序,给正规拆船企业造成巨大损失。这些非法拆船点的存在严重威胁着中国水域环境的保护以及拆船业的健康发展。

2. 国内废船流向无序

中国拆船业尚无准入制度,报废船舶处置监管缺位。在航运业繁荣时期,国内相当一部分内河船舶到龄后没有及时拆解,经过改装、拼装或翻修后,经由不当手段将报废船舶重返航运市场继续营运,给沿海运输带来很大的安全隐患和环境污染。船舶报废后,按何种程序或规范进行有效处置,国家尚没有明确的强制性规定,致使国内报废船舶80%流入非法拆船点。非法拆船点成为国内废旧船舶回收拆解的主力军,其对环境污染十分严重,又因其"游击作战",难以监管,对正规拆船企业造成巨大损失。

3. 相关部门管理职责不明确

拆船活动涉及海事、环保、安全监督、质检、航运、海关、财政、税务、商贸物流和劳动保障等诸多领域,中国环保、海事、劳动等政府部门对拆船业的安全环保和劳工保护有相关的管理职责,但各部门职责不分明。长期以来中国拆船业主管部门一直缺位,难以统一有序地对拆船业进行监管。

4. 拆船企业成本高,业务单一,利润低

中国正规拆船企业安全环保投入成本高,废船采买资金占用量大,拆解周期较长,经营风险大。而且企业税负较高,尤其是拆解国内废船无法取得进项增值税发票,而变相地加重了税负。中国相当一部分的拆船企业利润只来源于废钢的售卖,没有进一步发展下游产品的加工,更没有形成产业集群,竞争力单薄。再加上拆船企业受下游市场变化影响较大,近几年来国内钢材市场低迷、国际船价高涨,拆船废钢有时甚至出现价格倒挂,造成拆船企业利润减少,经营困难。

5.国内船东环保意识淡薄

中国部分船东公司缺乏环保意识,其废船交易主要受利益驱动,船舶报废后很少留在国内正规拆船企业进行拆解,大量的老旧船舶继续流入非法拆解渠道,或者被销往安全环保意识较差的国外拆船厂,直接导致国内废船资源严重流失。

四、 中国海工装备业目前存在的问题

与国外海工装备强国相比较而言,中国整个海工装备制造业,存在起步晚、起点低、规模小、竞争力不强等问题。中国船舶与海洋装备制造业在海洋工程装备设计制造方面与世界先进水平相比,存在较大差距,主要表现为以下几点[①]。

(一)设计开发能力与国外差距较大、设计开发能力弱

目前中国仅能自主设计部分浅海海洋工程装备(坐底式平台、自升式平台、导管架平台),而深水海工装备的前端设计近年刚有所突破,但主要开展生产设计工作。专业设计机构少、专业设计人员少,目前仅有中船重工民船设计中心、天津修船所、中船工业 708 所、海油工程设计公司、上海船舶设计院和山东胜利油田钻井研究院等几家设计单位参与海工设计。在海洋平台工程作业能力上,我国目前在海洋石油勘探开发能力上突破了从 300 米到 3000 米水深的跨越,也具备了 3000 米以上水深油气开发装备独立设计能力,但在大型深海工程装备工作包领域,基本上完全靠从海外进口,缺少具有自主知识产权的国际认可的品牌产品。

(二)高端海工核心部件装备设计建造基本空白

国内各企业产品竞争领域重叠严重,主要集中在浅水和低端深水装备领

---

① 刘全等:《海洋工程装备产业现状发展分析》,《中国水运(下半月刊)》2011 年第 3 期。

域竞争。呈现出重复领域恶性竞争的局面。中国目前基本未涉足 TLP、SPAR、LNG-FSRU、LNG-FPSO ①等高端、新型装备设计建造领域,更不具备其核心技术研发能力。随着水深的增加、使用目标和工程装备使用环境的不同,海洋工程装备呈现多元化趋势。

(三)海洋工程装备配套发展严重滞后

海洋平台的各类功能模块以及各类配套设备规格品种多,对技术性能、材料、精度、可靠性、寿命及环境适应性的要求十分严格,专利技术多、附加值高的高端配套设备,多被国外供应商所垄断。中国只在低端配套产品上占有一定份额。目前,中国海工装备的配套设备本土化率非常低,每年有 70% 以上需要进口,关键设备配套率不足 5%。配套设备在整个海工装备中的地位比船体要高得多,比如一艘造价数亿美元的 FPSO 船体造价只占总造价的不到20%,其他大部分被配套设备占据。如果中国海工配套业不能实现与海工装备制造业同步发展,中国企业将被牢牢钉在海工产业链的低端,这是中国企业进军海工市场最大的隐患。

(四)具备工程总承包能力的海洋工程装备企业不多,对大项目的总体运作管理能力不强

海洋工程装备建造通常采用项目管理制,总承包商需要对海洋工程装备的整体性能和可靠性等多个方面负责,对项目管理能力要求非常高,因此是否具备总承包能力对提高项目附加值至关重要。目前中国绝大多数项目属于分包项目,主要从事装备主体结构建造,多数造船企业目前还不具备总承包能力。

---

① LNG-FPSO(LNG Floating Production Storage and of Floatin Unit 的缩写,又称 FLNG)是集海上液化天然气的生产、储存、装卸和外运为一体的新型浮式生产储卸装置,应用于海上气田的开采,具有投资成本低、建造周期短、开发风险小、便于迁移和安全性高等特点。

(五)深海与极地资源开发竞争力缺乏

中国缺少深海开发装备、极地探测船与相应的试验基地,如深海试验基地、冰载荷实验室、钢材低温韧性实验室等。在极地的探测方面,中国目前仅有一艘"雪龙"号极地科学考察船,而俄罗斯、加拿大、美国、芬兰、瑞典、挪威等国家都拥有强大的破冰船队,如俄罗斯有20艘(包括7艘核动力)、加拿大有6艘、美国有4艘。在实验室方面,由于海洋工程装备的制造复杂性高、技术含量水平高,同时海洋油气开采的生产环境恶劣多变,缺少必要的实验室,很难模拟出实际工作环境,因此给材料的研究、装备的设计生产带来可靠性风险。

第四节　中国船舶工业未来转型的重点

通过对全球船舶行业发展市场的系统分析研究,中国船舶工业发展取得了前所未有的成就,但是,多年来我国一直秉承着规模扩张的发展理念和平层推进的发展思路,从而导致我国船舶工业产能出现结构相对过剩,而在某些核心技术和核心产品创新和生产能力方面相对不足,使我国船舶工业发展面临前所未有的挑战。抓住国家"一带一路"建设机遇,加强企业创新,提质增效,实现产业从平层复制向纵向推进的战略转型发展,是我国船舶产业发展的唯一出路,"创新是一个系统工程,创新链、产业链、资金链、政策链相互交织、相互支撑,改革只在一个环节或几个环节搞是不够的,必须全面部署,并坚定不移推进。科技创新、制度创新要协同发挥作用,两个轮子一起转"[1]。

一、发展理念和发展思路转型

党的十八大以来,以习近平同志为核心的党中央把握时代大势,提出创

---

[1]　习近平:《为建设世界科技强国而奋斗》,新华社,2016年5月31日。

新、协调、绿色、开放、共享的新发展理念。发展理念是发展行动的先导,中国船舶工业要实现从量向质的飞跃,从大国向强国的飞跃,那么必须坚持五大发展理念推进、改造和提升船舶工业国际竞争力。

创新发展。从当前全球发展趋势和过去历史经验规律看,特别是从上述的船舶工业未来发展趋势看,开发国际一流的产品创新和技术纵向推进创新不仅是英、日、韩成为世界第一造船强国的典型特征,而且当今船舶行业的绿色技术、智能/无人技术、自动化、信息化技术正深刻改变着这个行业。协调发展。过去只有详细设计和生产设计,没有概念设计,不协调;只有低端船型和少量的高端船型,没有大批量的高端船型市场份额,不协调;只有船壳设计,没有核心配套设计和产品开发,不协调。中国船舶工业供给侧结构性改革要解决两个主要问题,一是去除相对过剩产能,二是要实现从造船大国向造船强国的转变。要解决第一个问题,我们必须从发展理念上实现从单一发展向协调发展转变,从过去的平层同质化、规模化盲目扩张向产业链纵向协调推进的方向优化、调整我国船舶工业的产业结构,做好产业调整的加减法,产业发展要协调。要解决第二个问题,我国船舶工业发展还要实现从产业生产规模型向产业技术、人才纵向推进型的发展理念的转变,没有技术、人才的纵向推进,就没有产业链条的纵向协调推进,产业结构优化改革的加减法就没法落实,建立起中国船舶工业的技术、人才、产业"雁阵"发展模型(见图9-1、图9-2),实现技术纵向推进和产业纵向推进耦合协调发展,是我国船舶工业去产能"减脂增肌"的关键。

与此同时,坚持国际化开放、绿色发展理念,结合国家在"一带一路"沿线国家进行产业的国际布局发展。在开放中创新,在开放中发展绿色理念,包括绿色船舶产品设计开发,船舶环境绿色,在开放中共享,通过开放学习借鉴欧洲在船舶工业发展中的深厚技术底蕴,充分发挥"一带一路"沿线国家在海洋运输的市场需求、战略资源的保障和廉价劳动力优势,建设安全、绿色、智能和自主船舶,保障中国经济持续增长,服务国际海洋事业发展。这是中国未来打

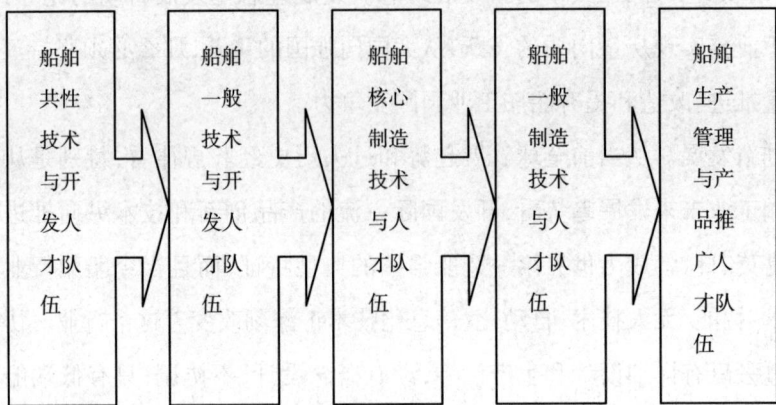

图 9-1　中国船舶工业技术人才"雁阵"图

资料来源:作者自绘。

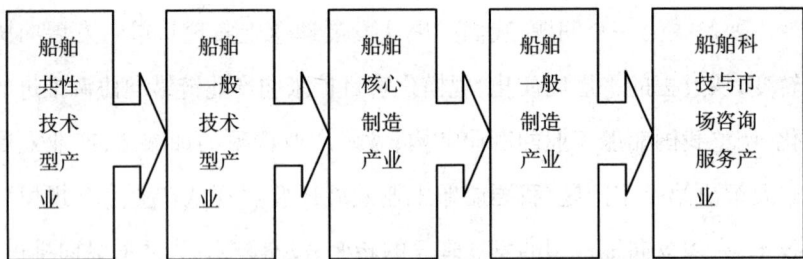

图 9-2　中国船舶工业"雁阵"图

资料来源:作者自绘。

造具有世界竞争力的船舶工业必须具备的理念,因为坚持五大发展理念才能实现中国船舶工业在国际平台的平等对话。建议国家对于坚持五大发展理念,构建绿色智能产品、服务、生产的船舶企业予以金融、财税等政策支持,重点支持船舶科研技术开发领域的发展。

二、 产权、经营权平衡独立改革转型

产权和经营权问题是社会主义国家经济改革的重点,也是痛点和难点。在过去的改革中,股权私有化在一定程度上导致了国有资产的流失,加速了社

会财富的两极分化,对国家的政治基础安全、社会问题带来了诸多不利影响。在国内相当一部分经济学者的意识中:只有将国有资产股权化到个人手里才是改革,否则就是开了改革的倒车,这种为了改革而改革的做法,与我们中国特色社会主义经济改革的根本目标是相背离的。中国特色社会主义改革的目标是为了强大我们的社会主义经济基础和经济市场竞争力,从而使我们的政治基础得到强化,而不是要削弱我们的社会主义经济基础,乃至去掉我们的经济基础。所以,是否能加强社会主义经济基础及其经济竞争力的经济改革是衡量中国特色的社会主义经济改革政策是否科学的唯一标准。尤其是大型国有企业的改革,其所有权必须最大限度地归国家全民所有,只有围绕这个基本原则的改革制定政策和改革路径。国有企业所有权和经营权的平衡独立改革才有政治的科学性,才会对我们社会主义经济基础和政治基础带来最小的风险。

企业的所有权与经营权的分离前提是企业的所有者无法直接实现对企业的直接经营管理,这是社会主义国家国家与企业之间和资本主义国家大资本家与全球性大企业之间面临的共同问题,而且在资本主义国家也有国有企业,也面临着国家对企业的经营管理的问题。所以企业所有权和经营权的分离是国内外都存在的经济管理问题。从目前国外在处理国家所有制企业所有权与经营权的关系上,所有者通过间接控制的方式实现对企业的所有权,同时成功达成企业所有者与企业经营者在权利上的分离和平衡独立。在这一点上,意大利芬坎蒂尼公司的股权改革,无疑是一个非常成功的案例,其成功的股权改革,不但保证了公司的绝对国有,同时让公司经营者的权利得到充分体现,一举让公司成为世界最富有、最有竞争力的造船国有企业之一,在公司的所有权和经营权处理上,芬坎蒂尼公司主要采取以下创新型改革。

截至 2017 年年底,芬坎蒂尼公司的股本金为 8.63 亿欧元,股本 16.9 亿股。芬坎蒂尼公司的公众股份占比 28.4%,国家持股 71.6%,没有任何个人持股超过 3%。意大利经济和财政部通过子公司 Fintecna（芬坎蒂尼集团）掌控意大利存贷款银行 Cassa Depositi e Prestiti，进而间接控制 71.6%的股份。自从上市后，根据法律规定，芬坎蒂尼集团不再像之前一样对芬坎蒂尼公司进行各种指导和协调。目前的芬坎蒂尼公司表现为：①与客户、供应商完全独立交易运作，不受任何外部干涉；②独立策划公司和集团的战略、产业、金融和财务规划；③不再接受芬坎蒂尼集团的规定；④不再与芬坎蒂尼集团发生现金协议，不会给予芬坎蒂尼集团任何金融支持或协调行为；⑤不接受来自芬坎蒂尼集团关于金融借贷的指令或指导意见。

为了保护这种国家战略意义的企业，意大利政府拥有法律规定的"黄金权力"等，具备制止和反对资产出售、技术转移、股权转让、并购等权利。根据法律规定，意大利政府主要通过芬坎蒂尼公司股东大会或董事会行使决议投票权。法律规定，除意大利政府之外，任何个人持股不能超过股本的 5%。

在借鉴意大利芬坎蒂尼公司所有权和经营权改革经验的基础上，结合船舶工业的特点和中国实际情况，中国国有大型船舶企业的所有权、经营权平衡独立改革可以通过以下路径来实现：

（1）建议国务院国资委、国家发改委、财政部三部门联合成立中国蓝色发展银行。

（2）建议将目前国家主要造船集团企业和关联公司中国船舶、中国船舶重工和中远集团等企业的不低于 66.7%的股权资产划拨到中国蓝色发展银行。剩下不到 40%的股权资产中的不少于 25%的股权资产分别由国家造船公司与国家航运公司,中国海洋石油集团公司、地方集体造船企业或民营造船企业等关联企业之间交叉持股,其余剩下的不到 15%的股权资产作为公司库存股可以在公司进行个人持股,但公司个人持股最高额度不得超过 3%。其改革实施路径见图 9-3,股权分配见图 9-4。

公司股权构架改革后，中国船舶企业与政府的直接指导关系实现了剥离，

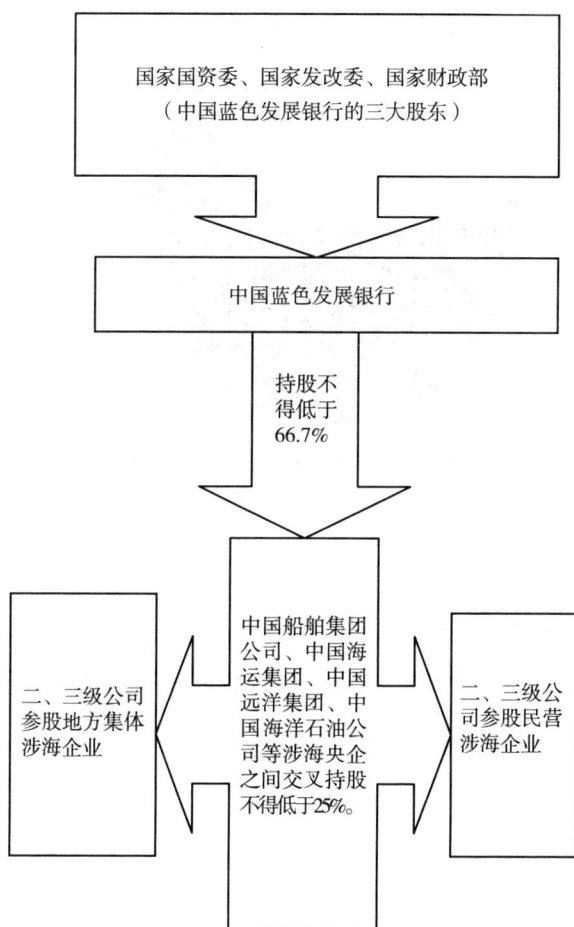

图9-3　中国国有船舶企业股权改革路径图

资料来源:作者自绘。

国家对企业的所有权通过国有银行进行了间接的控制。这样一方面可以降低因政府对市场变化反应滞后和市场的认知缺陷在对企业发展的决策指导上的风险。另外,银行在充分发挥对船舶企业经济运行监考官作用的同时,还可以为企业发展提供很好的金融支撑。同时也有利于造船企业最大限度地保证其经营权的独立性,充分发挥企业的活力。

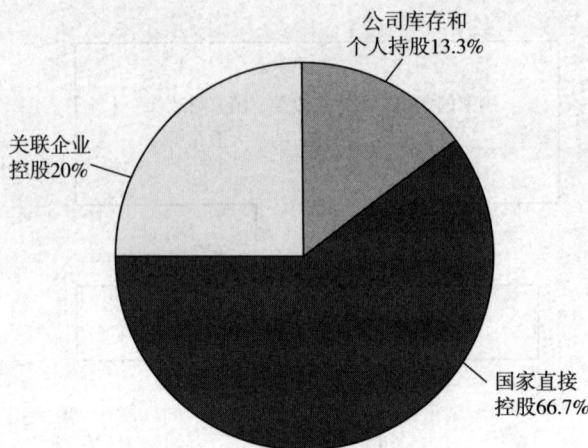

图 9-4　中国国有船舶企业股权分布图

资料来源:作者自绘。

三、 产业组织结构混合改革转型

从中国船舶工业目前的企业组织结构来看,中国船舶集团在规模、技术、人才、资本等生产要素上处于绝对竞争优势地位。这两家央企不但控制着国内造船产业的高端市场,而且也和地方企业、民营企业在低端市场展开竞争。但是从船舶工业链的分工来看,两家央企和地方造船企业或民营造船企业处于同一生产层次中,实力强大的两家央企和实力弱小的民企基本上处于同质化竞争状态,其产能基本上都集中在终端品的组装上,在 2008 年全球金融危机时,两家央企依靠国家的政策优势和自身规模优势,基本把地方集体造船企业和民营造船企业挤压到关闭的结果,给国家和社会带来了很多综合性问题。产能结构优化,资源统筹,央企和地方企业、民营企业建立起分工合作,优势互补的"雁阵"关系,是中国造船行业去产能,消除内耗、集中内部资源增强国际竞争力的可行改革方案。其改革实施路径如下。

1.加快两大央企的战略性重组

加快中船工业和中船重工两大集团的战略性重组,两家央企未来的业务领域重点放在船体设计、新船型开发、动力装备、电子信息等船舶共性技术的开发和核心配套制造等高端业务上来,尽快从低端组装生产领域退出,中低端产业通过股权改革,让地方造船企业、民营资本造船企业进入,形成一个央企引领、民企跟进的组织"雁阵"业态。构建中国造船业不同业务在全球市场的体系竞争构架和组织"雁阵"(见图9-5)。

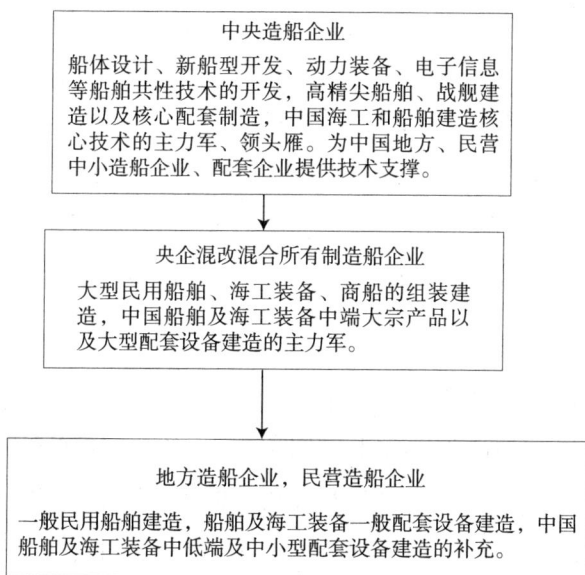

图9-5　中国船舶工业组织"雁阵"图

资料来源:作者自绘。

2.研究科研院所和船厂设计力量整合

研究推动生产高端船舶的船厂逐步剥离和构建研发(特别是生产设计)主体,在此基础上,试点科研院所对骨干船厂生产设计主体的参股,推动概念设计、详细设计和生产设计的一体化。

3.职业化的劳务工集团整合探索

建立从机制角度出发,探索构建大型劳务工集团等企业形式的可行性,在全国形成一批造船专业、高效、负责的劳务工集团公司。统筹规划大型造船企业与船舶职业院校人才资源,构建职业化专业化高效化的生产施工体系和人力资源体系,从根本上解决我国造船业高端技术工人供需问题。

4.坚持去低效产能

提升环保和安全要求,根据国家对于生态环境保护和绿色理念、安全生产的要求,严格执行环保标准、能耗标准和安全标准,关停一批无法达标、高耗低效的船舶制造企业。

四、 产业发展激励机制改革转型

1.提速企业股权改革,鼓励员工持股

鼓励船舶企业实施股权激励政策,实现工资与效益联动。一方面,管理层薪酬与经营决策挂钩,义务与权利匹配,使管理层薪酬更加透明、合理化。另一方面,鼓励员工持股,调动员工的积极性,提高其对企业的归属感和参与感。

2.进一步创新激励机制

提高船舶企业的创新意识,奖励创新行为。完善知识产权制度,放开职务知识产权的确权和权益分配,鼓励科技成果向产业转化;改革科技管理模式,引入风险管理和多种资金渠道,赋予创新人才和创新团队更多自主决策权,对基础科研和重大科技攻关采取灵活的考核制度和奖励措施。

五、 产业链和产业集群改革转型

1.完善产业体系

改善产业链薄弱环节,建立合理的产业体系。在信贷、税收、技术基金、人才等方面制定政策和规划,鼓励企业进入高附加值、高技术、高风险的概念设计、高端产品、核心配套领域。在船舶造船企业、科研院所、系统集成企业、配套企业等企业数量比例上形成金字塔结构,重点是支持概念设计型企业和系统集成型企业做大,同时支持配套企业做大。加强船舶造船产业与钢铁产业等产业在科研、长期协作方面的联盟构建。对于产品布局方面,建议国家对基

础成熟船舶的生产进行整合和有限的规制,对于高端船舶和高端配套研发、制造和服务市场完全放开,并予以支持。

2.强化产业集群

基于推动海事产业链整合的高端海事装备制造及服务产业发展,建立国家海事产业集群创新基地,推动集群区域产业集群向全球海事产业集群中心升级。重点构建我国未来需要突破船型,例如环保油船、液化天然气船、FLNG船、豪华邮轮、半潜式平台、钻井船、新能源船舶、智能无人船舶等产业集群,加强在区域聚集、研发投入、高等教育、产业内部流动性等方面的制度支持,在沿海2—3个城市开展试点,给予国家级海洋集群产业开放特区的政策待遇。

六、 人才培养引进和技术创新改革转型

1.劳务工的正规化和共同价值观培训

劳务工作为造船领域的最直接相关人才,其效率既是研发设计效率的实现,也是最终产品质量和效率的体现。从短期看,建议加强劳务工的技能培训,形成标准化、可普及和有实效的船舶各工种培训机制。完善对劳务工的关怀制度,特别是在其生活环境、子女读书、保险保障方面的真正关心。

2.培养新型技术人才

加强在海洋基础科研和科技领域的人工智能、控制、自动化、软件工程的人才培养,通过定向/联合培养等方式吸引更多的年轻人才投身于船舶行业,为其提供在居住、培训等方面的支持。

3.引进国外核心关键技术

对于我国目前不具备攻关能力的豪华邮轮、FLNG、海底生产系统、海洋电子信息、海洋材料等方面的核心技术,在加强自主研发的同时推动部分关键技术的引进、吸收,建议政府给予技术引进资金支持和税费抵扣等方面的支持,同时建议出台关于技术消化吸收方面的奖惩措施。

4.建议国家增强海洋领域的重大奖励支持力度

以科技进步奖等重大奖励、院士评选、国务院津贴专家、精神激励等为重点激励手段,充分发挥以下领域的高层次技术人才和管理人才的影响力:实现全球高技术船舶的首创,或实现高技术船舶的全球竞争力第一(包括净利润、效率、市场份额综合考虑),实现核心高端配套设备首创、高端配套设备一流、人才一流,具有一流国际竞争力的企业。

七、 国家财政金融服务政策改革转型

从当前现状看,金融资本未来将成为海洋科技和船舶工业发展的重要杠杆支点,目前金融资本也正在支持中国造船产业度过寒冬,但是未来我国船舶工业要构建长期优势的国际竞争力,必须充分发挥当前我国金融改革带来的增量效率。

1.充分发挥资本市场的作用

推动我国船舶工业中具有核心竞争力的装备研发、配套制造、海事服务、新兴产业等上市融资,尤其是推动核心配套设备企业、智能化自动化和绿色船舶制造高技术的中小型企业开展风险投资、股权融资和债券融资等。

2.长期信贷支持

建立和完善支持我国船舶及海事产业发展的金融体系,优先解决具有核心竞争力的民营船舶配套产品生产企业,从根本上解决我国中小型民营船舶配套产品生产企业融资难甚至融不到资的问题,做强做大一批具有国际竞争力的民营船舶配套设备制造企业。

3.人民币"走出去"

制定金融与船舶工业在海外良性互动合作机制,一方面,依靠人民币国际化,推动船舶工业国际化发展;另一方面,依靠船舶工业国际化发展,推动人民币国际化,实现船舶工业与金融服务在全球特别是"一带一路"沿线国家互助协作,包括产能合作、海外并购、海外融资。

八、 国际贸易与交流合作机制改革转型

1.取消中国国内所有船厂进出口贸易权

建议成立中国船舶贸易进出口总公司,该公司隶属于中国蓝色发展银行下全资子公司,也是中国唯一的船舶与海工产品进出口贸易服务公司。公司主要组织全国船舶造船企业的海外进出口招标代理、交易结算,法规咨询等相关服务。从根本上清楚中国船厂在承接海外船东订单的时候攀比压价、垫资等恶性竞争状况,从而规范我国船舶工业市场发展秩序。

2.建立"一带一路"沿线国家船舶技术和产能合作机制

随着"一带一路"倡议在沿线国家的落地推广,铁路、基建、贸易、文化等产业都在"一带一路"沿线国家蓬勃发展,船舶制造业产业链长,分工明确,属于劳动密集型和技术密集型产业,尤其是中国在终端组装领域产能强大,而"一带一路"沿线国家基本上属于工业不发达国家,随着中国在"一带一路"沿线国家的投资,其海上商贸运输必将增长,这为我国船舶中端产能"走出去"提供了广阔的市场,同时也为沿线国家提供了大量的就业机会,提升其工业化发展水平。我国首先加快海上丝绸之路国家的造船产业基础条件的战略研究,建立以商贸海运、能源合作为方向,推进相关船舶和海洋装备制造项目在沿线国家落地的产能国际化合作机制。

3.建立船舶工业的国际科研合作

建立中国与欧洲等国家在深海科技、高端海洋装备、核心配套设备等领域的教育、科研和项目合作机制;建立与环北极国家例如俄罗斯、北欧五国等国家在极地科考装备、海洋环境领域科研合作机制。

九、 国家产业扶持政策改革转型

要推动中国船舶工业的国际竞争力迈向世界一流,要推动船舶工业的供给侧结构性改革成功,充分挖掘优秀企业的成功经验,构建包括强有力的合

作、深厚的技术研发底蕴、独特的股权激励模式等方面的新政策和制度,形成促进产业竞争力发展的正向循环激励,推动我国船舶工业未来走向康庄大道。我国万箱集装箱船研发历程说明:突出总工程设计师的作用,突出技术创新牵引市场需求的新业态,突出十年磨一剑的长期创新激励,对于中国获得世界级竞争力是必要的。从中远川崎和扬子江船业的造船历程看,中国和国外差距不大,虽然两家公司的研制和生产效能与日、韩最先进水平仍有距离,但这两家公司在中国的造船业绩和效率长期排名前列说明:改革是必要的,强有力的管理制度执行是必要的,激励约束机制推行是必要的。华为在海底电缆领域的国际化历程表明:中国公司是能够达到世界级的原始创新和国际化水平的。据了解,美国从 2012 年开始,就试图禁止华为参与电信基础建设,包括铺设海底电缆;2017 年,澳大利亚也曾试图阻止华为海洋网络公司承建连接悉尼及所罗门群岛的海底电缆。但是,2018 年 9 月,美、澳、日都没能破坏华为海洋网络公司与巴布亚新几内亚签订的海底电缆工程合约。研究机构电信地理调研公司指出,2015—2020 年,华为海洋网络公司预计铺设 28 条海底电缆,占这段时间全球完工数量的近 1/4。而华为 2008 年进入全球海底光缆行业时,我国在此领域几乎算是空白,全球几乎所有海缆系统都是由美国泰科、法国阿尔卡特朗讯、日本电气三家企业垄断。华为以 10 年研发和产业化历程从空白达到海底光缆研制竞争力全球第一说明:强强联合,取长补短是顺应时代发展的趋势。

第十章　中国船舶工业战略转型
改革实施重大专项

从当前全球范围看，科学技术越来越成为推动经济社会发展的主要力量。近半个世纪以来，现代经济增长理论经历了由外生到内生的经济增长机理研究，探讨了以"技术内生化为核心"的长期增长的可能前景。新增长理论将知识和人力资本因素纳入经济增长模型①，为经济持续的长期增长找到了源泉和动力，根据这一点可以推出；如果中国不能加快提升创新能力特别是知识创造能力，那么韩国和欧洲等造船强国/地区将继续依靠持续高效的科技投入，而强化其在船舶工业领域的核心竞争力，维持其长期产业增长动力源。那么未来这些造船强国将继续依靠其在技术创新的垄断地位而获得长期垄断利润。

重大科技创新成果是国之重器、国之利器，必须牢牢掌握在自己手上，必须依靠自力更生、自主创新。创新能力的基础之一是研发能力，根据上述分析，我国船舶工业的研发能力是短板之一，造船业未来必须以突出能力建设和前沿知识技术研发为核心开展重大创新工程和专项，以高质量的研究和产业化，加速培育具备国际一流竞争力的研发能力，进而推动制造、试验、运营和服

---

① 高鸿业：《西方经济学》（第五版），中国人民大学出版社 2011 年版，第 118—125 页。

务等世界一流能力的培育。

第一节　世界级研发能力提升专项

为提升我国船舶研发设计能力,推广普及骨干院所和船厂的三维研发设计能力,达到韩国、日本的水平。开展智能化研发平台和设计手段的自主开发,在学科领域或几个主要专业领域形成具有实际优良应用效果的智能设计软件。在未来五年内,将几个具有详细设计能力的高技术船舶的能力提升至可靠的、具有世界竞争力的基本设计能力。十年内,将不具备设计能力的高技术船舶的能力提升至可靠的、具有世界竞争力的详细设计能力。为推动我国船舶工业转型升级,提高技术水平和核心竞争力,巩固和增强国际竞争优势,根据《增强制造业核心竞争力三年行动计划(2018—2020年)》,制定实施专项方案。

一、　专项实施目标

通过本专项实施,我国高技术船舶和特种船舶的自主设计、系统集成和总承包能力进一步提升,一批船舶和海洋工程装备产品填补国内空白,海洋资源开发装备结构明显升级,关键配套设备装船率不断提高,研发设计、试验检测设施更加完善,产业核心竞争力明显增强。大型邮轮设计建造取得重要进展,22000标箱超大型集装箱船实现首船交付,公务执法船、磷虾捕捞船、深远海渔业养殖平台等推广应用,高强度系泊链、大功率激光器、海底管道检测系统等产业化能力明显增强,虚拟现实设计与试验平台等投入使用。

二、　专项实施主要任务

(一)发展高技术船舶与特种船舶

通过联合开发、技术引进、合资经营等方式,开展邮轮设计、制造和示范应用,逐步掌握邮轮总包建造技术,提升工程组织和供应链管理能力,带动邮轮专用配套设备的发展,形成比较完整的邮轮制造产业链。

开展超大型集装箱船、大洋钻探船、超大型气体船、深海采矿船、浮标作业船、大洋综合资源调查船、海底管线巡检船、多功能物探船、超大型矿砂船等高技术、绿色智能船舶的设计和制造,提升自主设计、系统集成和总承包能力,推动关键配套设备和系统实船应用。

发展深远海多功能救助船、大型远洋打捞工程船、高性能公务执法船、多功能应急保障船等特种船舶,救助打捞专用设备、水下特种作业设备、海上应急通信系统、安全监测系统、水下探测监测系统、溢油监测系统等设备系统,增强海上综合保障装备能力。

开展极地多用途船、极地物探船、重型破冰船、极地科考破冰船等极地船舶与装备的设计与建造,加强物探拖缆收放系统、大功率全回转推进装置等极地海域所使用的关键配套设备的研制和实船的应用。

(二)发展海洋资源开发先进装备

推动大型浮式生产储卸油装置(FPSO)、水下生产系统、固定式海上液化天然气存储气化平台(PSRU)、海上平台拆解装备、张力腿平台(TLP)、第七代半潜式钻井平台等油气开采装备的研发、示范应用,提升海洋油气装备的自主设计、系统集成和总承包能力,完善海洋油气装备体系。

加快海上卫星发射平台、海上城市结构物、装配式工厂、深海空间站、深潜水工作母船、深海载人潜水器、深海探测机器人等装备开发,加强海上风能、波浪能、潮汐能、温差能等开发装备的研制,积极推动示范应用,建立海洋空间资源开发装备体系。

开展深远海养殖平台、磷虾捕捞船、冷链运输和加工等深远海渔业装备的研发、示范应用与产业化,提升海上养殖智能化水平,拓展海洋经济发展新空间。

（三）提升关键系统和核心部件配套能力

通过自主创新、技术引进、海外并购、国际合作等方式，开展中高速柴油机、双燃料发动机、气体发动机等船用动力系统与关键配套设备的攻关，掌握关键核心技术，培育自主品牌。

开发大型远洋船配套的尾气处理装置、挥发性有机物回收再利用装置、超大型油轮凝析油脱臭装置等环保装备，提升产业化能力，加强推广应用，满足国际海事组织最新排放要求。

推动甲板设备、舱室设备、推进设备、辅助自动驾驶系统、辅机设备智能综合管控系统、无人装卸作业系统、钻井系统、大功率激光器、液货装卸及外输系统等集成化、智能化、模块化。开发通信导航、深水多点锚泊系统、动力定位系统、物探系统、地震拖缆系统、锚拖带作业系统等关键设备和系统，提升产业化能力，推动实船应用。

（四）提升研发制造服务能力

建设虚拟现实设计与试验平台。建立信息采集技术标准，利用设计仿真、专家诊断和虚拟现实技术，构建远程运维体系架构。开展定制化产品设计、设备操作与运维、数据交互与状态预警等虚拟试验，提升试验的安全性、可靠性和有效性，降低研发成本，缩短设计建造周期，满足未来船舶和海洋工程装备产品开发需要。

建设公共技术服务平台。整合现有资源，推动核心机电设备、深远海养殖系统、低速柴油机数字化、海上风电装备、海洋工程装备等试验检测，提升试验检测认证能力。建立在役船舶和海洋工程装备实时运维数据系统，形成远程监测、数据分析、智能诊断、状态评估和风险预警技术能力，提供信息、技术、人才、管理、咨询等服务。

建设智能示范生产线、智能示范车间、智能船厂。加快虚拟制造、数据库管理、信息化等新型技术的开发与应用,优化生产流程工艺,推动工业机器人、自动化生产线等技术的应用,加强研发、制造、服务深度融合,降低生产成本,提高产品质量和生产效率。

三、 专项实施重点工程

(一)大中型邮轮工程

大型邮轮,由行业骨干企业牵头,联合有关单位组织实施。通过国际合作、技术攻关,突破全船振动及噪音控制、薄板分段加工制造、典型舱室制造和公共区域建造、复杂项目工程管理等关键技术,建立专业加工流水线,形成加工制造、舾装调试、仓储物流等能力,构建大型邮轮设计建造体系,建成10万总吨以上和客位4000人以上的大型邮轮首制船。

中型邮轮,由行业骨干企业牵头,联合有关单位组织实施。突破全三维设计、减震降噪、舱室建造、复杂项目管理等关键技术,自主设计建造5万—7万总吨和客位1000—2000人的中型经济邮轮首制船。

(二)大型集装箱船工程

大型集装箱船,由行业骨干企业牵头组织实施。采用先进的船型经济性、水动力综合性能、结构设计、船舶系统等技术,优化船型结构和布局,提升综合功率、均箱、油耗、载货等指标,满足全球最严格排放限制区域的标准和船舶能效设计指数第三阶段标准,建成22000标箱、航速22节、续航力25000海里、配备双燃料动力系统的大型集装箱首制船。

(三)特种船舶工程

大洋钻探船,由中国地质调查局牵头,联合设计、建造等单位组织建造。通过联合攻关,突破船体结构分析、集成型钻井系统优化设计、钻探及岩芯采集系统集成设计等关键技术,研制并应用中压直流综合电力系统、中央集成控制系统和钻井设备,建成钻探深度 11000 米的大洋钻探首制船。

超大型乙烷运输船,由行业骨干企业组织建造。采用清洁能源或双燃料推进系统,建成达到国际海事最新环保要求、舱容达到 8 万吨以上、综合技术达到世界领先水平的乙烷运输船。

大洋综合资源调查船,由行业骨干企业组织建造。具有海底、水体、大气以及深海极端环境探测能力,能够开展综合海洋观测、探测以及保真取样,满足各大洋高海况海区的耐波性以及远海航行的抗风浪稳性要求,最大航速 12 节,续航力 12000 海里以上,自持力 60 天以上。

高速公务执法船,由行业骨干企业组织建造。采用新一代中高速柴油机、喷射推进装置、零航速减摇鳍、工作艇单点高速降放装置等设备,建成排水量 2000 吨左右、最大航速 32 节以上、舷侧排气、极限抗风能力 12 级的公务执法船。

海底管线巡检船,由行业骨干企业组织建造。航速 13 节以上,载重量 1200 吨以上,具有 300 米水深海底管道检测与维修能力、60 米水深海底电缆敷设作业能力,适应于我国近海海况和地层特点。

(四)海洋资源开发装备工程

大型浮式生产储卸油装置,由行业骨干企业组织建造。突破设计建造关键技术,建成作业水深 500—3000 米、储存量 30 万吨、油气日处理能力 2.7 万吨的装置。

海上风电安装及运维装备,由行业骨干企业组织建造。采用具有自主知识产权的技术,建成最大起重能力 1200 吨,最大作业水深 60 米,采用二级动力定位系统的海上风电安装及运维装备;建成最大起重能力 2000 吨的海上风电安装平台。

海上平台拆解装备,由行业骨干企业组织建造。开发多类型平台灵活组合拆解、实时精确定位等技术,采用具有自主知识产权的吊机、北斗导航、SCR脱硝、全自动升降式栈桥等设备和系统,建成最大起重能力 3 万吨以上、最大运输能力 5 万吨以上、适用所有类型海洋平台的拆解装备。

深远海渔业养殖平台,由行业骨干企业组织建造。开发养殖舱室换水技术及系泊锚固、抗风浪稳定性技术,建成具有鱼饲料处理、活鱼聚集与输送、死鱼处理、养殖空间立体感知、渔网防污、渔网清洁等功能,作业水深 40—300米,养殖水体 5 万—25 万立方米的平台。

磷虾捕捞船,由行业骨干企业组织建造。突破船舶总体设计技术、渔获系统集成技术,研制电力推进、磷虾捕捞、加工、冷藏等装备,建成适用于南极磷虾捕捞作业的首制船。

四、 专项实施保障措施

(一)加强统筹组织协调

落实好支持船舶工业发展的相关政策措施,营造有利于船舶工业结构调整和转型升级的环境。坚持自主创新与国际合作相结合,发挥骨干企业的牵头和引领作用,推动组建产业联盟和联合体,探索建立利益共享、风险共担的合作模式。完善协同推进机制,充分调动地方、企业等方面的积极性,为重点工程的实施提供有效保障。

(二)贯彻军民融合发展战略

强化船舶工业为经济发展和国防建设服务的定位,将贯彻军民融合发展战略作为推动船舶工业发展的强大动力。大力发展军民两用船舶技术,促进军转民、民参军。加强军民资源共享,推动船舶领域研发设计、试验验证、加工制造等设施共享共用。实施军民融合重大工程,加快船舶和海洋工程装备新技术、新产品研制和应用。

（三）优化资金支持方式

充分利用现有渠道，加大资金投入力度，重点推动有研发基础、已获得订单、可实现产业化的技术创新项目实施。创新资金使用方式，积极运用先进制造产业投资基金等资金，扶植骨干企业发展和重点项目建设，推进船舶和海洋工程装备关键技术产业化。通过融资租赁、上市、发债、市场化债转股等方式，为船舶和海洋工程装备发展提供资金支持。

（四）建立项目储备制度

按照"建设一批、启动一批、储备一批、谋划一批"的思路，建立船舶和海洋工程装备关键技术产业化项目库，实施项目动态管理。以技术水平、实施条件、战略作用等为标准，有关省级发展改革委和中央企业每年3月底前报送符合条件的项目。国家发展改革委产业协调司组织咨询机构和专家，对上报项目进行评估，将通过评估的项目纳入项目库并给予优先支持。

（五）加强项目建设管理

根据《加强和完善重大工程调度工作暂行办法》要求，有关省级发展改革委和中央企业对项目建设进行动态监管，定期向国家发展改革委报送项目实施进展情况，协调解决存在问题，保证项目按计划顺利实施。委托中国国际工程咨询公司会同行业协会等单位，对实施方案中项目建设进度、资金使用等情况进行监督检查，及时发现和反馈项目实施过程中出现的问题。项目实施单位按季度向中国国际工程咨询公司提交项目进展报告，有关省级发展改革委要积极做好检查督促工作。

第二节　智能无人船舶研制示范专项

智能无人船舶融合了现代信息技术和人工智能等新技术，具有安全可靠、节能环保、经济高效等显著特点,是未来船舶发展的重点方向。为深入贯彻落实党中央、国务院关于建设制造强国、海洋强国、交通强国的战略部署,抢抓发展机遇,促进船舶工业供给侧结构性改革,提升船舶工业核心竞争力,实现我国船舶工业高质量发展。开展智能无人船舶研制示范专项,完成常规船型、特定船型的中大型智能无人船舶研制和运营,开展智能无人船舶试验场建设,推动智能无人船舶技术、法规、保险等方面的完善。未来 8 年内,完成 1—2 型中型智能无人船舶研制。未来 12 年内,完成智能无人船舶试运营。未来 15 年,完成 3—5 型大型智能无人船舶研制和运营。另外,建议投资 50 亿元开展 2—3 个城市的智能无人船舶运营。

一、 智能无人船舶专项实施背景

近年来,智能无人船舶成为国际海事界新热点。国际海事组织(IMO)、国际标准化组织(ISO)等国际组织将智能无人船舶列为重要议题,国际主要船级社先后发布了有关智能无人船舶的规范或指导性文件,世界主要造船国家大力推进智能无人船舶研制与应用。我国船舶工业和航运业在智能无人船舶领域进行了有益探索,相关科研攻关取得积极进展,智能技术工程化应用初显成效,已形成一定的技术积累和产业基础,基本与国际先进水平保持同步。但总体而言,全球智能无人船舶仍处于探索和发展的初级阶段,智能无人船舶的定义、分级分类尚未统一,智能感知等核心技术尚未突破,智能无人船舶标准体系、测试与验证体系亟待建立,智能技术工程化应用十分有限,相关国际海事公约法规研究刚刚起步。

当前,我们迎来了世界新一轮科技革命和产业变革同我国转变发展方式的历史交汇期,发展智能无人船舶既面临着千载难逢的历史机遇,又面临着众多不确定因素和巨大挑战。面对新的发展形势,我们应积极作为,加强统筹规划,系统推进实施,加快促进船舶工业与航运等相关行业协同创新和融合发展。

二、 总体思路

(一)指导思想

以习近平新时代中国特色社会主义思想为指导,全面贯彻党的十九大和十九届二中、三中、四中全会精神,坚持新发展理念,牢牢把握高质量发展要求,紧密围绕加快建设制造强国、海洋强国和交通强国的战略目标,以现代信息技术和新一代人工智能技术与船舶技术跨界融合为主线,以提升船舶安全性、经济性、环保性和高效性为核心,以加快船舶智能技术工程化应用为重点,大力推动协同创新,积极探索产业新业态和新模式,支撑我国智能航运建设,促进我国船舶工业高质量发展。

(二)基本原则

系统布局,谋划长远。加强顶层设计,注重体系化布局,有机衔接当前急需与长远发展,系统提升船舶智能化水平,为全产业链提供协同创值和增值服务。创新驱动,重点突破。以重点项目为牵引,加强关键共性技术和重点系统设备研发,提前布局前瞻性技术攻关,加快成熟智能技术工程化应用,补齐技术链与产业链短板。分类实施,梯次推进。根据远洋运输船舶、沿海运输船舶、内河运输船舶、工程船舶、公务船舶等各类船舶特点,结合不同用户的需求,制定有针对性的智能化发展策略,推动各类智能无人船舶有序发展、协同发展、跨界融合。加强产学研用结合,促进跨界联动,深化军民融合,拓展国际合作,推进智能无人船舶核心技术的联合攻关与示范应用,强化法规标准与产业政策的协调,开展新型商业模式的共同探索与实践。

(三)行动目标

经过三年努力,形成我国智能无人船舶发展顶层规划,初步建立智能无人船舶规范标准体系,突破航行态势智能感知、自动靠离泊等核心技术,完成相关重点智能设备系统研制,实现远程遥控、自主航行等功能的典型场景试点示范,扩大典型智能无人船舶"一个平台+N个智能应用"的示范推广,初步形成智能无人船舶虚实结合、岸海一体的综合测试与验证能力,保持我国智能无人船舶发展与世界先进水平同步。

三、 重点任务

(一)全面强化顶层设计

研究制定我国智能无人船舶中长期发展规划。深入分析智能无人船舶发展趋势,明确智能无人船舶概念与分级分类,研究提出智能无人船舶技术体系框架,制定技术发展路线图。研究制定智能无人船舶规范和标准体系建设指南。加强智能无人船舶配套基础设施研究,提出总体布局规划方案。开展智能无人船舶相关法律法规梳理,提出需求框架,启动急需法律、法规和相关政策性文件的制定修订。

(二)突破关键智能技术

加强船舶智能系统总体设计,整合行业内外创新资源,突破智能无人船舶基础共性技术和关键核心技术。重点围绕智能感知、智能航行系统等研制需求,着重提升船舶总体、动力、感知、通信、控制、人工智能等多学科交叉的集成创新能力。在关键智能技术攻关上,重点要突破的领域,一是智能系统总体设计。开展系统架构设计、应用模式、信息流程、集成框架、标准接口等研究,研制全船综合智能管理及控制系统。二是智能感知系统。开展智能硬件支持下的船用传感技术和多源感知数据融合技术研究,研制涵盖航行环境、船舶状态、设备状态、货物状态等数据采集与数据融合的感知系统。三是网络与通信系统。开展船域网、船岸交互、船舶海上自组网等技术研究,研制面向全船信息交互及协同控制的船域网络系统,低延时、低成本、小功耗、数据轻量化传输的船岸一体通信系统和船船通信系统。四是智能航行系统。开展基于态势感知的智能航行技术、船岸协同下的远程遥控驾驶技术、自主航行避碰技术等研究,研制智能航行系统。

(三)推动船用设备智能化升级

围绕智能无人船舶辅助决策、自主控制等功能需求,系统梳理感知与控制基础元器件技术要求,着重补齐短板,强化综合集成。推动船舶航行、作业、动力等相关设备的智能化升级,研制信息和控制高度集成的新型船用设备,全面提升船舶智能化水平。重点突破基础元器件补短板与设备智能化升级技术体系攻关。一是感知与控制基础元器件。梳理智能无人船舶感知与控制基础元器件技术要求和产品谱系,重点开展综合集成与应用研究。二是现有设备智能化升级。重点开展动力机电、通信与导航、靠离泊、货物操作、舱室设备等现有船舶设备系统的智能化升级。三是新型智能设备研制。研制信息和控制高度集成的新型船用设备,开展新型船用动力设备和新型船船自组织通信设备的应用研究。

(四)提升网络和信息安全防护能力

充分利用相关行业科研基础和科技成果,加强网络与链路安全、系统硬件与软件安全、数据安全等方面应用研究,全面提升智能无人船舶网络和信息安全防护能力,确保安全、可靠、可控。尽快掌握网络和信息安全核心技术。一是网络与链路安全。开展船—岸—港、船—船和船舶内部网络和数据链路抗干扰、防阻断、反窃听等研究。二是系统硬件与软件安全。开展相关智能应用系统硬件加固技术研究以及软件防止非法访问、程序篡改、违规操控等安全防护研究。三是船舶数据安全。面向船舶智能化管理与控制需求,重点开展数据加密、防篡改、数据恢复等研究。

（五）加强测试与验证能力建设

充分利用现有条件与基础，突破半物理环境测试、跨域协同测试等技术，建立涵盖智能器件、智能设备、智能系统以及整船的多层级综合测试验证平台，建设满足多场景实船测试要求的水上综合试验场，构建虚实结合、岸海一体的综合测试与验证能力，打造智能无人船舶试验、验证、评估、检验的服务体系。测试与验证核心技术包括开展虚实结合的场景导调、高精度模拟器、半物理环境测试、跨域协同测试等技术研究。综合测试与验证平台建设包括开展试验平台总体设计、测试基础环境、测试场景库、典型应用测试与验证等研究，研制岸海一体综合测试与验证平台。水上综合试验场技术包括开展智能无人船舶水上试验场总体方案研究，搭建相应的组网通信、高精定位和立体感知服务网络，建设交管雷达、岸基船舶自动识别系统（AIS）基站、航标、水中标定、电子围栏、陪试船等水上测试基础环境。

（六）构建规范标准体系

开展智能无人船舶规范标准制定修订工作，规范相关术语和智能化分级，推动建立统一协调的信息交互、数据传输、网络和信息安全标准，逐步构建覆盖设计、建造、测试与验证、运营等方面的智能无人船舶规范标准体系。积极参与和推动智能无人船舶相关国际海事公约规范标准的制定修订。智能无人船舶规范包括结合国际国内智能无人船舶及系统设备发展，不断完善智能无人船舶规范及相关检验指南。基础通用标准主要是指研究智能无人船舶相关术语、分级分类、通信协议与接口、数据传输与交换等标准。船载系统标准主要是指研究智能集成平台、智能航行系统、智能机舱、智能能效管理、智能货物管理等标准。岸基系统标准主要是指研究岸基系统的信息管理、远程控制、数据服务等标准。网络和信息安全标准包括研究网络与链路、系统硬件与软件、数据信息的安全及评价标准。测试与验证标准主要包括研究测试方法、测试项目、验证程序、评价指标等标准。

(七)推动工程应用试点示范

积极推进智能技术工程化应用,以新建智能无人船舶的试点示范,带动营运船舶的智能化改造升级,不断拓展各类智能无人船舶及智能系统设备的应用范围。以技术发展为牵引,以市场需求为导向,统筹推进内河、沿海、远洋各类智能无人船舶的试点示范。新建智能无人船舶试点示范建设主要包括开展智能无人船舶集成平台以及智能航行、智能机舱、智能船体、能效管理等应用系统的试点示范,实现"一个平台 + N 个智能应用"模式在三大主流船型的示范应用。标准化智能系统应用推广主要包括形成"一个平台 + N 个智能应用"模式的产品型谱,加大在内河、沿海、远洋运输船舶的应用推广力度,推动对现有营运船舶的智能化改造升级。个性化智能系统试点应用主要是指开展辅机管控、货物装卸、岸基支持、港区消防、应急救援、定制服务等个性化智能应用系统在适用船型上的试点应用。

(八)打造协同发展生态体系

促进船岸协同,推动岸基共享云服务平台建设,实现船船、船岸、船港的信息互联互通;围绕航运、港口、物流等相关需求,推动船舶航行、靠离泊、运营管理、货物装卸等方面的智能应用。推进船舶设计、建造、配套、运营、检验等相关环节协同发展,逐步构建和完善智能无人船舶发展生态体系。

(九)促进军民深度融合

加强智能无人船舶军民通用规范标准体系建设,统筹智能无人船舶研发、设计、制造、配套及关键元器件资源,推进创新平台、综合测试与验证平台及综合测试场的规划布局和共建共享。加强军民科技成果双向转化,推动北斗定位导航系统等在智能无人船舶领域的广泛应用,促进雷达、夜视装备、微机电系统、天基通信系统、目标探测等技术在民用领域的转化应用。

四、保障措施

（一）加强组织实施

建立政府、企业、行业组织和专业机构等协同推进机制，强化部门协同和上下联动。充分发挥行业组织、专业机构在政策宣贯、技术指导、交流合作、成果推广等方面的平台作用。有效利用中央和地方资源，吸引调动相关社会资源，统筹推动智能无人船舶发展。

（二）完善激励政策

综合运用中央和地方现有政策，加大对智能无人船舶关键技术研究、基础软硬件开发、智能系统设备研制、试点示范等方面的支持力度。进一步加强智能无人船舶领域的知识产权保护，建立健全成果转化、推广应用等激励机制，营造智能无人船舶健康发展的良好环境。

（三）推进跨界融合

搭建智能无人船舶跨界交流合作平台，集聚行业内外重点企业、高等院校、科研院所、配套供应商等开展技术需求对接，推动数据资源合理共享，促进务实合作与协同创新。鼓励互联网、大数据、人工智能等领域专业企业和服务机构与船舶、航运企业加强合作，提供行业解决方案，推广行业最佳应用实践。

（四）加快人才培养

打造多种形式的高层次人才培养平台，鼓励骨干企业和科研单位依托重大科研项目和示范应用工程，培养和引进一批智能无人船舶领军人才和青年拔尖人才。加强后备人才培养力度，鼓励企业和高等院校深化合作，优化学科和课程设置,扩大相关专业学生规模,为智能无人船舶发展提供智力保障。

(五)加强国际合作

进一步加大参与相关国际组织事务的工作力度,充分利用政府间双多边合作机制,鼓励围绕智能无人船舶技术、产业、人才培养等方面开展多种形式的国际交流与合作。构建国际化创新合作机制与平台,高效利用全球创新资源,加快推进产业链、创新链、价值链的全球配置,全面提升智能无人船舶的发展能力。

第三节 核心配套设备创新研制专项

船舶配套产业是船舶工业的重要组成部分,其发展水平直接影响船舶工业综合竞争力。船舶配套产业涉及面广、产品种类多,其中船用设备价值量最大,占全船总成本的40%—60%,是船舶配套产业发展的核心。21世纪以来,随着我国成为世界造船大国,我国船舶配套产业发展取得长足进步,产业体系不断完善,重点船用设备研制取得突破,产业规模大幅提升,本土船用设备装船能力不断提高。开展船舶与海工装备核心配套装备研制。在8年内,实现3—5项船用核心配套的国际一流水平。在15年内,实现60%船用核心配套设备的国产化和自主化。在25年内,实现95%以上核心设备的国产化和自主化。

党的十八大提出了建设海洋强国的战略部署,《中国制造2025》明确了我国海洋工程装备和高技术船舶制造强国建设的战略目标。主要船用设备基本立足国内,是造船强国的重要标志。随着我国船舶工业结构调整、转型升级步伐加快,船用设备发展滞后问题更为突出,已成为制约造船强国建设的主要瓶颈。其突出表现在,船用设备产业链不完善,研发能力亟待全面加强,本土品牌产品竞争力薄弱,系统集成和打包供货能力不足,缺乏规模实力雄厚、具有国际竞争力的优强企业。实现造船强国的战略目标,必须加快提高船用设备研制与服务能力,全面突破船舶配套产业的发展瓶颈。

一、　专项实施总体要求

(一)指导思想

紧紧围绕建设世界造船强国的目标,充分利用国际国内两种资源和两个市场,以推动船舶配套产业链和价值链双升级为主线,实施"五大工程",做强优势产品,改善薄弱环节,打造具有国际竞争优势的专业化船舶配套企业和系统集成供应商,全面提升我国船用设备核心发展能力,做大做强我国船舶配套产业。

(二)基本原则

我国船舶配套产业要按照"分类施策、创新驱动、系统推进、军民融合、开放合作"的原则逐步推进。

分类施策:船用设备各类产品发展的基础和条件差异大,对于采用专利技术生产或技术水平低的产品,以提升创新能力为重点;对已经实现产品研制,有一定市场占有率的产品,以产品系列化、提升质量品牌市场认可度和品牌价值为重点;对已突破关键技术,但装船率低的产品,以全面掌握设计制造技术、丰富产品型号、推动产品示范应用为重点,大幅提升我国本土化船用设备装船率。

创新驱动:坚持以创新驱动发展,引导船舶配套企业及相关科研院所加强原始创新,强化集成创新和引进消化吸收再创新,完善创新体系,加强创新平台建设,推动产学研用联合创新和跨领域跨行业协同创新,突破一批重点领域关键技术,促进重点船用设备集成化、智能化、模块化发展,加大满足国际新公约新规范新标准产品的创新力度。

系统推进:全面掌握核心设备设计制造技术,提升产品可靠性和市场竞争力。围绕核心设备逐步具备提供解决方案能力,实现系统集成、打包供货;推进整机产品与关重件协同发展,以整机产品带动关重件发展,使整机产品成为关重件研发应用的平台,从而带动产业链的完善和提升。

军民融合:大力发展军民两用船用设备及技术,加强船舶配套领域军民资源共享,在研发、设计、制造、服务等方面全面推进军民融合,打造良性互动的军民融合发展体系,促进高新技术军民双向转化、应用以及产业化,带动军、民船配套核心能力的同步提升。

开放合作:加大"引进来""走出去"的开放力度,通过合资合作、引进专利技术、并购专业化公司、实施创新等多种形式,提升船舶配套薄弱领域的研发制造能力。充分利用我国机械、电子等行业的发展成果,支持相关企业发展船舶配套产品。加强重点船用设备研发和售后服务领域与国外企业多种形式的合资合作,提高我国船舶配套产业在国际产业链条中的价值增值能力。

二、 主要目标

经过 5—10 年的时间,基本建成较为完善的船用设备研发、设计制造和服务体系,关键船用设备设计制造能力达到世界先进水平,全面掌握船舶动力、甲板机械、舱室设备、通导与智能系统及设备的核心技术,主要产品型谱完善,拥有具有较强国际竞争力的品牌产品;龙头企业规模化专业化发展,成为具有较强实力的船用设备系统集成供应商;配套能力显著提升,散货船、油船、集装箱船三大主流船型本土化船用设备平均装船率达到 80%以上,高技术船舶本土化船用设备平均装船率达到 60%以上,船用设备关键零部件本土配套率达到 80%,成为世界主要船用设备制造大国。

争取到 2025 年,我国建成较为完善的船用设备研发、设计制造和服务体系,船舶配套能力全面提升,本土化船用设备平均装船率达到 85%以上,关键零部件配套能力大幅提升,成为世界主要船用设备制造强国。

三、　专项实施重点任务

（一）加强关键核心技术研发

充分利用现有科技资源,规划启动我国船用设备创新工程,针对目前基本依靠引进技术或技术水平低、创新能力弱的船用低速机、燃气轮机、喷水推进装置及油船货油区域的舱室设备,通过产学研用协同创新,开展重点产品典型样机研制,攻克一批对产品技术水平具有重大影响的关键共性技术,掌握以绿色、智能、协同为特征的先进设计制造技术,形成一批具有全局性影响、带动性强、满足市场需求的重大产品,大幅提升我国船舶配套产业的创新能力。

重点提升船用低速机、燃气轮机、喷水推进装置及油船货油区域的舱室设备的研发制造能力。低速机:研制 520 毫米缸径柴油机原理样机、工程样机各 1 型,400 毫米缸径双燃料原理样机、工程样机各 1 型,突破总体设计、高效清洁燃烧、智能控制等关键技术,开展相关关重件研制。燃气轮机:按照轻型和重型燃气轮机并行发展的战略部署,发展 40 兆瓦级间冷循环和简单循环燃气轮机技术和产品、300 兆瓦级 F 级和 400 兆瓦级 G/H 重型燃气轮机技术和产品,发展船用燃气轮机动力装置系统集成、叶片等核心配套技术和能力,建成燃气轮机试验电站并网试验运行。发展和完善高水平的燃气轮机,创新研发体系。喷水推进装置:研制 10 兆瓦级喷水推进装置,具备工程应用条件,开展喷水推进装置的轻量化、高功率密度化、智能化、低噪音等关键技术研究,形成 20 兆瓦级范围内喷水推进装置系列化产品。油船货油区域的舱室设备:重点开展惰性气体系统、油水界面探测仪及取样阀、洗舱机、油气回收系统、可燃气体探测、货油舱透气系统、排油监控系统、变风量空调等产品的研制。到 2020年,完成船用低速机 2 型原理样机和工程样机的研制,具备整机系列化开发和新一代低速机开发能力,关重件本土配套率达到 80% 以上;突破重型燃气轮机的关键技术,完成样机研制;完成燃气轮机试验电站建设并实现试验运行,产品研发和产业化体系基本建成;形成20兆瓦级范围内喷水推进装置配套能力,具备为4000吨级范围内高速船提供喷水推进装置能力;油船货油区域的舱室设备研制取得突破,大幅提高舱室设备配套能力。

(二)开展质量品牌建设

针对具有较好发展基础,已实现研发制造,部分产品已实现批量装船的船用中高速机、电力推进系统、甲板机械等产品,重点提升质量品牌竞争力,扩大品牌产品市场占有率。提升数字化集成化设计水平,开展设备轻量化、模块化、节能环保、智能化开发,完善产品系列;提高产品性能稳定性、质量可靠性、环境适应性和使用寿命,各项指标达到国际同类产品先进水平;加强关键技术与产品试验验证能力建设;提高产品全寿命周期质量追溯能力,建立覆盖产品全寿命周期的技术标准规范体系;增强以质量和信誉为核心的品牌意识,树立品牌理念,提升品牌附加值和软实力。

船用设备质量品牌工程建设主要支持中高速机、电力推进系统、甲板机械制造企业开展技术改造,采用先进成型和加工方法、在线监测装置、智能化生产和物流系统及检测设备等,提高产品质量性能可靠性;建设试验验证条件,建设整机、关键系统及零部件综合性能仿真分析及试验验证平台,完善基础共性技术研究实验平台和专项检测平台,建成协同设计和数据系统平台;开展系列产品开发:中速机:开发210毫米、260毫米、320毫米、390毫米缸径中速柴油机系列机型,功率范围1300千瓦—17000千瓦,形成我国高性能中速柴油机主力型谱;开发相关缸径范围的中速气体机和双燃料机产品。高速机:开发130毫米、170毫米缸径范围,功率范围涵盖250千瓦—4000千瓦的系列高速柴油机机型,形成我国高性能高速柴油机主力型谱;开发相关缸径范围的高速气体机和双燃料机产品。电力推进系统:开发20兆瓦级船舶电力推进系统及低谐波变频器、永磁电动机和断路器等关键设备系列化产品,具备工程应用条件;开展船用燃料电池发电系统技术研究。甲板机械:开发满足集装箱船要求的 45 吨、60 吨主要规格及全系列的电动甲板吊机；开展低温传动、智能控制、密封等特种甲板机械关键技术研究；完善满足散货船、油船、集装箱船三大主流船型要求的 φ46 毫米—φ142 毫米链径全电液锚绞机和电动锚绞机系列；开展满足三大主流船型要求的 600 纳米—6000 纳米全系列柱塞式舵机和转叶式舵机研制，具备舵机、舵承及操舵系统集成供货能力；开展极地甲板机械，具有恒张力、主动波浪补偿功能的超大型特种锚机绞车，及绿色节能、智能化甲板机械等新型产品研制。

到 2020 年，中高速机型谱完善，品牌中高速柴油机国内市场占有率达到15%。具备电力推进系统集成供货能力，产品系列完善，部分品牌产品国内市场占有率达到 30%。吊机、锚绞机、舵机等甲板机械部分品牌产品市场占有率达到 80%，具备为极地航行船舶、豪华邮轮、深远海工程船舶提供特种甲板机械设备能力。

（三）大力推动示范应用

瞄准已经突破关键技术和实现工程样机研制，但装船率低的舱室设备、通导与智能系统及设备领域的产品，通过产学研用相结合的方式，集中力量重点围绕大功率吊舱式推进器、液货装卸产品及系统、安全环保舱室设备、主要基础通导设备、智能化航行管理相关设备等核心产品，开展关键技术攻关、首台（套）推广和产业化示范应用，从满足内河、公务、沿海船舶需求入手，实现批量装配，形成一定示范效应后，逐步实现远洋船装船突破。

船用设备示范应用工程重点推进大功率吊舱式推进器、液货装卸产品及系统、安全环保舱室设备、通导与智能系统及设备的工程化和商品化技术研究，开展示范应用。大功率吊舱式推进器：开展低压 690 伏、3 兆瓦级吊舱推进器工程化研制与示范应用；中压 3300 伏、7 兆瓦级吊舱式推进器样机研制与示范应用。液货装卸产品及系统：开展单泵排量为 500 立方米/小时—6000立方米/小时，额定扬程为 120 米液柱—150 米液柱，满足 30 万吨级及以下原油船、原油/成品油船要求的货油泵系统研制与示范应用;开展单泵排量为 50 立方米/小时—2000 立方米/小时,额定扬程为 100 米液柱—150 米液柱,满足各类成品/化学品船要求的电动深井泵、液压潜液泵系统的研制与示范应用。安全环保舱室设备:开展污水除磷脱氮技术、中水回用技术及水质监控技术研究;开展海水淡化装备、消防灭火装置、油水分离器、生活污水处理及回用装置、压载水处理装置、尾气处理装置、新型垃圾焚烧系统质量和可靠性技术研究及样机示范应用。通导与智能系统及设备:开展导航雷达、罗经、计程仪、北斗用户机、电子海图系统、综合导航系统等主要通导系统设备关键技术研究,形成集成打包能力,实现批量装船应用;在基础通导设备基础上,开展智能化航行管理相关设备及技术研究并推动示范应用:(1)构建船舶智能综合管理系统,开展船舶动态信息保障与智能航行辅助决策技术、船舶设备状态评估和健康管理技术、面向服务的分布式异构数据集成技术、基于大数据的智能应用和增值服务技术、全船智能化操控和管理技术、智能化船舶配套设备开发技术等研究;(2)构建海洋环境信息数据平台、卫星船舶自动识别系统和船载海洋观测、检测和探测系统;(3)构建 E-航海应用服务平台;(4)提供高性价比无人导航船通导解决方案,实现船舶无人导航,智能执行各种任务。

到 2020 年,以上产品实现批量装配远洋船舶,主要泵类、空压机、海水淡化装置、消防灭火装置研制水平进一步提高,部分产品形成品牌;电子海图系统、综合船桥系统、电罗经、雷达等船舶通信导航自动化产品性能明显改善,能够提供整套智能船舶解决方案,实现全船网络化及船岸网络化。

(四)强化关键零部件基础能力

全面推进船舶动力、甲板机械、舱室设备、通导与智能系统及设备等产品关键零部件配套体系建设,培育稳定的配套关键零部件合作企业,推动总装产品与关键零部件协同研发,形成产品研发、市场开拓、售后服务等全寿命支持服务共同体;全面开展关键零部件基础材料、基础工艺和基础技术的研究,提升关键零部件的研发、制造能力和水平。

　　关键零部件强基工程重点针对核心船用设备的急需,开展产学研用联合攻关,重点突破核心技术和产业化瓶颈。船用主机:重点开展低速机增压器、电控系统、燃油系统等关键零部件和节能减排装置,中高速柴油机电控、燃油喷射、增压器、轴瓦等关重件,中高速气体机和双燃料机电控系统、燃气喷射系统等关重件的研制和应用;提升超大型曲轴制造能力,开展 G95、X92 超大型曲轴研制,实现以 S90、X92 型为代表的曲轴毛坯产业化;全面强化基础技术,开展提高关重件高比强度及耐磨材料等方面的研究与应用,加强材料热处理、超高精密加工、高应力下抗疲劳、耐腐蚀、耐磨性加工工艺及检测、特殊铸造与焊接等基础能力;强化燃油系统、增压器等部件的智能控制及在线监测技术;突破产品可靠性设计及试验验证技术,完善设计试验验证体系,提升关键零部件产品质量及可靠性。电力推进系统:重点加强发电机整流装置、直流配电装置、中压配电装置、断路器、保护装置、中压变频模块、推进控制模块等关键部件的研制能力,提升产品的质量和可靠性;提高推进电机和推进变频器等核心设备的可靠性和效率,以及推进电机的转矩密度和推进变频器的智能化水平。甲板机械:重点提升大功率多功能集成的液压控制组件、低压大功率马达组件、低速大扭矩液压马达、中高压液压泵、三速电机等关重件的产品质量和可靠性;开展大型结构件轻量化研究,优化产品加工工艺,提高防腐能力、耐低温能力等;提升甲板机械自动化控制模块、大功率高效节能液压二次控制核心模块、恒张力控制和主动补偿系统核心模块等关重件的技术性能和可靠性。舱室设备:加快变风量末端及控制器、水质监控传感器等核心部件的研发;突破压载水处理系统电解电极板、高效电解压载水除氢装置、高精度自清洗压载水过滤器等关键部件研制;加强高效气浮装置、等离子燃烧器、油分监测装置等核心部件应用研究。通导与智能系统及设备:提高连续波雷达天线前端关键器件、声呐换能器、光纤陀螺仪,高精度加速度计、小型化移相器、大功率功放管等核心传感器部件性价比及可靠性。

到 2020 年,我国核心船用设备关键零部件基本实现本土配套,主要产品建成较为完善的关键零部件配套体系,逐步形成整机牵引和基础支撑协调互动的发展格局。

(五)培育具有国际竞争力的优强企业

重点支持一批实力领先的专业化船舶配套企业,逐步发展成为主营业务突出、竞争力强、成长性好的"小巨人"企业,支持创建绿色设计示范企业,推动优势企业全面建设高效、规模化、绿色、智能制造体系,支持企业由生产型制造向服务型制造转变,由提供设备向提供系统集成总承包服务转变,由提供产品向提供整体解决方案转变。

制造能力提升工程的建设重点是适应制造技术发展趋势,通过技术改造、研发支持等,重点提升优势船舶配套企业智能制造和系统集成两大能力。智能制造能力建设:(1)基于三维模型设计制造一体化。建设基于三维模型的设计、工艺一体化协同研发环境,建立模块化、集成化、数字化的产品研发设计平台,构建统一的产品研发数据管理系统、产品研发知识库,以及涵盖需求分析、概念设计、方案设计、详细设计、工艺设计的协同研发平台,提升精益研发和智能化设计水平。(2)智能制造管控。加强物联网建设,实现人、机和物料的相互交互和深度融合;构建制造过程及质量数据实时采集、分析、决策及反馈执行的闭环管理机制,实现制造过程的智能化管控;协同数控机床、机器人和自动机构的控制,使智能生产线或生产单元动作高效协同;推进工序集中,利用信息技术与管理创新实现重要生产资源和物资的动态管理,实现智能仓储与物流。(3)智能制造工艺及装备。开展增材制造在船用设备研制过程中的应用研究;推动智能刀具库、智能工装库、虚拟制造平台的建设和应用;大力发展机械加工柔性生产单元、自动化焊接、智能喷涂、智能装配等柔性生产线。(4)智能制造管理系统集成。打通信息孤岛,PDM/TDM/SDM/ERP/MES/DNC/BI 深度集成,确保数据和任务流畅通;开展工业仿真软件与自动化生产系统的集成技术研究,实现由三维模型或仿真数据驱动的生产系统运行模式。系统集成能力建设:船用主机:(1)形成船舶主机、轴系、齿轮箱、螺旋桨、推进控制系统、主推进系统控制及监测系统、SCR/废气洗涤器等后处理设备为一体的集成设计、成套供货能力。(2)以液化天然气高压换热器、液化天然气高压阀件和潜液泵为核心产品的液化天然气燃料动力供气系统集成能力。电力推进:以电动机、发电机为核心产品,形成集配电板、变压器、变频器、推进控制系统等产品为一体的系统集成供货能力。舱室设备:(1)以货油泵系统为核心,带动惰气系统、机舱泵、液位遥测、阀门遥控等液货装卸系统集成。(2)以分离机等关键核心设备为依托,带动供油单元、舱底水分离、油水分离等设备的集成。(3)以变风量空调关键技术为依托,带动空调冷水机组、空调装置和空调末端的集成。(4)以污水除磷脱氮技术为依托,带动污水处理及中水回用设备的集成。通导与智能系统及设备:加强综合船桥研发和系统集成能力,向综合平台管理系统发展;加强全船通导设备打包供应能力。

到2020年,优势船舶配套企业规模化专业化发展,初步具备智能制造能力,成为具有较强实力的系统集成供应商。

四、 专项实施保障措施

(一)加大船用设备研发支持力度

进一步发挥企业在技术创新和科研投入中的主体地位,积极引导船舶配套企业加大科研投入。支持船用设备制造企业建设国家工程研究中心、重点实验室和企业技术中心。

(二)加强财税金融政策支持

综合应用技术改造、首台(套)重大技术装备保险补偿机制、重大技术装备进口税收政策、船舶信贷、开发性金融促进海洋经济发展等政策加大对我国船舶配套产业发展的支持力度；支持股权投资基金、产业投资基金等参与船用设备研制及示范应用项目；统筹船舶军民资源，推进军民融合发展；加强船舶配套企业实施兼并重组、海外投资的金融支持力度。

（三）促进产需对接

鼓励船舶配套企业联合船东、船厂、船舶设计单位、高校、研究机构等建立产业创新联盟，开展产业协同创新、协同制造，组织重大科技攻关，推动成果转化和首台（套）示范应用；支持行业组织发布经技术机构认证符合装船要求的船舶配套产品目录，引导船东、船厂、船舶设计单位选用；鼓励航运企业、大型船厂参股、控股船舶配套企业，发挥大型骨干企业的支撑和引领作用。

（四）完善全球服务网络

支持企业由制造型企业向"设计+制造+服务型"企业转变；加强海外服务网点的建设，鼓励国内配套企业组成联盟，共同开拓海外服务市场，以降低服务成本，实现互利共赢。围绕产品全寿命周期安全可靠运行保障和远程监控管理的需要，开发和建立船舶动力、甲板机械、舱室设备等核心配套领域的数字化运营保障体系，形成全球化的服务能力。

第四节　船舶产业互联网及云计划实施示范工程

船厂的改造升级看起来与研发无关，在实际工作中，为了提升基于单一来源数字模型的船厂，需要研发能力的协同提升。建议开展2—3家人工智能化自动化的新船厂示范工程建设，同时完成3—5家骨干船厂的人工智能化、船舶工业云建设改造。在10年内完成几家骨干船厂的改造，达到韩国造船效率的80%。在15年内完成2家智能化自动化新船厂的建设，造船效率具有国际领先的竞争力水平。为贯彻落实党中央、国务院关于建设制造强国和海洋强国的决策部署,加快新一代信息通信技术与先进造船技术深度融合,逐步实现船舶设计、建造、管理与服务全生命周期的数字化、网络化、智能化,推动船舶总装建造智能化转型,促进船舶工业高质量发展,打造国际竞争新优势,制定推行"人工智能+船舶工业云计划"实施示范工程。

一、　发展现状和形势

随着新一代信息通信技术的快速发展,数字化、网络化、智能化日益成为未来制造业发展的主要趋势,世界主要造船国家纷纷加快智能制造步伐。船舶制造是典型的离散型生产,由于船厂空间尺度大、船舶建造周期相对较长、工艺流程复杂、单件小批量、中间产品种类非标件数量多、物理尺寸差异大、作业环境相对恶劣,对数字化、网络化、智能化技术应用提出了特殊要求。21世纪以来,我国船舶工业实现了快速发展,骨干造船企业建立起以中间产品组织生产为特征的现代总装造船模式,并不同程度开展了智能化转型探索工作,取得了一定成效。但是,总体上我国船舶制造业仍处于数字化制造起步阶段,而且各造船企业发展水平参差不齐,三维数字化工艺设计能力严重不足,关键工艺环节仍以机械化、半自动化装备为主,基础数据缺乏积累、信息集成化水平低等突出问题亟待解决。我国船舶工业正处在由大到强转变的战略关口,造船企业应在全面建立现代造船模式基础上,把握机遇,顺应趋势,主动作为,努力赶超,推动我国船舶总装建造智能化水平迈上新台阶。

二、　总体要求

（一）指导思想

以习近平新时代中国特色社会主义思想为指导,全面贯彻党的十九大和十九届二中、三中、四中全会精神,坚持新发展理念,紧密围绕制造强国和海洋强国建设战略目标,以提升造船质量、效率和效益为核心,以全面推进数字化造船为重点,以关键环节智能化改造为切入点,促创新、补短板、强基础、推示范,促进船舶设计、建造、管理与服务数字化网络化集成,加快提升船舶建造技术水平,增强国际竞争力,支撑我国船舶工业由大到强转变。

(二)基本原则

夯实基础,补齐短板。面向行业智能制造发展需求,完善船舶精益制造体系和智能制造标准体系,加强船厂互联网基础设施建设。围绕关键环节,补齐关键技术和柔性化、自动化、智能化造船装备短板,结合船舶制造特点,充分发挥人与机器智能协同优势。重点突破,以点带面。立足船舶建造关键薄弱环节,特别是脏、险、难工作,集中优势力量和创新资源,开展重点领域软件系统、硬件装备的研发与应用,构建船舶智能制造单元、智能生产线和智能化车间,通过示范,由点到面推进实施,带动行业技术进步与节能环保水平提升。协同创新,开放融合。构建产学研用协同创新机制,促进关键技术和工艺、智能制造装备和发展模式的创新突破。坚持军民融合、跨界融合,建立开放高效、合作共赢的智能制造生态体系,在标准制定、人才培养等方面加强国内外交流合作。远近结合,分类施策。强化顶层设计,着眼长远,体系布局,着眼当前急需,推动试点先行。结合造船企业自身基础和条件,选择适合的发展路径,通过填平补齐、升级改造等多种方式有序推进。

(三)主要目标

经过三年努力,船舶智能制造技术创新体系和标准体系初步建立,切割、成形、焊接和涂装等脏险难作业过程劳动强度大幅降低,作业人员明显减少,造船企业管理精细化和信息集成化水平显著提高,2—3家标杆企业率先建成若干具有国际先进水平的智能单元、智能生产线和智能化车间,骨干企业基本实现数字化造船,实现每修正总吨工时消耗降低20%以上,单位修正总吨综合能耗降低10%,建造质量与效率达到国际先进水平,为建设智能船厂奠定坚实基础。

突破一批关键技术和智能制造装备。突破总体、设计、工艺、管控和决策等 5 类船舶智能制造关键技术;攻克船体零件智能理料、船体零件自由边智能打磨、小组立智能焊接、中组立智能焊接、分段外板智能喷涂、管件智能加工等 6 种船舶智能制造短板装备。

形成一批智能制造标准和平台。制定修订船舶智能制造标准 20 项以上,建设试验验证平台 4 个以上、公共服务平台 3 个以上。

建成一批智能制造单元、智能生产线和智能化车间。形成型材加工、板材加工、分段喷砂除锈、分段涂装以及 VOC 处理等智能制造单元,建成型材切割、小组立、中组立、平面分段、管子加工、构件自由边打磨等 6 种船舶中间产品智能生产线,以及分段制造、管子加工、分段涂装等船舶智能化车间。

三、 重点任务

(一)攻克智能制造关键共性技术和短板装备

1. 突破船舶智能制造关键共性技术

面向智能制造单元、智能生产线、智能车间建设,加快物联网、大数据、虚拟仿真、系统协同、人工智能等技术应用,突破船舶智能制造总体技术、工艺设计、智能管控、智能决策等一批关键共性技术;研发船舶智能制造核心支撑软件,构建船舶行业工业软件体系。

船舶智能制造关键共性技术研发重点包括:一是智能制造总体技术。重点研究并突破船舶智能制造新模式、船舶车间(船体分段、管子加工、分段涂装等)智能制造解决方案、船舶典型中间产品(型材、条材、小组立、中组立、平面分段及管子加工)生产线设计集成与控制技术、统一数据库集成技术等。二是智能化工艺设计技术。重点研究并突破面向智能制造的船体构件加工成形工艺设计技术、中小组立焊接工艺设计技术、船体分段外板涂装工艺设计技术、管子法兰焊接工艺设计技术等。三是智能制造工艺技术。重点研究并突破面向智能制造的船体构件切割和成形工艺、复杂构件焊接工艺、船体分段涂装工艺、船体结构装配工艺、管子装配焊接工艺、舾装件精准安装工艺、船舶工艺知识库等技术。四是制造过程智能管控技术。重点研究并突破物料统一编码及管理技术、无接触式(如激光)在线自动检测技术、生产现场信息实时传输/存储/处理技术、车间作业计划排产与自适应调整技术、物流实时管控技术、船舶制造精度和品质管控技术、船舶工业云平台技术等。五是关键制造环节智能决策技术。重点研究并突破船体结构视觉识别与自动寻定位技术、焊接机器人自适应控制技术、船舶智能制造多机器人协同作业技术、智能制造装备在线标定与误差补偿技术、船舶智能制造质量在位检测技术等。六是智能制造工业软件。重点研发基于统一模型的三维设计软件、数值分析与可视化仿真软件,基于数据驱动的工艺及生产物流仿真软件、车间制造执行系统(MES)和制造运营管理(MOM)系统软件、大数据管理和实时数据智能处理系统软件等。

2. 研制关键环节智能短板装备

针对船舶分段制造过程中的船体零件切割、成形、焊接、涂装等脏险难与简单重复的作业过程,以及检测与装配、物流与仓储等关键环节,以船舶智能制造单元、智能生产线建设需求为牵引,研制一批造船专用智能制造装备,实现工程应用和产业化,支撑造船关键工序的自动化、数字化、智能化作业。船舶智能短板装备重点研制:智能切割成形装备包括型材智能切割装备、船体零件理料与打磨智能化装备、肋骨与曲板三维成形智能化装备等。智能装配焊接装备包括小组立智能化焊接装备、中组立智能化焊接装备、管子法兰智能化焊接装备、高功率激光复合焊接装备等。智能涂装装备包括 VOC高效节能智能处理装置、智能无尘喷砂除锈装置和船体智能外板涂装装备等。智能物流和仓储装备包括船体零件识别与自动分拣装备、船舶托盘运输 AGV小车等。

（二）夯实船舶智能制造基础

1. 推进基础管控精细化、数字化

系统构建涵盖船舶制造全过程的中间产品体系和中间产品壳舾涂完整性标准；实行拉动式工程计划管理，制定中间产品生产期量标准，建立适应智能化造船新模式的工时管理系统，实现量化的精益管理；构建企业造船精度补偿模型及数据库，推进以补偿量替代余量，将造船精度控制从船体搭载工序向切割加工工序、从船体工程向舾装工程延伸扩展，推进全工艺过程的无余量制造。

2. 构建船厂信息基础设施

改造船厂企业内网络，实现船舶设计、制造、管理和服务等各类系统的互联互通；加快工业互联网标识解析集成创新应用，推进（设计）数字流、（人员）工时流、物流、资金流、能耗、设备、人员等船舶制造过程海量多源异构数据信息的实时采集与传输，形成高效可靠的船厂工业互联网网络基础设施，加强企业网络与数据安全能力建设；全力推动船舶设计、制造、管理和服务等云服务平台建设，推动企业信息集成与产业链协同运营。船厂信息基础设施建设重点主要是指船厂网络基础建设，即利用光纤通信、4G/5G 移动通信、短距离无线通信以及现场总线、工业以太网、工业无线等通信网络技术，建设改造企业内外网络，加强卫星通信和定位系统应用，实现对船厂数据进行全方位采集和传输；船舶建造多源数据采集系统，即建立包含实时数据采集、结构化和非结构化数据采集系统，为大数据技术应用提供数据基础。重点解决基于物联网技术，实现船舶建造进度、质量、设备状态、能源消耗、物流、人员定位、车辆跟踪、设备监控等的实时数据采集；船舶制造云平台建设就是逐步打造船舶行业云平台，形成覆盖行业产业链的云应用集群，突破地域、组织、技术的界限，整合集聚、开放、共享各类要素和资源，推动制造资源对接和优化配置，打通产业链上下游信息流、业务流、资金流，推动产业链协同创新和生态化发展，促进云

制造、智能工厂、个性化定制、服务型制造等新型制造模式的形成。

3.建立船舶智能制造标准体系

对接国家智能制造标准体系,针对船舶工业特点,构建船舶智能制造标准体系。按照急用先行原则,着重围绕船舶智能车间,从总体规划、智能设计、智能工艺、智能装备、智能管理和互联互通等 6 个方面推进智能制造标准研究,构建标准试验验证平台(系统),开展技术规范、标准全过程试验验证,形成有力标准支撑。

船舶智能制造标准体系建设重点,一是船舶智能制造基础共性标准建设。包括术语、符号、编码、标识、模型、元数据与数据字典等标准,信息安全、数据安全、网络安全、系统安全、功能安全等标准,检测要求、检测设备、指标体系、评价方法等标准。二是船舶产品协同设计标准建设。包括设计出图、数据生成、几何信息和属性信息、模型命名、编码原则等标准;厂所协同、数据协同等标准;模型定义、模型简化及处理、模型分类及输出等标准。三是船舶智能化工艺设计标准建设。包括数字化工艺设计完整性及三维建模要求、三维模型设计数据交换标准及数据接口标准、船体构件智能化加工、装配及焊接工艺设计要求、面向智能制造的产品数据管理要求、建造过程工艺仿真要求、面向现场作业的三维作业指导书编制要求等。四是船舶智能工艺标准建设。包括智能工艺检测标准,工艺知识建模、工艺知识数据库设计、工艺决策评价、工艺信息集成等工艺规范,型材加工、曲板冷热加工、对接缝焊接、平直构件焊接、船体分段焊接、管子制作、智能涂装、涂层智能检测等典型作业环节工艺规范。五是智能装备标准建设。包括等离子切割机、型材智能切割装备、曲板数控成形装备等切割加工装备,CO_2 半自动焊机、组立智能焊接装备等焊接装备的识别与传感标准、数据接口标准、控制系统标准。六是智能管理标准建设。包括船体分段智能车间设计工艺仿真与信息集成应用、中间产品制造精度管控、作业计划编制、仓储物资分类与编码、信息采集与管控、质量管控、车间 MES 与 ERP/PDM 集成等标准。七是互联互通标准建设。包括智能车间信息感知通用要求、组网要求、数据传输要求、数据存储要求以及大数据应用准则等。八是船舶智能车间总体规划标准建设。包括船舶智能车间总体技术要求、车间工艺布局要求,以及预处理流水线、型材智能切割生产线、小组立智能生产线、中组立智能生产线、平面分段智能生产线等智能生产线技术要求。

(三)推进全三维数字化设计

1.推进基于模型的数字化设计体系建设

研究并建立统一的设计标准、工具集、基础资源库和管理流程,形成三维数字化设计与工艺设计的软件系统,打通从三维设计到生产现场的交互数据流,推进面向现场作业的三维工艺可视化仿真,促进基于模型的设计/工艺/制造协同。

2.推进船舶产品数据管理信息化

研究并掌握面向智能制造的船舶产品数据组织、船舶生产设计系统数据集成、精细化工时物量管理、设计工艺信息管理、设计及物资编码映射、工时物量与任务包/工作指令(WP/WO)的关联等关键技术,形成面向智能制造应用的船舶产品数据管理系统(PDM),提升船舶设计数据管理水平,加快生产设计数据的统一管理和集成应用。

3.推进三维数字化交付

基于船舶单一数据源,应用三维可视化技术,建立包含设计信息、图纸审查信息、工艺信息、运维信息等要素的一体化三维数字化模型,打通船舶全生命周期数据链,推进基于一体化数据源的全要素、全生命周期设计、送审、建造、检验、管理、运维,适应船东运营数据要求,推动完工产品数字化交付。

全三维数字化设计工作重点共有五个领域。一是初步设计、详细设计与生产设计协同。提出基于统一数据库的三维模型初步设计、详细设计方法、三维模型送审模式及三维审图方法,推出送、退审三维模型数据规范及数据接口标准,实现基于三维模型的初步设计、详细设计及审图;掌握面向生产设计的分段生成、典型船体结构详细设计与生产设计模型协同、管系和电气原理设计与生产设计协同等关键技术,形成详细设计与生产设计模型数据无缝对接,实现船舶详细设计与生产设计业务与系统的集成协同。二是船舶智能化工艺设计。研究建立多型设计软件的模型导出接口软件、焊接工艺及路径自动规划软件、基于三维模型的焊接工艺离线编程、基于激光扫描的在线编程软件系统,支撑船舶钢材切割、中小组立焊接、分段涂装等智能化作业。三是船舶智能制造工艺及数据库应用。围绕型材加工、板材加工、管材加工装配与焊接、零部件铸锻加工、零部件装配与焊接以及分段涂装等关键环节工艺,建立三维设计智能工艺数据库,有效管理新工艺,满足船舶智能制造对工艺的精准使用需求。四是面向现场作业的三维工艺可视化仿真。掌握三维模型的工艺可视化设计、大规模产品设计数据组织与存储等关键技术,构建船舶三维作业指导系统与车间三维作业指导平台,打造基于三维模型的船舶工艺指导新模式,提高船舶建造效率。五是船舶产品数据管理系统。突破船舶生产设计数据组织、船舶生产设计系统数据集成、精细化工时物量管理、设计工艺信息管理、设计及物资编码映射、工时物量与 WP/WO 的关联等技术,构建产品数据管理系统。

(四)加快智能车间建设

1.持续优化造船工艺流程

以船舶制造的加工、配送、装配、焊接、涂装等关键工艺环节为重点,推进车间总体设计、工艺流程及布局的数字化建模,分析优化适应智能制造需求的各工序、生产线、车间的工艺流程与端到端数据流,实现物流与信息流的有机统一;结合与生产工位功能相匹配的专用工装和自动化、智能化装备,构建人员、设备与信息相协调的生产工位;运用大数据技术对生产过程中不断产生的海量数据进行分析挖掘,实现造船工艺流程的持续优化和改进。

2. 加快中间产品智能生产线建设

以船舶分段制造为重点,强化底层设备数字化网络化改造,全面推进船舶中间产品流水线的数字化、智能化升级改造与建设,逐步实现零件、小组立、中组立、平面分段、管子等各类中间产品数字化、智能化流水式批量生产。

3. 建设车间制造执行系统

以企业资源计划(ERP)平台为基础,加快推进智能车间制造执行系统(MES)建设,实现船舶车间计划、调度、设备、生产、效能的全过程闭环管理,并与企业资源计划平台实现高效的协同与集成。

4. 推动数字化车间应用示范

推进车间互联互通平台、车间智能管控系统建设,形成集计划管理、过程协同、设备管控、资源优化、质量控制、决策支持等功能于一体的智能化车间,并在船体分段、管子加工、分段涂装等关键环节加快应用示范,树立行业标杆。

(五)推动造船数字化集成与服务

1. 推进设计生产管理一体化信息集成

基于一体化数据源,全面集成产品数据管理系统(PDM)、企业资源规划系统(ERP)和制造执行系统(MES),打通设计、制造、管理与服务的信息通道,实现设计、生产和管理等关键环节的信息集成和持续优化。

2. 加强造船产业链信息集成

推进船舶行业工业互联网建设,加快客户关系管理、供应链管理、远程运维服务等系统的推广应用,逐步打通与船东、设计公司、船检、供应商间的信息链条,为实现企业间无缝合作以及有效的信息集成与管控,发展服务型制造打下坚实的基础。

3. 探索造船大数据分析与决策

搭建船舶建造过程大数据平台,推动船舶制造过程大数据的存储、分析、可视化、模式识别、人工智能决策等技术的研发与创新应用,为智能装备运行、车间智能管控和企业智能决策等提供技术支撑,显著提升船厂生产过程决策水平和管理效率。

四、 保障措施

(一)加强组织协调

加强政府、行业组织、企业等多方联动,有效利用中央、地方和其他社会资源,加快协同推进。鼓励各地区结合当地实际,研究制定相关配套支持政策。充分发挥行业中介组织、专业机构在加强政策宣贯、企业评估、技术指导、交流合作、成果应用推广等方面的平台作用,引导造船企业加快智能化转型。造船企业(集团)要结合实际情况,制定具体行动方案,加强组织领导,确保各项任务落到实处。

(二)强化创新和示范应用的支持力度

充分利用现有渠道,加大对船舶智能制造关键技术研究、标准制定、智能制造装备研制、工业软件开发以及行业性大数据中心建设等方面的支持力度。支持智能化试验验证平台建设,开展船舶智能制造工艺、装备、软件、关键技术、标准等验证,鼓励其发展成为行业公共服务平台。鼓励造船企业积极协同装备生产企业,建立创新联合体,加快智能制造短板装备的研发、工程化和产业化。充分利用首台(套)重大技术装备、工业互联网示范应用有关政策,促进船舶智能制造装备创新应用。

(三)加大金融支持力度

鼓励政策性银行和开发性金融机构加大对船舶总装建造智能化转型的融资支持力度。鼓励商业性金融机构在风险可控、商业可持续的基础上,为船舶智能制造项目提供融资条件。鼓励建立船舶智能制造发展基金,引导社会资本参与船舶智能制造关键技术和装备的研发及产业化推广应用。

（四）大力培育系统解决方案供应商

面向船舶智能制造发展需求，推动造船企业与智能制造装备、自动化、信息技术等不同领域企业开展分工合作与协同创新。依托中国智能制造系统解决方案供应商联盟船舶行业分盟，探索船舶行业系统解决方案供应商推荐与工作机制，逐步培育若干在国内外具有一定影响力的船舶行业智能制造系统解决方案供应商，提升船舶智能制造的创新服务能力。

（五）加强人才队伍建设

鼓励支持有条件的高校、院所、企业建设船舶智能制造实训平台，开展相关管理人才和技能人才的培养。鼓励高校开展船舶智能制造学科体系和人才培养体系建设，建立船舶智能制造人才需求预测和信息服务平台。鼓励骨干企业依托国家重大科研项目和示范应用工程等，引进和培养船舶智能制造高层次领军人才。

（六）深化国际交流合作

围绕船舶智能制造技术及装备研发、标准制定和示范应用等，鼓励造船企业、科研院所与国外相关机构开展多层面、全方位、跨行业的技术交流与合作。同时，积极参与相关国际规则规范标准的研究制定，推动我国船舶工业智能制造水平大幅提升。

参 考 文 献

陈国雄、杨玲：《造船业的三大痛点》，《珠江水运》2015 年第 24 期。

[法] 让·巴蒂斯特·萨伊：《供给的逻辑：政治经济学概论》，黄文钰、沈潇笑译，浙江人民出版社 2017 年版。

高鸿业主编：《西方经济学》（第五版），中国人民大学出版社 2011 年版。

王倩：《供给侧结构性改革　船舶工业须主动作为》，《中国船舶报》2016 年 3 月 11 日。

何青松、伊秀娟、贾慧捷：《中国船舶关联产业的协同发展分析——基于中韩多时点投入产出数据的比较》，《东岳论丛》2015 年第 11 期。

[韩] 全洙奉：《走出困境的增长》，《全经联》2003 年第 3 期。

季建伟：《世界船舶工业的产业转移及我国船舶工业支柱产业的选择》，《船舶物资与市场》2006 年第 2 期。

李源、秦琦、祁斌等：《2015 年世界船舶市场评述与 2016 年展望》，《船舶》2016 年第 1 期。

李晓、李俊久：《"一带一路"与中国地缘政治经济战略的重构》，《世界经济与政治》2015 年第 10 期。

孟宪海：《聚焦国内外船舶配套业》，《船舶物资与市场》2004 年第 6 期。

[美] 道格拉斯·C.诺思：《经济史中的结构与变迁》，陈郁、罗华平等译，上海三联书店 1991 年版。

[美] 迈克尔·波特：《国家竞争优势》，李明轩、邱如美译，中信出版社 2007 年版。

[美] 爱德华·张伯仑：《垄断竞争理论》，周文译，华夏出版社 2009 年版。

朴布仁：《中韩造船业比较分析》，哈尔滨工业大学硕士学位论文，2015 年。

索哲、滕勇等:《船舶生产设计工时管理分析及其信息化》,《江苏船舶》2011年第6期。

谭松、王熙:《从手持订单看全球重点造船集团竞争格局》,《中国船检》2018年第5期。

王传根:《造船企业原材料的系统管理》,《造船技术》1993年第11期。

吴秀霞:《招工难 用工贵 劳动力"痛点"困扰船舶工业》,《中国船舶报》2019年8月16日。

吴笑风等:《我国船舶产业智能制造及其标准化现状与趋势》,《舰船科学技术》2016年第9期。

胥苗苗:《民营船企突围之路》,《中国船检》2015年第3期。

杨勇:《船舶配套企业实施大规模定制生产模式研究》,南京理工大学硕士学位论文,2007年。

杨金龙:《造船企业转型发展中的战略选择》,《中外船舶科技》2016年第3期。

[英]马歇尔:《经济学原理》(上卷),朱志泰译,商务印书馆2011年版。

[英]乔安·罗宾逊:《不完全竞争经济学》,陈良璧译,商务印书馆1964年版。

张简:《浅谈中国造船企业的核心竞争力》,《中国集体经济》2017年第1期。

张明华:《南通中远川崎公司的成功法则》,《中国船舶报》2003年7月25日。

张长涛:《日本的政策性机构对造船科研的支持》,《船舶工业技术经济信息》2004年第7期。

张澄宇、赵大利:《中国船舶配套业现状及其发展方向》,《船舶工程》2005年第1期。

周维富、李晓华:《船舶和海洋工程产业"走出去"开展国际产能合作初探》,《中国远洋航务》2016年第11期。

致远:《船舶工业供给侧改革路线图》,《中国远洋航务》2016年第5期。

Douwe Cunningham, "Marine Equipment Manufacturers Adaptation to the Current Situation and their Future Prospects", OECD, 27th of November, 2013.

John Chen, Martin Galstyan, Du Huynh, Shipbuilding Cluster in the Republic of Korea, 2010.

Kevin X. Li, "Themes and Tools of Maritime Transportresearch During 2000–2014", Maritime Policy & Management, December, 2016.

Newcastle, "Tristan Smith Investigating the Energy Efficiency Gap in Shipping", Nishatabbas Rehmatulla University College London, November, 2016.

后 记

　　《中国船舶工业战略转型研究》一书是在 2017 年国家社科基金研究项目《"一带一路"背景下中国船舶工业供给侧结构改革研究》(项目批准号：17BJY020)课题研究的基础上丰富编写而成。为了完成本著作的撰写，笔者奔赴全国各地做了大量调研工作、数据信息采集工作，其中关于船舶工业市场、航运市场的海外市场数据信息的收集，获得了国内外很多专业机构、朋友的支持和帮助。在同事、社会朋友、专家学者的大力支持下，书稿撰写工作最终完满完成。我在此向为本书提供无私帮助的专家学者表示衷心感谢。

　　本书对在撰写中所发现的新领域，比如"一带一路"沿线国家对船舶工业市场需求的动态模型研究，中国船舶工业过剩产能在沿线国家转移的风险，市场切入模式等本该做一些深入探讨，但由于时间和经费的制约，未做过多的深入研究。再有，中国船舶工业"人工智能改造+工业云技术"工程，是我国船舶工业未来发展转型升级的关键工程，很有必要进行深入研究。这也为读者就中国船舶工业战略转型后期延伸研究提供了空间。因此《中国船舶工业战略转型研究》永远在路上。

谭晓岚

中国·青岛

责任编辑：孟　雪
封面设计：石笑梦
封面制作：姚　菲
版式设计：胡欣欣
责任校对：段雨菲

图书在版编目(CIP)数据

中国船舶工业战略转型研究/谭晓岚 著. —北京：人民出版社,2020.9
ISBN 978－7－01－022270－7

Ⅰ.①中…　Ⅱ.①谭…　Ⅲ.①造船工业-工业发展战略-研究-中国
　Ⅳ.①F426.474

中国版本图书馆 CIP 数据核字(2020)第 114626 号

中国船舶工业战略转型研究
ZHONGGUO CHUANBO GONGYE ZHANLÜE ZHUANXING YANJIU

谭晓岚　著

人民出版社 出版发行
(100706　北京市东城区隆福寺街 99 号)

北京汇林印务有限公司印刷　新华书店经销

2020 年 9 月第 1 版　2020 年 9 月北京第 1 次印刷
开本：710 毫米×1000 毫米 1/16　印张：26
字数：343 千字

ISBN 978－7－01－022270－7　定价：78.00 元

邮购地址 100706　北京市东城区隆福寺街 99 号
人民东方图书销售中心　电话 (010)65250042　65289539